Coaching

para Alta Performance e Excelência na Vida Pessoal

Os melhores mestres demonstram
como você poderá mudar
a sua vida utilizando
os princípios do Coaching

Presidente:
Mauricio Sita

Capa e Diagramação:
Wenderson Silva

Revisão:
McSill Story Studio

Gerente de Projeto:
Gleide Santos

Diretora de Operações:
Alessandra Ksenhuck

Diretora Executiva:
Julyana Rosa

Relacionamento com o cliente:
Claudia Pires

Impressão:
Gráfica Pallotti

Dados Internacionais de Catalogação na Publicação (CIP)
(Câmara Brasileira do Livro, SP, Brasil)

Percia, André
Coaching para alta performance e excelência na vida pessoal / André Percia, Bruno Juliani, Mauricio Sita. -- 1. ed. -- São Paulo : Editora Ser Mais, 2014.

ISBN 978-85-63178-57-2

1. Carreira profissional - Administração 2. Conduta de vida 3. Empresas - Tomada de decisões 4. Executive coaching 5. Executivos - Treinamento 6. Liderança 7. Mudança (Psicologia) 8. Sucesso I. Juliani, Bruno. II. Sita, Mauricio. III. Título.

14-03043 CDD-658.407124

Índices para catálogo sistemático:

1. Executive coaching : Treinamento de executivos : Administração de empresas 658.407124

Editora Ser Mais Ltda
Rua Antônio Augusto Covello, 472 – Vila Mariana – São Paulo, SP – CEP 01550-060
Fone/fax: (0**11) 2659-0968
Site: www.editorasermais.com.br e-mail: contato@revistasermais.com.br

Sumário

Apresentação

Com o lançamento deste livro, a Editora Ser Mais consolida sua posição de liderança no número de títulos publicados dentro da temática do *Coaching* no Brasil. Há alguns anos mantemos na revista Ser Mais a coluna de *Coaching,* sob a responsabilidade do competentíssimo André Percia. Temos orgulho por trabalhar há mais de quatro anos para a divulgação do *Coaching,* suas aplicações, suas ferramentas e seus resultados.

Reunimos neste livro 56 *Coaches*, que estão entre os melhores do mercado brasileiro, e contribuem com seus conhecimentos, para que você, caro leitor, receba ensinamentos sobre como melhorar a sua performance nos diversos campos de atividade. Sabemos que o mercado será cada vez mais seletivo e competitivo. O sucesso está reservado àqueles que se preparam para ele. Você entenderá como um *Coach* pode te ajudar a alcançar os seus objetivos e, por que não, realizar os seus sonhos.

Convidamos para a coordenação editorial André Percia e Bruno Juliani, que são dois ícones desse mercado. Eles avalizam a qualidade técnica dos textos publicados.

IMPORTANTE: este livro não termina na última página. Por meio do nosso site www.editorasermais.com.br você poderá manter contato com os autores e interagir sobre todos os itens de seu interesse. Nós, particularmente, gostamos muito dessa solução de publicar um livro aberto, que não tem fim. A atualização é constante. Aproveite.

Agradeço aos escritores pela participação, e aos coordenadores, pelo excelente trabalho. Todos estão dando uma contribuição inestimável para a literatura de *Coaching* do Brasil.

Boa leitura

Mauricio Sita
Coordenação Editorial
Presidente da Editora Ser Mais

1

Dar e receber *feedback*: uma atitude corajosa

Fica claro no meu trabalho como *Coach* Executiva a dificuldade que as pessoas têm em dar e receber *feedback*, evitando utilizar esta ferramenta imprescindível para desenvolver pessoas. Os *coaches* e líderes precisam ter segurança psicológica suficiente para dar um *feedback* aberto, honesto e oportuno a seus clientes e liderados, não perdendo essa oportunidade por desconhecer técnicas eficientes para conduzir o processo com regularidade. O presente artigo busca esclarecer os ganhos para os envolvidos no processo e cita alguns exemplos reais para orientar o leitor

Ada Maria de Assis e Silva

Ada Maria de Assis e Silva

8

Graduada em Tradução pela UNESP. MBA em Gestão de Negócios pelo Cegente – Uniceres. *Coach* Internacional com formação pela Lambent do Brasil. Empresária do ramo da educação há 33 anos. Palestrante. Membro da ICC – INTERNATIONAL *COACHING* COMMUNITY. Professora de pós-graduação no SENAC São José do Rio Preto, Unilago – Universidade dos Grandes Lagos e Fatec – São José do Rio Preto na área de *coaching* e sócio proprietária da Officina do Coach Orientação e Consultoria Ltda. Fluente em inglês e espanhol.

Contatos
www.ccaajustkids.com
www.officinadocoach.blogspot.com
www.ccaa.com.br/saojosedoriopreto
Ada@ccaajustkids.com
https://www.facebook.com/officinadocoach
https://www.facebook.com/adaassissilva
https://twitter.com/coach_ada
(17) 3234-6190 / (17) 98115-9082

Uma observação ácida encerrou a reunião da qual eu participava. Quando o líder perguntou a um participante, que não havia se manifestado até então, se tinha algo a comentar, ele ironicamente disparou: "Eu penso que já desperdiçamos bastante tempo por hoje." O clima na sala ficou tenso, e foi como se toda a energia positiva tivesse sido sugada por um aspirador gigante. Enquanto se dirigia à porta, ainda teve tempo para mais um tiro, dizendo que o café tinha sido a melhor parte da reunião. Seu líder sentiu vontade de chamá-lo de lado e pedir que pensasse sobre como poderia tornar seus comentários mais construtivos, mas começou a listar todas as razões pelas quais não deveria fazer isso:

"Não foi assim tão sério. Você não o conhece muito bem. Não conhece os motivos que o levaram a isso."

Eram somente desculpas. Na verdade, faltou-lhe coragem para levantar e dizer o que precisava ser dito.

É provável que o presente mais precioso que podemos receber de um par, colaborador, líder ou *coach* é um *feedback* honesto. Sem um bom *feedback*, nunca saberemos como os outros percebem nossas ações, como fica a nossa imagem e como nosso comportamento afeta os sentimentos das pessoas com as quais convivemos.

A aversão ao *feedback* pode ter um efeito paralisante nas pessoas e nas organizações. Esta atitude defensiva impede o crescimento profissional. Não receber nenhum *feedback* não significa que seu desempenho seja bom; receber um *feedback* aparentemente negativo é melhor do que não receber nenhum.

"Como estou me saindo?" é uma das perguntas mais importantes que você pode se fazer. Conseguir uma devolutiva de todos os ângulos deve ser uma constante, deixando que as pessoas saibam que você deseja um *feedback* honesto, essencial para seu crescimento. Mesmo quando você ouve um comentário inapropriado, é importante comunicar sua apreciação e evitar a defensiva. Quando as pessoas se sentem confortáveis questionando suas ideias, significa que você se mostra acessível e aberto a críticas.

É frequente acontecerem ruídos na comunicação interpessoal e uma percepção falha da performance de uma pessoa porque, como o líder citado acima, as pessoas preferem evitar situações emocionais conflitivas. Assim, como dizer uma verdade dura?

Uma maneira de abrir as artérias obstruídas do *feedback* em sua organização, família ou círculo de amizades é deixar claro que você está aberto a ouvir sobre seu desempenho e que estará sempre disposto a dar um retorno sobre o desempenho das pessoas com as quais se relaciona.

Dizer uma dura verdade não será fácil no início, mas seu próprio crescimento pessoal decolará quando você pisar fora da zona do conforto. Nunca se esqueça de que o *feedback* é um presente. Entretanto, são poucos os que realmente sabem dourar a pílula.

Um *coach* deve ensinar a seu *coachee* que o *feedback* precisa ser pontual e oportuno. O pior que um líder pode fazer é deixar seus comentários para a análise de desempenho anual ou para festa de confraternização do fim do ano. Ninguém tira proveito desta "festa surpresa". Em vez disso, deve-se dizer à pessoa o que se pensa o quanto antes e com o maior respeito, mostrando que ao ser honesto você acredita nela.

Em geral quando não somos honestos em nossas devolutivas é porque acreditamos que a pessoa não será capaz de arcar com a verdade, nos evadindo e comprometendo a relação de confiança preestabelecida. Dizer às pessoas o que está errado, mas não orientá-las sobre um comportamento mais assertivo também raramente será produtivo. Assim, como o *leader coach* seja continente e esteja disposto a orientar.

Evite reconhecer somente pessoas com altíssima performance. E procure elogiar e reconhecer cada melhora de desempenho. Seja generoso em seus *feedbacks*. Deixe que as pessoas saibam com frequência o que você aprecia nelas, pois o encorajamento fará com que se sintam seguras para dar um novo passo de ação.

Dar um *feedback* crítico a fim de mudar o comportamento de alguém é um processo delicado. É muito importante que o *coach* ou o líder garantam que o processo será feito com empatia para evitar uma reação muito defensiva, comum de acontecer nestas ocasiões. Percebo que meus clientes muitas vezes utilizam o "*feedback* sanduíche", o que em minha opinião torna o momento ineficaz e ainda prejudica a confiança e o *rapport*.

No *feedback* sanduíche, coloca-se o *feedback* negativo entre dois *feedbacks* positivos. No meu trabalho como *coach* executiva e de equipes, percebo que os líderes acreditam nesta abordagem. Pensam que é mais fácil alguém aceitar um *feedback* negativo quando acompanhado de um *feedback* positivo. Entretanto, se questionados mais a fundo sobre esta prática, concluem que os subordinados ou *coachees* podem entender o *feedback* positivo como não sincero, preferindo ouvir somente o negativo em sua performance.

É preciso entender que, em um caso como estes, o grande desconforto está mais em quem dá o *feedback* do que em quem ouve. Demorar para colocar a verdade com transparência e segurança gera muito mais ansiedade em ambas as partes.

Líderes e *coaches* eficientes são transparentes nas estratégias que utilizam para trabalhar com pessoas. A melhor estratégia não é o "controle unilateral", que só funciona quando as outras pessoas não conhecem sua estratégia ou estão dispostas a entrar no jogo.

Vou citar alguns exemplos de como dar um *feedback* negativo de forma transparente, tanto ao seu liderado como a seu *coachee*, aumentando as chances de que todos aprendam com a experiência, sem colocar quem recebe o *feedback* na defensiva.

1. Feedback sobre um comportamento inadequado:

Comece dizendo que tem certeza de que a pessoa tinha boas intenções quando (inserir uma descrição do que ela fez). Conclua falando como se sentiu diante da atitude (inserir a sua emoção: insultado, desprezado, mal, ignorado).

Exemplo: Tenho certeza de que você tinha boas intenções quando tomou a decisão de falar diretamente com o meu liderado. Mas eu me senti ignorado quando você interferiu em minha área de responsabilidade sem falar comigo em primeiro lugar.

Começando com a expressão "boas intenções" você dá à pessoa o benefício da dúvida, sem culpá-la e convidando-a a explicar suas ações.

2. Melhorando a performance:

Comece apontando que vocês já tiveram diversas conversas sobre (inserir a descrição da habilidade que dever ser melhorada). Comunique à pessoa o que poderá acontecer caso ela não melhore neste aspecto. (Inserir reais e possíveis consequências, evitando ameaças).

Exemplo: Nós já conversamos muitas vezes sobre suas habilidades interpessoais. Eu sinto que é justo lhe dizer o que pode acontecer caso você não melhore nesta área. Isso pode impactar na sua avaliação de desempenho, prejudicando seu aumento salarial este ano e limitando no futuro sua probabilidade de ser promovido.

Muitas vezes, as pessoas não percebem o impacto real dos seus problemas de desempenho. Na verdade, após receber o *feedback*, conforme o modelo acima, muitos liderados ou *coachees* costumam dizer: "Eu não tinha ideia de que poderia perder meu emprego por isso!" Note que eu utilizei as palavras "pode acontecer" em vez de "vai acontecer".

3. Abordando comentários ou fofocas na empresa:

Pergunte à pessoa se ela está ciente ou se é verdade (insira o incidente ou a fofoca). Em seguida, questione o que ela pensa a respeito.

Exemplo: Eu não sei se você está ciente disso ou se é verdade, mas ouvi que você e Maria não estão se entendendo. O que pode me dizer sobre isso? Se você assumir que tudo o que ouve é verdade, afastará as pessoas e prejudicará a própria credibilidade. A regra de ouro é sempre obter informações em primeira mão do liderado envolvido na questão antes de fazer comentários a respeito do que ouviu. Usando esta abordagem você permite que a pessoa apresente a versão dela, sem julgá-la antes de ouvi-la.

4. Falando sobre reclamação dos clientes:

Comece citando uma qualidade da pessoa (eficiente, cuidadoso, focado no cliente, preciso). Então complemente dizendo o motivo de estar preocupado (insira a reclamação que recebeu da atuação dele).

Exemplo: Você é sempre tão cuidadoso com satisfação de nossos clientes, por isso eu estou preocupado com essas três reclamações de clientes alegando que você foi grosseiro.

Se você ignorar o bom desempenho frequente dele e só chamá-lo para comentar um problema, ele vai se ressentir e o desempenho geral piorará. Colocando desta forma, você dará chance da pessoa se explicar e refletir sobre a própria atitude.

5. Falando de como o desempenho da pessoa é percebido pela equipe:

Comece explicando que as pessoas tiram conclusões sobre o desempenho de alguém de acordo com as ações dessa própria pessoa. (Cite o comportamento e a percepção.) Pergunte à pessoa o que ela pode fazer para mudar essa percepção, já que não concorda com ela. Exemplo: As pessoas tiram conclusões sobre o desempenho de alguém de acordo com o que essa pessoa faz. Quando você não dá opiniões em nossas reuniões de equipe, nem se oferece para ajudar colegas muito atarefados, as pessoas entendem que você não se preocupa com elas ou acreditam que você se sinta superior.

Essa tática é útil quando alguém não está de acordo com o que o *coach* ou o líder percebeu, desafiando essa pessoa a mudar a percepção do *coach,* do líder ou da equipe. Dessa forma, você evita que ela fique na defensiva e só argumente buscando se defender.

Portanto, considero corajosa a atitude de dar e receber *feedback*. Receber um *feedback* honesto pode levar a grandes avanços em nossa vida profissional e pessoal. Se nos predispusermos a ouvir, analisar e tomar atitudes concretas para mudar nosso comportamento, mudaremos também o mundo à nossa volta. Como já dizia o grande Winston Churchill: "É preciso coragem para ficar em pé e falar; mas é necessária também coragem para sentar e ouvir."

A primeira responsabilidade de um líder ou de um *coach* é definir a realidade. É preciso mostrar aos liderados e *coachees* a estrada que estão trilhando, apontar opções e ajudá-los a tomar uma nova estrada e, principalmente, auxiliá-los a persistir nesta mudança.

Consideremos que nossos líderes estão contaminados por séculos de um paternalismo que começou com a colonização portuguesa, avançou nos engenhos de cana-de-açúcar e nas plantações de café e migrou da sociedade rural para a sociedade urbana no começo da industrialização.

O paternalismo assume, então, a condição de antônimo do profissionalismo administrativo, caracterizando-se pela impessoalidade e pela prevalência dos interesses empresariais.

Desta forma, as pessoas se eximem de dar *feedback* (sejam bons ou maus), pois a nós, brasileiros, nos desagrada o conflito.

Dentro desta cultura, os líderes eximem o indivíduo de responsabilidade por um melhor ou pior desempenho. É necessário descortinar este cenário de paternalismo, jeitinho e passividade que permeia ainda muitas culturas organizacionais e que podem ser mudadas através do uso de novas ferramentas de transformação de liderança como o *coaching*.

Por meio dos diálogos com um *coach* interno ou externo, as pessoas ganham a chance de entender como são percebidas pelos outros, de saber se estão alinhadas com as necessidades do momento presente, comprometidas com a sua transformação pessoal e a de seus liderados e, assim, atingem desempenhos capazes de criar organizações saudáveis em todos os níveis hierárquicos. O *coaching* é um relacionamento produtivo entre duas pessoas com uma intenção verdadeira: uma quer realmente seguir adiante, a outra deseja ajudar essa pessoa a completar a jornada. As empresas devem, enfim, considerar seriamente a contratação desta consultoria individualizada que visa à transformação dos profissionais e atingir resultados econômicos genuínos e mensuráveis.

2

Liderança de alta performance

Para que tenhamos um líder de alta performance, é necessária a adoção de comportamentos mais produtivos, como atuar como *coach* dos liderados, apoiar no estabelecimento da visão, disseminar os valores da organização, *feedback*, entre outros

Adriana Torres

Adriana Torres

Master Coach Especialista em desenvolvimento de Líderes. Reconhecida internacionalmente pela ICF - International Coaching Federation. Proprietária da empresa: Torres Liderança " Capacitando e Formando Líderes de Alta Performance". MBA em Comércio Exterior pela Fatec Internacional. Graduada em Gestão de Negócios pela Fatec Internacional. Graduada em Hotelaria pelo SENAC – Águas de São Pedro. Ampla vivência em Secretariado Executivo e Gerência Administrativa de Hotéis. Docência nas áreas de Administração, *Coaching*, Recursos Humanos, Liderança, Hotelaria no Senai, Senac, Fumep, Unimep.(Piracicaba). Terapeuta Holística (Reiki, Florais, Cura Eletrônica). Processos Seletivos. Análise de Perfis Comportamentais/*Assessment*. Pesquisa de Clima. Formação de Líderes de Alta Performance. Palestras e Cursos *In Company* para todo o Brasil nas áreas de Liderança, *Coaching* e Desenvolvimento Pessoal. Atendimentos de *Coaching* Presenciais e OnLine.

Contatos
www.torreslideranca.com.br
www.coachingpiracicaba.blogspot.com
dri.torres@ig.com.br
Facebook: Torres Liderança
(19) 99753-9321/ (19) 98338-2262 Piracicaba-SP

"Nós procuramos líderes capazes de energizar, motivar e inspirar, em vez de irritar, deprimir e controlar" – Jack Welch

Podemos definir liderança de alta performance como uma forma de os líderes criarem condições para que eles e seus liderados aprendam a se autoconhecer e usem todo seu potencial para alcançar excelentes resultados no âmbito pessoal e profissional.

Na liderança de alta performance, em vez de estabelecermos um ambiente de poder e força dentro das empresas, criamos um ambiente de confiança, deixando todos desenvolverem a responsabilidade pessoal, pois acreditam no que estão fazendo.

A liderança de alta performance inicia-se com a autoliderança. Todo líder deve primeiro saber liderar a si próprio, conhecendo seus pontos fracos e fortes (para desenvolver cada vez mais os fortes), seus valores e o lugar a que pertencem.

Os líderes são também automotivados, têm objetivos pessoais e profissionais e a capacidade de colocar as ferramentas e conceitos de liderança em prática.

Dez dicas de liderança comportamental:

1. Assuma o controle da sua vida – lidere a si próprio.
   Uma das origens da liderança comportamental é ser responsável pelas próprias escolhas. Quanto mais assumo a responsabilidade, mais tenho poder de resolução.
2. Saiba as razões pelas quais está disposto a superar os desafios – (automotivação).
   Muitas pessoas passam a vida sem se darem conta do que as movimenta, do que as estimula, do que as motiva. Saber as razões pelas quais você se levanta pela manhã contribui para o seu senso de bem-estar e propósito de vida. É o seu combustível na direção do que deseja.
3. Tenha um objetivo definido (sonhos, objetivos e metas).
   Para quem não sabe aonde está indo, qualquer estrada serve. Foco é força, a distração destrói.
4. Faça suas escolhas: tome suas decisões. Mantenha o foco. A palavra decidir, em latim, significa ruptura. Seguir um caminho e romper com outro. Quem mantém um pé em cada canoa, acaba caindo dos dois barcos. Tome sua decisão e faça a sua jornada.
5. Desenvolva o planejamento estratégico.
   Quem planeja a jornada poderá ter êxito. Quem não planeja a jornada provavelmente não chegará no lugar desejado ou

demorará muito mais tempo.

6. Coloque em prática: planejamento – ação – avaliação – correção – resultado desejado.
   Ser capaz de realizar aquilo que você deseja, isso é inteligência do sucesso.
7. Estabeleça padrões emocionais poderosos e saudáveis: desenvolva emoções construtivas. (Inteligencia Emocional)
   Usar emoções e crenças fortalecedoras permite a você ter disponíveis seus melhores estados de excelência comportamental. Emoções positivas fortalecem a saúde e aumentam o bem-estar.
8. Pratique a atitude mental positiva. Acredite e poderá ter sucesso. Duvide e poderá fracassar.
9. Utilize sua energia vital. Respire profundamente. Renove a vida e as esperanças, estimule sua mente e seu coração. Perceba o universo de possibilidades.
10. O segredo dos "4 Cs": Creia – Construa – Compartilhe – Concretize!

Para que tenhamos um líder de alta performance, é necessária a adoção de comportamentos mais produtivos, como:

- Atuar como *coach* dos liderados.
- Apoiar no estabelecimento da visão.
- Disseminar os valores da organização.
- Comemorar sempre os resultados, por menores que sejam.
- Envolver todas as partes interessadas no negócio.
- Evitar o foco no curto prazo.
- Criar momentos de diversão no trabalho.
- Deixar os liderados fazer escolhas com mais frequência.
- Oferecer medidas de desempenho desafiadoras e não ameaçadoras.
- Encorajar os liderados a fixar as metas que sejam representativas para eles.

Outro aspecto importantíssimo da liderança de alta performance é o *feedback*.

Princípios básicos do *feedback*:

- Qualidade e Quantidade: a qualidade de qualquer relação está fundamentada na quantidade e na qualidade dos *feedbacks* recebidos.
- Cordialidade: é um tipo fundamental de *feedback*. Atitudes

simples como bom dia, perguntar sobre o fim de semana fazem uma grande diferença.

- Contato visual: o olho no olho é muito importante.
- Cada cabeça uma sentença: cada pessoa tem um grau de exigência de *feedback,* umas precisam de mais, outras de menos. Mas todas precisam.
- Omissão: sem *feedback* a pessoa se sente invisível.

Tipos de *feedback*

- *Feedback* Positivo: para reforçar um comportamento que desejamos que se repita. Caso haja omissão o comportamento pode não se repetir.
- *Feedback* Corretivo: para modificar um comportamento indesejado.
- *Feedback* Insignificante: fraco, vago e sem propósito, não orienta e nem aponta o comportamento que deseja.
- *Feedback* Ofensivo: possui conotação de desprezo.
- *Interfeedback*: é essencial nunca deixar o colaborador sem *feedback*. Atualmente, a ferramenta mais viável para utilização nas organizações é o *Interfeedback,* através da qual o líder dá e recebe *feedback* simultaneamente. Assim cria-se um relacionamento de respeito e confiança entre ambas as partes, trazendo mais harmonia e eficiência para o dia a dia de trabalho.

Liderança *coaching*:

É a habilidade de influenciar pessoas a trabalharem entusiasticamente visando atingir objetivos para o bem comum.

Em uma organização, a liderança é um tema de fundamental importância, pois está relacionada com o sucesso ou o fracasso, com conseguir ou não atingir os objetivos definidos. Principalmente no contexto empresarial ou de uma organização, é importante saber distinguir entre líder e chefe. Um chefe tem a autoridade para mandar e exigir obediência dos elementos do grupo porque muitas vezes se considera superior a eles. Um bom líder aponta a direção para o sucesso, exercendo disciplina, paciência, compromisso, respeito e humildade.

- Liderança não é gerência: lideramos pessoas e gerenciamos resultados.
- Liderança não é chefia: liderança é influenciar pessoa. Chefes mandam, mas não possuem habilidades com pessoas.
- Na liderança os resultados são obtidos através da influência e do entusiasmo.

- Liderar é responsabilidade: um líder interfere na vida das pessoas. Nossas ações (como líderes) têm grande impacto sobre as pessoas.
- Liderança é uma habilidade: e deve ser ADQUIRIDA.
- O que você pode fazer para se tornar um líder?
- Liderança é uma questão de caráter: serei gentil ou grosseiro? Serei proativo ou esperarei que os outros me peçam? Serei honesto ou darei um jeitinho?
- Liderança é o caráter em ação.

O *leader coach* é aquele capaz de persuadir as pessoas, através de:

- Entendimento da motivação de seus colaboradores;
- Preparação e planejamento;
- Simplicidade e objetividade;
- Inclusão de sugestões nos projetos;
- Humildade para pedir ajuda;

Postura condutora de um *leader coach:*

- Ouvir sem julgar: ouvir e depois buscar em conjunto soluções.
- Ser autêntico: assumir erros abertamente.
- Construir comunidade: criar um ambiente familiar e de respeito. Ser solidário com as questões pessoais de seus colaboradores.
- Partilhar poder: as decisões do líder devem ser respaldadas na visão do grupo.
- Desenvolver pessoas: desenvolver o máximo de sua equipe. Transformá-los em um time. Um time indica que todas as partes estão sintonizadas em uma parceria absoluta.

" Ficar junto é um começo, manter-se junto é um progresso, trabalhar junto é um sucesso." – Henry Ford

Habilidades de um *leader coach*:

Visão

O líder direciona, logo deve ter norte, visão. Ele deve traduzir estratégias mais complexas e de longo prazo em objetivos claros, factíveis. Deve mostrar onde e como cada membro se relaciona e impacta no resultado final dos trabalhos.

Inspiração

Ao líder cabe, além de mostrar os benefícios do resultado do trabalho do grupo para a empresa, apontar e inspirar cada membro da equipe de forma única. A unicidade é extremamente motivadora. Reconhecer a singularidade de cada um e mostrar os benefícios do trabalho para cada membro inspira em prol da visão.

Comunicação

Durante o exercício da liderança, comunicar claramente e de forma transparente e verdadeira é uma das tarefas mais importantes e que demandam mais atenção. O verdadeiro líder sabe disso e dedica parte de seu tempo para se comunicar com a equipe, fazer-se claro e ter certeza de que todos têm acesso às informações relevantes para a confecção do trabalho.

Conhecer seu colaborador

Além de ter ciência da capacitação técnica de cada um, é fundamental conhecer os traços de sua personalidade, como se comunica, o que motiva e também um pouco de sua história pessoal. Aprofundar o relacionamento humano é trabalhoso, exige atenção e foco na outra pessoa.

Motivação

As pessoas precisam de doses extras de motivação, por mais que, muitas vezes, a motivação seja intrínseca. É claro que as pessoas se motivam por estímulos diferentes, dependendo do nível, idade, aspiração, etc. Às vezes, para uma pessoa, o mais importante é um *feedback*; para outra, um reconhecimento em público; para outra, um prêmio, como uma viagem, por exemplo. As pessoas têm motivações diferentes. Descobrir a motivação de cada membro e trabalhar para que se sintam estimulados é uma das tarefas do bom líder.

Você sabe o que motiva seu colaborador a dar o melhor na empresa?

Se não sabe, pergunte a ele! Elimine os obstáculos que o impedem de se automotivar.

Reconhecer e utilizar talentos

Uma das principais competências da boa liderança é identificar o que cada um faz de melhor e colocar a pessoa certa no lugar certo. Para isso, a prática da empatia e a conversa constante são importantes. Saber o que as pessoas fazem bem, como se sentem fazendo algo que gostam e propiciar a prática de tarefas para as quais as pessoas têm talento, aumenta a motivação e a retenção, além de se ter um desempenho melhor nas atividades. Dependendo da rigidez da estrutura organizacional, isso pode ser mais difícil, mas, para um líder criativo, sempre há esta possibilidade.

Dicas finais:

Um bom líder deve arregaçar as mangas e participar, não importa a posição que exerça na organização. Participar significa eventualmente descer as escadas e viver a realidade de seus subordinados, conversar com clientes, suar um pouco onde a empresa verdadeiramente funciona.

Um líder deve ter paixão pelo que faz. Paixão é essencial, pois boa parte do papel do líder é despertar entusiasmo e motivação em seus subordinados e ninguém é capaz de irradiar uma luz que não possui.

Um líder deve ter organização. A desorganização pessoal, quando refletida na liderança, gera ruído na definição de metas, no comportamento e no destino da sua equipe.

Liderar também significa atribuir responsabilidades às outras pessoas, de forma criteriosa, e acompanhar o trabalho e os resultados. Delegar corretamente inclui um conhecimento profundo sobre o trabalho a ser realizado, bem como a capacitação e os talentos pessoais de cada membro da equipe.

Ao assumir um cargo de liderança você se torna responsável sobre a produtividade de outras pessoas . Por isso, além do conhecimento técnico reconhecido que o levou à promoção, agora deverá entender como cada membro da sua equipe atua e agir de acordo com sua capacidade e grau de autonomia, a fim de colher os resultados do trabalho em conjunto.

Grandes líderes são também grandes seguidores, seja de outros líderes, seja de grandes ideias. Um líder discípulo aprende mais facilmente com as pessoas e as situações ao seu redor, pois se torna capaz de dar um passo além de sua visão e de seu egoísmo.

Desejo muito sucesso em sua caminhada como líder.
Não é uma trajetória fácil, mas vale muito a pena!

3

OPPA! Auto*coaching*

Expandir a consciência sobre a quantidade e a qualidade de nossos pensamentos, a beleza e a ingenuidade das emoções e sobre a infinidade de possibilidades em nosso mundo interno e externo, liberta nosso potencial de ação e realização. A performance é fruto de nossa capacidade de ampliar consciência e liberar potencial. Como podemos desenvolver isso?

OPPA! Observar! Perguntar! Planejar! Agir!

Adriano Couto

Adriano Couto

Head Trainer, Master Coach e Consultor de Performance Organizacional. É fundador da Couto Performance e autor de mais de 32 treinamentos nas áreas de Gestão Empresarial, *Coaching*, Inteligência Emocional, Seis Sigma, Liderança e Equipes de Alta Performance. Com experiência internacional, atua há 12 anos como consultor, *coaching* corporativo e com desenvolvimento humano. Possui mais de 9 mil horas em sua jornada como *trainer* e conferencista e mais de 12 mil horas atuando como consultor e *coaching* pós-graduado em Psicologia Multifocal pela Florida Christian University. MBA em *Coaching*. MBA em Gestão de Produção. Engenheiro Civil. Possui diversas certificações: Black Belt, Psicologia Positiva, Master *Coaching*, Equipes de Alta Performance, *Master Practitioner* e *Trainer* em PNL, Solução de Problemas Complexos, Técnicas de Inovação, Estatística Aplicada a Processos, Comunicação Empresarial, Indicadores de Performance Organizacional.

Contatos
012 36317537
adriano@coutoperformance.com.br
www.coutoperformance.com.br

De todos os aprendizados que venho obtendo e aplicando em minha jornada existencial, existe um que me estimula de uma forma muito intensa e que, confesso, é uma aventura extremamente prazerosa: a prática do *autocoaching*.

Pensemos no *autocoaching* como um processo contínuo de expansão do conhecimento e de sabedoria de forma a contribuir para a construção de uma vida mais plena, treinando nossa mente para explorar, compreender e melhorar as diferentes variáveis que envolvem a construção de nossa história.

É comum às vezes contratarmos *coaches* para nos ajudar a atingir um determinado objetivo e, na grande maioria dos casos o sucesso é garantido. Mas e se o objetivo for uma constante? E se o objetivo fosse o momento da experiência? Nesse caso, precisaríamos andar com um *coach* ao nosso lado durante 24 horas do dia?

Como seria se nós aplicássemos o *autocoaching* de uma maneira estimulante em nosso cotidiano, muito além de uma ferramenta de melhoria, como um estilo de gestão emocional e intelectual?

E se fôssemos capazes de nos tornar, não somente conhecedores do processo de *autocoahing*, mas verdadeiramente sábios em sua aplicação, ou seja, vivenciá-lo, experienciá-lo, tornando-o parte de nós?

Convido-o a experimentar o *autocoaching* através da leitura deste artigo.

OPPA!

Expandir nossa consciência sobre o que pensamos, sentimos e o que ocorre ao nosso redor é fator determinante da alta performance. Quanto maior nossa consciência, maiores as nossas chances de sucesso. Altos níveis de observação nos levam a altos níveis de consciência e, consequentemente, a altos níveis de performance.

A mudança se torna uma resultante natural quando aprendemos a ampliar nossa capacidade de observar com foco no que realmente importa; e o que realmente importa aprendemos quando ampliamos nossas observações.

Inspirado por esse conceito, estruturei o acrônimo OPPA!

Observar! **P**erguntar! **P**lanejar! **A**gir!

Não tenho a pretensão de dizer que criei uma nova ferramenta, pois o que fiz, na verdade, foi me inspirar em metodologias já consagradas como o DMAIC da estratégia Seis Sigma (SANTOS; MARTINS, 2003), o processo de *feedback* TOTS (MILLER *et al.*, 1960) e, principalmente, o DCD (duvidar, criticar e determinar) do Dr. Augusto Cury, em seu livro *Treinando a emoção para ser feliz*.

A expressão "Opa!" é uma interjeição, ou seja, exprime um estado emocional. É usada em várias situações como: ao demonstrar hesitação, para chamar a atenção ou quando queremos que alguém pare. Opa!

O "OPPA!" possui objetivo similar, porém com uma sequência estruturada para que você possa fazer um "stop introspectivo" e ampliar a capacidade de observação, de questionamento e de gerar mudanças. Se aplicado da maneira proposta, o OPPA! pode levá-lo a uma experiência no mínimo interessante.

Para que possamos enriquecer esse processo, vamos entender separadamente a arte da observação, a arte da pergunta, a arte do planejar e a arte do agir. Vamos entender o OPPA!

Exemplos de aplicação!

Para que você possa praticar a técnica do 'OPPA!', convido-o a escolher uma situação real em que acredite que necessita de melhorias. Você pode aplicar o 'OPPA!' no contexto que desejar:

- OPPA! O relacionamento com meu (minha) parceiro(a)!
- OPPA! O relacionamento com minha equipe!
- OPPA! Meus pensamentos e emoções!
- OPPA! Meus resultados!
- OPPA! Meus filhos!
- OPPA! Minha comunicação!
- OPPA! Minha vida!
- OPPA! ....!

Ao longo deste artigo, como exemplo de aplicação, utilizaremos um ponto comum a todos nós, nossa comunicação falada.

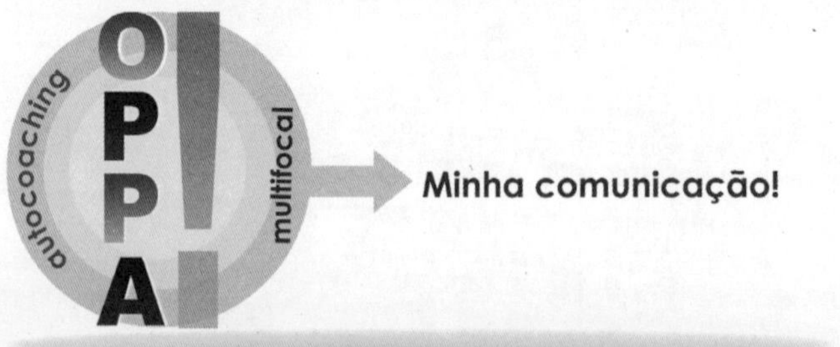

A arte da observação

A observação é uma fonte poderosa de produção de conhecimento e expansão da consciência, que talvez possamos ou devêssemos nos apropriar mais de seu potencial.

- Quer melhorar sua performance? Observe.
- Quer melhorar seus relacionamentos? Observe.
- Quer melhorar sua qualidade de vida? Observe.
- Quer melhorar sua inteligência emocional? Observe.
- Quer melhorar....? Observe.

Quando nos permitimos observar os detalhes existentes em cada momento, em cada evento, em cada pessoa, em cada fato, do mais grandioso ao mais simples que eles possam parecer, também nos permitimos enriquecer o mundo de nossas ideias e percepções. Qual foi o resultado obtido? Temos aqui o primeiro passo em um processo de transformação profunda e duradoura. Observar está intrinsecamente ligado ao aumento de nossa consciência existencial, ampliando as possibilidades, elevando nossas expectativas, proporcionando o desenvolvimento de melhores planejamentos à otimização de recursos e à aplicação de estratégias de sucesso na conquista de resultados de alta performance pessoal e organizacional.

Neste artigo trabalharemos com, pelo menos, dois aspectos que considero fundamentais para o desenvolvimento de uma observação eficaz: a observação 100% presente na experiência e a observação multifocal. A combinação dessas duas forças gera uma experiência cognitiva extremamente estimulante e enriquecedora. Aqueles que a experimentam sempre querem mais.

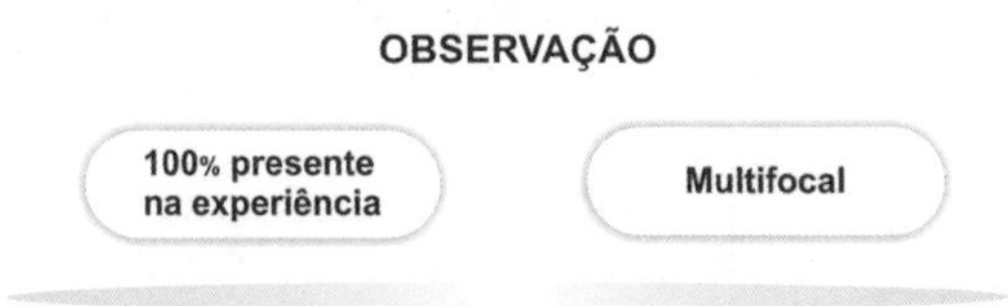

A observação 100% presente na experiência

Talvez você já tenha notado alguns desses comportamentos em você ou em outros: "*Tomo banho pensando no café, tomo café pensando no trânsito, estou no trânsito pensando no trabalho, estou no trabalho pensando em minha casa e estou em casa pensando no amanhã*".

Quando nossos pensamentos estão em um tempo que difere do momento presente, diminuímos muito nossa capacidade de tomar consciência dos estímulos que nos circundam e que compõem determinada experiência. Por exemplo, em uma reunião, esses estímulos podem vir da expressão facial dos participantes, do tom de voz, das conversas paralelas, da qualidade da apresentação, da característica dos participantes, dos sons e de muitas outras coisas. Tudo isso são estímulos e, para que possamos interpretá-los, precisamos estar 100% presentes na experiência. É claro que existem estímulos de qualidade, ou seja, que contribuem para nossa performance, e outros de menor ou nenhuma relevância, porém só podemos definir o que é ou não relevante quando tomamos consciência deles. Pessoas com alta capacidade de conduzir reuniões ou apresentações são habilidosas em perceber os estímulos, identificando os de maior qualidade e com isso se tornam mais precisas nas abordagens.

Para que possamos melhorar nosso nível de performance em qualquer aspecto de nossa vida, precisamos ampliar a capacidade de processar os estímulos de qualidade. O primeiro passo é estar 100% presente na experiência através da atenção direcionada, da concentração e do uso de todos os sentidos.

Vamos ao nosso primeiro exemplo de aplicação do OPPA! na comunicação falada:

Ex.: OPPA! Minha comunicação!

100% presente na experiência.

Estar 100% presente na experiência de comunicação significa ter atenção direcionada, concentração e usar todos os sentidos.

- Quando você está conversando com outra pessoa, seja com seu amigo, esposa ou filho, você verdadeiramente os escuta? De 0 a 10, o quanto você diria que está presente na conversa?
- Experimente ampliar sua capacidade de observação de uma maneira que você nunca tenha experimentado antes.
- Dê atenção aos mínimos detalhes, aos olhos da pessoa, às expressões faciais, à sua respiração e à do outro. Dê atenção às palavras, à fala, aos seus pensamentos, à energia emocional da conversa.
- Torne-se um explorador desse mundo, seja curioso quanto aos detalhes por trás dos detalhes.
- Talvez você se pergunte: como dar atenção a tantos detalhes e, ao mesmo tempo, estar presente? A resposta encontra-se no fato de que, se sua atenção estiver focada nas variáveis que compõem a experiência da comunicação, então você estará presente.

A observação multifocal

A observação multifocal consiste no enriquecimento de nossa interpretação da experiência a partir de diferentes perspectivas. Quanto mais analisarmos o momento por diferentes pontos de vista, mais expandiremos nossa consciência e, consequentemente, nossa probabilidade de obter sucesso no objetivo.

A observação pode ser realizada nos diferentes tempos:

- **Passado:** Aprendemos com as experiências, buscando relembrar e sentir novamente a experiência. Quanto maior nossa consciência sobre a experiência, maior o aprendizado. Nesse contexto, estar 100% presente na experiência significa estar focado no processo de lembrança: sentindo, vendo e ouvindo tudo de novo.
- **Presente:** Este é o momento mais rico para aprendizados, onde os estímulos realmente ocorrem e as mudanças podem ser testadas.
- **Futuro:** Neste tempo podemos praticar a observação multifocal para definirmos estratégias e testar mentalmente o impacto das mudanças a que nos propomos. Nesse contexto, estar 100% presente na experiência significa estar focado no processo de visualização, construindo um cenário de sentidos, visões e sons.

Para treinar a observação multifocal, usaremos quatro perspectivas: a perspectiva do eu, a perspectiva do outro, a perspectiva neutra e a perspectiva do mentor. Você pode transitar por várias posições perceptivas, não se limitando aos exemplos que daremos nesse livro. Quanto mais você treinar, mais ampla será sua visão.

O foco pela perspectiva do Eu

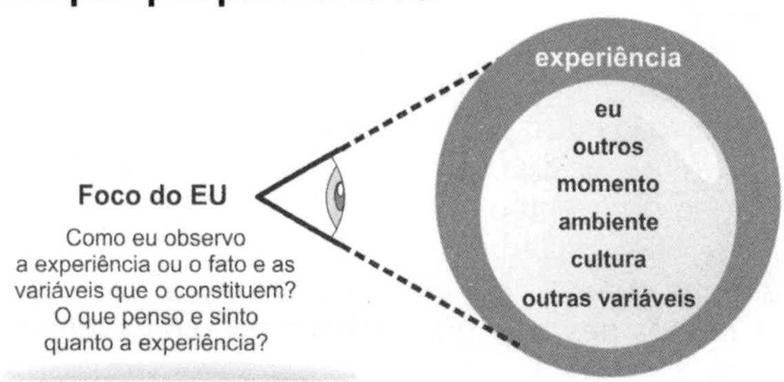

Essa perspectiva pode parecer simples à primeira vista, porém é um grande desafio para a maioria das pessoas. Por quê? Porque além de observar tantas variáveis que compõem uma experiência ou fato é necessário fazer um "stop introspectivo" e exercer a arte da observação sobre si mesmo. Observar suas crenças, suas opiniões, suas emoções, seus valores, seus comportamentos e seus pensamentos, ou seja, pensar o seu pensar e compreender como este define uma determinada experiência.

Ex.: OPPA! Minha comunicação!

Observação focada pela perspectiva do **'eu'**.

- Observe suas energias emocionais e as do(s) outro/outros. Ela é agressiva, dócil, irritada, pacífica, amorosa, positiva, negativa? Qual é sua percepção quanto às suas emoções e às do outro? Você está usando suas emoções ou elas estão usando você? O outro está no controle?
- Observe as falas, os tons de voz, a velocidade, as pausas, a dicção. O que você pode observar em relação às falas?
- Observe seu nível de atenção, você está presente? O outro está presente?
- Observe seus pensamentos. Você está processando respostas ou está escutando?
- Observe as intenções em cada palavra, gesto, expressão facial.
- Você está olhando nos olhos?
- As frases são construtivas ou destrutivas?
- Seja um explorador! Não se preocupe com as repostas ou com os significados, simplesmente observe.

O foco pela perspectiva do Outro

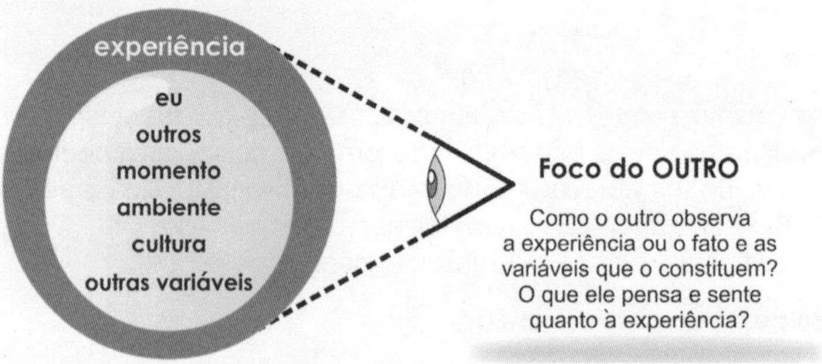

Essa posição é útil em situações onde existe outra pessoa envolvida. Focar na perspectiva do outro pode ser uma experiência muito interessante. Pressupondo que nosso universo interior já é uma imensidão a ser explorada, o que dizer então do interpretar a realidade sobre a perspectiva do outro? Não seria muita presunção de nossa parte?

A boa notícia é que quanto mais treinamos a auto-observação e a interpretação dos fatores pessoais que influenciam uma experiência, mais hábeis podemos nos tornar em observar um evento pela perspectiva do outro e em compreender as interpretações de realidade, o porquê do comportamento alheio e quais as suas intenções. O objetivo é ampliar nossa visão de uma situação, pois por mais habilidosos que sejamos na arte da observação, qualquer interpretação que façamos será sempre uma interpretação virtual da realidade, mas nunca a realidade essencial. A magia consiste justamente no fato de podermos explorar, explorar e explorar.

Ex.: OPPA! Minha comunicação!

Observação focada pela perspectiva do **'outro'**.

- Explore a experiência pela perspectiva do outro!
- Como o outro me vê? O que ele pensa sobre minhas palavras, meus gestos, minha energia emocional?
- Como ele se sente em relação às minhas intenções? Ao meu jeito de me comunicar?
- Como ele se percebe no processo de comunicação? Ele acredita estar obtendo sucesso?
- Ele percebe se estou focado ou não? Ele percebe meu nível de atenção?
- Observe a experiência de comunicação através das emoções e dos pensamentos do outro, procure interpretar todo o contexto da maneira como o outro interpreta.

O foco pela perspectiva Neutra

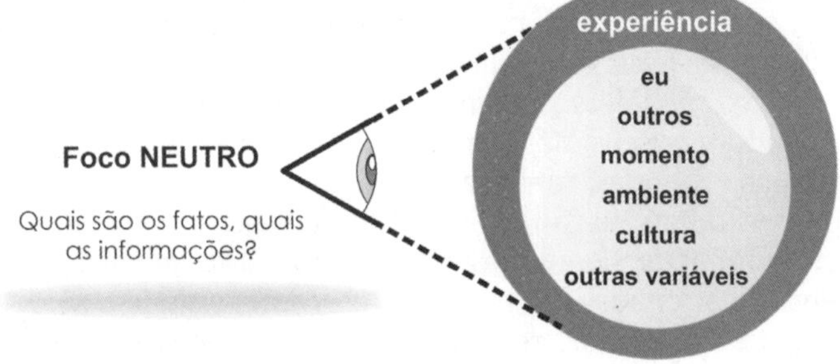

É a observação/posição isenta de crenças, pressuposições, desejos, justificativas e vontades. Uma análise lógica fundamentada em fatos e dados que busca o maior volume de informações possíveis de modo a enriquecer o processo de construção de estratégias. Nessa posição buscam-se oportunidades de se responder, de forma diferente, a uma mesma situação com o objetivo de alcançar um resultado distinto e mais positivo.

Ao treinar esse tipo de observação, é possível que você experimente certo grau de liberdade, pois não estará envolto por fatores que influenciam seus comportamentos.

Ex.: OPPA! Minha comunicação!

Observação focada pela perspectiva **'neutra'**.

- Observe a experiência dissociada de suas emoções.
- Observe os fatos.
- Observe, sem julgamento, os comportamentos do outro e também os seus.
- Observe o ambiente e a energia emocional predominante.
- Observe o sistema – família, empresa, comunidade, etc.
- Observe e colete o máximo de informações que puder.

O foco pela perspectiva do Mentor

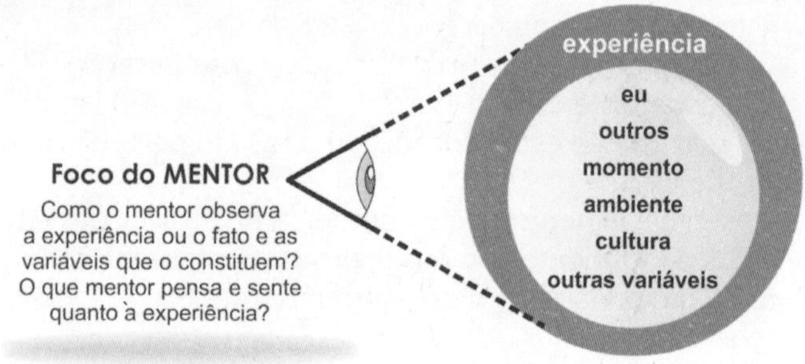

A construção de nosso ponto de vista, nossas estratégias, nossas análises pode ser potencializadas quando nos inspiramos naqueles que são ou foram uma referência em nosso contexto existencial. Estes que nos influenciam positivamente através de suas palavras, escritas, comportamentos e atitudes, conhecemos como mentores.

Observar uma situação focada pela perspectiva de nossos mentores pode expandir significativamente nosso nível de consciência da experiência relacionada com nossos valores essenciais. Isso se deve ao fato de que a maioria das pessoas que temos como mentores nos influenciaram em nossa formação.

Podemos definir um mentor para cada situação específica; pergunte-se:

- Quem seria meu mentor em liderança? Em comunicação? No campo familiar? Nos esportes? Na espiritualidade?
- Quem seria meu exemplo de motivação? Determinação? Entusiasmo? Negociação? Humildade? Sabedoria? Coragem?

Caso você tenha dificuldade em encontrar uma referência em algum aspecto específico, talvez uma boa leitura, um bom filme, ou até mesmo um personagem que você goste, possam servir como sua referência.

Vamos praticar:

Ex.: OPPA! Minha comunicação!

Observação focada pela perspectiva do **'mentor'**.

- Como meu mentor me vê? Como ele vê o outro?
- O que ele pensa sobre minhas palavras, meus gestos, minha energia emocional?
- Como ele se sente em relação aos meus resultados? Como ele se sente em relação às minhas intenções? Ao meu jeito de me comunicar?
- Que *feedback* ele me daria ao me observar?
- Como ele me percebe no processo de comunicação?
- Como ele agiria se tivesse uma experiência similar?
- Explore a experiência pela perspectiva do outro!

A arte da pergunta

A pergunta e a observação ocorrem simultaneamente, pois ao mesmo tempo em que observo um evento ou fato exercito também a arte da pergunta sobre estes.

A arte da pergunta tem por objetivo provocar reflexões profundas e expandir nossa percepção sobre nós mesmos, sobre o nosso pensar, sobre o nosso agir, sobre o mundo que nos cerca, sobre nossos relacionamentos, ou seja, todos os macro e micro-elementos que constroem uma experiência em nossa história. Para que possamos alcançar reflexões que nos proporcionem mudanças significativas, devemos construir perguntas poderosas. Mas como podemos construir tais perguntas?

É preciso compreender que muitas vezes fazemos perguntas, a nós e aos outros, que em vez de promover a expansão, bloqueiam e limitam a capacidade de reflexão. Alguns dos fatores que nos levam a formular tais perguntas são:

- A ansiedade pela produção de respostas.
- Dificuldade de convivermos com a dúvida.
- A necessidade de direcionar as respostas. Isso ocorre quando já temos nossa 'verdade' e não nos permitimos alternativas.
- A imposição de ideias ou crenças.

Para que possamos construir perguntas que verdadeiramente expandam nossa consciência e reflexão, precisamos treinar e nos apaixonar pela arte das perguntas, fazendo não uma, mas múltiplas perguntas sobre tudo o que observamos em nosso processo de pensar, agir e como isso impacta em nossos resultados.

Talvez algumas das dicas abaixo possam contribuir para que você construa perguntas eficazes no processo de observação.

- Ao observar, procure por perguntas que lhe gerem dúvidas. Perguntas que você já sabe as respostas produzem pouca ou nenhuma reflexão. Quanto mais dúvida e confusão, mais profunda será a resposta.
- Seja íntimo das perguntas. Não existe um local ou momento adequado, a vida é treino e prática, use-a.
- Faça perguntas abertas que gerem respostas descritivas, elas promovem maior expansão de consciência. Evite perguntas que gerem simplesmente "sim" ou "não" como resposta.
- Faça perguntas que estimulem observar mais.
- Faça perguntas que gerem maior concentração. Comece com perguntas abrangentes e depois foque nos detalhes, assim alimentamos o estímulo para com a observação.
- Faça perguntas que promovam a ação

A arte da pergunta, combinada com a observação 100% presente na experiência e a observação multifocal, forma uma poderosa ferramenta que pode lhe proporcionar grande elevação de consciência e senso de responsabilidade para com sua história e seus resultados.

Quantos são os que ousam treinar a evolução do seu próprio modelo mental, ou seja, treinar o pensar? Quais são as etapas dos pensamentos de sucesso? Se você pudesse medir a quantidade de pensamentos positivos e negativos durante o dia, qual seria o resultado? Quais foram as razões que o levaram a comprar este livro? Treine e treine a arte da pergunta. Vamos praticar:

Ex.: OPPA! Minha comunicação!

A arte da Pergunta.

- Quais são os fatores de sucesso no meu processo de comunicação?
- Em que situações obtenho maior ou menor sucesso?
- Qual é o nível de responsabilidade que assumo para com as falhas de comunicação?
- Quais são os gatilhos que desencadeiam um diálogo de sucesso ou insucesso?
- Qual é o nível de congruência entre minhas palavras, o impacto delas no outro e os resultados por mim esperados?
- O quanto minhas emoções contribuem para meu sucesso?
- O que eu pretendo comunicar está claro para mim e para o outro?
- E se eu pudesse medir o quanto minha comunicação é exposta ou imposta? Qual seria o resultado?
- E se eu pudesse medir o quanto minha comunicação é construtiva ou destrutiva? Qual seria o resultado?

- Qual é meu nível de domínio sobre o assunto que abordo?
- Qual é minha disposição para ser influenciado?
- O quanto eu procuro me defender e o quanto eu procuro entender?
- De 0 a 100, qual o meu estado de presença na comunicação?
- Quais são as estratégias que melhorariam minha comunicação?
- E se eu elevasse minha capacidade de comunicação? Qual seria o resultado?

A arte da pergunta e o planejar

O grande volume de estímulos promovidos pela arte da observação e a arte da pergunta o levará ao aumento significativo de sua consciência. Essa consciência, somada à sua habilidade de se manter focado, farão com que você ambicione por mudanças que, por sua vez, exigirão um planejamento para gerar a performance.

A arte do planejar

No processo de *coaching* sabemos que, para alcançar resultados, precisamos ter muito claros nossos objetivos e metas, mas principalmente compreender a relevância deles nas dimensões de nossa vida.

Ao ampliarmos nossa consciência, ampliamos também nosso senso do que realmente importa e, consequentemente, sonhamos,
formamos nossos objetivos e definimos as etapas para alcançá-los por meio das metas. Com o objetivo estabelecido, estamos prontos para definir um plano de ação.

São muitos os modelos de planejamento e cada qual se aplica à realidade da complexidade do objetivo em questão, porém minha intenção aqui é chamar a atenção para um dos pontos fundamentais de um bom planejamento, as estratégias.

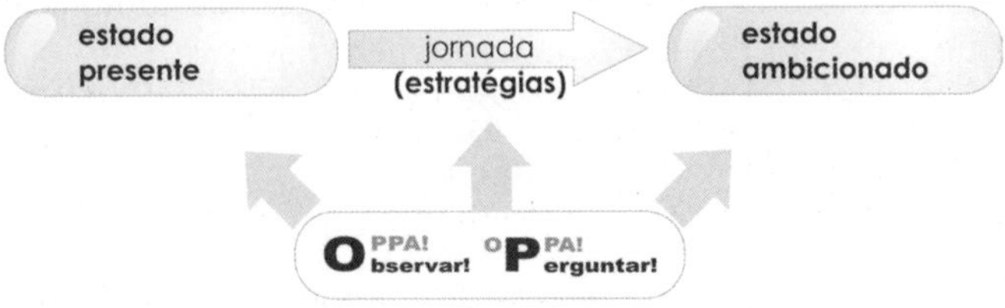

Para a construção do plano de ação, sugiro os seguintes passos:

1. Defina o estado ambicionado. Repita mentalmente eu ambiciono em vez de eu desejo. A palavra "ambiciono" pode gerar um maior estímulo para o movimento. O estado ambicionado pode ser simples, como dizer algo a uma pessoa, ou mais complexo, como construir uma casa. Lembre-se de que tudo é oportunidade. Aplique o observar e o perguntar sobre o estado ambicionado e explore: Quais serão os benefícios? Quem será impactado? O alcance está sob meu controle?

2. Defina as estratégias. Para a conquista do estado ambicionado, precisamos definir como chegaremos a ele, qual o melhor caminho a ser tomado, quais recursos utilizaremos e chamamos esse processo de estratégias. A definição de nossas estratégias está intrinsecamente ligada à nossa habilidade de antecipar o futuro, explorando-o através da observação e da pergunta. Vamos a um exemplo:

1º PASSO: Explore o objetivo, aplicando a arte da observação e da pergunta. Observação 100% presente na experiência de visualização e observação multifocal.

2º PASSO: Retorne na linha do tempo, observando cada instante, cada momento e identificando as metas necessárias para atingir o objetivo. A cada meta encontrada no espaço de tempo, aplique a arte da observação e da pergunta.

3º PASSO: Quando chegar ao estado presente, escreva todas as metas e as datas em que serão alcançadas e as estratégias que você utilizará. Este passo depende muito do seu objetivo, pois você pode aplicar completamente o OPPA! em um bate-papo com um amigo e fazer todo o processo mentalmente.

Exemplo de perguntas que talvez possam inspirá-lo durante sua visualização da linha do tempo:

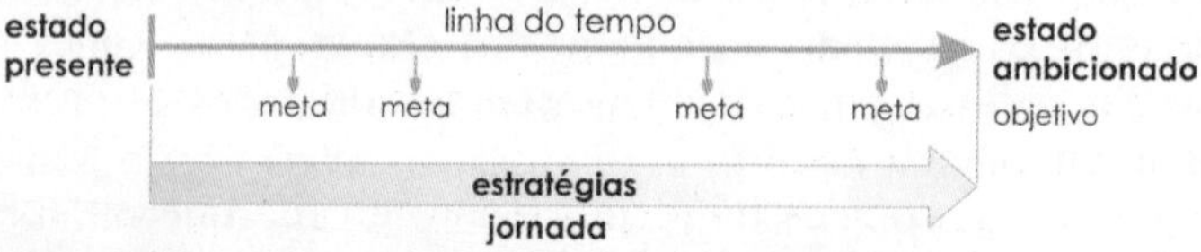

i. Perguntas para o objetivo (estado ambicionado):

- Como me sinto tendo chegado até aqui?
- O quão satisfeito eu estou com esta realização?
- Quais são os ganhos?
- Qual é o *feedback* dos que se relacionam comigo. E o objetivo?
- O que eu fiz que tornou possível esta conquista?

ii. Perguntas para a jornada (estratégias):

- O que estou fazendo neste exato momento que está contribuindo com meu objetivo?
- Quais são os meus comportamentos e as ações que constroem a conquista de meu objetivo?
- Existem outras maneiras de fazer o que estou fazendo agora e que me levariam ao objetivo?
- Minhas metas contribuem para meu estado ambicionado?

Vamos praticar:

Ex.: OPPA! Minha comunicação!

A arte do Planejar.

OBJETIVO

Para essa conversa, ambiciono expor minhas ideias de forma com que o outro me compreenda.

- Ao fim, ambiciono sentir-me bem.
- Ao fim, ambiciono que os outros estejam reflexivos.

JORNADA

Para expor minhas ideias:

- Respeitarei o ponto de vista do outro.
- Praticarei a observação multifocal para compreensão das ideias do outro.
- Minha linguagem respeitará as crenças e os valores do outro.
- Estarei 100% presente e utilizarei uma energia emocional positiva.
- Adotarei respostas construtivas, demonstrando interesse autêntico no outro, olhando nos olhos e expressando emoções positivas.

A arte do agir

O 'segredo' do sucesso? AGIR.

O sucesso mantém uma correlação direta com nossa capacidade de agir e de colocar em prática aquilo que acreditamos e que julgamos ser importante para nós. Em contraponto, o insucesso está diretamente correlacionado à nossa capacidade de dar desculpas e encontrar justificativas para nossa inércia.

Nossa vida é uma experiência contínua, um constructo, um treinamento na prática, que resulta em sucessos e fracassos provenientes das inúmeras oportunidades para as quais somos convidados a todos os momentos a observar, questionar e, principalmente, agir e assim evoluir.

Para ampliar seu potencial de ação, direcione sua concentração e seu foco de observação em duas principais diretrizes:

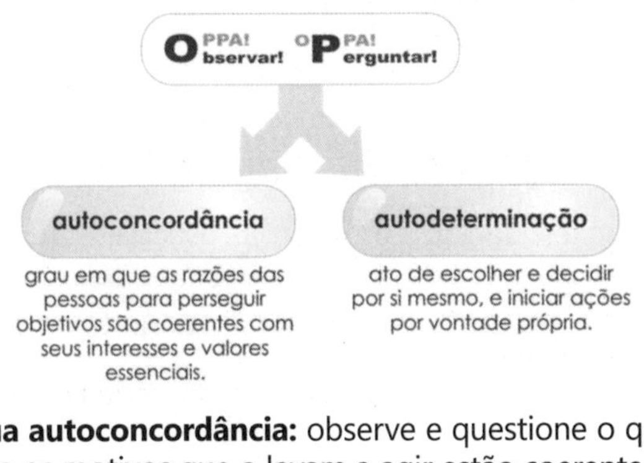

1- Sua autoconcordância: observe e questione o quanto verdadeiramente os motivos que o levam a agir estão coerentes e alinhados com seus valores e seus interesses.

2- Sua autodeterminação: observe se você seguiu todos os passos do 'OPPA!' de uma forma livre, sem influência externa. Se isso ocorreu, a probabilidade de você obter sucesso é altíssima, pois você estará autodeterminado e livre para agir.

Agora que você já sabe o que fazer e tem a motivação adequada para tal, ouse experimentar, desfrutando do aprendizado da ação, contemplando a jornada e estando 100% presente na experiência.

Ex.: OPPA! Minha comunicação!

A arte do Agir.

- Experimente a ação de se comunicar de forma diferente.
- Observe quais os resultados com suas novas ações.
- Observe se é necessário mudar novamente.
- Aplique o OPPA! durante o processo.
- Verifique sua autoconcordância. Existe algo que deva ser ajustado?

CONCLUSÃO

Nossos pensamentos são a força motora da ação, da construção de nosso sucesso e de nossa evolução como seres humanos. Podemos treinar e desenvolver essa força observando-nos, questionando-nos e ampliando nossa consciência sobre a maneira como pensamos e agimos.

Escrever uma história repleta de realizações e verdadeiramente significativa é poder dizer no agora:

- Estou livre para amar.
- Estou livre para perdoar.
- Estou livre para mudar.
- Estou livre para o meu melhor.
- Estou livre para...

Na brevidade de nossa existência, somos convidados a ser o autor de nossa história, a evoluir em tudo que pensamos, somos e fazemos. Poucos atendem ao convite.

E você, como tem respondido a esse convite especial?

OPPA!

4

O vendedor *coach*

Felicidade é o único bem. O lugar para ser feliz é aqui. O tempo de ser feliz é agora. A maneira de ser feliz é ajudar a fazer os outros felizes.
– Robert G. Ingersoll

Alberto Lira

Alberto Lira

Certificado internacionalmente pelo BCI (Behavioral Coaching Institute – EUA) e ICC (Internacional *Coaching* Council – EUA) como *Master Coach* pela SB*Coaching* e atua no aprimoramento de executivos e times como *Executive & Leadership Coach. Certified Personal & Professional Coach®. Certified Executive Coach® (Leadership Skills). Certified Career Coach®. Certified Team Coach®. Certified Positive Coach®. Certified Alpha Coach®. Certified Master Coach®, Certified Solution Selling®.* Administrador de empresas, empresário, sócio-diretor da empresa Central do Canal e membro do ICC do Brasil (Instituto de *Coaching* Corporativo do Brasil). Especialista em gestão de canais de vendas pela Channels University e experiência de 20 anos em empresas globais de distribuição em TI na área de vendas. Colunista da revista Partner Sales na área de comportamento.

Contatos
www.centraldocanal.com.br
albertolira@centraldocanal.com.br
(11) 96343-0211

Meus primeiros passos no mundo do *coaching* sinalizaram-me que aquela era a estrada que eu procurava há algum tempo. Tive certeza de que ali iniciava uma nova fase ou um novo ciclo em minha vida, na qual, por meio do poder do questionamento, pude perceber com mais amplitude o mundo em que sempre estive inserido, contudo com uma perspectiva mais positiva e de recursos infinitos.

A área de vendas sempre foi minha verdadeira paixão e a ela credito minhas conquistas. Sempre pensei que não encontraria outra profissão que me trouxesse tanta satisfação e realização, entretanto, quando iniciei minha formação em *coaching*, percebi que minha vocação para a área de vendas e o êxito obtido nesta profissão convergiam com algo novo que se descortinava à minha frente.

Coaching e vendas

E cada novo aprendizado no mundo do *coaching* fortalecia minhas convicções do quanto essa metodologia poderia ser útil na área de vendas, tornando esses profissionais ainda mais bem-sucedidos. Acredito que vendedores de sucesso já atuam inconscientemente dessa forma. Não sabem por que fazem, mas por fazerem de forma consistente, obtêm resultados extraordinários.

O êxito vem da soma de suas habilidades, competências, comportamentos, atitudes, crenças, valores e estados emocionais. Enfim, eles sabem utilizar suas forças, na busca de resultados, de maneira otimizada e coordenada.

> "*No futuro, todos os líderes serão coaches. Quem não desenvolver essa habilidade será automaticamente descartado pelo mercado.*"
> Jack Welch, ex-CEO da General Electric.

Acredito que no futuro os melhores vendedores serão também *coaches*.

Tal convicção evidencia-se quando comparo os melhores profissionais dessas áreas e a maneira como operam em termos de atitudes, comportamentos e pensamentos.

Siga essa regra de ouro: faça para as pessoas (clientes) o que gostaria que fizessem por você, respeitando valores, crenças, condições socioeconômicas e culturais.

Busque os melhores resultados: entregue-se na busca pela excelência.

Tenha esperança: ou seja, postura positiva perante as circunstâncias, entendendo que existem caminhos a serem percorridos e uma estratégia adequada para cada situação.

Foque nas soluções: perceber a vida com perspectivas de crescimento e possibilidades, enxergando os obstáculos como instrumentos necessários para nosso crescimento e evolução.

Evite o prejulgamento: Nossas necessidades e desejos pertencem a nós mesmos. Somos diferentes e isso é que nos torna seres humanos. Entendendo esse conceito, fortaleceremos e ampliaremos nossos relacionamentos e conquistas.

Algumas pessoas se sentem paralisadas e sem perspectivas, justificam seus resultados alegando que as coisas são difíceis, entretanto, a forma como conduzem a vida delas traduz exatamente o resultado que obtiveram. Mude sua forma de agir e o modo como encara os desafios e se surpreenda com a nova janela que se abrirá a cada amanhecer.

Profissionais diferentes, algo em comum

Esse pensamento povoava minha mente e as comparações eram inevitáveis. A partir de então, passei a analisar cada vez mais o vendedor e o cliente, o *coach* e o *coachee* e percebi que os dois profissionais mostram caminhos e opções a serem escolhidas, despertam necessidades e desejos, analisam problemas e soluções, influenciam com palavras e questionamentos a tomada de decisões de seus clientes.

Os melhores *coaches* utilizam seu conhecimento para contribuir e ampliar sua visão sistêmica e jamais utilizá-lo como instrumento de manipulação. Se empenham na busca pelo aprendizado e na utilização das melhores ferramentas, metodologias e conceitos que visam contribuir com os resultados de seus *coachees*.

Já em vendas, os bons profissionais utilizam seus conhecimento sobre o produto ou serviço, explorando características, vantagens e benefícios para satisfazer as necessidades implícitas e explícitas de seus clientes, suas insatisfações e desejos. Seu foco é identificar os problemas e sugerir soluções que gerem maior satisfação aos clientes.

Os melhores vendedores entendem que o conhecimento sobre características, vantagens e benefícios de produtos e serviços são competências técnicas básicas de quem atua na área, ou seja, possuí-las coloca-os apenas em jogo, entretanto, não são suficientes para torná-lo bem-sucedido, principalmente nas vendas que possuem um ciclo de negociação extenso e um valor monetário maior.

Tanto nas reuniões com seus clientes, como nas sessões de *coaching*, ambos entendem que atuam num processo caracterizado por fases de evolução com metas específicas e discutidas a cada reunião ou sessão.

Venda transacional e venda consultiva

As vendas cujo valor para aquisição é baixo e seu ciclo de negociação pequeno são denominadas como *transacional*. Os vendedores normalmente não desenvolvem relacionamentos com os clientes, não investigam com profundidade as necessidades deles. As técnicas de fechamento com forte apelo emocional são as principais características desses vendedores.

As vendas cujo valor para aquisição é alto e o ciclo de negociação longo são denominadas *consultiva*. Os vendedores desenvolvem relacionamento com o cliente, investigam suas necessidades e exploram o valor agregado de suas soluções. O foco é identificar o problema e falar da solução. O risco é que os vendedores podem se concentrar em demasia no produto e menos na escuta ativa, podendo se perder no processo, não identificando pontos de alavanca que influenciam na decisão de compra do cliente.

Estudos apontam que a postura do vendedor transacional, em negócios com caraterísticas de venda consultiva, obtém menos êxito e um dos motivos é o uso excessivo de técnicas de fechamento. Na aquisição de um produto ou serviço de alto valor, os apelos emocionais não influenciam na decisão de compra.

A competitividade faz com que as empresas precisem "fazer mais com menos" e seus investimentos são direcionados ao aumento da produtividade, qualidade e satisfação do cliente. As aquisições que não obedecerem essas normas colocam em risco sua operação e, consequentemente, o cargo dos compradores.

O que fará você um vendedor de sucesso é a forma como conduz a negociação com seus clientes e como foge um pouco do contexto "produto". Significa entender as necessidades e desejos implícitos e explícitos de seus clientes e, para isso, uma postura de *coach* poderá ajudá-lo a entender o que permeia a motivação humana.

O vendedor *coach*

Percebe-se então um terceiro elemento surgindo no mercado, que não sobrepõe os modelos citados anteriormente, contudo pode complementá-los ante as exigências do mercado. Dessa forma surge o vendedor *coach*. Não significa que uma postura (transacional, consultiva ou *coach*), seja melhor do que a outra, cada uma será aplicada de acordo com o cenário identificado. Todas precisam de talentos e habilidades específicas que são desenvolvidas de acordo com a experiência.

A arte da negociação envolve padrões de comportamento e habilidades que, uma vez desenvolvidos, potencializam os resultados desejados. Uma das competências a serem desenvolvidas é a comunicação e, neste contexto, surge o vendedor *coach* cuja principal característica é a *escuta ativa*.

Quem conduz a comunicação na TV num programa de entrevistas? O comunicador ou o entrevistado?

Normalmente, quem entrevista conduz a comunicação e leva o entrevistado para o contexto desejado. O ciclo é sempre o mesmo, pergunta, ouve a resposta e pergunta novamente.

O entrevistado é o protagonista e sua história o foco da entrevista, portanto, o entrevistador fala menos e ouve mais.

O sucesso do programa estará pautado em perguntas inteligentes e histórias interessantes.

E num processo de *coaching* ou de negociação, quem deve conduzir a comunicação?

No *coaching* em vendas, o efeito é o mesmo, sugere-se que sejamos: 20% consultor tradicional (explorando características, vantagens e benefícios do produto) e 80% consultor *coach* (perguntas e escuta ativa).

O ponto de maior relevância num processo de *coaching* é a utilização de perguntas poderosas que conduzem o *coachee* a respostas e soluções de seus problemas. O *coach* não dá as respostas. Oferece alternativas e isso faz com que a decisão esteja sempre com seu *coachee*. Dessa forma, o indivíduo se sente mais responsável, autônomo e comprometido com as suas escolhas. Quando surge um questionamento, o *coach* sempre responde com mais perguntas que ampliam a visão sistêmica de seu *coachee* diante do mundo de possibilidades.

Durante a negociação, o vendedor que possuir a postura de *coach* trará mais resultados, pois perceberá que as respostas estão sempre com o cliente e que a cada pergunta bem formulada se obtém maior clareza das necessidades e dos desejos dele. Dessa forma, o vendedor consegue expor de maneira mais assertiva os benefícios de seus produtos ou serviços, pois quem dá a solução é o cliente.

Cada pergunta respondida pelo cliente aumentará o repertório de soluções que será apresentada pelo vendedor *coach*, minimizando as possíveis objeções. Basta entender este processo para agregar valor à sua oferta.

Qual é o segredo?

As perguntas não devem ser aleatórias e sim colocadas num contexto específico como um objetivo a ser atingido. Portanto, entendemos que elas fazem parte de um processo que visa o esclarecimento de pontos de alavanca para a venda e que quem possui as respostas são os clientes.

Com perguntas inteligentes obteremos o cenário atual e o cenário desejado pelo cliente, saberemos quais são os recursos e os agentes motivadores para a mudança, assim como os desejos e as necessidades.

Existem várias ferramentas utilizadas em sessões de *coaching* que auxiliam na construção de cenários, tais como o modelo GROW

(G. Alexander, 1984; J.Whitmore, 1992), *The Skilled-Helper Model* (G. Egan, 2002) e na área de vendas, conheci o modelo *SPIN Selling* (Neil Hackram). Todas elas levam do estado atual ao cenário desejado, explorando os recursos existentes e sua otimização. Não importa a metodologia ou o modelo a ser adotado, o fato é que as perguntas devem soar como uma melodia aos ouvidos dos clientes, de forma que se sintam estimulados a participarem do processo e para isso devemos saber escolher o repertório e o ritmo adequado, assim como seu volume e intensidade. Trata-se de estabelecer o *rapport* e o ajuste da fisiologia de seu interlocutor. Sem essa conexão, será praticamente impossível ser bem-sucedido, tanto numa sessão de *coaching*, quanto numa negociação.

É como tocar o instrumento que lhe transmita paz e tranquilidade. Dessa forma, surge o modelo LIRA de vendas, que utiliza esse instrumento como metáfora e que simboliza a harmonia necessária para o alcance dos objetivos. Qual a canção que devemos tocar para nossos clientes? LIRA é o acrônimo de:

L – Linha de raciocínio;
I – Interpretando os pontos cegos;
R – Razão para a mudança;
A – Ambiente ideal.

- **Linha de raciocínio:** esse é o início do processo e identifica os limites do cliente em termos de estrutura. As perguntas mais comuns são: há quanto tempo a sua empresa está no mercado? Desde quando no local? Quantos funcionários? Qual o seu maior desafio? Dica: os desafios e as pressões diárias tornam o tempo cada vez mais escasso, e os clientes podem se irritar quando percebem que as reuniões tendem a ser extensas, portanto, devemos colher o máximo de informações preliminares antes das reuniões. Esse tipo de questionamento revela informações para o vendedor, portanto, interessa somente a ele e o cliente poderá perder o interesse se sentir que está perdendo tempo com assuntos menos relevantes. Portanto, passe por essa fase de maneira rápida. Sua arma secreta serão seus ouvidos e sua boca, seu maior inimigo, portanto, fale menos e ouça mais!

- **Interpretando os pontos cegos:** investigar o cenário do cliente e os possíveis *gaps* a serem preenchidos. As perguntas devem ser direcionadas para entender quais são os produtos e serviços utilizados e seus resultados. Exemplo: esse produto resolve todos os problemas em termos de produtividade? É econômico? Há quanto tempo utiliza essa tecnologia?

- Razão para a mudança: após as etapas anteriores, já temos o retrospecto necessário para a etapa seguinte e chegou a hora de racionalizarmos o processo. Essa fase é importante para elevarmos a consciência do cliente quanto às consequências negativas, caso ele continue mantendo os produtos e serviços atuais. Exemplo: você disse que o sistema é lento, quais as consequências diretas em seus clientes? Disse-me também que é instável e que as informações não são confiáveis, qual o nível de motivação de sua equipe para operá-lo? Quais os riscos para o seu negócio? Para a sua empresa? E para você? Quanto custa para a empresa mantê-lo?

- Ambiente ideal: essa é a melhor fase e nela realizamos as vendas de valor agregado com mais frequência, pois o cliente percebe a necessidade para a mudança: o que o senhor está me dizendo é que um sistema estável tornaria o relacionamento com o cliente mais seguro. E o que mais? Se o sistema fosse mais rápido teria menos perdas e, portanto, mais produtividade. E o que mais? Quando reunimos elementos que evidenciam a eficiência de nossos produtos, ante as respostas do cliente, elevaremos o valor agregado de nossa oferta e diminuiremos as objeções dos clientes, pois a solução partiu das respostas que ele construiu. De uma maneira geral, as perguntas corretas amplificam os problemas existentes e suas consequências no futuro, ao mesmo tempo estimulam as soluções desejadas pelos clientes.

Valor percebido pelo cliente

Quem precisa enxergar o valor da mudança é o cliente e não apenas o *coach* ou vendedor. Para isso, devemos evitar o prejulgamento, principalmente quando acreditamos que determinada solução se encaixaria perfeitamente no contexto de nossas vidas.

5

Coaching + comportamentos empreendedores = alta performance

Para lidar com donos de pequenos negócios, altos executivos, líderes empresariais e gestores é fundamental que o *coach* tenha estratégias e ferramentas diferenciadas ao seu alcance. Estas pessoas quase sempre possuem bons resultados no dia a dia e são constantemente pressionadas para isso (ou pressionam). O *coach* precisa ser capaz de falar a mesma língua destes líderes e ter alta performance

Alessandra Vieira Fonseca

Alessandra Vieira Fonseca

Formada em Psicologia pela Universidade de Brasília, especializada em Administração de Recursos Humanos pela Fundação Getúlio Vargas. Especialista em visão sistêmica e análise de arquétipos. Atua na área organizacional desde 1993, desenvolve trabalhos em empresas públicas e privadas na área de *coaching*, treinamentos gerenciais e empresariais com ênfase nos motivacionais. *Expert* em clima organizacional, avaliação de desempenho e descrição de cargos. É consultora organizacional especializada em Gestão de Pessoas e Recursos Humanos. Credenciada do SEBRAE desde 2003. Consultora do Fórum Permanente de MPEs/MDIC. Instrutora líder certificada para o Empretec pela UNCTAD/ONU. Analista licenciada do Alpha Male Assessment, instrumento personalizado, para avaliar as lideranças. Acumula mais de 10 mil horas de treinamentos e palestras. Entre seus principais clientes estão: Sebrae, Caixa Econômica Federal, Funcef, CTIS, Infraero, Rizzo Imobiliária, STF, Ministério do Desenvolvimento Indústria e Comércio Exterior, Ministério de Planejamento, NTU. Sócia proprietária da empresa ConsultaRH *Coaching* & Treinamentos.

Contatos

www.consultarh.com.br
alessandra@consultarh.com.br

Segundo McClelland, a necessidade de realização é uma movimentação inconsciente que leva o indivíduo a fazer o melhor para obter um padrão de excelência. As pessoas com alta necessidade de realização avaliam-se para medir o progresso do alcance de seus objetivos. Estabelecem para si metas desafiadoras, perseguem-nas e quando alcançam, rapidamente estabelecem novas, mais mobilizadoras ainda.

O ciclo virtuoso

Esse movimento de estabelecer um objetivo, alcançá-lo e estabelecer outro, ainda mais desafiador, gera um ciclo de melhoria contínua, fomentando a necessidade de agregar a prática de um montante de comportamentos específicos denominados empreendedores. Isto porque, como os objetivos estabelecidos são desafiadores, geram conjuntos de ações que levam a planejar, a avaliar riscos, a identificar oportunidades, a superar obstáculos, a exigir qualidade, a buscar eficiência, a aproveitar e a aumentar a rede de contatos e assim por diante, gerando um ciclo virtuoso que favorece o alcance dos resultados esperados/estabelecidos, o que acaba por gerar mais motivação e, assim, o estabelecimento de novas metas, dando início de novo ao ciclo. O esquema abaixo pretende resumir este ciclo de melhoria contínua:

***Coaching* + comportamentos empreendedores**

Um questionamento frequente dos meus clientes era justamente como alcançar resultados de maneira mais eficiente. Quase sempre os resultados eram eficazes, mas meus clientes percebiam que perdiam muito tempo no processo ou o custo desse resultado não era proporcional ao mesmo. E isso para um profissional de alta performance é uma pedra cortante no sapato.

Um ponto de partida fundamental foi a atribuição de responsabilidade pelos resultados, uma das premissas do *coaching* é também, não por acaso, uma verdade para os empreendedores de sucesso. Eles acreditam que têm o controle sobre a causalidade de seus resultados, logo agem buscando minimizar quaisquer possibilidade de fracasso. Isso lhes dá poder de decisão e ação - controle.

Como os empreendedores, um bom *Coach* busca este comprometimento de seus clientes, é fundamental que o *coachee* tenha a consciência de que seus resultados dependem dele, ele é o principal agente de mudança e das realizações que ele espera alcançar. Mesmo que as variáveis externas que se apresentam sejam imutáveis, ou difíceis de serem transpostas ou controladas, há como monitorá-las a fim de que o envolvido se antecipe e esteja preparado para elas.

O quê

Nas primeiras sessões, e é bom que no máximo até a terceira, precisa-se que um objetivo tenha sido estabelecido, aonde se quer chegar. Não há como dar continuidade ao ciclo de *coaching* sem que se defina o resultado final. Assim também precisa ser no mundo empresarial - os empreendedores de sucesso têm claro e específico seu ponto de chegada, definem aonde querem chegar, com data marcada para isso. Imprescindível nesta definição é a mensuração deste resultado, senão não há como se ter certeza de que o resultado foi realmente alcançado.

Quando falamos em alta performance, este resultado a ser medido e perseguido precisa realmente significar um desafio mobilizador para o empreendedor. É responsabilidade do *coach* instigar em seu *coachee* o desafio, questionar se o resultado que ele estabeleceu é realmente mobilizador, o que fará com que ele persiga esse resultado pelo tempo estabelecido (porque a meta pode ser de longo prazo) e qual o significado pessoal desta *meta*. É fundamental que o *coach* não se atenha simplesmente a protocolos preestabelecidos, o seu diferencial competitivo estará justamente em conseguir entender e fazer seu cliente se conectar profundamente nas metas dele.

Como

Tendo estabelecido aonde se quer chegar, agora é necessário definir o caminho ou caminhos. Entra em cena o *planejamento*. No mundo dos negócios é o momento de fazer a análise de mercado, entender quais as necessidades do cliente, definir um produto/serviço que atenda a essas necessidades, analisar o mercado, definir estratégias, enfim fazer um plano de negócios.

Nas empresas é o momento do planejamento estratégico, aliado à missão institucional e à visão, quais recursos serão necessários, análise de ambiente interno e externo.

Para o *coach* também é a hora do planejamento: quais ferramentas e técnicas são mais eficientes e eficazes com este cliente específico? Quais *assessments* darão material suficiente e relevante para o diagnóstico de suas competências? Qual o melhor caminho?

Aqui, se diferencia novamente o *coach* que tenha em seu arsenal não somente os protocolos básicos que lhe foram simplesmente repassados, mas toda a experiência, a prática, o *expertise* e a sensibilidade de realmente compreender o cliente.

O pulo do gato

Tendo escolhido aonde se quer chegar e o caminho, é hora de identificar *oportunidades* e de fazer escolhas.

Numa empresa escolhe-se qual produto ou serviço será trabalhado, qual contribuirá positivamente para os lucros da empresa e fará o negócio girar. Muitas empresas e empresários caem na armadilha de iniciarem negócios com foco específico em um produto ou serviço, fechando o leque de possibilidades, quando na verdade o movimento deveria ser inverso, primeiro buscar as necessidades dos potenciais cliente e como resolvê-las. Depois, então, definir um produto ou serviço que as atenda, abrindo oportunidade!

E como isso se relaciona ao processo de *coaching*? Em geral, o cliente, quase sempre, chega com uma visão tubular sobre a possível solução de um problema, limitando-as a uma ou duas. Um bom *coach* deve levar o cliente a pensar de maneira diferente: enxergar o máximo de soluções possíveis para um problema específico, de forma sistêmica, inovadora e criativa, através de um processo de busca de oportunidades.

Sempre há risco

O empreendedor sabe que para alcançar os resultados que ele estabeleceu existem muitos riscos envolvidos. Claro, sua meta é desafiadora! Portanto ele busca analisar e calcular os *riscos*, visando minimizá-los, se preparar para eles ou se antecipar se possível. Com isso, ele mensura melhor as possibilidades de êxito e fracasso, tomando decisões baseado nessa análise.

Da mesma forma deve agir seu cliente de *coach*. Nesse momento você deve apoiá-lo com ferramentas estruturadas de análise de cenários, traçando com detalhes os riscos envolvidos, não deixando que nada passe desapercebido.

Fundamentalmente, toda análise de riscos é baseada na análise das informações disponíveis, por isto certifique-se de que elas estejam realmente ao seu alcance. Por este mesmo motivo utilizar ferramentas de análise de cenários nas primeiras sessões, quando o *coach* ainda não dispõe de tantas informações sobre o cliente e quando a relação de confiança ainda não foi consolidada, pode ser um risco alto à qualidade do resultado.

Informar-se é fundamental

A melhor forma de analisar riscos é por meio da consolidação das informações disponíveis. Muitas vezes os empresários acreditam que conhecem bem os clientes, sabem de suas necessidades, por isso trancam-se em seus escritórios e não buscam dados junto aos colaboradores, fornecedores, clientes ou concorrentes. Não acompanham as tendências de mercado, as oportunidades disponíveis, nem as demandas por melhoria em qualidade. Desta maneira, acabam por perder seus diferenciais competitivos.

A procura por informações é a base para busca de novas oportunidades e análise de riscos, mas também fonte de dados para melhoria em qualidade, em eficiência. O que difere o empreendedor de sucesso é ir pessoalmente atrás destas informações, corroborá-las em mais de uma fonte de dados.

Durante o processo de *coaching*, não é diferente. É importante entender a fundo as necessidades dos clientes, checar se as impressões e as deduções são corroboradas. Utilizar-se de ferramentas consolidadas e testadas a fim de que os dados sejam melhor comparados. Por à prova os sabotadores que limitam o crescimento.

E a qualidade...

Bem, o item qualidade, sozinho, mereceria um artigo só para ele... Será o grande diferencial competitivo do empreendedor, a forma como se destacar em um cenário competitivo, em um ambiente com tantos concorrentes. Também é o momento de buscar um padrão de excelência e procedimentos que garantirão esta qualidade e padrão.

Para um bom *coach*, o comportamento qualidade se traduzirá em pequenos detalhes, de forma frequente e consistente. É o cuidado com a preparação, com a antecedência das ações, visando o planejamento e os procedimentos que demonstrarão cuidado e foco no cliente. Deixar seus protocolos preparados, impressos, ler suas anotações, estar pronto para o *coachee* com pelo menos 10 minutos de antecedência, estes são apenas alguns dos detalhes que traduzirão a qualidade de suas sessões.

Levar o cliente a desenvolver competências relacionadas à qualidade fará de você um profissional referenciado no mercado, pois este ciclo de boas práticas será perpetuado – seu cliente implementa resultados melhores focados em qualidade, referencia seu trabalho como *coach*, o que consolida seu nome no mercado.

E como saber se você tem ou não qualidade? Você terá orgulho em apresentar o resultado. Simples assim!

Mas nem tudo são flores

Até agora falei dos comportamentos empreendedores, como eles devem ser em condições ideais – teoria e prática – para fazer os resultados serem alcançados e procurei criar uma analogia com o trabalho do *coach*.

Acontece que, também na prática, muitas das variáveis e intercorrências previstas durante o planejamento (baseada no fato de que foi feito um bom planejamento), acabam por acontecer. Surgem obstáculos, dificuldades e pedras no caminho. Sim, claro! Afinal lembre-se de que a meta estabelecida era desafiadora! E é para esses momentos que o empreendedor e o *coach* utilizarão da energia mobilizadora, aquela que os conecta aos seus objetivos, aquela que dá significado pessoal ao ponto de chegada. Conseguem utilizar desta energia, a persistência, para superar obstáculos e atingir resultados, já que eles mesmos estabeleceram onde queriam chegar.

Especificamente na relação *coach* e *coachee* é fundamental que o primeiro esteja atento ao nível de comprometimento e dedicação que o segundo demonstra com relação à consecução de seus objetivos. Deve ficar atento às desculpas verdadeiras, aos sabotadores e desperdiçadores de tempo. Muitas vezes, estes não são percebidos pelo cliente, que já pode estar nesta armadilha há algum tempo. Questionar como alcançar o resultado neste caso e/ou deixar claro que os resultados não virão poderá inclusive ser uma estratégia eficiente.

Ao lidar com empreendedores, utilizo *cases* de empresários de sucesso com comportamentos específicos que quero demonstrar. Esta estratégia também é eficiente durante o processo de *coaching*, pois conecta o cliente com uma situação real e semelhante à dele, gerando um modelo, o que, muitas vezes, ajuda no comprometimento.

Quem tem amigos não precisa de mais nada

Uma boa rede de contatos é fundamental! No caso do empreendedor, ele entende que poderá acioná-la a qualquer momento com vistas a facilitar o atendimento de suas metas, seja por meio da divulgação, da prospecção ou até mesmo acionando pessoas que para ele serão fundamentais naquele momento.

Não será diferente durante o processo de *coaching*, seu cliente perceberá que para desenvolver as competências definidas nas primeiras sessões, ele muito provavelmente precisará ampliar sua capacidade de se relacionar, de manter uma rede de contatos e melhorar a habilidade de persuasão.

Sua habilidade de gerenciar e liderar está diretamente relacionada à forma como ele utiliza esta característica. Um bom líder identifica como mobilizar e motivar cada um liderado e procura desafiá-los a superarem obstáculos, assim como ele mesmo o faz. Pune e premia na mesma medida, quando necessário.

Segurança e controle é fundamental

À medida que avança na prática de comportamentos empreendedores, mais seguro e apto o *coachee* se sentirá a continuar sua jornada e a estabelecer metas mais desafiadoras. Será mais fácil superar o caminho das pedras, pois ele já terá sentido o gosto da realização pessoal. Neste processo ele foi capaz de praticar tantos comportamentos para atingir seus objetivos que muitos deles já se tornaram rotina, internalizados.

É comum chegar ao fim do ciclo de *coaching* com seu cliente fortalecido, confiante para seguir o caminho sozinho ou com o apoio mais esporádico do *coach,* dependendo do serviço contratado. Isto se dá pelo conjunto poderoso de comportamentos que se estabelece convergindo para o mesmo objetivo. A congruência destas ações faz com que uma reforce a outra, estabelecendo aquele ciclo virtuoso que me referi no começo do artigo.

No fim você terá um cliente mais energizado, satisfeito com os resultados, que agora são observáveis e congruentes com os objetivos de longo prazo. Isto também trará a você *coach*, mais autoconfiança para desenvolver novos ciclos, assumir desafios maiores ao longo de sua carreira e não ficar na zona de conforto. Afinal o processo é uma via de mão dupla.

6

O que pode influenciar a alta performance?

As crenças e valores, os quocientes de inteligência intelectual, emocional e espiritual, o meio em que vivemos, nossas necessidades e o grau de autoconhecimento são alguns dos fatores que impactam e influenciam a performance de um indivíduo. Mas como?

Alex Prado

Alex Prado

56

Coach, consultor e *trainer* focado no desenvolvimento de competências e na expansão de consciência. Atua no Brasil e no exterior. Por 22 anos foi executivo de empresas nacionais e multinacionais, ocupando cargos de gerência, diretoria e presidência. É fundador e presidente do Núcleo Expansão e conselheiro do Instituto Imprendere. Busca, no Brasil e no exterior, novos conhecimentos a fim de poder oferecer aos seus clientes o que há de melhor para o desenvolvimento humano. A sólida formação acadêmica inclui graduação, MBA e mestrado em Finanças. Participou de cursos de extensão nas Universidades de Nova Iorque, Boston e Oxford. Possui certificações internacionais em diversas metodologias de *coaching* oferecidas por escolas renomadas: ICI, Instituto Holos e Meta-Coach Foundation. É *master* e *trainer* em PNL, certificado em Dinâmica da Espiral por Don E. Beck, nos EUA e em Inteligência Espiritual (SQ) e Liderança Quântica por Danah Zohar, na Inglaterra, dentre outros.

Contatos
www.nucleoexpansao.com.br
contato@nucleoexpansao.com.br
Facebook e Twitter: NucleoExpansao
(21) 3074-1501 / (21) 99600-1501

Introdução

A performance de um indivíduo é impactada por diversos fatores, sejam eles exógenos ou endógenos. No primeiro grupo estão o ambiente, os recursos tecnológicos, a concorrência, o mercado e tudo mais que esteja "fora" do indivíduo. No segundo grupo estão as crenças e valores, os quocientes de inteligência, as necessidades, o grau de autoconhecimento, dentre outros aspectos relacionados ao que está "dentro" do indivíduo. Abordarei o segundo grupo.

Algumas teorias

Estudar o que leva um indivíduo a atingir a alta performance, a buscar sua excelência pessoal, a dar e ter o seu máximo não é uma tarefa trivial. Diversas áreas do conhecimento procuram explicar o que se passa dentro do ser humano, diferenciando-nos uns dos outros. Por que algumas pessoas têm desempenhos tão extraordinários e outras, no máximo, medianos? Por que duas pessoas fazendo a mesma coisa, da mesma forma, obtêm resultados tão distintos? Muitas teorias procuram explicar o que fazer para se ter um desempenho extraordinário. Neste capítulo escreverei sobre algumas delas e como impactam na maximização do desempenho.

A **programação neurolinguística (PNL)**, por meio da estrutura dos níveis neurológicos, diz que a performance pode ser impactada pelas crenças e valores do indivíduo que – através de seus comportamentos e segundo suas capacidades e competências, no nível do ambiente – reproduzirá o que acreditar ser mais adequado.

Também mostra como fazer uma comunicação eficaz entre as mentes consciente e inconsciente, possibilitando que, por meio de técnicas estruturadas, seja possível acessar estados emocionais desejados. Mostra o modo de treinar a mente inconsciente e como nos conduzir automaticamente a um determinado estado emocional quando quisermos. Mas o que são estados emocionais?

Emoção é algo fundamental em nossas vidas. Pense no mundo sem cores e você terá um exemplo de uma vida pobre de emoções. O que nos atrai em atividades, desde as mais simples às mais complexas, são as emoções que elas nos proporcionam. E quando estamos investidos e revestidos de tais emoções, vivenciando-as, estamos acessando estados emocionais. Há emoções agradáveis e desagradáveis e com os estados emocionais é o mesmo. A PNL oferece ferramentas para acessar esses estados emocionais, mais úteis a uma determinada circunstância: possibilita que um ator chore em cena, acessando um estado de tristeza; ou, faz com que um executivo, em meio a um ambiente barulhento, mantenha o foco na tarefa.

Vamos fazer um rápido exercício para demonstrar como acessar estados emocionais: recorde-se, por exemplo, de uma situação onde esteve altamente motivado, focado e feliz, realizando uma atividade que fez sua performance ser extraordinária. Feche os olhos, respire fundo e procure sentir o que estava sentindo, ver o que estava vendo e escutar o que estava escutando naquele momento; perceba sua respiração, observe sua fisiologia, sua postura naquela situação. Procure perceber as emoções que sentia. Pronto! O que acabamos de fazer foi acessar um determinado estado emocional. A PNL ajudar a acessar esse estado emocional relacionado à alta performance através de ferramentas próprias.

Para abordarmos o conceito de **Quociente Espiritual (QS)** faz-se necessária uma breve introdução sobre Quociente de Inteligência (QI) e Quociente Emocional (QE).

O QI abordado no início do século 20, representa nossa inteligência intelectual. Ela é acionada para solucionar questões lógicas ou cálculos matemáticos. Utilizamos a mente serial, o hemisfério esquerdo do cérebro.

O QE, formatado por Daniel Goleman em meados de 1990, nos dá a percepção dos nossos sentimentos e os dos outros. Dá-nos empatia, compaixão, motivação e capacidade de reagir apropriadamente à dor e ao prazer. Utilizamos a mente associativa, o hemisfério direito do cérebro.

O QS, criado por Danah Zohar, com quem estudei na Universidade de Oxford, e Ian Marshal, no fim do século 20, mede o grau de Inteligência Espiritual de um indivíduo e é alicerçado em doze pilares: autoconhecimento; viver e agir alinhado com princípios, valores e crenças; espontaneidade; visão holística; independência; humildade; capacidade de reformular; fazer perguntas fundamentais; celebrar a diversidade; uso positivo da adversidade; compaixão; e sentido de vocação. No QS utilizamos a mente de oscilações neurais sincronizadas que unificam os dados em todo o cérebro, ou seja, de ambos os hemisférios cerebrais.

A Inteligência Espiritual, alicerçada por cada um dos seus doze pilares, está relacionada à forma com que abordamos e solucionamos problemas de sentido e valor; como podemos inserir nossos atos e nossa vida em um contexto mais amplo, mais rico, de mais significado. Ela nos torna conscientes de que temos problemas existenciais e nos dá meios para solucioná-los ou, ao menos, meios a fim de encontrar a paz para lidar com eles. Nas palavras de seus criadores: "O QS é o embasamento necessário para o funcionamento eficaz do QI e do QE. É a nossa inteligência final". Ressalte-se que a aplicação do termo "espiritual" não está, de nenhuma forma, relacionado a qualquer religião ou doutrina religiosa.

Nem o QI nem o QE, individualmente ou em conjunto, são suficientes para explicar ou avaliar a complexidade da inteligência do ser humano nem, tampouco, as nuances de sua alma. O QS surgiu para embasar e explicar a capacidade do Homem de ser criativo e imaginativo, de tomar decisões e fazer escolhas, de sentir compaixão e ser compreensivo, mas tudo segundo seus valores, princípios e senso moral. O QS está intimamente ligado ao propósito, mais ao "para que" do que ao "por que". Relaciona-se a algo mais íntimo, profundo e essencial, mas, ao mesmo tempo, ao todo, a todos, ao macro, à existência humana. O QS nos permite ser indivíduos plenamente racionais, emocionais e espirituais, tudo ao mesmo tempo.

A teoria da **Dinâmica da Espiral (Spiral Dynamics)**, criada por Don E. Beck e Christopher C. Cowan, a partir do trabalho de Clare W. Graves na década de 1960, propôs um modelo de desenvolvimento humano em níveis, estruturados por nove cores que vão do bege ao coral. O primeiro nível corresponde ao indivíduo quando nasce e é onde prevalecem o instinto de sobrevivência e as necessidades fisiológicas mais básicas. O nono e último nível mostra que há um sentido integral e de pertencimento ao todo da humanidade, com aproveitamento integral das suas potencialidades; o indivíduo por si passa a não ser tão importante como o "todo". Essa migração entre os níveis depende de múltiplos fatores psicológicos, culturais e sociais. Segundo Graves "é um processo espiralado, emergente, oscilante, marcado por uma progressiva subordinação de sistemas de comportamento mais antigos e de ordem inferior a sistemas mais recentes, de ordem superior, que ocorre à medida que os problemas existenciais de um indivíduo se alteram".

A existência humana, segundo Graves, contém numerosos, provavelmente infinitos modos de ser, enraizados precisamente nos imensos potenciais do cérebro humano hierarquicamente estruturado. Mas a dinâmica humana faz com que diferentes indivíduos vivam em diferentes níveis de percepção, visões do mundo e estilos de vida.

Assim, ainda segundo Graves: "Cada um dos sucessivos níveis, ondas ou estágios de existência é uma condição pela qual as pessoas passam no seu percurso rumo a níveis de existência distintos, com psicologias próprias e ajustadas a cada nível: sentimentos, motivações, ética e valores, bioquímica, grau de ativação neurológica, sistema de aprendizagem, sistemas de crenças, conceito de saúde mental, conceitos e preferências relativamente a negócios, educação, economia, teoria e prática políticas". A Dinâmica da Espiral busca demonstrar e explicar – e vem sendo submetida a aplicações práticas nos últimos quarenta anos nos Estados Unidos, na África do Sul e em países da Europa – os níveis de evolução do ser humano, desde o nível mais fundamental e instintivo até níveis onde não se nota mais o indivíduo, mas o todo, a coletividade.

Dr. Don Beck, com quem estudei nos Estados Unidos, participou, com Chistopher Cowan, da equipe que reestruturou a África do Sul como nação e que culminou com o fim do *apartheid*, o regime de segregação racial que durou mais de quarenta anos até o início dos anos 1990. A Dinâmica da Espiral foi utilizada para diagnosticar os diversos níveis de desenvolvimento dentro de um mesmo grupo (cada um com sua própria visão de mundo, valores e necessidades) e pôde realmente suavizar e, mesmo, reduzir tensões sociais e, não, exacerbá-las. Beck e Cowan depois seguiram auxiliando o país, usando os mesmos princípios, montando a estratégia de "corações e mentes" da equipe de *rugby* sul-africana que venceu a Copa do Mundo de 1995, retratada brilhantemente no filme *Invictus*, de 2009, dirigido por Clint Eastwood. Os princípios da Dinâmica da Espiral foram aplicados consistentemente para reorganizar negócios, revitalizar comunidades, reformar sistemas educacionais e apagar o estopim de tensões internas em cidades.

A **Teoria Integral**, formulada por Ken Wilber, um dos mais conhecidos e influentes filósofos de nosso tempo, respeitado por criar uma verdadeira filosofia mundial, defende o que define como sabedoria integral. Segundo Wilber: ela "consiste em descobrir no que somos melhores e, com isso, oferecer ao mundo os nossos dons mais profundos". O termo "integral" significa integrar, reconciliar, juntar as partes, unir, abarcar. Remete à ideia de unidade na diversidade, de compartilhamento de atributos comuns e respeito às diferenças.

A Teoria Integral pressupõe que cada indivíduo deva conhecer seus pontos fortes e fracos de forma a oferecer o melhor ao mundo. Pressupõe a existência de um senso extremamente apurado e realista, para que, com uma percepção integral, possa estabelecer um plano de desenvolvimento futuro. Este plano consiste em desenvolver competências – por meio do *coaching*, por exemplo – e habilidades, expandir a consciência, fortalecer um ou mais dos quocientes de inteligência (QI, QE e QS), solucionar um problema sério, ou qualquer outra questão que contribua para o indivíduo sentir-se pleno ou, segundo Wilber, integral.

Esta abordagem integral envolve o cultivo do corpo, da mente, da alma e do espírito integrando-os no eu, na cultura e na natureza. O conceito integral vem sendo aplicado, com sucesso, de muitas formas, como na medicina integral (que leva em conta quatro dimensões do ser humano: física, emocional, mental e espiritual para diagnosticar a causa do mal-estar e estabelecer um plano de cura); na empresa integral (que uniformiza, por exemplo, as quatro grandes teorias de administração: a teoria X (atitude individual), a teoria Y (foco no entendimento psicológico), a gestão cultural (que ressalta a cultura organizacional) e a administração sistêmica (enfatiza o sistema social e seu controle)); na ecologia integral (que define que o indivíduo, a sociedade e a natureza devem caminhar e se desenvolver juntos, de forma sustentável) dentre outras aplicações.

O ser humano integral, de acordo com Wilber, é consciente do seu eu plenamente e exercita todas as nuances de seu ser ao mesmo tempo, sem dissociá-las umas das outras.

Juntando tudo

Segundo John Whitmore "a verdadeira performance é ir além do esperado; é estabelecer os mais altos padrões pessoais, padrões estes que excedam o que os outros exigem ou esperam (...) um feito, uma proeza (...)".

A questão agora é: "Como a PNL, os QI/QE/QS, a Dinâmica da Espiral e a Teoria Integral se relacionam com a performance?".

Em minha percepção, a performance é fortemente influenciada por questões endógenas. A maximização do desempenho será alcançada na medida em que:

a) tomamos mais consciência de nós mesmos, de todas as dimensões do nosso eu, conforme prega a Teoria Integral;

b) equilibramos, uniformizamos e potencializamos os quocientes de inteligência (QI, QE e QS);

c) temos consciência do nosso grau de evolução e o do ambiente em que vivemos e, ao mesmo tempo, traçamos planos de desenvolvimento para migrarmos para estágios mais elevados, de acordo com a Dinâmica da Espiral;

d) sabemos utilizar as ferramentas de PNL para acessar os estados emocionais que desejamos em cada contexto.

Últimas palavras

Todos os caminhos levam ao centro e dele partem. O centro é nossa essência, o que de mais profundo e puro há no ser e, uma vez em contato com ele, nosso potencial é infinito. As teorias abordadas neste capítulo são alguns dos meios de conhecermos a nós mesmos, de acessarmos nosso cerne. Conectados à nossa essência, nossa performance será um sinônimo de excelência. Assim, o resultado de um processo de *coaching*, por exemplo, será impactado pelo grau de autoconhecimento de cada indivíduo e de quão alinhado está com seu cerne, sua essência.

7

Coaching de carreira: um caminho para a realização profissional

A construção de uma carreira de sucesso vai além da definição de objetivos estratégicos. O que as pessoas buscam atualmente é a satisfação de suas necessidades intrínsecas de autoestima e realização pessoal. Para isso deve-se investir no desenvolvimento de seus talentos inatos bem como na identificação e definição de valores e missão profissional

Ana Paula Platt

Ana Paula Platt

Atua com *Coaching, Mentoring* e Consultoria em Gestão de Talentos, Carreira e Negócios. Palestrante e *Trainer* nas áreas de desenvolvimento de talentos humanos, liderança e planejamento de carreira. Mestre em Administração de Empresas com ênfase em Planejamento Estratégico e Avaliação de Desempenho. Possui formação internacional em *Coaching* Integrado pelo ICI e *Mentoring* pelo Instituto Holos. Certificada em metodologia Disc – *Etalent* e *Coaching* e Consultoria de Talentos pela Passion and Talents.

Contatos
www.diamondcoaching.com.br
contato@diamondcoaching.com.br

1. *Coaching* no planejamento de carreira

A importância do trabalho de *coaching* para apoiar a estruturação de uma carreira de sucesso está cada vez mais consolidada entre indivíduos e organizações. Nesse contexto o planejamento estratégico profissional se constitui numa importante ferramenta facilitadora deste processo, favorecendo uma postura pessoal assertiva diante dos desafios impostos pela acirrada competitividade no mundo dos negócios.

No processo de desenvolvimento de carreira o reconhecimento do "estado atual" comparativamente ao "estado desejado", permite uma profunda reflexão sobre os recursos próprios disponíveis – talentos, habilidades e competências – e as ações necessárias para chegar mais próximo dos objetivos profissionais.

Um passo importante para quem está buscando melhor posição no seu campo de atuação é reconhecer o seu momento atual, entendendo que o curso da vida profissional é formado por ciclos e que cada ciclo exigirá uma postura pessoal distinta. Esse reconhecimento é fundamental para proporcionar ao indivíduo a segurança e a estrutura necessárias para o enfrentamento das fases subsequentes.

2. Ciclo de carreira

A trajetória profissional de um indivíduo passa por diferentes ciclos que juntos compõem sua história de vida pessoal. Para representar esses ciclos evolutivos pode-se utilizar o instrumental "Gestão de Mudanças e Novo Tempo", desenvolvido pelo Instituto Holos que representa o fluxo evolutivo nos diferentes campos da atividade humana.

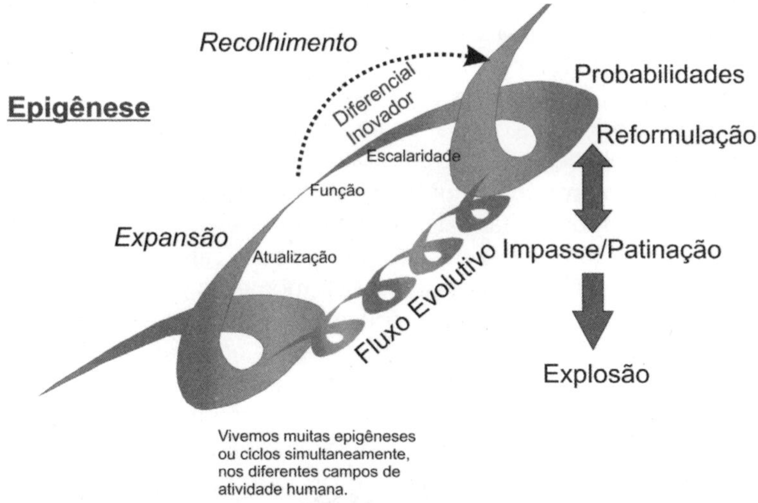

Todo processo pessoal passa inicialmente por uma fase de expansão na qual é possível experimentar um crescimento contínuo do ciclo vivenciado. Nesse processo, a expansão cede lugar para uma fase de recolhimento caracterizada por uma trajetória inversa à anterior onde os processos iniciados e expandidos entram num período gradual de declínio, abrindo espaço para novos ciclos.

A primeira fase, de Expansão, tem seu início com a etapa de atualização, estágio em que estudantes e profissionais buscam embasamentos teórico e prático relacionados às atividades que desejam desempenhar. Esse momento é de extrema importância àqueles que pretendem ingressar no mercado de trabalho, assim como, para profissionais que visam uma redefinição de carreira. O bom aproveitamento dessa etapa assegura ao profissional mais autoconfiança e motivação, fatores fundamentais para a construção de uma carreira de sucesso.

A segunda etapa da fase de Expansão é a Função. Neste momento, as pessoas estão consolidadas no mercado de trabalho e não precisam despender muita energia para obter os resultados almejados. A estabilidade própria desta fase pode levar o indivíduo à acomodação profissional, tendo por consequência um possível distanciamento em relação àqueles que buscam atualização e inovação em sua área de atuação. Para evitar a estagnação, os profissionais devem rever o plano de carreira de forma que lhes seja possível continuar num processo de evolução. De outra forma, poderão passar por períodos de crise, próprios da fase de Recolhimento.

A Escalaridade constitui o ponto de partida para a fase de Recolhimento. Nessa etapa, após o ápice da carreira, alguns indivíduos tendem a passar por um período de recessão onde percebem que suas práticas profissionais estão sucumbindo à inovação e à criatividade impostas pelo desenvolvimento de novas tecnologias, processos e teorias. A Escalaridade costuma ser comparada a um caminho estreito e dolorido que obrigará o indivíduo a imediata reformulação profissional sob pena de enfrentar alguns impasses, demonstrados na figura como próprios do processo de Patinação.

A última etapa da fase de Recolhimento, a Reformulação, será determinante para que as pessoas elevem suas carreiras a um novo patamar. Aqueles que aproveitam esse momento para colocar em prática novas estratégias têm a oportunidade de iniciar outro ciclo, estando aptos a vivenciar novas experiências na esfera profissional. Por outro lado, os profissionais que não estão atentos à necessidade de reformulação e insistem em continuar "patinando" com os mesmo métodos de atuação, podem enfrentar diferentes crises que vão da demissão inesperada à falência de um negócio próprio.

A identificação da etapa em que o *coachee* se encontra é fundamental para definição dos objetivos estratégicos necessários na estruturação do seu planejamento de carreira. Os objetivos se constituem em expectativas pessoais relacionadas muitas vezes com: aumento salarial, expansão ou criação de negócio próprio e promoção ou reconhecimento profissional.

Vale ressaltar, que a validação de um planejamento profissional não depende exclusivamente da definição de metas e objetivos que proporcionem melhor posicionamento profissional e mais ganhos financeiros. O sucesso, para que seja genuíno, deve ir além de fatores financeiros e identificar motivadores mais profundos que agreguem aos indivíduos um sentido amplo de realização pessoal.

3. Realização pessoal e sucesso profissional

O que as pessoas buscam atualmente para as suas profissões está muito mais relacionado ao atendimento de suas necessidades de autoestima e autorrealização, e estes níveis só poderão ser acessados a partir do desenvolvimento de seus talentos inatos, da descoberta de seus valores pessoais e da definição de sua missão profissional.

3.1 Talentos

Os talentos são habilidades naturais para desempenhar certas atividades que trazem satisfação e prazer quando colocados em prática.

Uma carreira desenvolvida com base nos talentos inatos possibilita aos profissionais "nadar a favor da correnteza" em um mundo cada vez mais competitivo.

O reconhecimento de suas principais habilidades é fator determinante para que as pessoas finalmente consigam a autoconfiança e a motivação necessárias para galgar degraus cada vez mais altos em sua vida profissional.

Sem dúvida nenhuma, um dos fatores críticos de sucesso para os profissionais está relacionado à transformação de seus talentos em pontos fortes. Isso é possível através da aquisição de competências técnicas, práticas e comportamentais. Os pontos fortes são responsáveis por criar a sua bandeira profissional que proporcionará diferenciação para determinada área de atuação.

No entanto, o que mais surpreende nos atendimentos de *coaching* é a quantidade de pessoas com baixo nível de autoconhecimento. Uma simples pergunta como: Quais são seus 3 maiores diferenciais no mercado de trabalho? É suficiente para revelar essa realidade, já que a maioria dos profissionais tem dificuldade para identificar, de imediato, seus principais talentos.

A identificação de talentos realmente não é tão simples. Infelizmente tanto o sistema educacional quanto a sociedade de uma forma geral não estão estruturados de forma a permitir que as pessoas descubram e desenvolvam suas habilidades inatas.

A ênfase em buscar formas de neutralizar debilidades nos indivíduos tem gerado uma grande "epidemia" de pessoas com baixa estima por não reconhecerem seu verdadeiro potencial. Essa realidade tem atrapalhado a vida de inúmeros profissionais que se perdem num vai e vem de diferentes empregos e funções e passam anos sem reconhecer o que dê melhor podem fazer.

Muitos casos de insatisfação poderiam ser evitados se, desde o período escolar, as pessoas dedicassem atenção especial para identificar suas habilidades pessoais, o que poderia despertar uma possível vocação.

Um trabalho de *coaching* bem estruturado proporciona ao *coachee* o reconhecimento de pontos importantes no processo de autoconhecimento, facilitando a tomada de decisão profissional.

3.1.1 A importância de identificar nossos talentos

Por que é tão importante descobrir nossos talentos?

Atualmente, devido a agilidade com que as coisas acontecem no dia a dia das empresas, os profissionais precisam estar em constante desenvolvimento para evoluírem em suas posições profissionais. Esse processo é facilitado quando funções e talentos estão alinhados, proporcionando uma facilidade natural de aprendizagem e mais motivação e energia na realização de suas atividades. Como consequência, o padrão de desempenho e produtividade é elevado assegurando uma grande vantagem competitiva para o indivíduo e para a organização a que está vinculado.

O mundo corporativo precisa de pessoas motivadas e realizadas, que contribuam de forma criativa e inovadora para a criação e o desenvolvimento de novos produtos e para a solução de problemas que afligem a sociedade de forma geral. Essa expectativa será alcançada quando a maioria das pessoas desenvolver suas atividades agregando os seus talentos a suas experiências profissionais.

3.2 Valores

Os resultados alcançados na vida pessoal ou profissional são consequência do que construímos ao longo dos anos. As nossas ações e decisões do passado foram diretamente influenciadas pelos valores que balizam o nosso modelo mental.

Isso significa que todas as atitudes e comportamentos têm início num sistema interno de valores que atuam como termômetros determinando o nível de satisfação em cada área da vida.

Reconhecer os valores significa identificar e distinguir os critérios considerados importantes para a estruturação de uma vida plena.

É possível conquistar muito sucesso e prestígio desempenhando determinadas funções. Porém, se as realizações não estiverem sustentadas nos seus principais valores, o indivíduo não atingirá um nível adequado de satisfação para considerar-se plenamente feliz.

Esses critérios internos são tão sutis que, frequentemente, muitas pessoas passam uma vida inteira buscando *status*, sucesso e crescimento profissional. Porém, apesar de todas as conquistas, possuem um grande vazio interno causado pela não observância desses fatores que fundamentam a vida de cada um de nós.

Para os jovens que estão começando a buscar um "lugar ao sol" no mercado de trabalho, essas afirmações talvez possam parecer um pouco filosóficas. Mas a realidade é que com o passar dos anos, os profissionais que se consideram bem-sucedidos são aqueles que inicialmente reconhecem a importância de estruturar suas carreiras a partir de bases internas muito sólidas.

3.3 Missão

A missão profissional responde uma questão simples, porém de grande significado pessoal: De que forma você contribui para a sociedade sendo você mesmo no trabalho?

Desenvolver uma missão profissional leva o indivíduo a refletir sobre qual legado que pretende deixar ao mundo. Todos os seres humanos possuem uma grande necessidade de pertencimento e de utilidade. Definir a missão permite colocar em prática a função como um ser social e, desta forma, contribuir positivamente com as instituições das quais fazem parte.

A definição de uma missão é tão importante que até mesmo as grandes empresas preocupam-se em desenvolver a sua. Nas organizações, esse elemento fundamental do planejamento estratégico tem a função de mobilizar emocionalmente proprietários e colaboradores em busca de um mesmo propósito.

Se todas as empresas têm uma missão, todos os líderes também deveriam desenvolver a sua, já que uma missão bem definida tem o poder de ativar positivamente os seus estados emocionais, tornando-os profissionais centrados e automotivados para alcançar objetivos e, desta forma, contribuir para a melhoria do desempenho da empresa.

4. Considerações Finais

As grandes transformações que ocorrem no mundo dos negócios estão provocando importantes mudanças no comportamento profissional. A cada dia torna-se evidente que a proposta de emprego vitalício é uma realidade que se distancia no tempo. Esse fato abre espaço para que o indivíduo comece a rever os aspectos realmente importantes para sua realização.

Ter uma visão de longo prazo sobre o que espera alcançar no mundo corporativo é fator decisivo para que o indivíduo estabeleça ações consistentes que lhe permitam estar a cada dia mais próximo dos seus sonhos profissionais.

Nesse caso, o planejamento de carreira se torna uma ferramenta a ser considerada, já que permite o alinhamento entre questões profissionais e pessoais, bem como o reconhecimento de *gaps* entre o estado atual e o desejado para alcançar os objetivos estabelecidos.

No entanto, falar de realização profissional exige um olhar ampliado sobre a questão. Atualmente, contar com investimento exclusivo em competências técnicas pode não ser uma grande saída, já que fatores como habilidades interpessoais, comunicação assertiva e automotivação são características cada vez mais valorizadas.

Identificar fatores que ampliem o autoconhecimento é de grande importância para o reconhecimento de talentos, valores e motivadores internos que possam ser identificados e desenvolvidos para garantir a diferenciação do indivíduo no mercado de trabalho.

O conhecimento de si mesmo é um passo fundamental na direção da construção de uma identidade pessoal que, se alinhada à missão e valores, fortalece o desenvolvimento de uma marca profissional, congruente acima de tudo.

8

Coaching no desenvolvimento do potencial e da excelência humana

Agradeço a oportunidade de escrever um pouco da minha experiência pessoal e de poder compartilhar com o leitor informações adquiridas. Parabéns pela aquisição. Boa leitura!

Para cada esforço disciplinado há múltiplas recompensas.
– Jim Rohn

Anderson Barcelos

Anderson Barcelos

Professional Coach com formação e certificação internacional pelo BCI *Behavioral Coaching Institute.* Praticante licenciado em Programação Neurolinguística com certificação internacional pela The Society Of Pnl Richard Bandler. *Coaching* Financeiro, Consultor Financeiro e Educador Financeiro certificado pelo ICF, *Leader Coach Training* com formação e certificação internacional pelo *BCI Behavioral Coaching Institute. Trainer* em Linguagem Corporal certificado internacional pelo Center for Body Language. Facilitador em Treinamentos e Mudança de Comportamento. *Coaching Genius Training* em Meta-Estados com certificação internacional pela Society Of Neuro-Semantics. Participação no curso de Hipnose - Linguagem Hipnótica - Auto-Hipnose. Consultor Imobiliário - Publicitário - Atleta - Maratonista.

Contatos
contatovitaly@gmail.com
(21) 2394-0520 / 99225 – 6380

A expressão completa do potencial de uma pessoa exige que ela assuma total responsabilidade ou domínio. O *coaching* é, portanto, a ferramenta ou o estilo de gerenciamento essencial para a otimização do potencial e da performance das pessoas tanto na vida pessoal quanto na profissional. As pessoas com os melhores desempenhos que podemos imaginar tem fortes relações com o *coaches*, os melhores entre os melhores muitas vezes garantem seu sucesso continuando ao ser desafiados constantemente, *coaching* é sim uma dinâmica permanente no crescimento pessoal e profissional.

Vou compartilhar com você parte da minha experiência, em particular, com a corrida. Quando comecei a correr em volta do quarteirão próximo de onde eu moro, antes de dar o primeiro passo eu assumia o compromisso de correr até completar o percurso pré-definido. À medida em que obtinha os resultados, eu avançava aumentando o percurso gradativamente e em aproximadamente sete meses eu estava correndo minha 1ª maratona. Assumir compromisso consigo mesmo e criar um forte senso de responsabilidade são os princípios para conseguir grandes resultados.

Timothy Gallwey, considerado um dos pais do *coaching*, escreveu em seu livro ***O jogo interior de tênis*** que "todos os jogos são compostos por duas partes: uma exterior, outra interior. O jogo exterior é jogado contra um adversário para superar obstáculos exteriores e atingir uma meta externa. Jamais encontraremos maestria, nem satisfação, em um jogo se negligenciarmos as habilidades do jogo interior. Esse é o jogo que se desenrola na mente e é jogado contra obstáculos como falta de concentração, nervosismo, ausência de confiança em si mesmo e auto condenação. Em resumo, este jogo tem como finalidade superar todos os hábitos da mente que inibem a excelência do desempenho."

Quando damos o primeiro passo, ou seja, começamos a agir em direção a um objetivo devemos ter consciência de onde estamos em relação ao objetivo. Geralmente, nossos objetivos mensuráveis estão distantes da nossa posição atual. Quando começamos a agir, ou seja, quando damos o primeiro passo em direção a esses objetivos, colhemos resultados que podem ser favoráveis e que reforçam a crença de que somos capazes ou de que podemos ter resultados que nos fazem questionar nosso potencial.

Entretanto, a maioria das pessoas param no início da jornada, então é necessário permanecer firme e focar nas metas e ações diária.

"Acho que os prazeres devem ser evitados se acarretarão dores maiores como consequência, e que as dores a serem desejadas são aquelas que resultarão em prazeres maiores"

Michel de Montaigne

O problema é que a maioria de nós baseia as decisões no que vai criar dor ou prazer a curto prazo, sem fazer uma projeção a longo prazo. Contudo, para obter a maioria das ciosas que prezamos, precisamos romper a muralha da dor a curto prazo, a fim de alcançar o prazer a longo prazo. Devemos por de lado os momentos passageiros de tentação e se concentrar no que é mais importante a longo prazo: nossos valores e padrões pessoais. Lembrar também de que não é a dor em si que nos impulsiona, mais sim o medo de que algo leve à dor. Não é o prazer em si que nos impulsiona, mais sim a convicção - nosso censo de certeza - de que assumir uma determinada ação levará o prazer. Não somos impulsionados pela realidade, mais sim por nossa percepção da realidade.

Com as razões contrabalançadas dessa maneira, muitas pessoas inclinam a balança em favor do padrão de adiar as coisas – o prazer em potencial de um corpo mais esbelto é superado pelo prazer imediato em comer algumas batatas fritas, só que isso não dura. A longo prazo, vamos nos sentir cada vez pior, para não mencionar o fato de que isso causa uma deterioração em nossa saúde.

Qualquer coisa valiosa que desejamos sempre exige uma transformação, uma passagem pela dor a curto prazo, a fim de alcançar o prazer a longo prazo, Qualquer tipo de disciplina exige a passagem pela dor: disciplina no trabalho, relacionamentos, confiança pessoal, aptidão física e finanças. Como passar pelo desconforto e adquirir o ímpeto para alcançar seus objetivos? Comece por tomar a decisão de superá-lo acompanhado com um condicionamento pessoal e enumere as razões pelas quais valerá a pena alcançá-lo.

Promovendo algumas mudanças imediatas

Primeiro, escreva quatro ações que precisa para fazer o que vem adiando. Talvez precise emagrecer um pouco, Talvez precise parar de fumar, Talvez alguma outra coisa importante pra você.

Segundo, sob cada uma dessas ações, anote a resposta para a seguinte pergunta: porque não tomei nenhuma ação? No passado, que dor vinculou a essa ação? A resposta a essa pergunta o ajudará a compreender que tem sido retido por associar uma dor maior a tomar a ação do que não tomar. Terceiro, anote todo o prazer que experimentou no passado por se entregar a esse padrão negativo.

Quarto anote o que lhe custará se não mudar agora. O que acontecerá se não parar de fumar agora? Se não parar de comer tanto açúcar e gordura? Etc... Seja honesto com você mesmo. O que vai lhe custar ao longo dos próximos dois, três, quatro ou cinco anos? Em termos emocionais? Em termos de autoimagem? Em termos de energia física? Em sentimentos de amor-próprio? Como isso faz se sentir? Não se limite a dizer, projete as associações e tenha a dor como sua amiga, que pode impulsioná-lo a um novo nível de sucesso.

O passo final é escrever todo o prazer que obterá ao tomar cada uma dessas ações, faça uma lista enorme que impulsione emocionalmente. "Ganharei o sentimento de estar de fato no controle da minha vida, de saber que estou no comando. Ganharei um novo nível de autoconfiança. Ganharei vitalidade física e saúde. Serei capaz de fortalecer todos meus relacionamentos. Minha vida será melhor, a partir de agora, sob todos os aspectos, ao longo dos próximos dois, três, quatro, cinco anos. Ao efetuar essa ação, viverei meu sonho" Visualize todos os impactos positivos, tanto no presente quanto a longo prazo.

Assim como nos esportes, a vida pessoal e profissional exige que as pessoas tenham alto desempenho sejam possuidoras de alto nível de energia vital, dinamismo e motivação. Vivemos em um mundo cada vez mais competitivo. A globalização, a quantidade de informação que chega até nós e a demanda por produtividade e melhores resultados nos mostra a importância de atuar com alta performance na vida pessoal e profissional, a necessidade de fortalecer características comportamentais, buscar continuamente novos conhecimentos e habilidades que nos trazem excelentes resultados.

A mudança de uma sociedade industrial para uma sociedade da informação, a mudança do trabalho físico para o trabalho mental e o surgimento de uma economia global caracterizada por mudanças rápidas, por novidades científicas e tecnológicas e um nível, até então, inédito de competitividade geram mais necessidade de instrução e de treinamentos do que nas gerações anteriores. Todos aqueles que estão familiarizados com a cultura empresarial sabem disso. O que, porém, não se compreendeu é que tais desenvolvimentos também geram demandas por nossos recursos psicológicos.

Esse desenvolvimento social pede uma capacidade maior de inovação, de autoadministração, de responsabilidade pessoal e de autogestão. Essas atitudes são esperadas não só dos "escalões superiores", mas de todos os níveis do empresariado, dos gerentes aos supervisores, incluindo recepcionistas e atendentes.

Uma empresa moderna não pode mais ser administrada por poucas pessoas, enquanto um grande contingente faz o que lhes mandam (segundo o modelo militar tradicional, com comandantes e comandados). Hoje, as organizações não só precisam de uma equipe com nível de conhecimentos e habilidades bastante elevados, mas também de um alto nível de autonomia pessoal, autoconfiança e capacidade de tomar iniciativa.

Num mundo em que existem muitas escolhas e opções de que as fronteiras são ilimitadas, precisamos ter um nível mais elevado de autonomia pessoal. Isso significa incorporar características da alta performance, cultivar nossos recursos pessoais e assumir a responsabilidade por nossas escolhas, por nossos valores e pelos atos que moldam nossa vida.

A fórmula de conseguir resultados expressivos em diferentes áreas de nossas vidas está em conseguir enxergar e acreditar em nosso **potencial** e desenvolvê-lo, depois sair da zona de conforto e **agir,** ficar atento aos **resultados** e por último vem o que chamo de combustível, as **crenças**.

Potencial: está relacionado como o que determina se você pode fazer algo ou não e deriva do senso de certeza quando está absolutamente certo de que possui, a palavra comum é "acreditar" e fazer alguns rituais diários que irão reforçar, fazer e persistir e assim estar atento aos resultados e as mudanças internas.

Outro recurso é treinar a mente para que o resultado se torne certo. Entrar em um estado de certeza de alcançar os objetivos, dessa forma você aumentará seu potencial.

Ações: em geral agimos baseados naquilo que acreditamos. O reconhecimento do poder pessoal, entretanto, nos faz agir um nível acima daquilo que acreditamos e experienciar novas possibilidades.

Aí é que começa a mudança de comportamento, não é mais preciso se importar com o medo e você passa a viver o processo.

"O início de um hábito é como um fio invisível, cada vez que repetimos o ato, reforçamos o fio e acrescentamos a ele outro filamento, até que se torna um cabo enorme que nos prende de forma irremediável no pensamento e na ação."

Orison Swett Marden

Resultados: são como *feedbacks* e devem ser observados e reconhecidos como pagamentos das ações realizadas. O que geralmente acontece é que não damos atenção aos primeiros resultados. Em especial quando são bons resultados, eles devem ser comemorados, ancorados a um movimento ou, até mesmo, a um sorriso, a um dialogo interno que o reforce e o reconheça. Por conta da nossa sociedade tendemos a valorizar mais os resultados que não são bons e que nos levam a desistir dos nossos objetivos e sonhos. Mais quando reconhecidos criamos opções e questionamentos mais fortalecedores.

Crenças: formamos nossas crenças como resultado de nossas experiência. Em seguida, procedemos como se elas fossem verdadeiras. Crenças podem e devem mudar. Quando alteradas pelas ações que tomamos são substituídas naturalmente por novas crenças que nos favorecem e nos impulsionam.

Coaching é uma experiência desejável e gratificante.

9

Como atingir a independência financeira com qualidade de vida

O tema "dinheiro" é muitas vezes deixado de lado em nosso cotidiano. Saiba a importância de se ter um planejamento financeiro, para ter mais controle e viver o presente com mais qualidade. Seja o "piloto de seu avião" e viva uma vida com propósitos

André Crepaldi

André Crepaldi

Com MBA em Gestão Empresarial pela FGV e formação em *Coaching* e Programação Neurolinguística. Atua como *Coach* e Planejador Financeiro para pessoas físicas e dá consultoria para pequenas e médias empresas. Ministra também palestras e treinamentos sobre os temas finanças pessoais e gestão de tempo e produtividade. Empreendedor do mercado imobiliário com incorporação imobiliária.

Contatos
www.gaiafp.com
andre@gaiafp.com
(19) 99442-0033

Estudos do IBGE (Instituto Brasileiro de Geografia e Estatística) mostram que uma em cada cinco empresas encerra suas atividades no primeiro ano de existência. Outros autores comentam que se aumentarmos o período para cinco anos, essa proporção fica ainda maior. E por que isso acontece? Especialistas dizem que é por falta de planejamento, conhecimento do mercado e má gestão financeira.

Na vida pessoal não é diferente, é necessário traçar metas e objetivos concretos, alicerçados por um planejamento, para conseguirmos alcançar nossos "sonhos". Lidar com dinheiro está cada dia mais complicado. Saber cuidar bem de suas finanças é fundamental para a qualidade de vida.

Até certo ponto conseguimos fazer as coisas por nós mesmos, mas em determinado momento é importante termos alguém que nos ajude a planejar nossas metas de curto e longo prazo, determinar a prioridade dos nossos sonhos, trazer conhecimento que nos auxilie a concretizá-los e, principalmente, tornar-nos responsáveis pelas ações que se traduzirão na conquista de nossos objetivos.

Você pode se perguntar: "O.k., André, o que devo fazer para ganhar dinheiro?" Certamente eu gostaria de ter uma fórmula mágica e fácil que pudesse dividir com todos, mas não é simples assim. É preciso se dedicar, guardar dinheiro para emergências, investir para o futuro e ainda viver a vida, pois afinal, têm coisas que fazemos aos 30 anos que serão diferentes aos 60. Poupar dinheiro é difícil para muitos, porque estes não têm claro para que o dinheiro servirá. Em outras palavras, temos que ter um propósito para então focarmos no como. Segundo Peter Thornhill, um estrategista de investimentos australiano, juntar dinheiro sem ter um sonho para realizar é algo sem sentido e repugnante.

A razão de "poupar" funciona como uma máquina propulsora para continuarmos firmes e alcançarmos nossos objetivos. Afinal, acredito que quem tem um bom motivo para economizar, enfrenta qualquer coisa. Fazer um planejamento que mostre exatamente quanto, onde e como aplicar é fundamental para alcançar todos os sonhos.

De acordo com Mark Twain, escritor e humorista norte-americano: "Aqueles que não leem bons livros não têm nenhuma vantagem sobre aqueles que não sabem ler". Isso também se aplica quando o assunto é dinheiro. Saber lidar com as finanças é imprescindível para todos, os que têm muito e os que não têm dinheiro para administrar. Há muita gente que, apesar de ganhar bem, está com problemas financeiros. Talvez porque aos poucos vamos nos acostumando com a ideia de viver, trabalhar, pagar as contas, criar os filhos e depois se aposentar. Em algum ponto, corremos o risco de parar de sonhar por medo de não conseguir realizar esses sonhos. E todos nós temos sonhos. Quanto mais cedo começarmos a sonhar e a perseguir nossos objetivos, mais rica a nossa vida se tornará, e profissionais especializados podem nos ajudar.

Para finalizar esta questão tenho um exemplo clássico que demonstra a força e motivação que um bom propósito pode ter: Imagine uma mulher que durante meses ou anos pensa em parar de fumar e não consegue. Então descobre que esta grávida e para de fumar no mesmo dia. Compreendeu?

O que os sonhos e a eletricidade têm em comum? Os dois são invisíveis, mas poderosos. Ainda que você não os veja, mantêm tudo funcionando. E sim, com o tempo você vai descobrir que mais interessante do que chegar (atingir a meta) é a jornada para tal.

Administre seus objetivos, tenha metas formalizadas e aumente as chances de conquistar os seus sonhos

Deixando a teoria e partindo para a prática!

1) Controle financeiro: Parece óbvio, mas muitos não o fazem. Equilibrar o orçamento doméstico não significa apenas aprender a cortar gastos e a economizar. Significa assumir o compromisso de controlar suas receitas e despesas e assim viver a vida sem imprevistos.

Já vimos que o propósito funciona como energia motriz. E que não aconteça com ele o que aconteceu com aquele desejo feito em janeiro, ao pular as sete ondinhas no Réveillon, e que no Carnaval já tinha sido esquecido. Agora para que entenda a importância do controle financeiro, imagine como seria sair com o seu carro da garagem, porém de olhos vendados. Será que conseguiria passar sem ralar a lateral do carro? É isso que fazemos ao não termos o controle financeiro, dirigimos de olhos vendados. Para planejar é necessário termos dados, extrair a informação e a partir disso tomarmos uma ação.

Em termos financeiros, existem basicamente três tipos de pessoas: o endividado, o zero a zero e o investidor. Para cada um deles o foco inicial é um. E no que tange a questão do controle orçamentário, podemos considerar que:

Para o endividado este controle deve ser minucioso, anotando até o cafezinho da padaria, a moeda do farol, afinal, precisamos encontrar onde estão os "ralos" por onde escoa o dinheiro.

O zero a zero, aquele que diz que nunca sobra nada para investir, passará a enxergar onde o dinheiro está indo. Então, alicerçado por seus propósitos, pode decidir fazer escolhas em prol de seu objetivo. Certamente, toda escolha envolve uma renúncia.

No caso do investidor, o controle nos permite traçar uma estratégia de investimentos mais adequada aos seus objetivos e elaborar uma carteira de investimentos com base nisto.

2) Planejamento: Não basta pensar em ter dinheiro para a aposentadoria. Precisamos escrever, detalhar, determinar os passos em uma meta SMART (da sigla em inglês, a meta deve ser Especifica, Mensurável, Atingível, Relevante e Temporal). As empresas têm um plano de negócios, nós temos um PROJETO DE VIDA. Nossa vida é como uma empresa, onde você é o presidente e, portanto, o responsável tanto pelo sucesso quanto pelo fracasso. Uma empresa desprovida de meta, não sabe a direção que deve seguir; fica parada no tempo e não conquista nada. Muitas pessoas responsabilizam a falta de tempo como fator para não construir uma meta, mas talvez o propósito não esteja claro em suas mentes. Falta, para outras, a autoconfiança, porém esta não é uma mercadoria vendida na feira, ela é um subproduto obtido no estágio em que se persegue o objetivo. Na realidade, a confiança é algo que pode apenas ser fortalecida. As pessoas pensam equivocadamente que primeiro nasce a confiança e depois se estabelece o objetivo, mas ela é adquirida por meio da análise do caminho já percorrido rumo ao objetivo preestabelecido.

Depois de estabelecida a meta, responda três perguntas:

a) Qual é o meu desejo?
b) Quais os obstáculos que poderão interferir?
c) A recompensa que receberei é proporcional ao esforço que dispensarei para vencer esses obstáculos?

3) Investimentos: Podem ser fantásticas ferramentas para nos auxiliar na concretização de algo. Se colocarmos o foco somente no dinheiro, as chances de sucesso diminuem. Como disse anteriormente, o propósito é fundamental, e o dinheiro é um meio e não um fim. Seguem algumas dicas que julgo importantes:

- Utilize uma planilha de planejamento financeiro. Controle seus gastos. Existem vários softwares bons e gratuitos e aplicativos para celular, inclusive.
- Defina sua estratégia de investimentos alinhada a seus objetivos e esteja preparado para diversos cenários. Isso lhe proporcionará lucros no longo prazo, independente das possíveis oscilações do curto prazo.

- Pare de olhar o mercado a todo instante, exceto se sua meta for trabalhar em Wall Street. Lembre-se de que é preciso ter uma estratégia de investimentos.
- Programe seus investimentos antecipadamente! As estratégias não combinam com a emoção.
- Na maioria dos casos, analisar a rentabilidade passada em um fundo de investimento não tem nenhuma relevância para fazer projeções ao futuro.
- Tenha cautela com fóruns de investimentos. Procure assessoria para seus investimentos. Lembre-se de que os gerentes do banco trabalham para o banco, com metas a cumprir, e muitas vezes não estão alinhados aos nossos propósitos.
- Lembre-se da relação Risco x Retorno e diversifique sua carteira de investimentos. A velha metáfora que todos já ouvimos: Não coloque todos os ovos em uma única cesta. Se ela cair no chão, imagine como será.

Dedique mais tempo para você e as pessoas que mais gosta! Por último, e tão importante quanto o descrito acima, invista em Educação Financeira, invista em você, pois este é seu maior ativo. Nós investimos tempo e dinheiro em nossa educação acadêmica, do ensino fundamental ao ensino médio; depois para educação profissional, a faculdade, que nos prepara para o mercado de trabalho. Então, quando ingressamos na vida profissional (e imagine um médico que além do colégio dedicou dez anos entre a faculdade e a residência) deixamos de lado a educação que talvez seja a mais importante, a educação financeira, que nos acompanhará para o resto da vida.

"*O sucesso geralmente chega àqueles que estão ocupados demais para procurá-lo*" Henry David Thoreau

10

A arte da guerra: reveja sua maneira de pensar e agir por meio do pensamento estratégico

Entenda como os estrategistas pautam suas decisões, identificam tendências, percebem circunstâncias e apoiam-se no potencial das situações para lograrem êxito em um mundo competitivo e hostil, conciliando vida pessoal e profissional sem perder qualidade de vida

André Oliveira

André Oliveira

Paulistano, 35 anos, casado, graduou-se em Comunicação Social pela Faculdade de Comunicação Social de São Paulo no ano de 1999. Graduado faixa preta de Aikido, certificado e reconhecido pelo Aikikai Fundation (Aikido Headquarters), Tókio, Japão. Nos últimos 15 anos dedicou-se a estudar, ensinar e difundir os conhecimentos da estratégia oriental. Há 12 anos fundou sua própria escola de desenvolvimento pessoal que utiliza a guerra como metáfora da existência humana, o "Maruten Aikido". Foi professor universitário e hoje com a "Maruten Consultoria" é palestrante, mobilizador em treinamentos, vivências empresariais, consultor e *coach*, onde coloca sua experiência e percepção estratégica a serviço das empresas e também de profissionais como gestores, diretores, empresários, executivos, consultores de negócios e políticos, que buscam na estratégia militar uma forma de se aprimorar e de adquirir habilidades para gerir de maneira harmônica a vida pessoal, familiar e profissional.

Contatos
www.maruten.com.br
andreoliveira@maruten.com.br
(11) 2308-9021

Já é de longa data que a arte marcial vem sendo utilizada como analogia para ajudar a entender o mundo moderno. Clássicos datados de mais de 300 a.C como A arte da guerra de Sun Tzu (China) e de 1600 d.C como *O livro de cinco anéis* de Myamoto Mussashi (Japão) junto a muitas de suas derivações e releituras estão topo das vendas de livros nas áreas de autoajuda e administração. Isto se deve ao fato das estratégias de guerra neles descritas, desenvolvidas num momento histórico tão específico, ainda hoje, possuírem analogias relevantes e se encaixaram perfeitamente ao ambiente competitivo e hostil que vivemos.

Irei aqui confrontar aspectos do pensamento ocidental com a minha visão sobre os escritos clássicos de estratégia oriental. Não se trata de defender um em detrimento ao outro, mas de expandir a percepção que temos sobre nossa maneira de pensar e agir, seja no aspecto pessoal ou profissional.

Tomemos como ponto de partida a imagem do herói ,que no ocidente permeia todo o imaginário coletivo, levada ao patamar mais alto quando passou a influenciar diretamente o cotidiano das pessoas.

Essa relação com os supostos atos heroicos fez com que a sociedade ocidental passasse a valorizar cada vez mais o que é ousado, difícil de ser alcançado; o mérito está sempre naquilo que é audacioso e que exige de maneira direta grandes esforços pessoais. Este pensamento parece não levar em consideração os riscos e perigos inerentes a esses atos, sejam materiais, físicos (que envolvem a saúde) ou familiares (ligados às relações humanas).

Mas eis que no oriente, precisamente na China, o pensador taoísta celebra a "não-audácia", pelo simples fato de que se temos "coragem" para não ousar, para não nos colocarmos à frente de atos heroicos, estamos em condições de garantir o essencial e morrer de forma natural. Essa morte pode ser interpretada também de maneira simbólica.

Quantos empreendimentos fecharam antes do devido tempo de maturação por conta de um ato ousado de seus donos?

Quantas famílias "morreram" por causa de um investimento ou mudança arriscada?

Quantos investidores já enfartaram por conta dos supostos "riscos calculados"?

Ora, por essa perspectiva é possível ao menos questionar o modelo de vida que estamos construindo.

Só é valioso aquilo que é alcançado com esforço?

Será que somos capazes de (estamos preparados para) valorizar as conquistas "fáceis"?

O agir heroico, partindo do pressuposto de que existe uma necessidade de intervenção contínua e direta no fluxo dos acontecimentos, nos dá a impressão de que temos de enfrentar o "mundo" a todo instante, sempre sob penoso dispêndio pessoal, daí expressões populares como "matar um leão por dia". No fim, não nos damos conta de que cada interferência no fluxo das coisas traz riscos e consequências, pois desvia o "caminho natural", fazendo com que chamemos para nós as responsabilidades por esses desvios.

Para o sábio/estrategista chinês, a eficácia é sempre maior quanto mais discreta puder ser. Ele transforma o mundo ao seu redor e obtém a vitória "fácil", pouco a pouco, no dia a dia, sem precisar se impor ou colocar-se em evidência, a ele não se cogita erguer monumentos. Ele sabe fazer as situações evoluírem no sentido que deseja, intervindo por acumulação, de maneira constante e progressiva, não lhe é necessária nenhuma ação heroica ou de grande visibilidade. Ora, em vez de arrancar o sucesso à força, por demonstração de proeza e que se comemora em seguida, este vem de uma transformação iniciada muito antes e que amadureceu a seu favor, a ponto desse sucesso ser confundido com a simples evolução das coisas ou, até, com mera coincidência ou sorte.

É ineficaz "enfrentar" a todo o momento situações e forçá-las. Isso pode ser heroico, espetacular, mas não é benéfico. Em vez de ousar agir (intervir diretamente), devemos identificar a maneira de fornecer condições para o desdobramento do processo, pois criando tais condições para que o processo evolua, a eficácia será garantida.

Aqui a máxima taoísta se releva com sapiência: "Se esforçar para não forçar" ou seja, reconhecer que, se existe necessidade de forçar uma situação para que algo aconteça, esta situação pode não estar em conformidade com a realidade. Reconhecer que, se existe necessidade de forçar uma situação para que ela aconteça, pode não estar em conformidade com a realidade. Se o esforço para alcançar algo é demasiado grande (penoso), cabe questionar: O objetivo foi bem dimensionado? A expectativa não está muito grande? O momento é oportuno? A situação é favorável? As forças presentes estão em conformidade para alcançar o resultado almejado?

A inteligência desenvolvida pelo pensamento clássico chinês a partir do fim da antiguidade, na época dos Reinos Combatentes, (século IV e V antes da era cristã) se mostra de natureza eminentemente estratégica e pode nos fornecer outra maneira de pensar e agir da qual podemos tirar exemplos que podem ser levados para a conduta no plano pessoal e profissional.

Brilhantemente escrito pelo filósofo francês François Jullien: "... descobrimos mais além, na China, uma concepção de eficácia que ensina a deixar advir o efeito, não a visá-lo (diretamente), mas a implicá-lo (como consequência); ou seja, não a buscá-lo, mas a recolhê-lo – a deixá-lo resultar. Bastaria, dizem-nos os antigos chineses, saber tirar proveito do desenrolar da situação para se deixar 'portar' por ela. Se não nos empenhamos com algo, se não penamos nem forçamos, não é porque pensávamos em nos desligar do mundo, mas para termos êxito nele. Essa inteligência que não passa pela relação teórica-prática, mas se apoia apenas na evolução das coisas, chamá-la-emos estratégica."

A estratégia é caracterizada pelo preparo das condições, fazendo com que o efeito desejado possa decorrer como simples consequência. Nela a qualidade superior está na capacidade humana de favorecer as forças em equilíbrio e as condicionantes do processo.

Uma noção importante para entender esse pensamento é a noção de potencial da situação, ela nos ensina a identificar o fator portador, fator esse que por si mesmo está prometido a um determinado desenvolvimento e no qual podemos nos apoiar. Em vez de tentar fazer com que tudo dependa de nossa iniciativa, permitir que o potencial identificado se desenvolva, para então nos deixarmos levar por ele (permitimos que ele nos porte) no curso de sua evolução. Assim, podemos excluir a ideia de predeterminar o fluxo (curso) dos acontecimentos em função de um plano traçado previamente, projetado por nós a partir de uma série de "deve ser" ou "tem de ser", fruto de nosso idealismo e que, em seguida, teremos que forçá-los a entrar nos fatos, ou ainda, tentar fazer o "mundo" se conformar (se amoldar) aos nossos planos, investindo muito tempo e energia para impor um modelo preconcebido por nós à realidade.

Mais uma vez recorro à genialidade de François Jullien – "Em vez de traçar um modelo que sirva de norma à sua ação, o sábio chinês é levado a concentrar a atenção no curso das coisas, tal como está envolvido nele, para descobrir-lhe a coerência e tirar proveito de sua evolução. Ora, dessa diferença poder-se-ia tirar uma alternativa para a conduta: em lugar de construir uma forma ideal que se projeta sobre as coisas, obstinar-se em detectar os fatores favoráveis que atuam em sua configuração; em vez de fixar um objetivo para sua ação, deixar-se levar pela propensão; em suma, em vez de impor um plano ao mundo, apoiar-se no potencial da situação".

Enquanto estamos planejando e preparando a nós mesmos, projetando planos e mudanças para a realidade, as circunstâncias (o mundo) se atualizam, fazendo com que a dinâmica da vida e dos negócios não espere nosso tempo pessoal (deslocado do tempo real) para iniciar processos ou tomar decisões.

Nesse sentido, contamos muito menos com nossas habilidades técnicas ou ferramentas de planejamento e mais com o desenvolvimento dos processos e da vida. Dessa ideia podemos tirar outra lição, a do objetivo traçado a partir dos acontecimentos e dos fatores a que se está submetido. Em vez de traçar objetivos a partir de sonhos ou dos desejos, parte-se de uma avaliação minuciosa das forças presentes para apoiar-se nos fatores favoráveis implicados na situação, explorando continuamente as circunstâncias encontradas e o momento de maturação dos processos, identificando aquilo que pode ser alcançado a partir do momento presente e em conformidade com o momento vindouro. Algo que pode ser alçando com facilidade neste momento, mas que não necessariamente o será num futuro indeterminado; tendo em vista que as circunstâncias (o que se tem ao redor) não deixam de se transformar. Vistas por essa ótica, as circunstâncias deixam de ser os fatores que fazem malograr o plano projetado, para ser justamente aquilo no qual nos apoiaremos, não sendo um mero acessório do momento, mas de onde tiramos o potencial para alcançar o efeito desejado.

Dessa maneira, podemos concluir que todo potencial é sempre circunstancial, só existe em um momento específico, a partir de determinadas forças atuantes. É essa potencialidade das circunstâncias que nos cabe explorar.

Uma noção complementar a essa visão é a de ocasião, entendida a partir de um ponto de vista distinto, não como uma chance que se oferece de passagem, ou um simples concurso de acontecimentos que pela sorte se mostra favorável, mas como a capacidade humana de identificar a hora certa para intervir no processo, o momento adequado, preciso, de maneira que nem mesmo possa ser chamado de intervenção, dada a sincronia e a necessidade identificada, fazendo com que ela passe despercebida como uma simples correção do fluxo dos acontecimentos. Longe de ser feita de improviso, essa "intervenção" é decorrente de um alto nível de monitoramento e perspicácia de seu agente, na busca pelo máximo de eficácia.

Esse momento crucial, da mesma maneira que promove o máximo efeito, pode acarretar prejuízo no caso de perdê-lo, com o risco de se fazer necessário aguardar um longo tempo até que a situação se carregue novamente de maneira positiva, para que então se possa tirar algum proveito. Como vimos o sábio/estrategista não tenta atos heroicos. Ele sabe que se a situação não é favorável, se não há um fator portador, ou o momento oportuno foi perdido, as situações mudam continuamente, tudo esta em constante transformação, e por pior que seja, uma renovação virá compensá-la. Por ter essa certeza, ele aguarda serenamente um novo momento favorável.

Outro tema ligado ao momento oportuno é a identificação da formação das tendências. Ela deve ser alvo de investigação contínua, pois se no estágio de maturação máxima a ocasião se torna flagrante, e cabe ao homem apenas o "ato final", sendo que em muitas situações bastará a ele aceitar a ocasião; no estágio inicial, onde as tendências começam a se formar, nada se vê, ela é apenas perceptível com muita dificuldade.

Essa é a primeira preocupação do estrategista, identificar a formação das tendências antes que elas tenham se tornado explícitas. Prever a ocasião (sem que esse "prever" tome o sentido de adivinhar ou profetizar, e sim o sentido de identificar e perceber com antecedência) sempre foi um requisito comum da estratégia tanto no oriente como no ocidente, porém com uma diferença determinante. No ocidente parece que a previsão da ocasião sempre esteve ligada a uma maneira de remediar os problemas, de se antecipar aos planos inimigos, sempre com uma tendência a diminuir efeitos negativos. Por outro lado, na visão oriental essa antecipação das tendências serve também para identificar o fator portador, aquele que levará à vitória, que trará o benefício e no qual podemos nos apoiar.

Quanto mais cedo identificar as tendências, antes mesmo de poderem ser vistas ou sentidas, antes que elas comecem de maneira manifesta conduzir o real e deixar as marcas de seus efeitos, o estrategista as estuda, colocando-se em condição de "pré-ver" para onde essas tendências conduzem e quais serão os seus efeitos. E podendo antecipar-se a atualização da situação, já que o potencial foi descoberto em seu estágio embrionário, no estado de ativação do processo, o "sábio" poderá contar com o desenvolvimento da situação e deixar-se levar por ele, pois quanto mais cedo perceber esse potencial, melhor saberá aproveitar-se dele, podendo segui-lo passo a passo, momento a momento, em cada uma de suas atualizações, tendo em vista que seu desenvolvimento é sempre regulado. Desta maneira ele tem a certeza não só de estar pronto para agir no momento oportuno, mas também de tirar o máximo proveito de cada uma das atualizações.

Aqui temos um exemplo claro dado por um comentador de um tratado de guerra chinês (possivelmente a arte da guerra de Sun Tzu): "Se procurássemos vencer combatendo pela força, ou seja, contando apenas com nosso investimento físico, por melhor que fossemos, haveria sempre momentos em que poderíamos ser batidos. Mas o bom estrategista intervém a montante do processo: ele soube identificar os fatores portadores que lhe eram favoráveis quando ainda não se haviam atualizado e, com isso, pôde fazer que a situação evoluísse no sentido que lhe convinha, quando o potencial acumulado se revela completamente a seu favor, ele inicia então decididamente o combate e o sucesso está garantido".

11

A busca do equilíbrio com o *coaching*

A busca do equilíbrio tem sido uma constante para aqueles que almejam qualidade de vida. Nesse sentido, esse texto provoca reflexões importantes nas principais áreas da vida e ainda poderá gerar ações impactantes nos resultados pessoais e profissionais. Portanto, a série de momentos *coaching* poderá ajudar, em momentos capitais ou cotidianos, a encontrar uma melhor forma de ser feliz

Antônio Carlos Soares Pereira

Antônio Carlos Soares Pereira

Palestrante, instrutor e *coach* comportamental. Mestre em Administração com ênfase em Relações de Poder e Dinâmica das Organizações. Graduado em Administração de Empresas, pós-graduado em Gestão de Pequenos Negócios e Cooperativismo. *Professional Coach* com certificação internacional pelo BCI (*Behavioral Coaching Institute*), *Practitioner* em PNL - Programação Neurolinguística. Especialização em ENEAGRAMA. Diretor-executivo da ACTA Soluções Empresariais, IDEHN – Instituto de Desenvolvimento Humano e Negócios e G6 Empreendimentos Imobiliários Ltda. Palestrante e instrutor credenciado pelo SEBRAE-MG. Palestrante, instrutor e *Coach* organizacional de pequenas a grandes empresas, tais como: FIEMG, SESI, SENAI, Multinacional NOVO NORDISK, AeC Contatos, Hospital Municipal de Araucária, Hospital Universitário Clemente Faria, Faculdades Santo Agostinho, dentre outros. Idealizador, diretor e apresentador da série de Programas ATITUDE PARA O SUCESSO. Coautor do livro: COACHING - grandes mestres ensinam como estabelecer e alcançar resultados extraordinários na sua vida pessoal e profissional, pela Editora Ser Mais, São Paulo, edição 2013.

Contatos

www.facebook.com/antoniocarloscoach
http://www.youtube.com/admantonioc
adm.antonioc@ig.com.br
(38) 9986-4140 / 9161-7222

A busca do equilíbrio tem sido uma constante para aqueles que almejam qualidade de vida. Esse texto visa contribuir com reflexões importantes nas principais áreas da vida e, ainda, poderá gerar ações impactantes nos resultados pessoais e profissionais.

Sugiro que, antes de ler, você esteja com a mente aberta para reflexões e, ao ler qualquer momento *coaching*, defina pelo menos uma ação a ser executada. Dentro do processo de *coaching*, a reflexão, a aceitação e o desejo são importantes, mas a mudança só é concretizada com a ação.

Cada momento *coaching* poderá ser lido individualmente, avançando para o próximo quando sentir que executou alguma ação definida.

Portanto, a série de MOMENTOS COACHING poderá ajudar, em momentos capitais ou cotidianos, a encontrar uma melhor forma de ser feliz.

Momentos coaching para equilíbrio da vida

É TUDO URGÊNCIA! Hoje as pessoas vivem estressadas e, muitas vezes, o motivo principal é o vício na urgência. Sentem que precisam atender ao telefone, responder a uma mensagem de texto ou a um e-mail mesmo quando o momento é inadequado. Como você pode reestruturar seu foco, para que passe a maior parte de seu tempo fazendo aquilo que é importante para você, para as pessoas que ama e para seu futuro? Qual foco lhe dará mais resultado e satisfação? Como demonstrar que você está realmente em FOCO com o que vale a pena? (Baseado na dica de Anthony Robbins).

ESCRAVO DE ALGUM HÁBITO OU SENTIMENTO. A Princesa Isabel, regente do Brasil em 13 de maio de 1888, assinou a Lei de Abolição da escravidão. Se você fosse assumir a regência da sua vida agora e quisesse decretar uma lei de abolição, na vida pessoal e/ou profissional, o que precisaria extinguir, abolir ou eliminar? Que comportamento atrapalha que você seja melhor? Talvez comportamentos compulsivos, dentre muitos a relação com a bebida alcoólica, os vícios, as comidas, as drogas, os jogos ou, ainda, a preguiça, a depressão, a tristeza, a baixa autoestima, o desânimo, a raiva, o ódio ou o medo? Como será poder eliminá-los? Qual o seu ganho? Quem mais ganhará? Como se sentirá? O que o impede de tentar, de fazer ou de pedir ajuda? Onde procurar ajuda? O que precisa aprender? Em que precisa acreditar? Como sabe que está eliminando esse comportamento? Como a Espiritualidade ajudará?

COMO MELHORAR SUA SAÚDE? Se você fosse ao médico para uma consulta, o que acha que ele aconselharia? Como anda sua saúde? Como saber se algo pode ser melhor? O que precisa fazer para melhorar sua condição física e mental? O que é necessário começar a fazer? Qual consulta? Com qual médico? Qual exercício físico? O que você vem adiando que precisa definir, agora, dia e hora? O que precisa começar a pensar, refletir, meditar, perdoar, deixar pra lá, aprender com uma história do passado para sua saúde mental melhorar? O que precisa saber ou aprender em relação à sua saúde mental e física? Vai começar por onde?

COMO MELHORAR O TRABALHO? O que você tem feito que lhe dê prazer? Quais seus objetivos de desenvolvimento no trabalho? O que o realizará mais? O que fazer para ser melhor em seu trabalho? O que precisa aprender mais? O que fazer para gerar mais resultados financeiros? O que precisa aprender? Quem pode ser seu mentor (com quem possa se aconselhar)? Qual sua meta pessoal para o trabalho? Para quando? Com o que começar?

NA ESPIRITUALIDADE PODE ESTAR SEU EQUILÍBRIO: Como está sua relação com Deus? Se Deus quisesse lhe pedir algo, o que você acha que pediria? Como se sentir melhor com Deus? O que precisa fazer mais e o que precisa começar a fazer? O que você sentirá ao perceber mais a presença de Deus em sua vida? Qual o primeiro passo, mesmo que pequeno?

NO AMOR FAMILIAR: o que vem sentindo, como vem se dedicando, como vem demonstrando seu amor? A quem você precisa declarar importância em sua vida? O que eles pedirão para você melhorar? O que precisa começar a fazer?

VOCÊ ESTÁ PREPARADO PARA O SUCESSO? E PARA O FRACASSO? Vejo muita gente falando e treinando para o sucesso, isso é muito bom. Mas vou sugerir uma reflexão: Como você vem treinando, preparando sua mente, sua psique, caso ocorram perdas, fracassos e incompreensões? Como vem se preparando para enfrentar seus medos, angústias e tristezas? Muitos dizem: "prefiro nem pensar nisso", mas pode acontecer, não é? E se acontecer? Caso seus sonhos não se realizem ou não consiga suas metas, como enfrentará? Com o que você ainda não aprendeu a lidar e que é importante começar? Quais as alternativas para continuar a se sentir bem? Reforço que não é treinar para os fracassos, mas se preparar mentalmente para enfrentá-los, caso ocorram.

CONTROLAR A ANSIEDADE: Muitas vezes a ansiedade está relacionada a algo que achamos que pode ou não acontecer. Caso queira, sugiro três passos para diminuir a ansiedade: Primeiro é DUVIDAR daquilo que pensa e imagina; segundo, CRITICAR o que pensa, como pensa e o que vem sentindo quando não é bom e, terceiro, DETERMINAR uma ação preliminar, algo que possa fazer no curto prazo que o aproxime do fato que traz a ansiedade. Pode ser aprender algo, buscar informações, agir de alguma forma. (Baseado na Teoria da Inteligência Multifocal de Augusto Cury)

FORTALECER OS RELACIONAMENTOS: Para aquelas pessoas que querem que seu relacionamento seja fortalecido ou, até, restabelecido, sugiro quatro comportamentos:

1 - Independente do que aconteceu, admita para a pessoa que ela é importante pra você;

2 - Admita que sua felicidade (no trabalho, na família, na sociedade, etc.) depende do bem-estar com ela;

3 - Peça desculpas por não ter conseguido demonstrar, como ela gostaria, todo o carinho, amor ou importância que ela tem para você;

4 - Faça uma pergunta: como podemos ser melhores de agora para frente?

Lembrete final: Mostrar os sentimentos e admitir que você pode ser melhor é para os FORTES! Se realmente sente essa fortaleza, se quiser, aproveite essa reflexão e turbine seus relacionamentos, pois você poderá dormir bem melhor hoje.

ESTÁ SOBRECARREGADO? Durante um treinamento liguei minha caixa de som 110v numa tomada 220v... Felizmente o equipamento dispunha de um fusível que, com a sobrecarga, queimou e, no fim, me custou somente 25 centavos. Pode-se fazer uma analogia com a sobrecarga nas pessoas – pena que os fusíveis da nossa mente, quando sobrecarregados e queimados, custam bem mais caros... Felizes aqueles que descobrem como não sobrecarregar seu sistema e não deixam seus fusíveis queimarem, pois, talvez, precisarão ser reparados ou reconstituídos por medicamentos ou até intervenção cirúrgica... Como você vem se preparando para enfrentar as sobrecargas? Quais pensamentos e comportamentos precisam ser adotados que lhe trarão mais qualidade de vida diante das pressões? Quem poderá ajudá-lo?

EMOÇÃO PARA SER DOMADA: No filme *Aventuras de Pi*, o protagonista enfrentou, após um naufrágio, um tigre e partilhou com ele sua única embarcação, buscando a sobrevivência. Qual é o tigre interno em você, uma emoção que talvez esteja dentro de você e que, muitas vezes, age sem sua permissão e controle. Ao conseguir domá-lo, controlá-lo você se sentirá melhor? Quais as alternativas que você tem para domá-lo? Quem pode ajudar você nesse processo? Em que momentos essa emoção mais aparece? O que a faz aparecer? Em que momento dispara a emoção? Ao identificar o momento, comportamento, palavra ou pessoa que dispara a emoção, você já tem uma grande oportunidade de evitá-lo, se quiser...

DE ONDE VÊM SUAS FRUSTRAÇÕES? "As nossas frustrações e tristezas podem estar nas expectativas que criamos das pessoas. Em vez disso, devemos aceitá-las como são". Baseado nessa frase do Padre Wagner, Catedral de Montes Claros (MG), pergunto: O que você busca nas pessoas que mais o frustram? O que você precisa começar a aceitar em você que facilitará e diminuirá suas tristezas? O que precisa aceitar nas pessoas que lhe trará mais alegria e equilíbrio?

COMO BUSCAR SOLUÇÕES: Quando alguém lhe disser um "problema" pergunte à própria pessoa "E quais são as alternativas para solucionar?". Isso mesmo, alternativas, no plural. Temos uma tendência de querer dar somente "uma" solução. Essa técnica, ajuda no desenvolvimento da pessoa que enfrenta um problema e que busca soluções. Ainda gera alternativas com foco na solução compartilhada mediante a escolha. Serve para todas as áreas da vida: família, trabalho e amigos.

ENFRENTADO MOMENTOS DE TRISTEZA? Costumo dizer que a tristeza é inerente ao ser humano, mas continuar indefinidamente na tristeza pode levar qualquer pessoa à depressão. Portanto, viva a tristeza que achar necessária, no tempo que precisar. Mas sugiro que estabeleça uma data para sair dela; claro, com bom senso, no seu tempo e com flexibilidade. Talvez a tristeza seja uma forma acomodada de não fazer o que precisa ser feito. Lembre-se de que a principal meta do ser humano é ser feliz e, por isso, acredite que sairá da tristeza e buscará a felicidade pessoal. Caso não consiga estabelecer e/ou cumprir a data, peça ajuda terapêutica. Nossa vida é feita de escolhas e o que você escolhe?

AS PALAVRAS QUE VOCÊ MAIS USA DEFINEM VOCÊ E SEUS RESULTADOS: As palavras e frases que usamos com mais frequência refletem nosso estado mental e, com isso, os nossos resultados. Portanto, perceba quais as palavras e frases negativas que você precisa substituir e escolha palavras e frases mais positivas ou que indiquem mudança e esperança em fazer e conseguir. Talvez use palavras negativas aos seus filhos, familiares e amigos achando que, pela sua experiência, pelo que conseguiu e não conseguiu, pelo seu sofrimento ou dificuldades, utiliza mais palavras que referem somente a você. Evite passar para outras pessoas palavras que dizem respeito somente a você. Ao modificar as palavras, você também muda.

PARA MELHORAR NOS RELACIONAMENTOS. A maioria de nós está acostumada a dizer algo bom sobre uma pessoa ou sobre o trabalho dela e, depois, diz "MAS", e aponta o que não gostou ou o que saiu errado. Exemplo: Você é até inteligente, "mas" isso aqui não saiu do jeito que pedi. Bom, a sugestão é inverter a ordem do "MAS". Primeiro você diz do que não gostou, diz o "MAS" e completa com algo bom, de que gostou, ou com uma característica positiva da pessoa. Exemplo: Você não fez do jeito que pedi, mas é inteligente e capaz de me entregar bem melhor.

BUSCA DE SOLUÇÕES E EFICIÊNCIA INTERPESSOAL. Ao resolver problemas com outras pessoas, EVITE começar a frase com um "POR QUE" para não gerar justificativas e "desculpas". Procure começar as frases (caso comece com perguntas) com "O QUE" ou "COMO", pois, dessa forma, a pessoa questionada precisa relatar o fato, o acontecido e, assim, o problema sai da pessoa e vai para o fato, facilitando a solução. Essa técnica serve para relações com filhos, entre casal, funcionários etc. Tente, experimente. Exemplos: Em vez de "POR QUE isso aconteceu?", diga "COMO isso aconteceu?" Em vez de "POR QUE você fez isso?", diga "O QUE o levou a fazer isso?". Dessa forma você age com mais inteligência interpessoal.

FALAR A VERDADE: Se você diz que fala sempre a VERDADE, comece a pensar que a sua VERDADE pode ser "SOMENTE O SEU PONTO DE VISTA". E todo ponto de vista pode ser "SOMENTE A VISTA DE UM PONTO". Quando quiser dizer algo para uma pessoa querida ou colega, evite a expressão "VOU DIZER A VOCÊ A VERDADE" e utilize mais "NO MEU PONTO DE VISTA" ou "NA MINHA OPINIÃO".

AGRADECER FAZ PARTE DO CICLO DE SUCESSO: Durante um trabalho de *coaching* organizacional, no Hospital Municipal de Araucária (PR), vi na entrada da organização uma faixa de agradecimento, da família de um dos pacientes, à equipe de médicos e funcionários do hospital. Vale a seguinte reflexão: Que pessoa ou pessoas você precisa agradecer de verdade por algo? Por ter feito ou conseguido? Talvez um amigo, pai ou mãe, filhos, desconhecido ou alguém que lhe fez sofrer. Ao agradecer, você se sentirá melhor e mais feliz? E a outra pessoa, o que sentirá? O agradecimento é um comportamento de quem quer ser melhor e mais feliz.

MOMENTOS DE RELAXAMENTO. Durante o trabalho de *coaching*, crio com meus clientes momentos de relaxamento antes de começar a definir respostas e soluções e o resultado tem sido grandioso comparado aos momentos em que não uso o mesmo processo. Sugiro que você reflita como relaxar durante seu dia de trabalho, sob estresse ou em um momento de decisão ou conflito. O que você precisa fazer que traga momentos de relaxamento? Talvez uma caminhada, um passeio, uma oração, uma meditação, uma viagem, uma pescaria,um esporte; ir à academia, a um templo, a um canto da casa? Como se sentirá mais energizado? Quando será?

Portanto, ao finalizar o texto, proponho que você faça um pacto com sua qualidade de vida e felicidade, desenvolvendo pensamentos, emoções e comportamentos. Busque na espiritualidade, em Deus, o reforço, o apoio de que tanto precisa para a busca da essência e do equilíbrio em sua vida.

12

POTENCIAL
A semente da liderança de alta performance

O potencial que existe no ser humano constitui-se numa arma poderosa para que cada indivíduo realize os seus maiores sonhos. No texto *Potencial, a semente da liderança de alta performance,* você descobrirá que o potencial é como uma semente que tem poder de se tornar muito mais do que aparenta ser. Além disso, o texto traz a importância do *coaching* na construção dos resultados de excelentes desempenhos e conduzirá o leitor para descobrir a liderança de alta *performance*

Ariel Nobre

Ariel Nobre

Business & Executive Coach, Leader & Self Coach, formado pelo IBC (Instituto Brasileiro de *Coaching*); Bacharel em Comunicação Social, Jornalista, formado pela UFPA em Belém, Pará; Pastor e líder M12 do Ministério Internacional da Restauração (MIR) em Manaus; Fotógrafo de eventos pelo MIR; Palestrante motivacional, de liderança e *coaching* e analista comportamental. Repórter e editor de esportes do jornal *A Província do Pará* nos anos de 1995 a 1998. Editor na revista *Tabernáculos* no ano de 2011. Atualmente desenvolve o Projeto *Coaching* no Discipulado, DDD – Discipulado Direto Doze, na cidade de Manaus, com abrangência em todo território nacional. Também desenvolve o projeto Café com *Coach* com outros dois *coaches*, Carlos Henrique e Jerson Jr., em Manaus. Escritor no blog *Ariel Nobre Coaching*, com *posts* atualizados semanalmente.

Contatos
www.arielnobrecoaching.wordpress.com/
arielnobre12@hotmail.com
Twitter: @arielnobre
www.facebook.com/ariel.nobre
(92) 9148-3832 / 8147-8112 / 3308-5924

A alta performance de um grande artista; de uma bela dançarina de balé; de um músico no nível de Mozart; de um exímio craque de futebol como Pelé; de um pintor que esbanja todo seu talento nos pincéis; de escritores que tocam o mundo com suas palavras; de um empresário bem-sucedido nos negócios e, enfim, de tantos outros, depende de algo essencial na vida, o POTENCIAL.

A performance do sucesso está diretamente ligada ao potencial de cada um. A grande questão é que poucas pessoas conseguem colocar o potencial que possuem para fora e infelizmente a grande maioria não sabe o potencial que tem, por isso são esmagados pelos fracassos.

Alguém poderia se esquivar e dizer que acha que não tem nenhum potencial, mas todos nós fomos agraciados por Deus ao nascermos com potencial. E, diferentemente do que muitos imaginam, potencial não é exatamente aquilo que já fizemos de melhor. É extrair o máximo que há em nós e que ainda não foi colocado para fora.

O Dr. Myles Munroe, palestrante motivacional, autor de vários best-sellers, conferencista, consultor de governos e pastor, natural de Bahamas (país insular na América Central, ao norte de Cuba), define em seu livro, *Compreendendo seu potencial*, de forma simples e objetiva o que é potencial. Ele diz:

"O que você já realizou não é mais o seu potencial. Potencial é a habilidade adormecida. Habilidade adormecida é algo que está sem uso, algo que está presente, mas não está ativado. Potencial é também força que não é usada. Significa poder reservado. Potencial é também êxito não usado. Para exprimir isto claramente, potencial é tudo o que você poderia fazer, mas ainda não fez. É tudo o que você poderia ser, mas ainda não é. É o quão longe você pode ir, mas ainda não foi".

Para melhor compreendermos esta afirmativa, podemos comparar o potencial a uma semente qualquer, que tem a capacidade de se reproduzir em milhares de outras sementes. Ou seja, podemos afirmar que o potencial de uma pequena semente é o de poder gerar uma imensa floresta. Se entendermos isto, perceberemos que também há uma semente de potencial em todo ser humano. O potencial biológico de uma pessoa é gerar uma nação inteira.

Na relação sexual, por exemplo, entre o homem e a mulher, o espermatozoide é fecundado no útero da mulher, gerando, durante nove meses, uma nova criança que crescerá e se unirá sexualmente a outra pessoa, gerando em consequência outro ser humano que também conhecerá uma nova pessoa e assim sucessivamente. Hoje somos quase sete bilhões de descendentes vivos do primeiro casal da terra, Adão e Eva.

Quero crer então que há o potencial genético e biológico de homens, animais e plantas, mas também creio que há muito mais a explorar sobre o potencial de cada indivíduo, pois, diferentemente de animais e plantas, temos o potencial da alma que é o centro do intelecto e das emoções em todo ser humano. A inteligência que temos pode nos render muito mais potencial.

Inteligência emocional e o potencial

Podemos até mesmo entrar um pouco no campo da Inteligência Emocional, conceito que tem crescido ultimamente nos estudos da Psicologia Humana. E o que seria essa Inteligência Emocional? Um conceito simples elaborado por Daniel Goleman, redator de Ciência do *The New York Times*, diz: "Inteligência Emocional é a capacidade de reconhecer os próprios sentimentos e os sentimentos de outros, assim como a capacidade de lidar com eles".

Segundo ainda Goleman, a Inteligência Emocional é a maior responsável pelo sucesso ou insucesso dos indivíduos. Como exemplo, ele lembra que a maioria das situações de trabalho é envolvida por relacionamentos entre as pessoas e, desse modo, pessoas com qualidades de relacionamento humano, como afabilidade, compreensão e gentileza têm mais chances de obter sucesso.

Ele ainda acredita que a Inteligência Emocional se divide em cinco categorias de habilidades que são:

Autoconhecimento emocional, definida como a habilidade de reconhecer as próprias emoções e sentimentos quando ocorrem; *Controle emocional,* habilidade de lidar com os próprios sentimentos, adequando-os a cada situação vivida; *Automotivação*, habilidade de dirigir as emoções a serviço de um objetivo ou realização pessoal; *Reconhecimento de emoções em outras pessoas*, habilidade de reconhecer emoções no outro e empatia de sentimentos; e *Habilidade em relacionamentos interpessoais*, que é a habilidade de interação com outros indivíduos utilizando competências sociais.

As três primeiras categorias são intrapessoais, lidam com o crescimento individual. Já as últimas duas são interpessoais e essenciais para a organização de grupos, negociação de soluções, empatia e sensibilidade social.

Resultados de alta performance

A alta performance é atingida exatamente quando o potencial é liberado e quando se controla as emoções. Isto faz com que alguém se transforme num profissional que sempre proporciona algo de positivo para as organizações em que trabalha e na sociedade em que vive. Esse profissional é distinto dos demais porque sabe o potencial que tem e, portanto, sabe quem ele quer se tornar, onde quer morar, o quanto deseja ter de renda mensal, que tipo de família quer construir e que carreira vai seguir.

Outro ponto a favor do profissional de alta performance é que via de regra ele é extremamente organizado e, por isso, tem por escrito os objetivos da vida que precisa alcançar em curto, médio e longo prazo.

Relacionado com seu trabalho, também age com base nas necessidades que a organização e a sociedade demonstram, sempre procurando mudar atitudes em prol da melhor satisfação das pessoas que usufruem do produto desse trabalho.

Elas reconhecem facilmente o potencial e as habilidades de outros, obtendo empatia emocional com os demais colegas, mantendo o ambiente saudável nos relacionamentos dentro das organizações.

Além disso, todas as pessoas que atingem o nível de alta performance, desenvolvem facilmente o processo de comunicação permanente com outros colegas, facilitando o relacionamento interpessoal.

O *COACHING* e a alta performance

E onde entraria o processo de *coaching* na descoberta do potencial e no desenvolvimento dos resultados de alta performance? Creio que o processo de *coaching* é fundamental para que o cliente abra o entendimento em relação ao seu potencial individual, o que o torna uma ferramenta indispensável para ensinar o autoexame dos aspectos emocionais da vida.

O *coaching* traz o equilíbrio emocional necessário para que a autoestima seja elevada, e a potencialização dos resultados é uma consequência natural e mais do que certa, trazendo satisfação e a certeza do cumprimento de metas.

O papel fundamental do *coach* nesse processo é a condução inteligente de seu *coachee*, rumo ao sucesso, e isso consiste na busca da felicidade, chegar ao estado desejado. As técnicas utilizadas pelo *coach* são divisores de águas na vida do *coachee*.

E poder ver esse cliente ampliando a visão, primeira requisito para alguém alcançar os resultados da alta performance, é muito gratificante. O *coach* conduz o cliente na busca da compreensão de sua visão e este, então, passa a ser guiado por sua missão de vida.

Poder ressignificar a vida, encontrando intenções positivas no Universo, mesmo nos momentos considerados à primeira instância negativos, é outra benfeitoria do *coaching* na vida de um ser humano. Este aprendizado corrobora a necessidade que o *coachee* tem de sempre querer aprender e nunca parar de buscar o conhecimento por meio das experiências oportunizadas em sua direção.

Além disso, o profissional que deseja atingir um nível elevado de alta performance sempre acredita na importância do relacionamento direto entre o destino final de seus sonhos e o processo de *coaching*, até que alcance o estado desejado. Ele se envolve no processo até o fim e não desiste antes de cumprir metas.

Tão importante como os pontos anteriores, é despertar para o fato de que a visualização é extremamente importante para quem deseja alcançar os objetivos de alta performance. É o que chamamos no *coaching* de "Ponte para o Futuro", onde o *coach* ensina o cliente a visualizar mentalmente o estado desejado, até que este consiga chegar lá.

A liderança de alta performance

E, talvez, o ponto mais alto do *coaching* nos resultados de alta performance é o exercício de liderança que o *coachee* assume em sua vida. É muito importante o papel do *coaching* na condução do cliente para que perca todo o medo de se tornar líder em sua sociedade.

O mundo precisa dos líderes de alta performance. Líderes destemidos, responsáveis, compartilhadores de esperança, conscientes de sua Missão e que sabem construir a Visão para a sociedade. Os líderes de alta performance sempre mergulham na aprendizagem de novas habilidades e têm fome pela busca de novos conhecimentos, necessários para a evolução emotiva e racional das futuras gerações.

E como sabemos, a razão da felicidade e do bem-estar dos líderes de alta performance está na efetiva realização de seus objetivos e de suas contribuições desejadas. Ou seja, todo líder só encontra a verdadeira felicidade quando compartilha o alcance de suas metas e quando oferta suas contribuições para um mundo melhor.

13

MULULO GESTÃO, COACHING & Cia. CGB: *Coaching* Genuinamente Brasileiro

Um novo olhar sobre a filosofia *coaching*

O que nos espanta, nos faz refletir, cedo ou tarde, posso perceber o que Sócrates proporcionava aos seus pares enquanto sua maiêutica era desenvolvida

A mente que se abre a uma nova ideia jamais voltará ao tamanho original.– Albert Einstein

Atenção, Intenção e Ação!

Ary Bianco Mululo

Ary Bianco Mululo

Coach, consultor e educador. Sócio fundador da MULULO GESTÃO, COACHING & Cia. Há 20 anos formador de competências profissionais abrangendo mais de 10 mil pessoas nas áreas da Saúde, da Educação, do Comércio e da Indústria. Cir. Dentista, FONF. Pós-graduado em Gestão Estratégica de Sist. Locais de Saúde, UNIFESO. Pós-graduado em Gestão Estratégica de RH e Docência do Ensino Superior, UCAM. *Professional Coach, Executive Coaching* e *Advanced Leader Coach*, pelo *Behavioral Coaching Institute*. *The Coach Clinic*, pelo Corporate Coaching U. International. *Life Coach* pelo ICE & IES. Membro da Academia Brasileira de *Coaching*. *Practitioner* em PNL. Professor de Gestão de Negócios em Clínicas, ABO - NF. Ministra cursos de Profissional *Coaching,* Liderança *Coaching*, Educação Corporativa e *Coaching* para Docentes de unidades educacionais. Palestrante na Univ. Estácio de Sá – NF. Conferencista em *Healthcare & Business Management Health*. Planejador Estratégico nas esferas municipal e estadual. Gestor de projetos e convênios para prefeituras e OSCIPs.

Contatos
abmululo@gmail.com
contato@mululogestorcoach.com.br
fb.com/mululogestorcoach
www.mululogestorcoach.com.br
(22) 98801-6376 / 98835-6378

O que é *coaching*?

Coaching é uma filosofia de vida, que se dá por meio de um processo cíclico com começo, meio e fim, permitindo que o *coachee* (cliente), seja apoiado por seu treinador mental (*coach*) no intuito de buscar seus potenciais internos e mobilizá-los de forma estratégica e energética para que sejam atingidas as metas propostas, de modo a sair do estado atual para o estado desejado com êxito. *O processo coaching acontece na brecha entre a intenção e o aprendizado.*

Componentes estratégicos: contexto, ação e resultado

Ouvir, perguntar, planejar e dar resultado. Esse ciclo feito com excelência pelo *coachee* cria o *estado de flow (fluir)*, dando uma enorme sensação de bem-estar, controle e consciência elevada do interno e do externo.

Estratégias de suporte que sempre devem ser levadas em conta por nós, *coaches*:

I – Comunicação e relacionamentos estratégicos

Para comunicarmos e nos relacionarmos de forma estratégica devemos desenvolver como ferramenta nossa inteligência intrapessoal e interpessoal e explorarmos *Rapport*, Escuta Transformadora e Mec. Ressonante.

As pessoas não se importam com o quanto você sabe até que elas saibam o quanto você se importa com elas.

II – *Rapport*

Se quiser que um homem apenas o ouça fale sua língua para ele, se quiser que um homem confie em você e o escute, fale a linguagem dele para ele. Na natureza humana o sentimento de necessidade de pertencer aos seus iguais é inevitável.

Rapport é muito mais do que se colocar no lugar do outro, é perceber como o outro percebe, sentir como o outro sente, falar como o outro fala e respirar como o outro respira.

Sintonize-se como se estivesse dançando com o outro, se tornando parecido com o outro, de forma a modular a sua respiração, tom de voz e gestos. Cuidado para não tornar-se uma cópia dele, caso contrário quebra-se o *Rapport*. Mantê-lo é essencial para a continuidade do *coaching*. Cuidar da mensagem é fundamental. Dê sinais de estar escutando, dessa forma atingimos a 1ª fase da ferramenta que é *Acompanhar*.

Nessa *1ª fase* começa a se criar um laço de segurança, pautado em não julgar, em um ambiente seguro e de confiabilidade, pois existe alguém que o aceita e é parecido com ele.

Na *2ª fase* vamos imprimir nosso ritmo e provocar a saída do *coachee* de sua posição passiva, para uma posição efetiva no estado de ação. É como se após minutos de dança você passasse a dar outra direção ao bailado, onde agora quem passa a acompanhar é o cliente, ele é que modula a respiração e o tom de voz para pertencer ao seu mundo, nessa etapa, passamos a *Conduzir*.

Observa-se o ressurgir do comprometimento de seu *coachee* com a busca por uma melhora de estado. *Rapport é a intercompreensão de valores.*

III – Escuta Transformadora (ET), o que é?

É uma ferramenta fantástica, preocupe-se em ESCUTAR sem julgar ou aconselhar, caso contrário haverá quebra do processo. O *coaching é libertador*, onde o *coachee* passa a assumir o papel de *criador* e deixa o de *criatura* para trás, passando a exercer a autoridade sobre sua vida e de seus passos na busca de ações que o levem a seu estado desejado.

Podemos lançar mão dos Crivos Socráticos para realinhamento da mensagem. É verdade? É bom? É útil? Esses três crivos devem ocorrer simultaneamente! Caso não, o *coachee* entrará em um processo de reavaliação de suas crenças usadas como pano de fundo de sua mensagem.

IV – O copo cheio sempre!

Todos nós temos forças e fragilidades, atue sempre com o reconhecimento direcionado aos talentos, o copo cheio. Quando atuamos escutando o "Copo Cheio", focamos nas soluções. Saio do campo dos rótulos e passo para o campo das evidências, paro de trabalhar com alucinações e achismos.

A verdade é um "erro" mais adequado. Todo rótulo é falho!

V – Mecanismo Ressonante

Vibrar em outra frequência é fundamental. Quando fazemos nossa *ET*, podemos paralelamente usar outra ferramenta chamada *Mecanismo Ressonante (MR)*. Esse mecanismo é baseado em atuar *just in time*, para que o cliente perceba as "vibrações" que seu comportamento gera no ambiente. Se esperar dias para usar o MR depois do ocorrido, haverá pobreza de detalhes. *Bata no ferro, apenas enquanto o mesmo está quente.*

Se usado de forma correta permite ajustes de condutas e propicia o aprendizado e o crescimento do *coachee*. Aumente o campo de possibilidades dele, faça tudo para levá-lo à ação.

Expresse a sua intenção positiva como *coach*, essa troca gera ativação do estado de consciência dele. Não existem verdades absolutas.

VI – Valores:

Valores: nossa Bússola Interior. São à base da existência, nosso código de ética, o que nos guia. Muitas vezes confundimos com crença, todo valor é uma crença, mas nem toda crença é um valor.

Crenças são voláteis, os valores são muito mais sólidos. Toda crença gera comportamento e esse comportamento tende sempre a atender a um valor. Por isso muitas crenças que nos limitam, podem ser trabalhadas de tal forma que o *coachee* possa percebê-la, confrontá-la e ressignificá-la criando uma crença nova, alinhada a seus valores rumo à busca do seu estado desejado.

Cuidado, se trocarmos nossa bússola pelo relógio, o propósito, valores e princípios dão lugar a arrogância, ganância e frustrações.

VII – Missão:

O que me permite, qual o meu propósito, o que me torna feliz? É claro que sempre estaremos apoiando nossa missão em uma plataforma de valores. A missão de vida é feita com o uso de três perguntas poderosas que explorem: talentos, comportamentos e objetivos gerais. Um modelo estratégico pode ser composto de: ser o quê? Através de quê? Para alcançar o que?

VIII – Visão:

A Visão é inspiradora. Como é seu estado desejado? Olhar construtivamente o presente a partir do futuro e não ver o futuro com os olhos do presente. Permita que o *coachee* pense, vá ao futuro e se veja lá.

"Porque sou do tamanho do que vejo e não do tamanho de minha altura..." – Carlos Drummond de Andrade

IX – Descobrindo o valor por trás do Estado Desejado

Quando acreditarmos estar já definida uma meta a ser conquistada pelo cliente, o que fazer para ajudá-lo a ter certeza de que será esse seu alvo principal? Provocá-lo para que descubra conexões entre a meta e os valores atendidos pela conquista da mesma.

Quando mensuramos nossos sonhos criamos metas, mas essas metas são apenas operações - meios na gestão interna para busca de seus resultados finais.

Para descobrir tais valores poderemos usar: como se sentirá quando tiver conquistado sua meta proposta? Pergunte até que o *coachee* chegue a um valor que já foi identificado por nós, como um de seus nortes. Pode ser paz de espírito, segurança, felicidade, tranquilidade total, entre outros.

X – Metas, como conquistá-las?

Acreditar é fundamental, a meta é do *coachee*, não sua. A jornada é dele, muitas vezes morda a língua. Toda meta gera ações ou tarefas.

Meta é composta de plano de viabilidade – análise de perdas e ganhos. *Especificidade* a respeito de conhecer exatamente o que quer de forma detalhada, em quais condições. Deve ser *mensurável*, vamos medir o progresso com evidências cabais de que a realidade está sendo modificada com efetividade. Ela é *alcançável*? Responda como vai fazer para vencer as barreiras do ambiente e chegar lá. O valor por trás da meta refere-se à *relevância*. Finalmente, possuir *prazo determinado* para apresentação da meta conquistada. Com data fatal de significado pessoal para o cliente.

Se o desafio proposto for muito *"pesado"* para um *coachee* que ainda não está preparado para enfrentá-lo, estaremos levando o mesmo à frustração. *Ninguém pode dar o que não tem.* Acordar tarefas, em quantidades moderadas e se possível, aplicá-las a cada sessão é o ideal.

XI – A Felicidade, um valor mestre

ACEITAÇÃO: o importante não é o que acontece com você, mas sim como você se comporta frente ao que acontece. Significado gera Comportamento. Quanto mais nosso *coachee* toma consciência de seus recursos mais ele aumenta sua capacidade de desconstruir crenças limitantes alinhando-se em busca da Meta.

A viagem em si é mais importante do que a chegada. A caminhada é dele ou sua? Se for sua vai medir os esforços dele pela sua capacidade de execução, quebra-se o *Rapport*. Por isso menos pode valer muito *mais*. Existe um tempo de aprendizado, esse tempo é sempre de quem aprende.

PRAZER: Facilite o aprendizado de que *não devemos esperar pelo futuro para mudarmos nossa vida, pois o futuro é apenas consequência do presente.* Pergunte a ele: o que o motiva agora?

Trabalhe pontos fortes e a dualidade. Com a filtragem positiva podemos apoiar o *coachee* a perceber *novos significados para "fra-*

cassos ou erros" trocando-os por "passos". Ser dual é ver aprendizado em tudo: "no início nada entra, no meio nada fica e no fim nada sai" – Confúcio.

"Brinque" com seu *coachee* para que aprenda como pode dar passos através de testagem. Criou o modelo, praticou, viu o resultado, foi indesejado? Recrie nova estratégia, teste e confira o novo resultado, reinventar sempre.

Trabalhe a mensagem que sai e chega até você. Reoriente recursos. Encoraje pessoas a perceber que *coragem é caminhar na presença do medo.*

ENTUSIASMO: etimologicamente significa "DEUS em mim". Quem pensa assim assume o papel de criador, exercendo sobre sua caminhada escolhas que permitem romper com velhos hábitos e criar novos. Quando isso ocorre com o seu cliente quebra o seguinte mecanismo: *primeiro você faz o hábito, depois o hábito te faz.*

XII – Tenha um arsenal de perguntas poderosas

Quando existir um vácuo, brecha ou silêncio por parte do *coachee* faça perguntas poderosas e nesse momento ele *Expandirá*. É o *Momento Emotizador,* onde ele percebe que usando seus recursos vai descobrir a saída.

O que gera conhecimento são a curiosidade e as perguntas. Quanto mais conhecimento e amadurecimento do sistema sensorial maior minha sensação da realidade.

Perguntar gera o trinômio confiança – comprometimento – consciência. Explora o estado atual, o desejado e cria estratégias.

TIPOS E ÁREAS DE ATUAÇÃO: geram melhora do ambiente (Onde e quando?), comportamento (O quê?), capacidades (Como?), fortalecimento de valores e desconstrução de crenças limitantes (Para que, onde está escrito, é uma referência no assunto?), permissão para agir (Quem?) e conexões poderosas na esfera espiritual (Quem mais?) do nosso cliente.

XIII – Ser, fazer e ter é o jogo do sucesso em todos os planos existenciais

O "ser" está voltado a sua missão, o que o torna único e ao mesmo tempo plural nesse mundo. Sempre que o estado de consciência é pequeno o ego assume atuando no ter e fazer para ter, são *as distorções do ego.*

O alinhamento se dá no "aqui e agora". Se O COACHEE atuar no *passado sentirá culpa.* Se for para o futuro de forma incerta sentirá ansiedade. Sendo assim evite perguntar por que ao seu cliente. Já sabe que o levará para um processo de Vitimização.

Ative o estado onde o Ser é mais efetivo. É "o agora desperto", onde nos tornamos conscientes e no controle. O que melhora substancialmente o meu ser é o Fazer congruente e coerente. Ações contrárias ao nosso propósito nos deixam tristes e impotentes.

Toda ação em direção à meta, nos remete ao estado de controle, baixa frustração, diminui estado de inércia e aumenta ao crescimento interior que é o SER ampliado. Ao mudarmos nossas crenças e comportamentos, reacendemos nossos valores e geramos um ciclo virtuoso que certamente nos amplia um Ter efetivo, onde as conquistas são percebidas como um somatório de passos rumo ao objetivo maior.

Em suma, perguntas levam a conscientizar o coachee de que o fazer congruente amplia o ser essencial e gera o ter efetivo.

XIV – Mielinização

Hábitos levam a alterações orgânicas que mielinizam fibras de axônios – parte estrutural dos neurônios. Criou-se o hábito, agora o hábito cria você. Dessa forma podemos estimular o crescimento de mielina sobre fibras nervosas através de mudanças de padrões de comportamento gerando novos hábitos.

O cérebro, nessa fase de transição, criará mecanismos de fuga. É claro que esse novo padrão deve ser mantido de forma continua e consciente, para que a nova fibra nervosa (novos hábitos) passe a ter mielina suficiente para assumir o lugar da antiga (velhos hábitos). Com o menor descuido o cérebro vai querer reutilizar a via antes utilizada que ainda se encontra lá, só que agora, sem impulso nervoso passando por ela.

XV – Lembre-se que abandonar velhos hábitos significa para o *coachee* entrar em estados de lutos

O processo deve ser contínuo e no tempo certo para que os lutos cessem. A cada passo dado em direção à meta esse estado de luto se forma e se desfaz. Entender isso é crucial para desenvolver ações ou tarefas focadas na meta, que contemplem o estado de mudança interna do cliente.

Quando mudamos o significado frente ao fato em si, percebemos o que nos cabe controlar, descobrindo como mudar padrões comportamentais de forma congruente aos nossos objetivos, reforçamos nosso propósito e atingimos as metas saboreando as novas e maravilhosas emoções como algo inerente e inevitável à nossa existência: Nascer e Renascer sempre, para ser feliz!

14

Coaching, carreira e inteligência financeira

Este texto aborda os conceitos de *coaching* de alta performance e busca orientar as pessoas para um planejamento onde consigam resgatar aptidões, habilidades e traçar objetivos profissionais, bem como trabalhar conquistas pessoais com mais segurança e razão financeira

Bruno Frota

Bruno Frota

Graduação em Administração de Empresas pela Universidade Católica de Santos. MBA Executivo em Marketing pela FGV - Fundação Getulio Vargas. Mestrando em Administração na Universidade FMU. Docente na FMU - Faculdades Metropolitanas Unidas ministrando as matérias de Gestão da Qualidade, Sustentabilidade, Empreendedorismo, Gestão de Projetos, Gestão Profissional de Carreiras, Planejamento Estratégico, Governança Corporativa e Marketing. Experiência de 13 anos no mercado financeiro na elaboração de Programas de Qualidade. Gestor de EaD em *e-learning* para melhores práticas de atendimento e alavancagem de negócios. Instrutor e palestrante para Mercado Financeiro, Código de Defesa do Consumidor, Lei do SAC e Educação Financeira Sustentável. Atuação no mercado de TV por assinatura em alta definição HDTV e comunicação via banda larga em empresa líder da América Latina, na área de Qualidade de Atendimento. Auditor de Responsabilidade Social, Ambiental e 3º Setor com ISO 26000:2010. Consultor, *Personal Coach, Professional & Executive Coach, Coach* Empresarial. Escritor do livro *Excelência no Secretariado*, pela Editora Ser Mais.

Contatos
www.brunofrota.com.br
contato@brunofrota.com.br
bruno.frota@hotmail.com
(11) 97150-2286

Quando falamos de *coaching* de alta performance, entendemos logo que trata-se de algo muito mais potencializado, um *coaching* onde quebram-se crenças limitantes, com as quais muitas vezes nos deparamos em nossos diálogos internos e que geram dúvidas que podem nos fazer parar de agir.

O *coaching* de alta performance nos faz refletir sobre o quanto de aproveitamento podemos ter a cada minuto, a cada atenção redobrada e a cada oportunidade que vem de encontro às nossas tomadas de decisão. Além de destravar as crenças limitantes, o processo no qual uma pessoa ajuda a outra a planejar, a desempenhar, a aprender com as ações corretivas e a atingir metas e objetivos, faz com que desperte um grande diferencial competitivo, a inteligência emocional, essencial para o amadurecimento e a assertividade nas tomadas de decisão.

Este texto aborda os conceitos de *coaching* de alta performance e procura orientar as pessoas para um planejamento onde consigam resgatar aptidões, habilidades e traçar objetivos profissionais, bem como trabalhar conquistas pessoais com mais segurança e razão financeira.

Na aplicação de um *coaching* com um pensamento alinhado que nos traz um conceito de alta performance, a pessoa percebe que a sua capacidade de lidar com a autoconsciência, o controle das emoções, a automotivação, a empatia e a sinergia aumentam a capacidade de se relacionar com pessoas e criar situações positivas a seu favor, almejando o sucesso de suas metas.

Mas para que os seus sonhos se tornem realidade, você precisa de um planejamento muito realista referente a quanto você tem, o que você quer, como quer e pretende conseguir. Uma dica para potencializar seus objetivos é fazer a seguinte pergunta: A quem mais eu sou importante? Ou seja, se eu for uma pessoa feliz e realizada, quem mais ficará feliz e realizado ao meu lado? Isso ajuda a potencializar seus objetivos, pois será bom para você e para as pessoas ao seu redor.

Para alcançar seus objetivos dentro do conceito de alta performance, você precisa estipular, ao menos, um período da vida em que fará "algo a mais" do que já faz hoje. Por exemplo, seu trabalho, suas atividades que lhe tragam um retorno financeiro, estão satisfazendo plenamente suas conquistas? Ou você percebe que pode fazer algo a mais?

Como contraponto às teorias tradicionais de carreira entre a pessoa e a organização, a perspectiva de um modelo atual e globalizado traz à carreira sem fronteiras, que é oferecida como resposta orientada as mudanças sociais, ao imediatismo das Gerações Y e Z e ao comportamento de uma nova economia voltada ao consumo proveniente do acesso ao crédito. Uma carreira sem fronteiras com viés de carreira paralela, faz a pessoa aumentar sua renda, antecipando seus objetivos que necessitam de capital, com a comercialização do seu trabalho de forma autônoma ou complementar, por exemplo: Profissional que trabalha em uma empresa em horário comercial e pode atuar em outro horário como professor.

Quando a carreira é sustentada por *networks* ou informações externas, por exemplo, corretores de imóveis que além de possuir o CRECI (Conselho Regional dos Corretores de Imóveis), necessário para a realização de seu trabalho, se especializa em investimentos com outras certificações como CNPI (Certificado Nacional do Profissional de Investimento), o CPA – 10, Certificação Profissional Anbima 10, CPA – 20 ou até CFA (Chartered Financial Analist), certificado global na área financeira, pode também atuar como consultor financeiro em outro horário ou customizando sua agenda de trabalho.

Podemos aumentar o nosso potencial quando nos permitirmos, dentro de nossas condições, pensar e agir fora dos padrões tradicionais. Quando as fronteiras organizacionais são quebradas através dos nossos princípios estratégicos, através da auto invenção, auto direção, habilidade de construir relações que o *coaching* redirecionará com algumas escolhas focando em suas realizações positivas.

Dessa forma, refletir sobre um trabalho extra, uma carreira paralela ou um "Plano B", deixa a pessoa mais confortável para planejar o tempo e se dedicar às metas, mas estas atividades são compostas pelas várias experiências pessoais em educação, treinamentos, trabalho em várias organizações, mudanças de área de ocupação, através de escolhas em sua busca de autorrealização, integrados aos seus objetivos de vida.

Por outro lado, podemos criar outro "Plano B", através de uma liberdade financeira. Isto ocorre quando o planejamento é sustentado por criar outras rendas, fazendo com que o dinheiro, quando bem utilizado, trabalhe para uma melhor qualidade de vida, tranquilidade e tempo para a família e amigos, além da possibilidade de transformar sonhos em realidades ligados a seus interesses.

As pessoas são financeiramente independentes quando têm o próprio estilo de vida e realizam atividades e projetos que acreditam valer, sem depender de um salário ou de uma única renda.

Podemos chamar de renda passiva, que pode ser considerado com a criação de um projeto de renda como recebimento de dividendo de ações, abertura e supervisão de seus próprios negócios, criação de produtos intelectuais como obras, livros, letras de músicas, peças de teatro, filmes, criar um produto na internet e receber diariamente lucro sobre a venda do produto ou serviço, criar estrutura para receber dinheiro sem precisar trabalhar (muito).

Mas vale ressaltar a diferença de se ter um bom salário e a independência financeira, ou seja, não adianta ganhar bem e entrar em dívida para manter o *status*. Às vezes ter um alto padrão de vida, carros de luxo, joias, viagens, não se sustenta se a pessoa não tiver educação financeira, ela precisa saber como ganhar, como gastar e como investir o dinheiro.

O dinheiro vem das mesmas fontes: com o salário do trabalho; com empresas, se for empresário ou sócio de empreendimentos; com aplicações financeiras, etc. As condições para ganhar dinheiro são iguais, mas o que vale é a cultura de almejar conquistas e objetivos. Não necessariamente precisamos começar com muito, mas começar o planejamento é o primeiro passo, a execução e a dedicação vão lhe trazer o sucesso.

O *coaching* quando tratado por meio de conquistas, principalmente focado em alta performance, deve sempre abordar a situação financeira para mais credibilidade nas ações, sendo que, diariamente tomamos decisões financeiras e estas terão impacto direto na vida pessoal. O estudo das finanças pessoais envolve conceitos e técnicas fundamentais para a existência de uma gestão eficiente da renda de uma família. Os investimentos podem produzir uma segurança necessária e podem ser mais precisos e planejados de acordo com as necessidades de curto e longo prazo, resultando em ganhos maiores para a vida financeira, bem como para as conquistas, mas pode exigir o adiamento do consumo presente, visando o consumo de algo maior no futuro.

É o planejamento que faz a diferença entre as pessoas que só sonham e aquelas que conseguem colocar em prática seus projetos de vida. E não estamos falando apenas de conquistas materiais, mas também de satisfação pessoal e profissional como mensurado neste texto.

Após mensurar benefícios financeiros através de um trabalho adicional, ou uma renda passiva, vamos criar o mapa para a vida financeira, que mostrará onde você está e que caminho percorrer para chegar onde você quer.

Uma ferramenta importante para quem quer manter as contas em dia é o balanço patrimonial. Ele funciona como um mapa da sua situação, mostra o que a pessoa tem e o que deve. Se você fizer um balanço todos os meses, poderá saber se sua situação financeira está melhorando ou piorando. Assim, poderá saber se deve manter o curso daquilo que está fazendo ou se mudanças serão necessárias.

O balanço patrimonial apresenta os ativos que são bens e direitos (o que eu tenho), passivos que são as obrigações (o que eu devo) e o patrimônio líquido, que é resultante da diferença entre o total de ativos menos o total de passivos.

Ao descrever em uma coluna os ativos e seus valores como casa, carro, terreno, dinheiro aplicado e outros bens e direitos e, na outra coluna, todas as dívidas. Temos a seguinte conclusão, se os bens forem maiores que as dívidas, significa que você possui um patrimônio. Se as dívidas forem maiores, ou seja, mesmo que a pessoa venda tudo o que tem, ainda estará endividado.

Aproveite este momento para fazer o seu planejamento financeiro, pois o maior engano é quando as pessoas deixam para fazer somente quando estão no vermelho, pois nestas situações, o planejamento necessariamente significa reduzir gastos além de gerar um desgaste emocional.

Esse planejamento é o ponto de partida para uma vida financeira mais saudável e equilibrada, para comprar o que precisa hoje e conseguir guardar para atingir seus objetivos no futuro. Esta ação engloba um crescimento para toda a família, pois traduz uma excelente forma de ensinar os filhos sobre educação financeira.

Um dos grandes ganhos é começar a fazer o planejamento financeiro quando a pessoa estiver sem problemas ou crises, pois assim, o plano visa redirecionar os gastos para aquilo que realmente pode melhorar sua vida, neste caso, planejar não significa gastar menos, significa gastar melhor! Fazer com que o seu dinheiro passe mais tempo com você!

ATIVOS		PASSIVOS	
Bens		**Dívidas / Empréstimos**	
Casa Própria	R$ ______	Financiamento Imobiliário	R$ ______
Outros Imóveis	R$ ______	Financiamento de Veículo	R$ ______
Terreno	R$ ______	Empréstimo Bancário	R$ ______
Carro	R$ ______	Dívidas em Lojas	R$ ______
Moto	R$ ______	Dívidas em Particulares	R$ ______
Caminhão	R$ ______	Cartão de Crédito	R$ ______
Partipação em Empresa	R$ ______	Cheque Especial	R$ ______
Poupança	R$ ______	______	
Investimentos	R$ ______	______	
Previdência	R$ ______	______	
______			
______			
______			
Total Ativo	R$ ______	**Total Passivo**	R$ ______
PATRIMÔNIO LÍQUIDO (O QUANTO EU TENHO) *Ativos - Passivos*			R$ ______

Assim a pessoa pode ficar mais próxima dos seus sonhos, incluindo objetivos no orçamento mensal. Por exemplo, se o objetivo é viajar nas próximas férias, coloque no orçamento o valor que você está poupando todo mês para realizar esse sonho, o mesmo para aquisições de outros bens. Mas ao descrever o planejamento e perceber que para atingir seus objetivos, o seu plano necessita de mudanças, como um aumento de ganhos, uma renda extra, não se preocupe, pois para alcançar os sonhos não precisamos de crenças limitantes. Pesquisas conferem que 82,5 % da população rica saíram do zero.

Não tenha somente dinheiro, pois felicidade não tem a ver com dinheiro, felicidade é um estado de espírito (gerado pela união, pela família, pela saúde física e mental. Felicidade é bem-estar, paz na consciência) e ter dinheiro significa somente poder de compra, nada mais.

Assim, como abordamos no início do texto: o que podemos fazer a mais daquilo que já fazemos hoje? Esta reflexão nos ajuda a nos conhecermos melhor, as nossas aptidões, metas, sonhos, trabalho, aquilo que podemos fazer, acima de uma atividade ou renda principal, pensando em estar mais confortável por um período ou estudando e viabilizando uma liberdade financeira com novos negócios, investimentos e acima de tudo com muito controle, planejamento e *coaching*.

Determine seus objetivos, crie metas, analise sua situação financeira e melhore progressivamente, mas não seja refém do dinheiro, faça dele uma viabilidade para o seu sucesso, colocando em prática seus planos. Viva de forma perene uma plenitude com alta performance todos os seus caminhos e suas conquistas, assim abrirá novos horizontes, com novos planejamentos muito mais prazerosos para se dedicar. Para cada conquista pessoal, uma comemoração, uma celebração com todas as pessoas que o ajudam a construir o seu SUCESSO!

15

Alta performance - Eu S.A.

Falar em alta performance, antes de tudo, é falar sobre conhecimento, habilidades e, principalmente, atitudes. Já pensou alguma vez no quanto seu corpo físico influencia no desempenho de suas atitudes? De um modo geral seu corpo é um aliado ou um concorrente nos momentos de decisão? Este é um assunto cotidiano que tratado adequadamente pode agregar resultados surpreendentes. Venha conferir!

Carla Coelho

Carla Coelho

Analista de Recursos Humanos, atuante na área há mais de 25 anos, possui experiência em empresas de pequeno, médio e grande porte, qualificando e desenvolvendo profissionais de liderança nos diversos níveis hierárquicos. Treinadora Internacional Certificada pela *Behavioral Coaching Institute* (BCI), pela Academia Brasileira de *Coaching* (ABC) e pela You Can Be (YCB) como *Coach* Profissional, *Coach* Executivo e de Negócios, além de *Coach* Pessoal e de Liderança; Treinadora/Consultora da ECC Consultoria; Especialista em Gestão de Pessoas certificada pela Estácio de Sá. Há 6 anos estuda as Relações Interpessoais no ambiente de trabalho, o que a levou a desenvolver um formato único e inovador neste seguimento. Atuou na administração de empresas como Gerente, Diretora e Consultora. Palestrante de vendas, motivação, liderança e *coaching*.

Contatos
www.carlacoelhocoach.com.br
carlacoelhocoach@gmail.com
(21) 2709-6648 / 99505-9751

Ao falar em Alta *Performance*, o que vem de imediato à mente são os indicadores de efetividade, qualidade do aproveitamento da mão de obra, ações de alto e baixo impacto, retorno sobre o investimentos, entre tantas ferramentas e técnicas que possibilitam dimensionar resultados. Porém, um grande desafio se refere ao tempo, atualmente tão escasso. Além é claro da qualidade dos produtos e dos serviços, como também a incessante busca por alcançar melhores resultados. Todas estas questões fazem parte da rotina a que estão sujeitos executivos e empreendedores das mais diversas áreas.

Se compararmos estes profissionais excelentes a um grande navio, veremos que estes profissionais navegam solitários pelos mares, mundo a fora, em rotas específicas, preestabelecidas. Porém, existem os intemperes da natureza, que por vezes obrigam os comandantes a tomarem decisões rápidas e arriscadas. Neste contexto, a amplitude do campo de visão global, assim como a rapidez de raciocínio, tornam-se fundamentais. Um pequeno desvio no curso inicial fatalmente resultará em mudanças complicadoras ou facilitadoras na rota final. Os comandantes, assim como os líderes, ao se depararem com situações decisivas necessitam estar preparados para escolher o melhor caminho, pois sabe-se que, por menor que sejam os desvios, os resultados serão distintos, quer sejam sistêmicos ou estratégicos.

A incessante busca pela liderança de mercado, pela inovação continuada e pela excelência de qualidade determina os parâmetros da necessidade de aprimoramento contínuo de líderes e empreendedores. Outro ponto de fundamental importância são as relações interpessoais no ambiente de trabalho e a intensa carga horária (12 ou mais horas por dia). Esta rotina modela um perfil comportamental que nem sempre corresponde ao que é mais adequado ao profissional e pode acarretar desvios no seu desempenho e na conquista por melhor resultado.

Praticar alta performance antes de tudo exige conhecimento, habilidade e preparação. Ao conquistar este patamar profissional complexo, no decorrer do tempo, conviver em grupo, porém solitário, torna-se um ponto em comum entre eles. Ter com quem trocar ideias, dividir pareceres ou simplesmente descontrair no meio profissional passa a ser um desafio. O que não se percebe é a bola de neve que esta postura pode acarretar.

No trabalho, muitas vezes, pela própria condição do cargo, para que seja mantida uma estratégia, o sigilo faz parte da rotina. Isto obriga o profissional a escolher a dedo com quem falar e o que falar. Além disso, no meio familiar, sofre cobranças constantes em consequência da ausência por conta da exaustiva carga de trabalho. O isolamento e a solidão são incorporados sorrateiramente às rotinas destes *experts*. Nas relações de amizades, sim existe um tempo para o refrigério, mas nem sempre suficientes para compensar tantos desgastes. Vou ater-me nestes pontos, pois acredito que a partir deles podemos refletir sobre diversos assuntos.

Alto desempenho é alcançado através da conjunção de conhecimentos, habilidades e atitudes. Conhecimentos são adquiridos nas escolas, nos livros, na vida. Habilidades são práticas que desenvolvemos através de experiências. E as atitudes? Como, o que e quando estamos prontos para tê-las? Atitudes exigem preparo, controle mental, estabilidade emocional e autoconhecimento. Preparar-se para agir corretamente no tempo devido é uma questão de foco e treinamento. Logo, estabelecer a base desta estrutura será o nosso ponto de partida na busca do melhor desempenho. Preparar-se para estes momentos requer uma atenção sobre si mesmo. Logo, conhecer e analisar o EU S.A. será o diferencial neste contexto. É fato que o ser humano busca sempre o melhor para si. No entanto, necessitamos alinhar o nosso corpo à realidade do nosso desejo. Caso isto não aconteça, chegará o tempo em que ou o corpo ou o desejo esmorecerá. Buscar o melhor ponto entre a saúde física, mental e espiritual é um desafio, porém, totalmente dimensionado.

Ao analisarmos pelo lado de que um corpo harmônico é mais feliz e consequentemente mais produtivo, buscar o equilíbrio desta máquina é um foco, no mínimo, relevante, já que o corpo nos faz enfrentar as rotinas diárias exaustivas.

Já observou que existem dias em que as ideias fluem com mais facilidade, as coisas acontecem de forma mais harmônica e quando o dia termina, a sensação é de ter sido um dia produtivo e tranquilo, enquanto em outros parece que o dia nada rendeu? Já pensou que você pode ser parte responsável?

Com este pensamento, proponho um rápido exercício para avaliarmos o quanto seus hábitos interferem no desempenho das suas atitudes.

Reflita, então...

O que é mais fácil? Repartir o que temos ou o que não temos? Você consegue transmitir melhor o que conhece ou o que lhe é desconhecido? Seu corpo encontra-se alinhado às suas necessidades diárias de alto desempenho? Hoje, seu corpo e sua mente ajudam ou dificultam no seu desempenho diário? Você alimenta seu corpo de felicidade?

Vamos mapear o seu EU S.A. A seguir você encontrará um gráfico onde poderá marcar os respectivos pontos atribuídos às questões levantadas. Farei uma série de perguntas sobre alguns temas e sua marcação deverá ser a média atribuída a cada grupo de respostas.

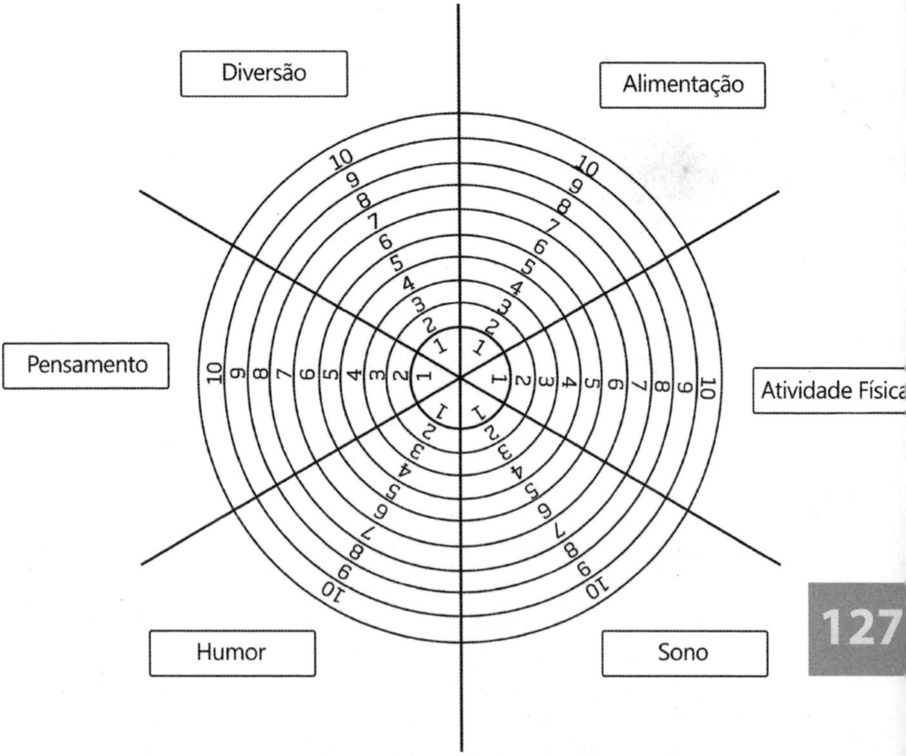

Atribua um único valor, de 1 a 10, para sua realidade, sendo 1 para não me satisfaz e 10 para minha plena satisfação. Facilitará a sua interpretação se preencher todo o espaço da linha do sextante até o centro do gráfico, referente ao valor escolhido.

Antes de marcar o valor, reflita verdadeiramente sobre cada questão e como costuma posicionar-se diante delas. Será levado em conta sua reação no momento atual. Quanto mais sincera a sua resposta, maior será a relevância do resultado. Atribua o valor e marque o gráfico no espaço correspondente.

1) ALIMENTAÇÃO

O primeiro ponto que merece reflexão é sobre a sua alimentação. Que importância você dá a ela? Costuma alimentar-se, no decorrer do dia? Ou faz apenas café da manhã e jantar? Possui o hábito de fazer as refeições em horários regulares? Alimenta-se com tranquilidade? Escolhe seus alimentos de forma equilibrada, funcional? Ou consome o que estiver à mão, sem restrições? Saboreia os alimentos com calma ou simplesmente "engole" apressadamente? Sua alimentação é uma fonte de prazer? O alimento para você é um a forma de compensação ou uma questão de sobrevivência? Analisando sob este ponto, que grau, de 1 a 10, você atribuirá à sua alimentação?

2) ATIVIDADE FÍSICA

A atividade física para você é uma questão relevante? Você é do tipo que valoriza atividade física? Praticar uma atividade física no seu ponto de vista é uma questão vital? Pratica regularmente ou só nos fins de semana? Sua prática possui um propósito? Ou este assunto não é uma questão importante e nem lhe diz respeito? De acordo com o grau de atenção que você dispensa a este assunto e levando em conta o quanto se dedica a ele, atribua um valor de 1 a 10 e marque no gráfico.

3) SONO

Alguma vez já parou para pensar sobre a qualidade do seu sono? Como é esta qualidade? Geralmente tem um sono tranquilo? Reparador? Costuma dormir horas suficientes para recuperar o seu corpo satisfatoriamente? Você sonha? Habitualmente lembra-se dos seus sonhos? Você relaxa antes de dormir? Ou só se deita quando o corpo está exausto e "desmaia" na cama? A insônia faz parte da sua rotina? Em média, que grau você atribui à qualidade do seu sono, de 1 a 10? Marque no gráfico.

4) HUMOR

Como é o seu humor ao amanhecer? Você acorda de bom ou mal humor? Geralmente mantém o bom humor no decorrer do dia? Costuma enfrentar as adversidades com que humor? Você perde o humor com facilidade? Ou precisa se aborrecer muito para perdê-lo? Encara ser bem-humorado como normalidade? Ou se irrita quando alguém bem-humorado se aproxima de você? Em sua opinião bom humor interfere nas relações? Bom humor, pelo seu prisma, possui relação direta com bem-estar? Qual é o grau em média que irá atribuir ao seu humor, de 1 a 10?

5) PENSAMENTO

Como é a qualidade dos seus pensamentos? São direcionados ou aleatórios? Existem momentos de pausas ou eles povoam sua mente o tempo todo? São otimistas ou pessimistas? Possuem foco no problema ou na solução? Você oferece à sua mente pensamentos de felicidade? Conclui seus pensamentos ou eles se perdem em outros assuntos? Alguma vez já atentou para a relação quantidade de tempo x qualidade de seus pensamentos? Seus pensamentos são aliados ou adversários no decorrer do seu dia? De 1 a 10, em média, que grau irá atribuir à qualidade dos seus pensamentos? Defina no gráfico.

6) DIVERSÃO

Qual é a qualidade da sua diversão? Você é do tipo que se diverte sozinho ou necessita de companhia? Busca uma diversão altruísta ou egoísta? Diverte-se em eventos diversos ou acaba repetindo sempre o mesmo estilo de evento? Possui algum *hobby*? Se sim, dedica-se a ele com frequência? Se não, já pensou em ter um? Seu prazer está em coisas saudáveis ou em coisas que acabam prejudicando sua saúde? Diversão na sua concepção é um assunto relevante? Avaliando em média estas questões, que valor irá atribuir à qualidade de sua diversão, de 1 a 10? Por favor, marque no gráfico.

Analisando o gráfico e observando o desenho formado, responda:

Se colocarmos esta roda em movimento, ela conseguirá girar? Os pontos analisados estão em equilíbrio? Existe algum assunto que mereça mais atenção? Você percebe uma área que ao se dedicar a ela, poderá modificar consideravelmente o contexto?

Observe...

As pessoas são diferentes, cada uma tem seu próprio parâmetro de avaliação, no entanto, o importante aqui não é mantermos os graus atribuídos em 10 ou em 1, mas sim que haja o equilíbrio suficiente para colocarmos em movimento nesta roda. Levaremos em conta que se estiver em posição de uma avaliação abaixo do que desejarmos, colocar a roda para girar significa sairmos do ponto de inércia e gradativamente possibilitar a chegada ao que buscamos como ideal. Assim, ao avaliarmos o mapa pessoal, podemos traçar um plano de ação estratégico para alavancarmos este movimento rumo ao equilíbrio.

Suponhamos que sua menor pontuação foi na casa da alimentação. Pequenas mudanças nos hábitos diários, como exemplo, optar por uma alimentação mais saudável ou adequar melhor o tempo entre as refeições, evitando longos períodos entre elas, ou até mesmo introduzir alguns alimentos que não façam parte da sua rotina atual, poderão oferecer ao seu corpo novos nutrientes e novas possibilidades energéticas e assim agregar novos resultados. Pequenos ajustes de horários ou uma simples troca de travesseiro para outro mais adequado, são capazes de alterar a qualidade do seu sono ou até mesmo a sua disposição para praticar exercícios físicos.

Buscar a satisfação e a harmonia interior nos faz mais felizes, aumenta a nossa Felicidade Interna Bruta (FIB) e isso naturalmente reflete sobre o que está à nossa volta. Sedimentar e expandir nossa felicidade nos faz pessoas melhores e consequentemente nos remete a um mundo melhor. Desta forma nos sentimos bem, as ideias fluem melhor, a percepção amplia, o semblante muda, a postura diante da vida e das pessoas se modifica. Com isto, o nosso desempenho também se altera. A alta *performance* do EU S.A. começa em nós mesmos, na forma como nos colocamos diante das possibilidades, do cuidado que temos com nosso corpo e com o que o universo nos oferece.

Somos responsáveis pelo que cultivamos e cativamos, logo somos responsáveis pelo nosso próprio bem-estar, assim como pela condução e decisão de "o que", "quando" e "como fazer" com o nosso navio EU S.A. Somos comandantes destas embarcações e atentar para os pequenos desvios em nossas rotas será o diferencial entre o que nos levará ou não à alta *performance* desejada.

16

Coaching para uma vida pessoal mais produtiva

Coaching, em linhas gerais, consiste em um processo que, por meio de diversas ferramentas, auxilia pessoas a alcançarem mais satisfação pessoal e profissional. É uma parceria sinérgica entre o *coach* e o seu cliente (*coachee*), cuja finalidade é, em suma, responder três perguntas: qual é o cenário atual de sua vida? Qual o cenário que você deseja no futuro? O que você precisará fazer para conseguir realizar seu desejo?

Charles Peterson

Charles Peterson

Certificado pela Sociedade Brasileira de *Coaching* nas modalidades: *Personal & Professional Coaching® e Executive Coaching®; Coach* da Fundação Escola Superior do Ministério Público de Minas Gerais, na qual auxilia executivos, professores e alunos a aumentarem a performance em processos de aprendizagem, inteligência emocional e planejamento estratégico. Palestrante, Professor de Planejamento e Métodos de Aprendizagem da Faculdade IBS Business School – Credenciada FGV (Fundação Getulio Vargas).

Contato
Institutocharlespeterson.com.br

O que é *coaching*?

Muitas pessoas confundem *coaching* com terapia, *mentoring*, consultoria e aconselhamento. Cada uma destas abordagens possui sua própria metodologia, características e princípios. Mas, apesar de semelhantes, em certa medida, não podem ser consideradas sinônimos.

Coaching é um processo que focaliza o presente e o futuro. O objetivo não é enfocar na emoções ou nas experiências relacionados com eventos passados. Tal princípio do *coaching* é o que, de forma mais nítida, o diferencia das terapias convencionais. No *coaching*, o olhar é voltado para a forma como uma pessoa se comporta no presente, e não para a forma como ela se comportava; para o que ela quer fazer agora e no futuro, e não para o que ela fez ou deixou de fazer, no passado.

Coaching é uma metodologia que auxilia o indivíduo a encontrar as suas próprias respostas e soluções. Nessa linha, o desafio do *coach* é assessorar seu cliente a promover mudanças positivas em sua vida, aumentando sua clareza sobre si mesmo e sobre seus sonhos. Mas, diferentemente de *mentoring*, consultoria e aconselhamento, que tendem a sugerir o caminho que seu cliente deve seguir, o *coaching*, por sua vez, fornece ao seu cliente meios para que ele mesmo descubra qual caminho seguir.

Vale ressaltar que nenhuma das diferentes abordagens seja, *a priori*, melhor ou pior que as outras. Depende do objetivo da pessoa, pois será ele que irá definir qual abordagem é a mais apropriada para seu caso. Não se deve procurar um *coaching* para resolver problemas psicológicos, nem tão pouco para pedir conselhos ou respostas prontas.

Mas se você deseja encontrar suas próprias respostas, descobrir o seu próprio caminho e construir sua própria história de sucesso, o *coaching* pode ser sim uma excelente abordagem para você.

Insatisfações pessoais

Estamos vivendo em um mundo que pode ser traduzido pela palavra "excesso". Temos muitas informações, tipos de carros, modelos de celulares, variedades de linhas pedagógicas, programas de TV, revistas, redes sociais, cursos e assim por diante. Tudo é muito. Tudo tem de ser rápido. Tudo tem de ser agora.

Entretanto, este mundo repleto de "muito" e de "tudo" não está sendo capaz de gerar nas pessoas uma satisfação com a própria vida que levam. Pelo contrário, diversas pessoas se sentem como se estivessem afogando em um oceano de dúvidas e frustrações.

A maioria das pessoas não sabem exatamente o que querem para a própria vida e, os poucos que sabem, encontram grande dificuldade em saírem do campo do desejo e entrarem no campo da ação. E é este exatamente o objetivo do processo de *coaching*: auxiliar o indivíduo a transformar seu desejo em ação, e esta em realização.

Atualmente, são tantas possibilidades e informações disponíveis que, muitas vezes, ficamos confusos diante de tantas opções. É a chamada "angústia da escolha". Nesse sentido, ter clareza sobre os próprios objetivos é uma questão de extrema importância, pelo menos, para quem deseja uma vida mais produtiva. Mas como o *coaching* pode nos auxiliar nesta busca por uma vida mais satisfatória?

Como aumentar a satisfação pessoal por meio do *coaching*

Você pode obter grandes benefícios com o *coaching* e construir uma vida cheia de realizações, desde que esteja disposto a entrar em ação. Geralmente, as pessoas reclamam que a vida não está como elas gostariam. Mas será que tais pessoas estão fazendo o que precisa ser feito? Diante disso, gostaria de frisar duas palavras extremamente importantes para quem deseja mudar sua vida para melhor: foco e ação.

Além destas duas palavras, foco e ação, que são capazes de mover um mundo, é importante também utilizar as ferramentas certas. Nessa linha, é preciso agir e agir de forma correta. É preciso fazer algo e fazer com a ferramenta correta. Não se deve pregar um prego na parede com uma chave de fenda; não se deve cerrar um pedaço de madeira com um martelo; nem tão pouco se deve apertar um parafuso com um cerrote.

Desse modo, é indicado definir:

1) o que se quer realizar (foco);

2) quais atitudes se deve tomar (ação);

3) e quais recursos se deve utilizar para o objetivo ser alcançado de forma eficiente e eficaz (ferramentas).

Portanto, para aumentar a satisfação com a vida é preciso, inicialmente, definir o que se quer alcançar, saber quais ações serão necessárias para atingir a meta estabelecida e, por fim, descobrir como colocar em prática tais ações.

Ferramentas

Muitas pessoas possuem dificuldades na hora de escolher um foco. É muito difícil responder as seguintes perguntas: o que você quer da vida? Quais são seus objetivos mais importantes? O que você quer realizar primeiro? Como você irá realizar seus objetivos? Quais recursos você precisará? Ocorre que quanto mais claro for o objetivo mais fácil será planejar sua realização. Com efeito, torna-se necessário ter clareza sobre o que se quer. Mas o problema é como fazer isso.

Em *coaching* é comum utilizar o termo "ferramentas" que são as técnicas, as metodologias e os recursos que o *coach* utiliza para auxiliar seu cliente. Uma ferramenta que auxilia e muito na escolha do que se quer da vida é a identificação de valores. Ela consiste em escolher apenas cinco valores entre tudo que você mais valoriza na vida. É uma ferramenta que auxilia a pessoa a tornar-se consciente do que realmente importa para ela. Tal consciência acaba sendo fundamental na definição do que se quer.

Quais são as coisas mais importantes de sua vida? Esta pergunta pode ser um divisor de águas na vida de alguém. Você quer experimentar? Se sim, faça o seguinte: pense, sinta e identifique quais são as coisas que mais te motivam a viver; quais são as coisas que mais fazem seus olhos brilharem; que dão mais sentido à sua vida. Não importa se é um lugar, uma pessoa, uma meta, uma virtude ou qualquer outra coisa. Escolha os cinco principais valores, isto é, as cinco coisas mais importantes de sua vida.

O objetivo desta ferramenta é aumentar a percepção sobre o que realmente importa e é essencial para você. Consciente de seus valores, você terá muito mais clareza sobre o que quer da própria vida; terá muito mais segurança em fazer escolhas e terá muito mais motivação em realizar suas metas.

Caso real de sucesso

Milena*

Vinte e cinco anos – publicitária – principal objetivo: desenvolver segurança em entrevistas de emprego

Milena me procurou porque não se sentia segura em entrevistas de emprego. Relatou, também, que fora demitida de dois empregos não por questões técnicas, mas devido a questões pessoais relacionadas com sua autoconfiança.

O foco de Milena já estava definido, desenvolver sua segurança. Meu papel como *coach* era auxiliá-la na realização deste objetivo. Por conseguinte, os próximos passos foram definir quais ações seriam necessárias e quais ferramentas seriam utilizadas.

Eu e Milena, por meio de ferramentas do *coaching*, investigamos seu cenário atual a fim de que ela obtivesse mais clareza sobre ele.

Ela percebeu que seu medo de errar e seu perfeccionismo estavam travando sua evolução como pessoa e como profissional. Ela concluiu, com efeito, que antes de trabalhar sua autoconfiança, era preciso minimizar o medo de errar e o perfeccionismo.

Descobrimos que as ações iniciais que ela deveria tomar eram:

a) dissolver a crença limitante "não posso errar" e substituir por outra que fosse fortalecedora;
b) mudar o comportamento perfeccionista para um comportamento mais produtivo.

Uma vez identificadas as ações necessárias, o próximo passo era descobrir as ferramentas certas. Para auxiliá-la a substituir sua crença limitante por uma fortalecedora, utilizei uma ferramenta clássica para lidar com este tipo de situação chamada Modelo AF, do *Behavioral Coaching Institute* (BCI).

Por meio desta ferramenta, Milena concluiu, de forma inequívoca, que sua crença trazia apenas prejuízos; que não tinha razão alguma para alimentar tal crença; que ela não refletia a realidade; que era apenas uma crença e, portanto, deveria ser substituída por outra mais construtiva.

O próximo passo foi definirmos qual seria a nova crença que iria substituir a antiga, limitante. Tinha de ser uma crença fortalecedora que impulsionasse a Milena a agir com mais segurança e com menos medo de errar. Ela identificou que para conseguir se sentir mais segura, precisava acreditar que "errar" era natural e fazia parte do processo de aprendizagem. Então, elaborou uma frase que traduzia sua nova crença: "Aprendo com meus erros e sempre aprimoro minhas ações".

Munida de sua nova crença, Milena entrou em ação e a aplicou em seu dia a dia a fim de consolidar sua nova e fortalecedora crença. Dessa forma, passou a agir mais livremente sem tanto medo de errar, repetindo diversas vezes, em sua mente, a frase "aprendo com meus erros e sempre aprimoro minhas ações." Em vez de agir com medo de errar, passou agir com a intenção de acertar e com a disposição para se aprimorar de forma contínua.

A cada nova sessão de *coaching*, outras objetivos foram traçados e diversos comportamentos foram desenvolvidos. Milena foi adquirindo comportamentos mais produtivos, eficientes e eficazes. O principal comportamento que ela desenvolveu foi justamente o que substituiu seu perfeccionismo que a deixava pouco produtiva. Durante o processo de *coaching*, ela teve diversos *insights* e um deles foi perceber que a perfeição é algo subjetivo, imensurável e indefinido. O que é perfeito para uma pessoa pode não ser para outra. O que para ela estava perfeito, não estava para seu chefe e vice-versa.

O *insight* de Milena, portanto, foi ver que o mais importante não é fazer perfeito e sim fazer funcionar. Ela ficou muito mais segura a partir de seu *insight*, pois passou a fazer as coisas com olhos na funcionalidade e não no perfeccionismo. Ela me disse que "se uma coisa está funcionado bem e com qualidade, ela está perfeita". Seu comportamento, que antes era perfeccionista e inerte, passou a ser muito mais funcional e produtivo.

O caso real acima não representa a intensidade e o dinamismo das sessões reais de *coaching*. O objetivo é ilustrar um pouco o que se pode conseguir com esta abordagem sensacional chamada *coaching*.

No entanto, vale advertir que o *coach* possui papel fundamental no processo de *coaching*. O profissionalismo, a competência e a ética deste profissional são essenciais para gerar resultados positivos.

Nesta sociedade veloz, globalizada e interativa o processo de *coaching* pode auxiliar as pessoas a terem foco, planejamento e mais realização pessoal. A ferramenta "identificação de valores" pode ser um primeiro passo na busca por uma vida mais produtiva e satisfatória, já que pode gerar mais prioridade, planejamento e estímulo à acão. Situações estas essenciais para quem vive no mundo atual e deseja atingir o objetivo que, segundo o filósofo Aristóteles, é o que todo ser humano busca no final das contas: ser feliz.

Sucesso a todos!

17

Coaching educacional – A pergunta que falta na sala de aula

A práxis pedagógica tradicional tem sido criticada como fonte de alienação. A falta do exercício cognitivo nas aulas pode ser uma das origens deste quadro. Se o processo de *coaching* pode fazer com que as pessoas, movidas por suas próprias autodescobertas atinjam seus objetivos, por que não aplicar isto nos processos educacionais e introduzir uma verdadeira pedagogia para o pensar?

Cidinho Marques

Cidinho Marques

Horocidio Marques Filho (Cidinho Marques) é Pedagogo (Universidade Federal do Maranhão), mestre em Tecnologia da Educação pela Universidade de Columbia – EUA, *coach* profissional (Abracoaching), instrutor de meditação, professor há mais de 30 anos, diretor pedagógico do Centro de Educação Internacional CEICOC em São Luís (MA), foi Director of Studies do Internexus Center for Language Studies em New York - NY (USA). É apresentador do programa "Inspirar" da TV Guará em São Luís e escritor independente de artigos científicos na área de desenvolvimento pessoal. Cursos de Especialização: Educação Básica - Universidade Federal do Maranhão e Neuropsicologia pelo Instituto Brasileiro de Pós-Graduação Curitiba). Cursos de Extensão: Sistemas Educacionais – Israel, Total Quality Control – Japão, Gestão da Qualidade Total – Fundação Cristiano Otoni, Belo Horizonte. Curso de Raja Yoga na Universidade Espiritual Brahma Kumaris na Índia; Cultura Inglesa em Penzance – Reino Unido e Filosofia para Crianças – Mont Clair State University, New Jersey (USA), Programação Neurolinguistica (São Luís, Ma) e seminários sobre sistemas educacionais na Finlândia e na China. Conferencista de eventos nacionais e internacionais sobre Motivação, Ensino de Línguas Estrangeiras, Qualidade de Vida no Trabalho, Educação, Inteligência Espiritual, Inteligência Emocional e Tecnologia da Educação.

À guisa de contextualização

Da antiga, mas sempre contemporânea filosofia socrática, a técnica da maiêutica, que parte do pressuposto de que todas as respostas já estão contidas nas próprias perguntas ou de que todas as soluções (ou a construção destas) já estão embutidas nos próprios problemas, é provável que o processo de *coaching* tenha sua origem aí. Em contraponto conta-se a parábola do professor que ficou em coma por vários anos e quando voltou a si, o mundo tinha mudado muito. A estória continua com o paciente ressurreto num mundo totalmente diferente onde, a cada novidade tomava sustos que o remetiam a tremendos surtos que poderiam até reconduzi-lo à cama do hospital. É que ele desconhecia totalmente coisas como uma TV com imagem em 3D, um telefone celular feito um relógio de pulso ou um óculos GPS que guiavam pessoas por endereços desconhecidos com precisão milimétrica. A cada nova descoberta, um susto e quase um surto! Ele não acreditava no que estava vendo e confundia realidade com os delírios de quando estava em coma. Os médicos que o acompanhavam já estavam quase decididos a levá-lo de volta ao leito hospitalar quando eles passaram por uma escola e viram o professor falando, falando e falando e os alunos escutando, escutando e escutando! Aí o paciente exclamou demonstrando grande alivio: "Ah! Que bom que voltei ao mundo!

Dessa estória e de muitas outras evidências pode-se confirmar a premissa de que o mundo tem mudado muito e em quase tudo, menos em coisas como "dar aula". Aliás, o termo "dar aula" é tão extemporâneo quanto a parábola acima descrita, posto que "dar aula" significa, no mínimo, entregar, repassar, transmitir informações na expectativa de que seus receptores (alunos) estejam assim se preparando para a vida. E por falar em preparação para a vida, acho que reside aí outro conceito no mínimo incongruente. É como se o aprendiz passasse um longo tempo se preparando para a vida futura e quando lá chegasse pudesse, enfim, aplicar tudo que arquivou em seu depósito mental. Preparar-se para a vida e não "com" a vida, é tão inconsistente quanto "dar aula". Num mundo de realidades mutáveis a cada segundo como poderia um aprendiz simplesmente retirar de uma imaginária gaveta mental, ou até mesmo de arquivos guardados na "nuvem cibernética", as respostas para problemas cujas características inéditas trazem consigo a imprevisibilidade das situações e cujo ineditismo clama por criatividade, mesmo somada à pedaços de conhecimentos anteriores?

Estive recentemente na China onde após visitar cerca de vinte escolas de três cidades diferentes, pude assistir às aulas, debater com professores, diretores e analisar dados e pude confirmar que o país é um grande sucesso econômico. A reforma pedagógica que estão promovendo aponta para a solução de um de seus maiores gargalos: os chineses são "copiadores" e não "criadores" industriais. Os resultados de tal reforma já começam a ser colhidos. No setor educacional os chineses deram provas de que a sua revolução educacional é prioridade do governo. Eles acabam de surpreender o mundo ao obterem o primeiro e o quarto lugar no PISA (Programme for International Student Assessment - Programa Internacional de Avaliação de Estudantes) em Shangai e Hong Kong respectivamente. Mas, apesar desta conquista, a China ainda deixa muitos educadores e sinólogos céticos com relação à garantia de sua hegemonia mundial. Por quê? Por causa, justamente, da escassez de criatividade já que o grande modelo industrial chinês é caracteristicamente o de copiador daquilo que já existe. Como diz o sinólogo David Shambaugh (Folha de São Paulo de 21/05/2013): "Para se tornar uma verdadeira superpotência a China precisa desenvolver a inovação. A China já é uma potência comercial , em volume, mas os produtos que saem do país não são desenhados lá".

O socioconstrutivismo é uma das correntes teóricas empenhadas em explicar como a inteligência humana se desenvolve partindo do princípio de que o aprimoramento da inteligência é determinado pelas ações mútuas entre o indivíduo e o meio. O problema é que, tradicionalmente, o predominante nas aulas tem sido o conteúdo e não as operações mentais que se fazem para chegar até ele, que é, diga-se de passagem, extremamente perecível, característica que o coloca em uma possibilidade de rápido obsoletismo.

Em seu trabalho, *As cinco mentes para o Futuro,* Howard Gardner defende a importância da Mente Criadora dizendo: "Este tipo de mente cultiva novas ideias e formula perguntas insólitas, obtendo respostas inesperadas. A partir da disciplina e da síntese, a mente criadora rompe barreiras: apresenta novas ideias, propõe questões desconhecidas, evoca formas inéditas de pensar, chega a respostas inesperadas".

***Coaching* e aprendizagem reflexiva**

Sabemos que a unidade funcional do processo de *coaching* é essencialmente baseada na técnica de fazer perguntas aplicadas pelo *coach* ao *coachee.* A eficácia do *coaching* está intrinsecamente ligada à qualidade das referidas perguntas que, organizadas e selecionadas para cada caso e cada momento do processo, levam o *coachee* a um autoconhecimento e, com efeito, às respostas às suas dúvidas e indagações. Na pedagogia também pode ser assim. Para dar um exemplo bem simples, peço ao leitor imaginar uma aula onde os aprendizes, após devidamente estimulados, sejam questionados ou levados a questionar o modo como estudam e aprendem. Tanto o processo de ensino como o de aprendizagem precisam de chances por meio das quais seus autores (ou atores) descubram por si mesmos as melhores e mais eficazes estratégias de atuação. Sabemos que há estratégias que podem ser universalizadas, mas há muitas outras que dependem das idiossincrasias dos aprendizes. Só na PNL (programação neolinguística) sabe-se que há pessoas que são mais auditivas, outras mais visuais, cinestésicas e outras ainda cujo "diálogo interno" é a maneira predominante de perceber e interagir no mundo. De um modo geral, a práxis pedagógica da escola brasileira atual não leva em conta tais diferenças individuais, nem as do professor em formação, nem as dos alunos em sala de aula. Desta forma e nesta cadeia posicionam-se os dois agentes: professores que dão as respostas e alunos que as desejam receber sem nenhum esforço cognitivo. Assim o processo de ensino-aprendizagem vai se legitimando muito mais como um processo de alienação do que como de libertação, sendo este último o que o mundo e as pessoas realmente precisam para se realizarem como seres pensantes e felizes. O mundo está precisando de pessoas que saibam pensar e não de enciclopédias ambulantes ou de respostas que atendam às necessidades de uma realidade mais estática. O Brasil, em especial, precisa urgentemente de uma educação que valorize e liberte o saber pensar, pois são infinitos os números de seus desafios sociais. Não é à toa que enquanto a China galga o 1º lugar no PISA, (2011) na mesma época o Brasil amargou o mísero 53º lugar entre 65 países que participaram. Sabemos que as causas desta vergonha nacional estão longe de serem apenas pedagógicas. Há sim questões econômicas, condições materiais desfavoráveis ao ensino, gritante desigualdade social e muito mais. Mas no que se refere à pedagogia não tenho dúvidas de que as metodologias também estão em desacordo com a eficiência que se precisa. Uma destas carências está, sem dúvida, no modo de se ensinar a aprender e de aprender a ensinar. O *coaching* pode ajudar muito a preencher esta lacuna, pois seu processo propõe o exercício de reflexão. Nesta, além do aprendiz, o educador também pode ser levado à autodescoberta ao se permitir fazer as perguntas certas.

Premissas do processo de *coaching* e sua aplicação na didática

Segundo a ABRACOACHING (Academia Brasileira de *Coaching*) o *coaching* é um "processo que objetiva aumentar o desenvolvimento de um indivíduo, grupo ou empresa maximizando os resultados positivos através de metodologias, ferramentas e técnicas conduzidas por um profissional (o *coach*) em parceira sinérgica e dinâmica com o cliente (o *coachee*). O processo de *coaching* lança mão de:

1. Exercícios de investigação, reflexão e conscientização;
2. Descoberta pessoal dos pontos fortes e fracos;
3. Aumento da consciência de si mesmo;
4. Aumento da capacidade de se responsabilizar pela própria vida;
5. Estrutura e foco;
6. *Feedback* realista;
7. Apoio.

Baseado nas premissas acima, rascunho a seguir alguns exemplos de perguntas que educadores e educandos podem ser levados a responder para melhorar suas atuações e garantirem melhores resultados pedagógicos.

1. Exercícios de investigação, reflexão e conscientização:

a. Qual a sua meta com relação ao que deve ter aprendido (ensinado) até o fim do curso?
b. Como está estudando (ensinando) para atingir a meta que estabeleceu?
c. Que evidências você tem de que está realmente aprendendo (ensinando) da maneira como está atuando?
d. O que ganha ou perde se mudar de estratégia?

2. Descoberta pessoal dos pontos fortes e fracos

a. Diante do desafio de aprender (ensinar) algo, quais seus pontos fortes e fracos para enfrentá-lo?
b. O que pode fazer para aperfeiçoar os pontos fortes?
c. O que pode fazer para minimizar (ou eliminar) os pontos fracos?
d. Entre as pessoas que conhece como agem os que são fortes nos pontos em que você se considera fraco? O que você precisa fazer para ter as mesmas atitudes positivas?

3. Aumento da consciência de si mesmo

a. Quais são suas limitações para aprender (ensinar) algo?
b. Como pode vencê-las?
c. O que você perde se não mudar a estratégia que se mostra negativa? O que ganha?
d. Como acha que se sentirá após a conquista? Feche os olhos e imagine-se chegando a ela.

4. Aumento da capacidade de se responsabilizar pela própria vida

a. Plantar e colher: a quem pertence a responsabilidade pelo processo? Quem vai sofrer com o fracasso e quem vai ficar feliz com o sucesso?

b. O que você pode fazer para que suas atitudes o levem à altitude desejada enquanto aprendiz (professor)?
c. Como pretende "chamar para si" a responsabilidade de viver?
d. O que você ganha com isto?

5. Estrutura e foco

a. De todos os desafios que busca vencer qual é o objetivo final?
b. Como deve ser a estrutura dos passos a serem seguidos até atingi-lo?
c. O que vai fazer para não perder o foco do objetivo final?
d. Faça uma lista de benefícios que vai obter ao atingir a meta. Feche os olhos e visualize-se vivenciando cada item da lista acima.

6. Feedback realista

a. Como vai medir o resultado de cada passo?
b. Como pretende corrigir as falhas?
c. Como pretende padronizar os acertos?
d. O que pretende fazer se pensar em desistir?

7. Apoio

a. Com quais apoios (pessoas, fontes de inspiração e de aprendizagem) pode contar?
b. Como pretende acessar tais fontes de apoio?
c. Como você pode se auto apoiar?
d. O que pretende fazer para que sua saúde (física, mental e espiritual) seja uma aliada no transcurso de sua caminhada rumo ao seu sucesso?

Conclusão

A metodologia que o mundo precisa é aquela feita através da educação para o pensar. Aulas onde alunos e professores compõem uma comunidade de investigação e onde questionamentos e respostas são "paridas" (maiêutica), onde se exercite a criatividade e se desenvolva a cognição. O processo de *coaching* encaixa-se aqui como uma luva, no sentido técnico, pois é feito essencialmente através da veiculação de perguntas que – elaboradas e adequadas pelo *coach* são nutridas pelo *feedback* dos *coachees*.

REFERÊNCIAS

BAUMAN, Zygmunt. *Tempos líquidos.* Zahar.

STALLARD, Paul. *Bons pensamentos, bons sentimentos.* Artmed.

SABBAG, Paulo Yázigi. *Resiliência: competência para enfrentar situações extraordinárias na vida profissional.* Negócio Editora.

GARNER, Howard. *Five minds for the future.* Harvard Business Press.

Goleman, Daniel. *Inteligência emocional – a teoria revolucionária que define o que é ser inteligente.* Editora Objetiva.

WHITMORE, John. *Coaching para aprimorar o desempenho.* Laselva Negócios.

PERCIA, André & SITA, Maurício. *Manual completo de coaching.* Editora Ser Mais.

WEISS, Alan. *Coach de ouro.* Bookman.

18

Tenha uma vida extraordinária e viva pela excelência

Muitas pessoas são cheias de sonhos, mas os sonhos por si só, não são suficientes. Sonhos podem ser considerados uma idealização, uma vontade, um impulso e um desejo

Claudia Diás

Claudia Diás

Personal coach pela sociedade Brasileira de *Coaching, Business & Executive Coaching. Professional* e *self coach* e analista comportamental certificado pela Sociedade Brasileira de *Coaching* e pelo IBC – Instituto Brasileiro de *Coaching* e pelo *Behavioral Coaching Institute* (BCI). Minha missão é desenvolver de forma continuada metodologias e processos que contribuam para o desenvolvimento do ser humano. Meu objetivo é fazer com que o ser humano alcance o tão sonhado e desejado equilíbrio em todas as áreas de sua vida. É ser facilitadora e levar ferramentas que possibilitem aos mesmos um encontro com sua mais pura essência, motivar pessoas a buscarem sua verdadeira transformação, auxiliá-los a desenvolver a capacidade e as competências necessárias para que acessem através delas condições para adquirirem uma vida mais plena e feliz, conseguir, mesmo, ser uma bússola a guiá-lo em seus desafios, suas dores e auxiliá-los a viver de forma mais equilibrada com o mundo exterior e, principalmente, com o mundo interior.

Contatos
www.claudiadiasconsultoria.com.br
Diretoria@claudiadiasconsultoria.com.br
(11) 99964-3230
(11) 95721-8453
(11) 98970-9539

AS GRANDES QUESTÕES

Nascemos para sermos felizes, ou para termos momentos felizes? Eu tenho vivido pela excelência , ou vivo por viver? Eu sei quem sou? Sei aonde quero chegar? Reconheço meus valores? Sei quais são as crenças que me fortalecem e as que me limitam? O quanto eu de fato me conheço?

Responder estas questões tem sido um verdadeiro dilema ,para a maioria das pessoas. E a busca destas respostas tenho sido um desafio para muitos, que hoje vivem suas vidas sem propósitos definidos,-sem perspectivas claras, sem metas concretas.

A falta destas respostas tem sido um grande problema para a humanidade. A cada dia que passa, encontramos pessoas que sentem negativamente os efeitos dessas dúvidas e incertezas , desenvolvendo muitos males a sua saúde, física,mental e espiritual.

VALE A PENA REFLETIR...

Antes sofríamos por falta de informação, hoje sofremos por excesso dela, o fato é que estamos numa era de mudanças rápidas e muitas difíceis de serem assimiladas tão prontamente.

O mundo parece que ficou tão maior e ao mesmo tempo tudo extremamente próximo e acessível. O ser humano ficou mais inteligente,mas não mais sábio,ele conhece mais a tecnologia,mais desconhece a si mesmo.

Com tantas mudanças, acabamos vivendo em um verdadeiro colapso de identidade. tecnologia que nos conecta ao mundo,e coloca tudo ao alcance de nossas mãos ,também nos faz reféns,não vivemos sem celulares, *iphones, ipods, tablets* e milhares de aplicativos que são lançados no mercado diariamente.

Hoje em dia as pessoas usam aplicativos para tudo,até para lembrá-las sobre necessidades básicas que tem ,como por exemplo ,o quanto de água precisam beber, etc..

Quanto mais o homem avança tecnologicamente, mais ele se distancia de si mesmo. Ele domina as ciências, mas é dominados por seus medos, suas inseguranças, seus fantasmas. A humanidade vive seus avanços e o ser humano seus retrocessos.

PARA QUE ESTAMOS AQUI ENTÃO?

O fato é que nascemos para sermos bem sucedidos (as), para termos uma vida próspera, para sermos felizes, para conquistarmos, para evoluirmos permanentemente.

Mas então, porque aquilo pelo qual somos destinados, muitas vezes fica tão distante de nossas vidas? E muitas vezes quando nos perguntam quais os nossos principais valores,o que é mais importante para nossas vidas, embora respondemos família, satisfação pessoal, felicidade, esse parece ser um objeto de desejo tão distante para a maioria das pessoas?

QUAL A DÚVIDA ENTÃO?

O maior de todos os desafios no meu singelo ponto de vista,é que as coisas precisam ficar cada uma em seu lugar, para se ter uma ideia,parece que tudo está fora do eixo.

É comum por exemplo, perguntamos para as pessoas "Quem é Você?", e não é raro ,que as mesmas respondam aquilo que elas fazem, quais suas profissões e suas maiores ocupações. Por ai, vamos começar a ver uma pontinha do *iceberg*, pois aquilo que você faz, não necessariamente é o que você é, muitas vezes, nem é o que você gostaria de fazer, no entanto a maioria das pessoas ainda não se deu conta disso.

Então o que fazer?

Para termos um entendimento sobre a questão, que tal começar pelo começo? Para se ter uma vida de excelência à primeira pergunta que precisa ser feita é:

QUEM SOU EU?

Este é o processo de autoconhecimento, que é fundamental em qualquer aspecto de sua vida, uma vez que não existem fórmulas infalíveis para construir uma vida ou uma carreira de sucesso. Para tomar decisões acertadas sobre sua vida, você necessita saber quem é você, o que você oferece e quais suas áreas de interesse.

No sentido mais profundo autoconhecimento é o ato de despir-se pra si mesmo, significa o conhecimento profundo de um indivíduo sobre sua essência, a prática de se conhecer melhor faz com que uma pessoa tenha um autocontrole sobre suas emoções.

Quando se alcança o autoconhecimento, o ser humano reconhecerá quais são suas limitações, frustrações, como reage diante de dificuldades, quais são seus bloqueios e até diante de situações positivas em sua vida, saberá também qual o melhor caminho para preservar sua autoestima.

O conhecimento de si próprio não dá respostas prontas e não retira o caminho a ser seguido ele o estimula a buscar suas respostas e principalmente lutar pela sua vida, aponta seus desafios, seus medos e suas limitações, porém permite que você possa modificá-los favoravelmente (re-significando).

QUAIS SÃO SUAS CRENÇAS?

Crença é tudo aquilo que você acredita ser real, mas que é uma verdade individual. Posso dizer que crença é a sua verdade.

Se você ouviu a vida inteira que possui uma dificuldade, com certeza você terá esta dificuldade. Porque acreditou nisso e tornou isso uma crença interna, uma verdade sua. Então quando você me diz que tem um problema na área "tal", eu acredito nisso porque provavelmente esta é uma crença que se torna sua verdade interna.

QUAIS SÃO OS SEUS VALORES?

Valores determinam nossas atitudes. Todos os nossos comportamentos visam atender nossos valores.

Valores são definidos como normas, princípios, padrões socialmente aceitos. São-nos incutidos desde cedo, frutos do meio social, e, quando chancelados pela conduta humana, considerados eticamente adequados. Somos orientados a aceitá-los, evitar questioná-los. E acabamos cerceados da possibilidade de exercer nossa criatividade, nossa imaginação, nosso livre arbítrio.

QUAIS SÃO SEUS SONHOS?

Muitas pessoas são cheias de sonhos, mas os sonhos por si só, não são suficientes. Sonhos podem ser considerados uma idealização, uma vontade, um impulso, um desejo.

Como diz Augusto Cury no livro: *Nunca desista de seus sonhos:* "Os sonhos são como vento, mas você não sabe de onde vieram e nem para onde vão. Eles inspiram o poeta, animam o escritor, arrebatam o estudante, abrem a inteligência do cientista, dão ousadia ao líder".

Sonhar é muito importante porque sonhos são como combustíveis para nossa vida. Os sonhos nos dão um senso de identidade, de propósito e de significado. Eles refletem nossas mais profundas aspirações.

QUAL SUA MISSÃO, QUAL SEU PROPÓSITO?

"Missão é um propósito que atrai uma pessoa para a vida"

Em um nível pessoal, propósito é o que dá sentido para nossas vidas e nos move adiante. Propósito é aquilo que nos faz acordar mais motivados para ir trabalhar,não apenas porque estamos sendo bem pagos, mas porque sinceramente sentimos que fazemos a diferença no mundo.

Propósito é o significado maior que organiza todos os outros relacionados a uma marca corporativa ou um perfil profissional. Propósito, em resumo, é a declaração de como a empresa ou o profissional pretende contribuir para a humanidade.

PARA QUEM NÃO SABE AONDE QUER CHEGAR, NÃO EXISTE VENTO FAVORÁVEL, JÁ DIZ UM VELHO DITADO

Um dos segredos para o sucesso recomenda que tudo que você quer ser, ter, fazer ou realizar em sua vida só será possível se você tiver uma boa formulação de suas metas e seus objetivos?

As nossas conquistas estão intimamente ligadas ao planejamento que fazemos de nossas vidas. Se quisermos algo, precisamos planejar e calcular cada um de nossos passos.

Você pode ter tudo o que deseja em sua vida, e para que isto se torne realidade, não basta você apenas acreditar e muito menos desejar.

Você precisa estabelecer seus objetivos, definir suas metas e planejar como pretende chegar lá.

ENTÃO QUAIS SÃO SEUS OBJETIVOS?

Um objetivo é a descrição daquilo que pretendemos conquistar, ele diz respeito a um fim que se quer atingir e nesse sentido. Objetivo é o que move o indivíduo para tomar alguma decisão ou correr atrás de suas aspirações. Objetivo é sinônimo de alvo, ou, o fim a se atingir.

Objetivos de forma ampla são valores e finalidades expressados em expectativas futuras.

Ou seja, o objetivo dá vida e concretiza o sonho. No entanto, muitos possuem objetivos, mas não possuem metas. Os objetivos ficam então "soltos" e automaticamente, você passa a não conseguir atingi-los, pois não há uma clara definição de como irá fazer e em quanto tempo.

QUAIS SÃO SUAS METAS?

Uma meta é a segmentação do objetivo, ou seja, o marco que você precisa ultrapassar para chegar lá. Metas não são apenas atividades ou ações programadas. Elas são as escalas que temos de fazer para chegarmos a nosso destino. Muitas vezes os objetivos precisam ser segmentados em etapas para que possam ser alcançados. Essas etapas são demarcadas pelas metas. Cada meta bem definida que você atinge o coloca mais perto de seu objetivo.

Definir suas metas ajuda você a escolher aonde você quer chegar. Ao saber exatamente o que você quer conseguir, você sabe onde você tem que concentrar seus esforços. Você também vai detectar rapidamente as distrações que podem, facilmente, te enganar. Uma meta é uma diretriz, um passo a percorrer para conquistar seus objetivos e realizar seus sonhos, se não for clara ela não passa de um desejo vago, sem nenhuma estrutura.

Após passar por esta analise profunda sobre você, e em posse das respostas que aqui surgiram é possível que você faça considerações importantes e relevantes, que despertem em você o desejo em conquistar uma vida mais plena e feliz e neste momento, pode ser que busque um auxilio profissional que te ajude a desenhar um plano de ação para seu objetivo,nesta hora a presença de um *coach* é extremamente recomendável, já que este é um dos principais meios de autodesenvolvimento da atualidade, logo a seguir mais detalhes sobre o que um processo de *coaching* pode lhe proporcionar.

COACHING DE ALTA PERFORMANCE

O *Coaching* sem dúvida alguma, é um dos processos mais poderosos da atualidade que contribui de forma eficaz para o desenvolvimento humano.

É um processo que desenvolve as habilidades e o conhecimento de uma pessoa para que melhore seu desempenho profissional, a fim de que sejam alcançados os objetivos propostos. Trabalha com indivíduos e ou pequenos grupos para aprimorar suas habilidades sociais e sua eficiência no local de trabalho. Fornece instruções, diretrizes, *feedback* e apoio a fim de aprimorar o desempenho e os resultados.

O *coach* baseia-se em ajudar o *coachee* se ajudar por meio de uma interação dinâmica, o *coaching* não depende de só uma pessoa que diz o que o como fazer, e que dá as instruções. Estimula o potencial da pessoa para maximizar o próprio desempenho, ajudando-a aprender em vez de ensinar-lhe alguma coisa.

O *Coaching* é indicado para as pessoas ou empresas que resolveram superar suas próprias limitações e investir em um poderoso processo de transformação pessoal ou profissional no qual é possível desenvolver as capacidades necessárias para que se possa rapidamente atingir o resultado que se deseja.

Coaching é um processo que proporciona ao ser humano elevar-se a conquistar um altíssimo grau de autoconhecimento.

A essência do trabalho de *coaching* está na definição de metas, objetivos e no desenvolvimento de competências para conquistá-las. É normalmente procurado por pessoas ou corporações que queiram transformação de forma objetiva, que querem mudanças rápidas, consistentes em suas vidas e em seus comportamentos.

As pessoas que passam pelo processo de *coaching*, se surpreendem consigo mesmas agindo de maneira diferente e positiva, naturalmente, sem nenhum tipo de esforço ou desconforto. *Coaching* é um processo definido com um acordo entre o *coach* (profissional) e o *coachee* (cliente) para atingir a um objetivo desejado por ele, onde o *coach* o apoia na busca de realizar o objetivo, ou seja, as diversas metas que somadas levam o *coachee* ao encontro ao seu desejo maior estabelecido dentro do processo de *coaching*. Isso é feito por meio de reflexões e posterior análise das opções e da identificação e uso das próprias competências, como o aprimoramento e também o adquirir novas competências, além de perceber, reconhecer e superar as crenças limitantes, os pontos de maior fragilidade.

O *Coach* (treinador, numa tradução literal) atua encorajando, apoiando, mantendo a motivação e acompanhando a Ação e o Plano de Ação de seu *coachee*, incentivando o seu crescimento, aumento de capacidades, habilidades, ação, conscientização de valores e maior controle emocional (Inteligência Emocional), por meio de técnicas que melhorem a sua performance profissional e pessoal, com foco em melhor qualidade de vida, visando à satisfação de objetivos desejada pelo *Coachee*, considerando ideias como a de que o simples fato de compartilhar pensamentos estão soltos e poder organizá-los, transformando em um objetivo desafiante e guiado e mensurado por um Plano de Ações, possibilitando desta forma a concretização dos sonhos e desejos.

QUEM SOU?

Personal Coach pela Sociedade Brasileira de *Coaching*. *Business & Executive Coach, Professional e Self Coach* e Analista Comportamental certificada nacionalmente pela Sociedade Brasileira de *Coaching* e pelo IBC – Instituto Brasileiro de *Coaching*, e internacionalmente pela Behavioral *Coaching* Institute (BCI). Minha missão é desenvolver de forma continuada metodologias e processos que contribuam para o desenvolvimento do Ser Humano.

19

O *coaching* como iluminador do conflito Sombra e Luz

O *coaching* é um programa de alta performance que desperta o melhor nas pessoas. A grande intenção positiva do Universo na busca do Homem pela realização e sucesso é o autoconhecimento. Existe uma variedade de emoções e comportamentos positivos adormecidos na sombra, aguardando o despertar para o equilíbrio

Cláudia Helena Sigolo

Cláudia Helena Sigolo

Diretora e *head trainer* da Mediação Treinamentos Corporativos. Treinamentos em Atendimento ao Cliente, Liderança, Motivação, Mediação de Conflitos, Direito do Consumidor para Empresas. *Master Coach* e Analista Comportamental (Behavioral Analyst) com formação em Hipnose Ericksoniana e transe generativo. Certificada nacionalmente pelo Instituto Brasileiro de *Coaching* e internacionalmente pelo: *Behavioral Coaching Institute* (BCI), European *Coaching* Association (ECA), Global *Coaching* Community (GCC) e International Association of *Coaching* (IAC). Especialista na Ferramenta *Coaching Assessment* pelo Instituto Brasileiro de *Coaching*. Especialista em Resolução de Conflitos – Mediação, Conciliação e Negociação – pela Escola Paulista da Magistratura. Graduada em Administração de Empresas e Direito (Advogada). Pós-graduada em Direito nas áreas de Direito do Trabalho Processo do Trabalho pela Faculdade Cândido Mendes, Rio de Janeiro – RJ. Certificada como Analista de Ouvidoria em consonância com a Resolução 3.849 do Banco Central do Brasil.

Contatos
www.mediacaotreinamentos.com.br
claudia@mediacaotreinamentos.com.br
coachclaudia@mediacaotreinamentos.com.br
(11) 3254-7466

"A Vida é um caminho de sombras e luzes. O importante é que se saiba vitalizar as sombras e aproveitar a luz." - Henri Bergson

O conhecimento é o foco do sucesso organizacional. E no competitivo e inovador mundo corporativo, um dos maiores desafios é atingir um alto desempenho por meio da produtividade do conhecimento. Este novo modelo exige o desenvolvimento constante de habilidades e o aprimoramento de competências comportamentais, como a comunicação assertiva, a flexibilidade, a empatia, a sociabilidade e o autocontrole.

Nos dias atuais, cresce quem faz diferente, inova, tem pertencimento no que faz, tem comprometimento, sabe planejar e executar, enfim, quem apresenta soluções eficazes.

Mas como se destacar no mercado de trabalho? Como melhorar meu negócio? Ter um melhor desempenho para alcançar resultados? Descobrir minha verdadeira missão? Saber se o que faço é o que me faz feliz? Trabalhar com mais qualidade de vida?

Estas indagações nos remetem diretamente a uma profunda reflexão. O olhar para o "eu" interior e conhecer-se melhor, o autoconhecimento.

O autoconhecimento é um fator imprescindível para que possamos saber realmente quem somos, qual nossa essência, para que a partir daí possamos descobrir nossos talentos, crenças, sonhos, valores, missão, visão, enfim, se o que se faz vai ao encontro do que realmente se é e quer para a vida.

No entanto, quando se trata de conhecer a si mesmo, um sentimento de dualidade costuma tomar conta. É que, ao mesmo tempo em que temos a curiosidade em saber sobre nós mesmos, também reside o medo de descobrir que somos menos do que pensávamos.

A dualidade é um mundo de extremos: somos bons ou maus, felizes ou infelizes, é preto ou branco, dia ou noite. A nossa crença está em separar o que é certo do que é errado. Portanto, viver na dualidade é um dilema, um conflito que pode nos levar seriamente a um descontentamento.

Ao longo do tempo tememos e negamos nossa sombra, seja por tradição, religião ou cultura. Este fato nos leva a um conflito de dualidade entre o que somos e o que queremos ser.

Expressar nossos sentimentos obscuros como raiva, medo, vaidade, poderia transmitir uma ideia de desaprovação. Nenhum ser humano aprecia o fato de admitir defeitos e falhas. E, quando defendemos a ideia de que somos apenas de um jeito ou de outro, encerrando a possibilidade do encontro com o lado sombrio, nossos sentidos passam a se comunicar em desordem, desenvolvendo assim comportamentos psicossomáticos.

Só sabemos o que é coragem, depois de termos experimentado o medo. É esta dualidade que nos libertará de comportamentos que poderão nos derrubar.

1. Como passar por este caminho de autoconhecimento com segurança e confiança?

O *coaching* é um processo que resgata a verdadeira essência da pessoa, utilizando-se de ferramentas e técnicas fundamentadas na Filosofia, Psicologia, Neurociência e Administração.

É a arte da cocriação pura para extrair o melhor da pessoa, proporcionando a quebra de crenças limitantes e a potencialização da autoestima, para que ela possa realizar o que parece impossível.

Sozinhos não conseguiremos avaliar com eficácia nossos próprios processos cognitivos, nem fazer uma avaliação precisa sobre as origens e causas de nossos sentimentos.

A falta do hábito na busca do autoconhecimento, ou ainda a resistência em mergulharmos em nossas falhas e defeitos, nos mantêm diante de uma realidade distorcida, pois há falta de clareza.

Assim, o processo de *coaching* é um espaço onde a pessoa passa a ter mais percepção e entrar em estado de lucidez.

Lucidez significa Luz! Mas Luz se traduz em uma condição mental de compreender melhor como foi criado um "eu idealizado", além da existência em estado de dormência do "eu verdadeiro".

Na maioria das vezes, quando o "eu idealizado" está no comando, manifestam-se sensações como incapacidade, impotência, baixa estima, angústia, ansiedade e depressão.

No processo de *coaching*, trabalhamos com muitas ferramentas, tais como: crenças e sonhos, identificando os valores, viagem ao eu interior, montando sua autobiografia. Este mapeamento traz à tona tanto o "eu idealizado" quanto o "eu verdadeiro". O primeiro se escondeu na busca de ser perfeito para os outros. Escondeu-se no inconsciente. E o "eu verdadeiro" é íntegro, centrado, compreensivo. Mas, pelo conflito de ser quem não pode ser, acaba se afastando cada vez mais de seu ser.

O reconhecimento do "eu idealizado" e do "eu verdadeiro" nos dá a chance de viver a nossa integralidade de maneira saudável emocionalmente para que assim possamos ter melhor qualidade de vida e assim realizar nossa verdadeira missão.

2. O conflito Sombra e Luz

Temos a crença de que o correto na experiência humana é o princípio da dualidade. Fomos condicionados a ser bons ou maus e este conflito se instalou em nossas vidas. Nossos sentimentos sombrios e comportamentos repetitivos produzem um desgaste de energia vital.

O plano dualista é o plano do ego.

Já na unidade de consciência, não há opostos. Não há bem ou mal, somente bom. O plano unificado é o plano do eu maior.

Segundo Jung, a definição mais direta e clara da sombra é "a coisa que uma pessoa não tem desejo de ser". É o lado negativo da personalidade que insistimos em negar. Mas quando passamos a admitir que somos imperfeitos é que descobriremos nossa humanidade.

A sombra é o conjunto de emoções ocultas e/ou negadas: desejos "baixos", egoísmo, orgulho, vaidade, raiva, medos e aversão ao outro. Enquanto nos esforçamos em ocultá-las, elas tendem a persistir em nós. Pode-se dizer que a sombra é o "eu reprimido", o "eu rejeitado", ou seja, a função inferior do "eu". Este lado de nossa personalidade pode ser percebido e assimilado durante o processo de *coaching*, minimizando potenciais inibidores ou destruidores, ajustando e equilibrando a projeção desta sombra.

A finalidade em reconhecer o lado sombrio de nossa personalidade é a maior conscientização do *self* (eu verdadeiro) que nos leva ao caminho do meio, do equilíbrio e da unilateralidade.

3. Origem da Sombra no ser humano (crenças, criança)

Quando crianças, para conseguirmos a aprovação dos nossos pais, adotamos seus traços de amor positivos e negativos em troca de atenção.

Há que salientar aqui que nossos pais não são culpados por terem nos transmitido esta programação. Seja em uma educação de qualidade ou não, a questão é que, antes de serem pais, eles também foram programados. Outras situações como violência doméstica ou ausência dos pais física/emocionalmente também afetam na influência da dependência afetiva negativa.

Muitas vezes, nesta fase ficam gravados em nossa psique falas como: "não consigo", "não é para mim", "não mereço", "quem sou eu para ser feliz?" e carregamos ao decorrer da vida estes mecanismos de autossabotagem.

Não agimos dessa maneira porque queremos, mas sim por ter de nos adaptar. Fomos condicionados a esconder a obscuridade, terríveis e imorais, mas também coisas boas, pelas mensagens que recebemos: "Não seja tão honesto"; "não seja tão curioso"; "não converse com pessoas estranhas"; "não dê importância para os seus sentimentos"; "não seja tão sonhador". E, assim, construímos nossa autoestima. Então há uma criança magoada dentro de nós. Nossa alma grita para nosso "eu adulto" fazer as pazes com o "passado". Aceitar, honrar, respeitar e entender o que aconteceu com a criança proporciona lucidez na vida atual.

No processo de *coaching*, quando o *coachee* identifica os traços de amor negativo e positivo dos pais, vividos durante a infância, e compartilha essa história de vida, uma imensa conexão se estabelece naturalmente. A emoção antes gravada, por exemplo, rejeição, pois o pai nunca fez um elogio à criança, é transformada em entendimento e ressignificação. Aqui é o lado Luz que auxilia neste processo.

O equilíbrio entre a sombra e a Luz transforma o nosso interior em harmonia.

4. Como a Sombra atua

De alguma maneira a sombra sempre procura emergir da inconsciência para a consciência. Quando menos se espera, num momento de distração ou de forte pressão, ela tende a disparar, comunicando-se pela linguagem das emoções.

É como se a sombra fosse uma lente e através dela pudéssemos ver o mundo, distorcendo nossa realidade e desestabilizando nosso modo de pensar e agir.

Nem sempre percebemos que a obscuridade age no dia a dia. Quando reagimos de modo intenso em aversão ou admiração a outras pessoas, talvez nossa sombra esteja se projetando de outra forma: "não me conformo que você chegou atrasado de novo"; "não consigo entender que ela foi capaz de fazer isto"; "é inadmissível sua conduta".

O poeta americano Robert Bly criou a metáfora do "saco dos desperdícios", e sustenta que, ao rejeitarmos uma emoção, qualidade ou traço de caráter, é como se estas partes de si próprio fossem atiradas para um saco de desperdícios. Durante trinta anos da vida, uma pessoa está ocupada em encher o saco de desperdícios com elementos do seu ser. Com o tempo, o saco se torna cada vez mais pesado e difícil de encher. Será preciso rebuscar dentro, durante o resto da vida, para recuperar e tentar desenvolver aspectos da pessoa, que nós próprios escondemos nele. Caso não sejam recuperadas essas partes, o conteúdo do saco acabará por nos esmagar com seu peso.

5. O *coaching* como gerenciador do Lado Sombra e Lado Luz

Sendo a sombra o que não queremos ser, podemos considerar sentimentos e comportamentos originados de padrões negativos de infância ou adquiridos ao longo da vida que podem estar nos atrapalhando e/ou incomodando.

O *coaching* é um processo estruturado, com programa de alta performance humana, que visa desenvolver o entendimento de padrões adotados ou rebelados e a ressignificação de emoções.

No processo, cria-se consciência, proporciona-se condições de escolhas e decisões e rompe-se com emoções compulsivas, objetivando atingir metas e objetivos por meio deste processo evolutivo.

O *coach* convida o *coachee*, por meio de perguntas, a identificar os traços de amor negativo e positivo dos pais; e também se estes traços estão sendo usados até hoje ou se os traços o estão usando.

Neste levantamento, o desapego dos padrões da Síndrome do Amor Negativo (traços do comportamento negativo que adotamos dos pais), são trabalhados em curto espaço de tempo, em nível inconsciente, minimizando o lado que a assombra.

Como resultado, apresenta-se um diagnóstico da Sombra e da Luz. No processo, estes comportamentos, sentimentos e emoções são ressignificados através de perguntas do *coach,* convidando o *coachee* a colocar Luz em cada comportamento e assim reconhecê-lo.

Sugerimos não abandonar a sombra, pois através dela é que podemos nos encontrar com o melhor de nós. Chamar a nossa criança interior, cuidar dela, agradecê-la, além de perdoar as pessoas e situações das quais programaram o padrão obscuro e também se auto perdoar.

A criança interior auto resistente, que dava importância a um problema numa dimensão muito maior, agora passa a desfrutar de um alívio, consciente de que agora saberá como lidar com ela mesma e com o mundo.

6. Iluminando a Sombra

Após identificar a sombra, no processo de *coaching*, o reconhecimento da sombra iluminada gera uma conexão com ela mesma. Fazemos um convite ao *coachee*, para compartilhar a projeção de sua Luz. Geralmente, ele está tão focado no lado negativo que não consegue enxergar em si mesmo a Luz. A alternativa recomendável é então saber onde ele pode estar projetando a sua Luz.

Geralmente as pessoas projetam sua Luz em outras das quais possuem admiração. Se está encantado com a outra pessoa é porque as qualidades que admiramos nos outros certamente existem em nós. Este estado de conexão com a qualidade admirada e existente em nós é a nossa verdadeira Luz.

Esta Luz nos dará força e coragem de vivermos a melhor pessoa que há em nós.

Aceitar a sua história abrirá caminhos para a sua percepção, sua verdadeira essência de vida, ponto de partida para que possa construir o seu destino e assim decidir metas, objetivos, missão e sonhos, enfim onde e quando se quer chegar.

Encontrar um equilíbrio entre o que você realmente deseja e o que os outros anseiam, esta é a verdadeira proposta para a resolução deste conflito.

Aceitar, honrar e respeitar a sua história é a chave da porta que o conduzirá a *fazer acontecer,* ter foco, a agir, ressignificar e se reinventar, respeitando suas crenças e reverenciando sua Sombra e sua Luz. Aceitar a sua história de vida, como aconteceu, onde aconteceu e com quem aconteceu é o maior empoderamento que uma pessoa pode ter.

20

DNA do *COACH*

É curioso como as profissões atraem profissionais com características similares, no caso do *coaching* ao avaliar os profissionais encontrei algumas semelhanças na raiz, ou seja no DNA do *coach*

Claudia Silva

Claudia Silva

Diretora da empresa Sothis Treinamentos, *Master Coach*, palestrante, instrutora de oratória na empresa Humanni, especialista em treinamentos e preparação de profissionais para a excelência no atendimento ao cliente, vendas, liderança e motivação, certificada pelo Curso Gold de Treinadores do Brasil pelo Instituto Marcelo Ortega, graduada em Oratória avançado, em *Master Coach* e *Lider-Coach* pela Organização Internacional Condor Blanco, larga experiência em comunicação interpessoal e motivação de equipes.

Contatos
www.sothistreinamentos.com.br
claudia@sothistreinamentos.com.br
(31) 9217-6632 / 3046-4229

Para tratarmos do DNA de um *coach*, vamos relembrar as aulas de ciências, onde tivemos o primeiro contato com o DNA.

O que é e qual o significado, já que sabemos que uma coisa que o *coaching* faz é investigar.

Para relembrar, o DNA de um ser vivo determina todos os seus códigos genéticos e é responsável por todas as características, como altura, cor dos olhos, da pele e muito mais. Está localizado no centro da célula, no mundo científico é motivo de muito estudo.

Partindo deste princípio vamos desmembrar e entender como se comporta o DNA de um *coach*.

Quando comecei a pensar neste tema, fiz uma viagem ao passado, vasculhando minhas características marcantes que me levaram a ser uma profissional *coach*.

Através de algumas perguntas, descobri logo na infância traços fortes que alicerçam toda minha vida. Fui uma criança que imaginava muito, projetava coisas para o futuro, mesmo as mais improváveis. Até aí nada demais, já que a maioria das pessoas na infância utiliza em abundância deste recurso que é natural.

Outra descoberta nesta viagem foi a minha vontade de salvar as pessoas, eu me via como uma policial que pegava todos os bandidos, era rápida e precisa em minhas ações. Percebi também que gostava de arte, música, me imaginava cantando para muitas pessoas, entretendo-as.

Fora a questão lúdica, comecei a pensar em minhas ações, recordo-me que aos 10 anos de idade passava horas conversando com uma vizinha que era casada e tinha filhos, nosso assunto era sobre a vida, sobre as pessoas, minhas colocações eram sempre positivas e esperançosas, apesar do cenário real não ser muito motivador. Também sedia lugar às velhinhas no ônibus, carregava várias bolsas e sempre que via alguém em apuros tinha uma vontade enorme de me intrometer, resumindo, eu me importava com as outras pessoas, queria que fossem felizes e acreditava nisto, assim como acredito até hoje.

Na adolescência, tudo perde um pouco de significado e entramos em uma fase de desidentificação, mas vasculhando bem encontrei algo relevante, queria liderar a turma e gostava de ouvir pessoas mais experientes, ficava tagarelando e queria conhecer as pessoas a todo custo, me julgava uma *expert* em comportamento humano, então eu sempre analisava e dava o diagnóstico. Ledo engano.

Na vida profissional estava sempre solicita a todos os departamentos, gostava de entender como as pessoas trabalhavam e sempre que tinha uma oportunidade dava pitaco na vida alheia e colocava a mão na massa em funções que não me diziam respeito.

Tive a oportunidade de liderar uma grande equipe e assim minhas características se afloraram. Por sempre ir além dos limites, com uma vontade romântica de mudar o mundo, e por julgar saber o que era melhor para os outros, cometi alguns erros no desenvolvimento de pessoas, pois sempre tinha uma solução e um "bom" conselho.

Voltando à investigação, conversei com alguns profissionais *coaches*, que admiro e respeito, e descobri características muito similares em histórias de vida completamente diferentes.

Todos têm em comum a competência da liderança, da criatividade, da coragem e eram crianças inquietas. Queriam mais, com uma sensibilidade incomum às necessidades alheias.

Partindo do princípio que cada DNA é único, alguns se mostraram bons ouvintes, outros bons líderes, uns visionários, outros com princípios altruístas e causas nobres em favor da humanidade.

Além de perguntar a outros profissionais, comecei a investigar em minhas memórias as características de tantos *coaches* que tive na vida, eles mal sabem o que esta palavra significa, mas intuitivamente fazem com maestria o trabalho de apoiar e direcionar pessoas. Estas lembranças me deixam grata ao universo pelo privilégio de ter essas pessoas em meu caminho. O que pude observar é que as ações destes "*coaches*" eram totalmente involuntárias e despretensiosas.

Entre tanta prosa e indagações, me deliciei com o processo, pois adoro tudo isso! Percebi tantas pessoas dotadas de vontade e estratégia para fazer algo a mais do que, comer, dormir e trabalhar.

Antes de me tornar uma *coach* graduada, eu era uma pessoa dotada de boa vontade, mas muitas vezes me frustrava, pela falta de resultados concretos. Percebi que ferramenta junto ao "DNA" são essenciais para um bom trabalho, não para a busca de resultados somente, mas também para a satisfação do ser.

Vamos tratar dos fragmentos necessários para nutrir um bom *coach*, até o momento tratei das características que são natas e únicas. Mas para ser um bom *coach* é necessário modificar-se ao longo do tempo, em busca de desenvolvimento constante e energia para ser congruente. E como fazer isto? Com observação e desenvolvimento constante.

Algumas perguntas devem ser parte do dia a dia.

1- O que faço para me tornar um excelente *coach*?
2- O que me diferencia dos outros profissionais do mercado?
3- A atividade de *coaching* me faz feliz?
4- Utilizo todo o meu potencial e características únicas para o meu desenvolvimento e também dos meus *coachees*?

Ter ciência do processo é sinal de longevidade na profissão.

Acompanhem a estrutura do DNA formado a partir de minhas pesquisas e acrescente o que achar pertinente.

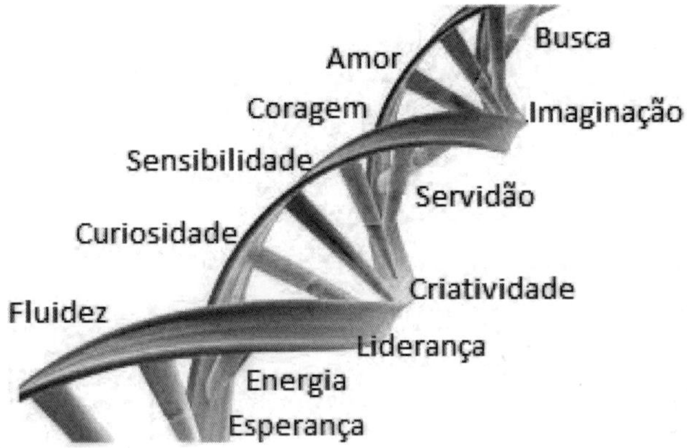

Percebi que em essência, todos os seres humanos têm características de grandes *coaches*, alguns fazem uso consciente e outros inconsciente, temos ainda aqueles desconectados que não utilizam os recursos internos e natos demonstrados acima.

Comece agora a reconhecer e codificar seu DNA, nomeie cada um dos filamentos que o compõe, este conhecimento profundo o apoiará em sua caminhada e, assim como na ciência, você se surpreenderá com os resultados deste experimento, fantástico e revelador.

21

Inteligência Emocional - O elemento essencial do sucesso

Caminhar para o sucesso exige duas pernas saudáveis, equilibradas e que trabalhem em harmonia. Uma é conhecimento técnico (hemisfério esquerdo do cérebro) e a outra é estrutura emocional (hemisfério direito). A harmonia ocorre quando as duas se integram e seguem para o mesmo objetivo. Ter apenas o melhor carro da Fórmula 1 não traz a vitória. O piloto e a equipe são fundamentais para o resultado

Dr. Fernando de Freitas

Dr. Fernando de Freitas

Gastro cirurgião (CRM 39.462) formado pela Escola Paulista de Medicina. Psicossomática pelo Inst. Ágora-SP. Terapeuta em Biossíntese pelo Inst. Bras. de Biossíntese, analista em Bioenergética (CBT) pelo Inst. de Análise Bioenergética de SP, biodinâmica por l'Ecole Française de Psychologie Biodynamique. Primeiro Treinamento Sul-Americano em Terapia Sistêmica Fenomenológica – Bert Hellinger. Consultoria Sistêmica Empresarial, *Coaching* e Constelações Organizacionais pela Hoffmann & Partners Organizational Consulting Executive *Coaching* – Alemanha. Desde 1993 dá Formação, Treinamento, Supervisão nas áreas de: Psicoterapia Corporal, Psicossomática, Terapia Familiar, Relacionamentos Familiares e Organizacionais, *Coaching* Sistêmico. Assessoria de projetos de atendimento humanizado no Distrito Regional e na Secretaria de Saúde de Ribeirão Preto. Palestras e treinamento nas Secretarias de Educação de Santa Rosa de Viterbo-SP e Orlândia-SP. Consultoria, *Coaching* e cursos *in company* em várias empresas privadas.

Contatos
www.fernandodefreitas.com.br
contato@fernandodefreitas.com.br
(16) 3635-9663 / 98131-2684 / 98117-1841

Dr. Fernando de Freitas

A Vida é breve,
a arte é longa,
a oportunidade é passageira,
a experiência é enganosa,
o julgamento é difícil
– Hipócrates

Adquirir conhecimentos técnicos e se especializar são fundamentais para a realização profissional. Em paralelo, deve coexistir a evolução da estrutura emocional. Sem isso, haverá o aparecimento de fatores inconscientes que desviam o caminho e fazem o indivíduo reviver as situações traumáticas não elaboradas do passado. Diagnostica-se facilmente através dos vários problemas de relacionamento, presença de sentimentos negativos (raiva, medo, culpa), desarmonia na equipe, queda na eficiência e no lucro. Em síntese, as dimensões do Sentir, Pensar e Agir entram em conflito.

Introdução

Por que muitos profissionais competentes não conseguem encontrar um caminho para o sucesso? Por que alguns que conseguiram chegar ao topo da profissão entram em queda e perdem tudo que conquistaram? Por que outros esbarram em um limite e não conseguem ultrapassá-lo?

Estas e muitas outras questões semelhantes têm um fator em comum e que merece ser investigado, diagnosticado e tratado: o ser humano por trás do profissional. Ter um avião a jato ultramoderno pode ser um sonho, mas pode se tornar uma tragédia se não tiver um piloto capaz.

O conhecimento externo é acessível a todos. Nisso nos tornamos iguais. Mas, o que faz a diferença, é o conhecimento interno.

Genótipo e Fenótipo

Se fizermos um clone do Pelé teremos uma criança geneticamente igual (genótipo), mas não será a mesma pessoa (fenótipo). Talvez nem goste de futebol e, em vez de ser rei, poderá se tornar um mendigo.

O genótipo é a herança genética de nossos pais. O fenótipo é o genótipo sob a influência do meio ambiente. Por exemplo, se plantarmos a mesma semente de maçã em tipos diferentes de terrenos e climas, teremos uma grande variedade de resultados: desde não eclodir até uma macieira perfeita e produzindo frutos maravilhosos.

As consequências do meio ambiente ficam registradas no corpo e definem as características de cada ser vivo. A cada estímulo há o desenvolvimento de mecanismos de adaptação para a Vida. Isso pode ser observado no desenvolvimento das espécies como também no indivíduo. Tudo que nos afetou positivamente facilitará nossa jornada pessoal e profissional. Infelizmente há o vice-versa.

Leitura Corporal

O corpo revela nossa história e o que nos tornamos hoje. A estrutura corporal conta os traumas e os recursos utilizados para superá-los. Isso define a personalidade e caráter de cada um. Assim como a maneira de se relacionar consigo mesmo e com as outras pessoas. A forma como interpretamos o mundo e como tomamos decisões. Cada indivíduo é único na sua forma de Sentir, Pensar e Agir.

As qualidades e os defeitos de cada pessoa são o resultado das experiências de vida e dos modelos dos indivíduos adultos (principalmente a mãe e o pai). Os tipos de amor que recebemos, como nossos pais nos viram e a visão do mundo que nos passaram são o alicerce e a estrutura básica de todos nós.

Através das várias abordagens de psicoterapia corporal podemos analisar e diagnosticar os conflitos internos e externos. Podemos avaliar o perfil profissional e orientar a utilização máxima de suas qualidades. Assim como identificar e transformar as características negativas.

Formação do Corpo: da célula-tronco à Organogênese

A fecundação define o genótipo através do material genético oriundo da mãe e do pai. Esse ovo inicia sua jornada de vida e encontra no útero o terreno fértil para se desenvolver. Da igualdade das células-tronco começa a diferenciação em três camadas de células: endoderma, mesoderma e ectoderma. Estas darão origem a todos os órgãos do corpo.

O embrião e o feto se desenvolvem sob a influência do ambiente materno. Esse representa o mundo para o qual o novo ser deverá se adaptar. Dependendo dos afetos intrauterinos, cada camada receberá mais ou menos estímulos. Isso define a distribuição de energia e, consequentemente, a construção do corpo do indivíduo, pois a função define a forma.

A mãe é a realidade do bebê antes do parto. O universo emocional materno comanda a fisiologia uterina, alterando a contratilidade e fluxo sanguíneo. O sangue materno nutre o feto e dá informações através dos múltiplos hormônios e de suas características físicas e químicas. Essa íntima relação entre a mãe e o bebê é o primeiro aprendizado sobre o mundo. Portanto, a forma como a mãe se relaciona com o mundo influencia a formação física e emocional da criança.

Essas são as três camadas e as estruturas corporais correspondentes.

1 - Endoderma dá origem ao Sistema Digestivo e Respiratório. Absorve a energia necessária para a Vida através do ar e dos alimentos. Define o que, quanto e como entrará no corpo. Usar e

armazenar. Representa o mundo interno. A função está na dimensão do Sentir.

2 - Ectoderma dá origem ao Sistema Nervoso e órgãos dos sentidos. Recebe informações do mundo interno e externo. Planeja e dá significado às informações. Sua função está na dimensão do Pensar.

3 - Mesoderma dá origem ao Sistema Ósteo-muscular e Sistema Cardio-Vascular. Usa a energia para o movimento. Sua função está na dimensão do Agir.

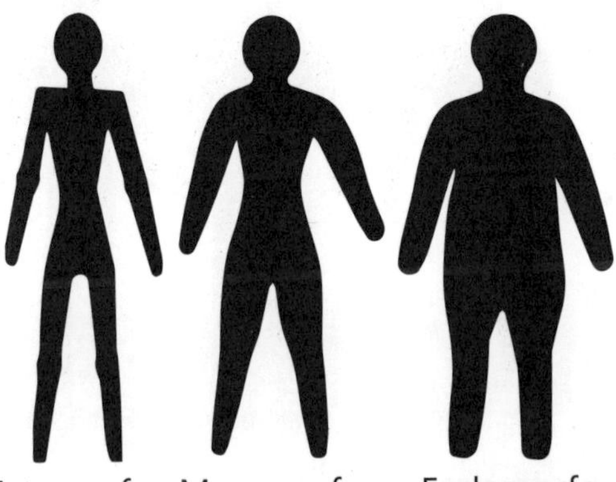

Ectomorfo Mesomorfo Endomorfo

figura 1 - estruturas corporais típicas das camadas dérmicas

O ideal é que haja harmonia entre as três dimensões. A realidade é que todos nós temos predominância de uma ou duas camadas. Veja na figura ao lado as características corporais quando há predominância de uma camada.

Desenvolvimento Psicomotor e Caráter

Outra forma de conhecer o ser humano é através da Análise do Caráter, criada por Wilhelm Reich, que integrou a Psicanálise ao corpo.

O desenvolvimento psicomotor passa por diferentes estágios. Cada etapa tem seus desafios específicos e aprendizados essenciais para chegar ao principal objetivo: ser um adulto livre e saudável. Para isso somos orientados pelos nossos primeiros *coaches*: os pais. O que foi adequado nos leva ao sucesso. O que nos faltou ou veio de forma incorreta criam referenciais equivocados. Isso gerará dificuldades de relacionamento pessoais e profissionais.

Descrevo abaixo os principais traços de caráter nomeados pelas qualidades. Seguem: a fase, os recursos desenvolvidos para contornar o trauma, os problemas, os sentimentos congelados desde a infância e que ficam como música de fundo em todas as situações de vida.

1. **Criativo –** fase intrauterina e logo após o nascimento – Desconecta da realidade e desenvolve seu próprio mundo – Medo de contato – Rejeição – "Quem sou eu?"
2. **Comunicador –** fase da amamentação – Busca a simbiose -

Dependência – Abandono – "Eu quero".

3. **Inspirador –** fase do controle muscular e dos primeiros passos – Jogos de Poder – Medo da Inferioridade – Manipulação – "Eu posso".
4. **Solidificador** – fase do controle dos esfíncteres – Engole e retém a negatividade – Humilhação – "Eu aguento".
5. **Realizador –** identidade sexual – Competição e jogos de triangulação – Exclusão – "Eu faço".

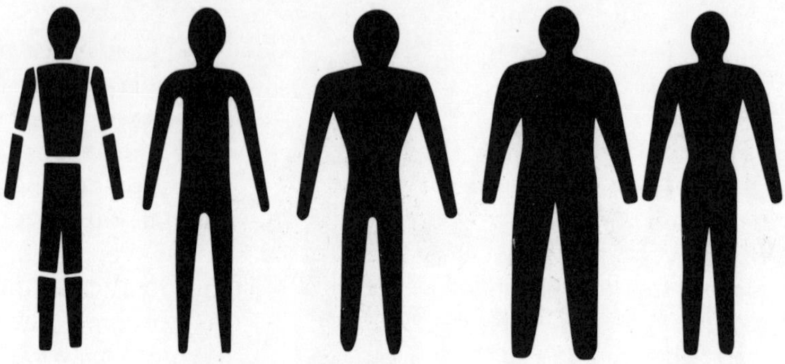

figura 2 - estruturas corporais dos traços de caráter

A leitura corporal integrada à Análise do Caráter permite: a identificação do problema na sua essência, origem e solução. Tudo o que não foi bem resolvido nas fases de desenvolvimento do nosso *software* leva ao mau funcionamento do programa. Vale lembrar que somos uma análise combinatória de todos esses traços de caráter. Pois passamos por todas essas fases e deixamos pedaços da nossa alma pelo caminho. Precisamos resgatá-los.

Essa ferramenta de trabalho cria atalhos para saber o que, onde e como trabalhar. O objetivo é potencializar as qualidades desenvolvidas, assim como fortalecer e integrar os pontos fracos.

O cérebro, o corpo e a mente

Os neurônios se desenvolvem a partir do 18º dia de gestação. Eles conversam através das sinapses que se iniciam por volta do 30º dia. Cada neurônio cria 10 mil sinapses em média, mas pode ultrapassar 100 mil. Há uma exuberância sináptica até os primeiros seis anos de idade, fruto dos estímulos recebidos do meio ambiente.

As descobertas e as novidades do mundo externo e do mundo interno (sensações corporais) traçam os trajetos sinápticos. O tráfego de informações define o mapa das estradas a serem construídas, assim como as avenidas, as ruas, as travessas. Seguindo o fluxo podemos acrescentar: restaurantes, áreas de lazer, trabalho, dinheiro, família, saúde, responsabilidade, metas, sexualidade, relacionamentos, referenciais, proibições, autorizações, prioridades.

O corpo dá e recebe informações ao cérebro e ao meio ambiente. As sensações e as emoções interagem com todas as células e suas funções. Cada fibra muscular está em contato direto com esse universo de informações, orientando seu nível de tensão, contração e relaxamento. Nada é por acaso. Tudo está conectado e segue as regras estabelecidas pelas experiências de vida. Nossos registros de sucesso e de fracasso definem escolhas e decisões.

Há uma lei da Natureza que rege todos esses fenômenos: Use ou Perca. A repetição e o hábito levam a preservação, reforço e evolução. Mas, o que for abandonado morrerá. Perdemos uma grande quantidade de neurônios e sinapses até a adolescência. Alguns neurocientistas acreditam que preservamos apenas a metade ou até um terço do que tínhamos na infância. Experimente imobilizar um braço por um mês e fazer muitos exercícios com o outro. Imagine o que aconteceria após um ano.

Parte de tudo isso que adquirimos e desenvolvemos se torna a Mente. Ela é como o iceberg que tem apenas 10% do gelo acima da superfície. O restante está além da nossa percepção. Ela representa a parte consciente, aquilo que fomos autorizados a conhecer da nossa vida, assim como muitas histórias falsas que nos passaram e outras que inventamos para dar significados à vida que temos, ao que somos e ao que fazemos.

A Mente cria uma bolha de realidade e vive nela, acreditando que é a Realidade. Quando a verdade avança, a Mente tenta desviar ou não ver, mas, no fim, será vencida. Se não soubermos abrir mão dessas ilusões, pagaremos com todos os tipos possíveis de dor: física, mental, emocional. Tudo que construímos se desmorona por falta de alicerces na Realidade. A Mente mente.

Referenciais saudáveis e doentios

A Natureza segue um caminho claro e preciso, fruto de 3,5 bilhões de anos de experiência com a Vida. A espécie humana é apenas uma nova experiência com mecanismos diferenciados das outras espécies. Se nos adaptarmos ao todo, poderemos coexistir, senão, seremos extintos.

A Vida tem dois grandes princípios: Autopreservação e Preservação da Espécie. Ela criou o sentimento de prazer e dor para que todos os animais saibam o que devem ou não devem fazer. Assim, cuido de mim mesmo e estabeleço relações saudáveis.

A Mente humana saudável se submete à Natureza. A doentia acredita que é superior e inventa suas próprias regras. Quando a criança recebe falsos ensinamentos, a sua essência reage com desprazer. Ela precisa da família para poder viver e, se não seguir seus pais, será criticada e desqualificada. Então, para poder sobreviver, ela bloqueia o Sentir e cria uma cegueira emocional. Desenvolve um conjunto de pensamentos, conceitos e ilusões. Substitui a Realidade (*Self*) pela mente doentia (Ego).

É simples diagnosticar a Mente doentia: ela trabalha na comparação e em jogos de poder. Se eu sinto ou penso que: sou superior, estou certo, sou inocente, posso, mando; então, os outros são apenas complementares e inferiores. Isso pode ser o contrário, pela inferioridade, ou se tornar ainda mais confuso: ora sou mais e ora sou menos. Se os pais escolhem um caminho, os filhos estarão do lado oposto (ver figura 3).

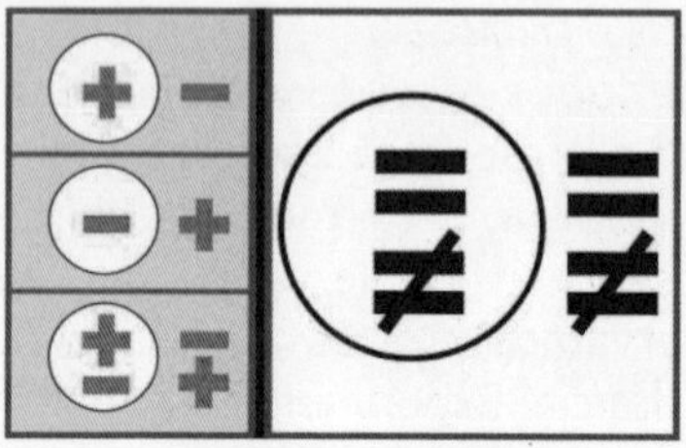

figura 3 - Referenciais de comparação doentios (esquerda) e saudáveis (direita)

O saudável é simples: somos iguais como seres humanos e somos diferentes como indivíduos. Os olhos são iguais, mas têm visões diferentes. Quando há o mesmo foco, a diferença se integra para ver em três dimensões. Podemos ver isso nos braços, nas pernas, nos ouvidos, nas narinas. A natureza é sábia.

A superioridade existe apenas nas funções e segue uma regra do equilíbrio entre dar e receber. Os pais são mais e devem preencher o menos dos filhos. Assim eles se tornarão adultos, casarão e terão seus filhos, como seus pais, avós, bisavós, trisavós fizeram.

Outro mecanismo semelhante é no trabalho. O profissional é mais na sua função. O equilíbrio se dá quando recebe seu pagamento. Numa hierarquia há posições superiores que são acompanhadas de maiores responsabilidades. As funções são diferentes, mas, todas as pessoas que pertencem ao sistema são iguais.

Conclusão

Viver é uma arte e um eterno aprendizado. Resgatar o prazer natural leva ao sentimento de plenitude e realização. Integrar-se à Vida e à Realidade é o caminho do sucesso. Que o seu profissional tenha alicerce em um ser humano saudável e preparado para a Vida.

22

Performance pessoal, indicadores e realização profissional

Coaching é a construção de um plano de ação, sistematicamente criado por pensamentos em direção a uma meta, motivado pelas conquistas e que respeita as suas crenças. É o poder mental da verificação antecipada de um futuro, permitindo um estado emocional positivo, onde a mente visualiza que por trás de todo o entusiasmo há a certeza de um progresso. Este artigo, demonstra que ter uma meta, prazo, alinhamento de valores e identificação de crenças é um caminho para saber o que foi feito e como alterar para melhorar a sua performance pessoal e profissional

Giulliano Esperança

Giulliano Esperança

Bacharel em Educação Física (Unesp - Rio Claro), especialista em Fisiologia do Exercício (Escola Paulista de Medicina) e também especialista em Marketing pela Madia Marketing School. Possui MBA em *Coaching, Master Coach, Profissional Coach, Leader Coach, Professional Executive Coach* pela Sociedade Latino Americana de *Coaching* e *Professional & Personal Coaching* pela Sociedade Brasileira de *Coaching*. Fundador do sistema "Wellness Manager" em treinamento personalizado e diretor executivo do Instituto do Bem-estar Giulliano Esperança. Membro da Sociedade Latino Americana de *Coaching* e Membro do Conselho Consultivo da Sociedade Brasileira de Personal Trainer. Pai, marido, empresário, *personal, coach*, mentor e palestrante. "Venho cumprindo a minha missão de motivar pessoas a transformar intenção em ação e ação em resultados por meio de treinamento personalizado e hábitos saudáveis."

Contatos
www.giullianoesperanca.com.br
facebook.com/guilliano.esperanca
@GiullianoE
personal@giullianoesperanca.com.br
(19) 98246-5252 / (19) 3023-7711

Hoje eu falo com total convicção de que o *coaching* não só me proporcionou ser um profissional diferenciado, como ter conquistas pessoais tão valiosas como a própria vida. Espero que aconteça isso com você.

Vou contar de maneira breve por que me interessei tanto pelo *coaching*. Eu estava passando por dificuldade financeira, recém divorciado, frustrado por não conseguir desenvolver competências pessoais capazes de gerir a minha empresa, vivendo um momento de dificuldade familiar e, claro, depressivo.

Provavelmente este é um cenário muito comum e você mesmo pode pensar em compará-lo ao que está vivendo.

Quando vivenciamos um estado de tristeza, decepção e dificuldade, vivenciamos uma realidade indesejada e geradora de um quadro emocional negativo.

Este momento de muito problema foi solucionado com a aplicação de processos de *coaching*. Percebi que eu era o próprio criador da minha realidade, que o momento de dificuldade vivido estava sendo o produto de várias escolhas feitas por mim.

Com os meus clientes também aconteceu o mesmo, quando eu ia apresentar e fechar algum programa de treinamento personalizado, eu tinha como norte apenas questões fisiológicas. O que motiva uma pessoa a se engajar em um programa de treinamento personalizado de exercícios é algo que precisa de uma investigação apreciativa.

O que acabo de dizer é que neste mundo facilitador de informações, eu tive de reaprender a me comunicar, melhorando a eficácia, sendo claro, compreendido e compreendendo melhor as pessoas que fazem parte do meu ambiente pessoal e profissional.

Compreender melhor o que os outros queriam foi um agente facilitador do meu comportamento. Pude atender as necessidades que surgiam e trabalhar em cima da meta estipulada através do *coaching* em cada cliente. Imediatamente uma sensação de realização e plenitude começou a fazer parte da minha rotina.

Até aqui mencionei alguns passos importantes para que um processo de *coaching* melhore a performance de alguém. Ter meta, consciência, liderança e comunicação clara.

Assumi a consciência de que somos os criadores do próprio mundo, que temos a responsabilidade intransferível das nossas obrigações, que uma comunicação eficaz é essencial, sendo assim, o que precisava acontecer para eu atingir a minha meta?

Comecei a me questionar:

Qual é o meu sonho?

Onde está a minha felicidade?

Quem eu sou?

O que eu preciso fazer?

Essas perguntas são simples à primeira vista, mas ao tentar responder, um mundo complexo começa a surgir. O mundo das coisas simples que deviam acontecer e por algum motivo não acontecem.

O "não fazer" significa que estou tendo uma baixa performance certo? Neste ponto aprendi que sem uma meta específica, mensurável, realista, de acordo com todas as outras área da minha vida e com prazo para cumprir, praticamente nada aconteceria.

Decidi lançar a minha empresa para ser reconhecida nacionalmente e coloquei o nome Projeto Esperança. Note que as perguntas acima começaram a criar um roteiro para o meu comportamento e a ampliar minha visão.

Comecei uma análise de cenário, levantei quais eram as opções para chegar lá e o que era necessário acontecer para conquistar a meta.

Percebi que a primeira mudança tinha de acontecer em mim, a maneira como eu me relacionava com as pessoas e seus problemas tinha de ser diferente.

Obviamente a mudança pode ser desconfortável, incomodar, ser composta de pensamentos que lutam contrário, gerando medo.

Prefiro chamar esse medo de freio, adotei esses pensamentos como o meu controle de segurança, a minha meta como o meu para-brisa, a minha mudança como o volante, o meu preparo como o motor e as minhas motivações como o acelerador. Se tudo funcionar de acordo, terei uma excelente performance. Ainda precisava ser lucrativo, a eficácia foi o meu tanque de combustível, lembre-se de que eu estava com a empresa e a vida no vermelho.

A mudança é parecida com a primeira vez que dirigimos um carro, gera um conjunto de emoções e de insegurança. Sabemos que existe o risco de não dar certo e ninguém quer bater um carro. Com a prática e com a experiência, a sensação de segurança começa a tomar conta, o medo diminui. Isso ocorre pelo fato de repetirmos a ação, assim aprendemos.

Um amigo e empresário me perguntou como eu conseguia gerir a equipe, pois ele estava muito estressado com a gestão dele, tentando várias mudanças e nunca se permitindo errar.

Respondi que meu filho de 3 anos me mostra diariamente o processo de aprendizado natural, que muitas vezes esquecemos com os moldes impostos pela vida adulta. Ele evolui porque sua rotina diária de aprendizado se repete inúmeras vezes e mesmo com os erros ele continua e acredita que vai conseguir. Todo dia eu me recordo disso e reforço o pensamento de que preciso repetir e aprimorar meus hábitos para melhorar a minha performance.

O interessante também é que uma criança não se incomoda com a mudança, pelo contrário, ela precisa da mudança para melhorar a sua performance. Quando meu filho conseguiu fazer a sua primeira cesta de basquete falou "consegui papai".

Após a primeira cesta, as demais foram ficando mais fáceis, a repetição melhorou a performance e fixou o aprendizado.

Uma semana após a conversa, este amigo me disse que percebeu que tinha um desafio a superar, que ele precisava conviver com os seus erros de maneira mais tranquila. Notou que ele era o gerador do seu estresse devido a sua autocobrança e isso tinha de mudar. Finalizou dizendo que para melhorar a empresa, ele primeiro precisava melhorar a performance pessoal.

O que me chama atenção nesse relato, é que quando investigamos a mudança que cada um tem de adotar, ela é muito pequena. No meu caso, quando escolhi a minha meta o Projeto Esperança, vi que existia uma lacuna no mercado, as aulas de treinamento personalizado enfrentavam a dificuldade de reposição de aula, isso é assim ainda. Decidi criar a flexibilidade de horário em treinamentos personalizados.

Para esta meta específica, um recurso necessário foi aumentar e melhorar o relacionamento com os meus clientes e a mudança foi aprender a ouvir, premissa do *coaching*.

Comecei a ter uma comunicação clara, objetiva e eficiente, onde a linguagem *coaching* se fez presente, uma mudança que teve de partir de mim. Estimulando uma mensagem positiva e apreciando atitudes de perseverança da pessoa.

É incrível como apenas uma mudança gera tantas outras. Descobrir que eu precisava aprender a ouvir me tornou mais reflexivo, menos reativo e aumentou a minha performance.

Abaixo demonstro literalmente uma conversa *coaching* com uma cliente. Com o propósito de preservar a identidade, usarei um nome fictício para a cliente.

Conversa *coaching*

Giulliano: Qual é a sua meta?

Cláudia: Ganhar um corpo mais saudável

Giulliano: Especificamente o que você quer que aconteça?

Cláudia: Quero perder 5 kg.

Giulliano: Você está me dizendo que quer ganhar um corpo 5 kg mais leve?

Cláudia: Eu nunca pensei desta maneira, mas isso mesmo.

Giulliano: Lembre-se de que pensar diferente é uma maneira para se chegar a um lugar diferente. Qual é o número que você quer ver ao subir na balança?

Cláudia: Como eu falei, quero perder 5 kg.

Giulliano: Vamos definir positivamente. A sua meta é ganhar um corpo 5 kg mais leve, isso significa que ao conquistar essa meta e subir na balança o seu peso corporal será representado por um número. Que número você verá?

Cláudia: Entendi, eu quero chegar aos 70 kg.

Giulliano: Em quanto tempo você quer chegar aos 70 kg?

Cláudia: Em um ou dois meses.

Giulliano: Alguma vez você conseguiu um corpo 5 kg mais leve em um ou dois meses?

Cláudia: De maneira alguma. Eu sei que é quase impossível.

Giulliano: Bom eu acredito que é possível, porém o mais importante é analisarmos se é uma meta possível em relação à sua vida pessoal e às outras áreas da sua vida. O que seria um prazo que respeite todas as suas características pessoais?

Cláudia: Eu penso em 6 meses. O que você acha?

Giulliano: Que tal dividirmos essa meta por seis, assim definiremos também a meta mensal?

Cláudia: O.k.

Giulliano: 5 kg dividido por 6 é igual a 800 g por mês. A sua meta semanal será de um corpo 200 g mais saudável. O que você acha?

Cláudia: Puxa vida eu nunca pensei desta forma.

Giulliano: A sua primeira meta na realidade é de 74,8kg. Isto é alcançável?

Cláudia: Estou motivada, acredito que será fácil.

Giulliano: Esta meta está ajustada com as suas outras tarefas?

Cláudia: Sim, principalmente com esforço e força de vontade.

Giulliano: Esforço e força de vontade formará as suas forças?

Cláudia: Acredito que sim. Ver que preciso de uma meta semanal de apenas 200 g me deixou motivada.

Giulliano: Qual o significado desta meta para você?

Cláuda: Vai me dar mais ânimo e ajudar também a combater o estresse, principalmente ao colocar uma roupa. Saúde é uma das prioridades.

Giulliano: O que precisa ser ajustado em seus hábitos para essa meta acontecer?

Cláudia: A minha alimentação e os horários dessa alimentação.

Giulliano: O que pode ser uma barreira para você atingir a meta?

Cláudia: Os horários e a maneira de viver.

Giulliano: Nas duas últimas questões você citou horários. Qual horário é o fundamental?

Cláudia: Realmente é o da minha alimentação.

Giulliano: Sabemos que o ideal é uma alimentação de 3 em 3 horas. Quantas refeições você faz diariamente?

Cláudia: Na verdade, eu preciso jantar certo, tenho comido pizza ou lanche, isso precisa mudar. Preciso parar de comer.

Giulliano: Você identifica que sobre a questão de horário o jantar é que precisa ser modificado e que a sua meta é comer certo no jantar. Isto é possível?

Cláudia: É sim, vou me organizar.

Giulliano: O que você ganha atingindo essa meta de ficar 5 kg mais saudável?

Cláudia: Ganho muito, vou melhorar a dor na minhas costas, tenho essa dor constantemente.

Giulliano: O que você perde se isto não acontecer?

Cláudia: Perco a autoestima.

Giulliano: De 0 a 10, quanto esta meta contribui para você ganhar autoestima?

Cláudia: 10.

Giulliano: Recapitulando, a sua meta é ter um corpo 5kg mais saudável em 6 meses. Isso representa uma performance de 800g por mês e de 200g por semana. Nesta primeira conversa você também identificou a necessidade de comer corretamente no jantar. E que além de saúde, você vai eliminar a dor nas costas e ainda aumentar sua autoestima. E que o primeiro resultado será 74,8 kg. Qual foi o aprendizado de tudo isso?

Cláudia: Eu nunca me senti tão consciente do que eu tenho de realizar. Eu vou conseguir.

O que vimos, é um exemplo de especificação de meta, por uma questão pessoal e pelo estilo que esta cliente possui, optei por não me aprofundar mais, afinal encontramos a meta principal que é ganhar um corpo 5 kg mais saudável e o prazo para isto acontecer é de 6 meses. O restante é uma investigação para averiguar a validade das informações.

Entender claramente o que se busca, contribuirá para a performance da Cláudia e para todos nós. O que aprecio no processo de *coaching* é que, de forma contundente, ocorre um olhar fora do tradicional. Observe que a investigação é sempre do olhar do cliente, e como afirma Steve Jobs: "As pessoas não sabem o que querem até você mostrar a elas".

Veja que ao realizar o *backtracking* em minha última fala, a cliente demonstrou muito otimismo. Através de uma estrutura racionalizada de pensamento, com o *coaching* cheguei a um estímulo intenso da sua emoção, base para sustentar suas construções cognitivas.

Esta emoção acontece porque num processo de *coaching* é preciso passar pelos valores e pelas crenças. No exemplo que apresentei, a cliente quer autoestima, livrar-se da dor nas costas, sentir-se bem ao vestir uma roupa, ter bem-estar e automaticamente melhorar a saúde.

Como eu afirmei, aprender técnicas e conhecimentos em *coaching* permite que ao se apresentar um programa de treinamento, a comunicação construa o mundo que a pessoa quer viver. Em questão de comportamento, as crenças permitem e os valores motivam, se a minha apresentação não estiver realinhada com este mundo, muito provavelmente não terei sucesso com esse programa de treinamento.

Quando eu perguntei o que ela ganhava ao atingir essa meta, ela afirmou que esperava se livrar da dor nas costas, como também em minha pergunta sobre o que ela perdia não atingindo a meta, ela respondeu autoestima.

Surpreendo-me com apenas isto, e não consigo imaginar um trabalho sem uma postura *coaching*, no parágrafo anterior citei duas perguntas, uma de ganho e a outra de perda. As respostas obtidas, mostram que a meta não traz prejuízos, caso trouxesse, eu tenho apenas dois caminhos, continuar o processo ressignificando a meta, e caso isso não aconteça, descontinuar o processo.

Ter um relacionamento onde o valor operante é a verdade, proporciona retorno para os dois lados. Para mim, a confiança de estar apoiando algo que seja positivo e para o cliente, a segurança de ter um programa literalmente personalizado baseado em seus valores, crenças e meta específica.

Descobrir o *coaching* alavancou a minha carreira porque literalmente a minha performance alavancou. Khalil Gibran possui um pensamento que reverbera o que um processo de *coaching* proporciona: "A simplicidade é o último degrau da sabedoria e para entender o coração e a mente de uma pessoa, não olhe para o que ela já conseguiu, mas para o que ela aspira".

Para ter alta performance pessoal e profissional, incentivo o estudo, a vivência em *coaching*. Por ele é possível arquitetar um futuro desejável.

Dedico este trabalho ao meu sábio mentor, minha esposa companheira, aos meus enteados, aos meus queridos pai e mãe, aos nobres amigos e alunos, e ao meu grande *coach* Gabriel.

23

Diários para a alta performance

O artigo a seguir apresenta técnicas que poderão acelerar sua performance a níveis jamais obtidos, não importa se você é um atleta, executivo ou simplesmente uma pessoa que deseja ter dias mais produtivos, o uso do Diário da Performance Individual (DPI) e da técnica de Espelhamento de Imagem podem fazer você alcançar outro patamar de resultados. No artigo existem links para você fazer download das planilhas utilizadas

Gustavo Campos

Gustavo Campos

Diretor do Núcleo de Posicionamento da Focal Pesquisas (www.focal.com.br), possui ampla experiência de consultoria na área comercial e participou de inúmeros cases de sucesso no segmento de moda no Brasil. Além disso, formado pela Sociedade Brasileira de *Coaching*, atua como *coach* comercial para empresas e profissionais que buscam acentuados crescimentos de sua performance em mercados dinâmicos. Professor-convidado dos cursos de MBA da ESPM-Sul. É blogueiro e *Publisher* do Pensador Mercadológico (www.pensadormercadologico.com.br), um dos mais influentes blogs de negócios. Muito estudioso, leitor voraz, possui mais de três mil livros de negócio. No passado, foi representante comercial por oito anos e hoje é um dos maiores pensadores da mudança da profissão de vendas. Autor do livro "Ressignificando Vendas" (www.ressignificandovendas.com.br), tem feito diversas palestras pelo Brasil para orientar equipes comerciais para novos tempos e necessidades.

Contatos
www.about.me/gfcampos
www.linkedin.com/in/gfcampos
campos@focal.com.br
(51) 3023-5150

A alta performance depende de muitos fatores, mas existem algumas técnicas que quero enfocar. Elas têm o objetivo de aumentar o nível de conhecimento das potencialidades, fragilidades e do contexto atual do próprio *coachee*. O que irei relatar aqui faz parte do método que defendo e pratico há anos. Desde equipes comerciais e profissionais ligados a atividades de alto desempenho, até mesmo meus alunos dos cursos de MBA de Marketing e Vendas, todos já conhecem e exercitaram algumas destas técnicas que irei apresentar com excelentes resultados. Desta forma, escrevo detalhando ferramentas que sei que darão resultados enormes, pois as qualifiquei pessoalmente e vejo o quanto ajudaram os meus *coachees* a se autoconhecerem e a terem um melhor resultado futuro.

Entre tantas técnicas de *coaching* de alta performance, com o objetivo de aumentar o autoconhecimento do *coachee* do seu ponto atual, sempre utilizo duas grandes ferramentas, sendo elas:

- DPI – Diário de Performance Individual: utilização de um diário físico, em papel, para anotar itens relacionados a sua performance diária;
- Espelhamento de Imagem: verificação da autoimagem com as percepções deixadas em 15 pessoas próximas, no mínimo.

Sempre quando pensamos em um "diário", associamos a um esquema já conhecido em nossa mente – é "algo de uma menina adolescente"–, mas saibam que isso também é algo utilizado por pessoas preocupadas com seu desempenho em determinada área. Lendo biografias ou por contato pessoal, sei de empresários e atletas de alta performance que cultivam a prática dos diários. Sabendo que nossos resultados, satisfatórios ou não, são frutos de nossos comportamentos, que são oriundos de nossos pensamentos e que estão vinculados aos nossos valores pessoais, o uso do diário, continuamente, permite que possamos nos avaliar de forma longitudinal ao longo de um período. Assim ficam bem marcadas as transições de pensamentos, a eliminação de crenças limitantes e a formatação de novas percepções de si mesmo. Além disso, o simples uso de um diário está associado a muitos estudos que destacam o poder benéfico para a saúde física e psíquica.

Em livros de prática esportiva de performance, é comum ter indicações de diários de exercícios e de alimentação, onde são anotados o treino que foi feito no dia, os benefícios sentidos e o ânimo/disposição antes e após o treino, o que se ingeriu de alimentos, bem como as medidas corporais e peso. Fazendo isso diariamente começamos a entender como o nosso organismo reage às diversas composições de treinos e dietas.

Michael Phelps, famoso nadador campeão olímpico, já declarou que todo o ano faz uma tabela de metas, que aprova com o seu trei nador e deixa impressa ao lado da cama para ler todos os dias. Sempre que treina ou compete, compara os índices alcançados com os objetivos da tabela. É desta forma que se inicia um DPI, registrando os objetivos pretendidos com o *coaching* na primeira página. Utilizo um modelo simples que tem os seguintes campos a serem preenchidos (um para cada objetivo pretendido):

- O que quero alcançar (algo que dependa só de você para ser alcançado)?
- Quando será iniciado?
- Em quanto tempo desejo alcançar este objetivo (*deadline*/ prazo final)?
- Como saberei que alcancei o objetivo pretendido (qual o indicador)?
- Quais as dificuldades que poderei enfrentar (aqui listar medos e crenças também)?
- Como poderei superar estes obstáculos?
- Qual a penalidade por não alcançar o objetivo no prazo estipulado?
- Qual o prêmio por alcançar o objetivo?

Você pode baixar uma ficha de objetivos no site: www.ressignificandovendas.com.br/sermais/ficha_objetivos.pdf

Depois de definir os objetivos, aconselho que sejam poucos para que a prática do diário seja preservada em rápidos minutos todos os dias, iniciamos a descrição da performance. E como se usa o diário? O que se escreve? Eu aconselho meus *coachees* a escreverem de forma bem objetiva, de segunda a sexta, e no sábado e domingo analisar as anotações e tomar algumas decisões de melhoria para a próxima semana.

Podem até definir metas para a semana (aconselhável) e verificar o alcance no fim de semana. Desta forma temos um fluxo semanal de análise e melhoria de performance, como demonstra a imagem abaixo:

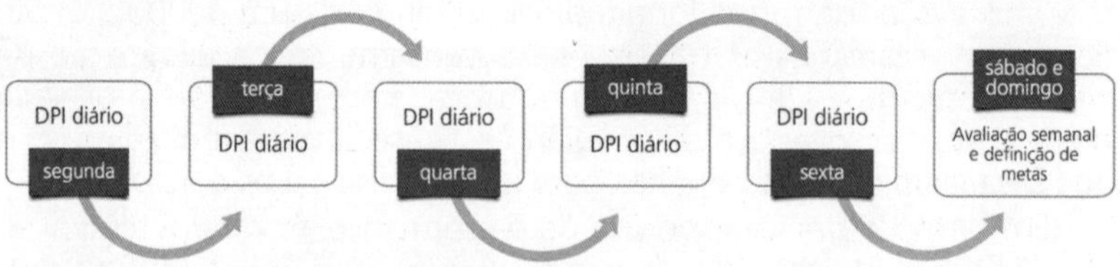

Nos *dias da semana,* as questões sobre as quais recomendo avaliação são as seguintes:

- O que NÃO DEU muito certo hoje?
- Faça uma lista dos 3 principais itens e, ao lado de cada um,

- responda: "o que faria de diferente para obter melhores resultados se pudesse enfrentar novamente essa situação?".
- O que DEU muito certo hoje?
- Faça uma lista dos 3 principais itens e, ao lado de cada um, responda: "o que faria de diferente para obter resultados ainda melhores se pudesse viver novamente essa situação?".
- Qual a avaliação de satisfação com o dia, de 0 a 10, sendo 10 a nota mais alta?
- Notas 9 ou 10: anotar o motivo da alta satisfação
- Notas abaixo de 9: anotar o que poderia fazer para ter um dia com nota 10.

Você pode baixar uma ficha de DPI diária no site: www.ressignificandovendas.com.br/ser-mais/ficha_DPI_diaria.pdf

O tempo ideal para esta prática é de, no máximo, 10 minutos diários. No princípio, você tenderá a se estender, ser muito detalhista e se explicar muito, mas com a prática você deverá se aproximar da meta de 10 minutos.

Em um horário, no sábado ou domingo, antes mesmo de pensar no que será feito na próxima semana, você deverá fazer a análise da semana que passou e o resumo da melhoria para a próxima semana. Para isso utilizo o seguinte grupo de questões:

- Analisando todos os dias da semana que se passaram, quais os principais motivos para algumas coisas não terem dado tão certo? Foque nos motivos em que você poderia ter uma ação para melhorar e não naquelas situações em que você nada poderia ter feito. Liste os 2 principais na sua avaliação.
- Para cada um dos motivos de não ter obtido os resultados desejados, pense em como você irá agir daqui para frente para obter melhores resultados quando situações parecidas acontecerem.
- Dica: Se desejar, feche os olhos e realize um exercício de ensaio mental no qual você revive as situações e demonstra para você mesmo como seria o desfecho melhor, usando um novo conjunto imaginado de pensamentos e comportamentos.
- Analisando todos os dias da semana que se passaram, quais os principais motivos para algumas coisas terem dado muito certo? Foque nos motivos que destacaram o resultado pela força de seus comportamentos e atitudes. Liste os 2 principais na sua avaliação.
- Para cada um dos motivos de ter obtido os resultados desejados, pense em como você poderia agir para ter resultados ainda melhores.
- Dica: Utilizando as respostas acima, um ensaio mental de 1

- a 2 minutos poderia ser usado aqui, de forma bem concentrada e intensa.
- Colocando as notas semanais diárias no esquema abaixo, existe uma tendência identificada de notas? Algum fator gera as menores notas ou as maiores notas? O que é possível aprender com esse gráfico?

Você pode baixar uma ficha DPI avaliação semanal no site: www.ressignificandovendas.com.br/sermais/ficha_DPI_semanal.pdf

		AVALIAÇÕES DIÁRIAS DE SATISFAÇÃO										
DATA	DIAS	1	2	3	4	5	6	7	8	9	10	COMENTÁRIO PARA A PERFORMANCE APURADA
xx/xx/xx	SEG				**x**							[Anotar motivos]
	TER								**x**			[Anotar motivos]
	QUA									**x**		[Anotar motivos]
	QUI										**x**	[Anotar motivos]
	SEX									**x**		[Anotar motivos]
	SEG								**x**			[Anotar motivos]
	TER									**x**		[Anotar motivos]
	QUA							**x**				[Anotar motivos]
	QUI						**x**					[Anotar motivos]
	SEX					**x**						[Anotar motivos]
	SEG											
	TER											

Você pode baixar uma ficha DPI de notas diárias no site: www.ressignificandovendas.com.br/sermais/ficha_DPI_nota_diaria.pdf

Toda a semana ou quinzena, começamos as sessões de *coaching* com o *follow up* do DPI. É uma grande ferramenta para termos os objetivos do *coaching* sendo tratados diariamente, sem gerar esquecimentos.

O importante é que o DPI seja escrito à mão. Muitos autores defendem o exercício de escrever a mão, pois esta prática torna-se uma atividade neuropsicomotora, onde cada vez que escrevemos nossos desejos, aprendizados, lições e pontos de melhoria sobre nossos erros, reforçamos uma forte mensagem ao subconsciente. Ao escrevermos diariamente o que desejamos, iniciamos a primeira das construções de nossos sonhos, que é a mental. Somente depois desta construção ser finalizada é que ela começa a ser realmente concretizada. Pense em um arquiteto, engenheiro, marceneiro e demais profissões. Todos criam duas vezes: primeiro mentalmente e depois concretamente. Assim devemos fazer com a nossa vida.

O uso do diário faz com que aumentemos a consciência de nossos pensamentos diários. Nós podemos escolher a maneira de agir, mas para isso precisamos entender a nossa estrutura mental. Isto sendo feito, diariamente, é um exercício de controle cognitivo, no qual você regula o que pensa, escolhendo pensamentos mais positivos e atitudes mais favoráveis para os desafios diários enfrentados.

Além do uso do diário, após os dois primeiros meses de *coaching*, proponho ao meu *coachee* uma atividade e, ser for aceita, fica com ele a administração do desafio. Chamo a atividade de "espelhamento da imagem". Essa prática também serve para atender o objetivo da ampliação do autoconhecimento do *coachee*. Geralmente, temos uma tendência a nos avaliarmos de uma forma muito negativa ou muito positiva. Poucos *coachees* têm uma noção precisa de sua personalidade. Desta forma, eu passo um e-mail padrão ao meu *coachee*, no qual me apresento como seu *coach* e peço que ele direcione a mensagem a 15 pessoas no mínimo, sendo cinco da família, cinco amigos sem vinculo familiar ou profissional e cinco pessoas relacionadas a sua ocupação remunerada, que o conhecem pelo lado profissional, mas não são seus amigos na esfera social. Podem ser mais de 15 pessoas desde que se obedeça uma certa proporção entre os grupos. A seguir, coloco um e-mail exemplo que repassei a um dos meus *coachees*, embora as questões sejam um pouco modificadas caso a caso.

Bom dia, boa tarde, boa noite!

Eu sou o Gustavo Campos, coach profissional do {NOME DO COACHEE}. Eu gostaria de pedir a sua ajuda em um processo de avaliação que estou conduzindo para ele. É bem simples e você tem apenas que responder às 5 perguntas abaixo da forma mais completa e transparente possível. Suas respostas serão sigilosas e analisadas juntamente com as de outras 15 pessoas convidadas para esta avaliação. Não irei fornecer para o {NOME DO COACHEE} as respostas individuais em hipótese alguma. Por isso você responderá diretamente para o meu e-mail (campos@focal.com.br) sem necessidade de copiar o {NOME DO COACHEE}.

Agradeço desde já a sua disponibilidade de participar desta avaliação.
Data LIMITE para o envio das respostas: xx/xx/20xx, domingo.
As perguntas são:

- ➔ Quais são as maiores qualidades/virtudes do {NOME DO COACHEE}?
- ➔ Conte uma lembrança sua em que o {NOME DO COACHEE} demonstrou esta qualidade/virtude?
- ➔ Na sua opinião, quais os principais pontos que o {NOME DO COACHEE} tem a melhorar (seus pontos fracos) como pessoa e/ou como profissional?
- ➔ Se o {NOME DO COACHEE} fosse um animal, qual seria? Por quê?
- ➔ Qual o conselho que você daria para o {NOME DO COACHEE} se tornar uma pessoa melhor do que é hoje?

Era isso. Muito obrigado.
Lembre-se de enviar para campos@focal.com.br
até o dia xx/xx/20xx.

Findado o prazo, tabulo as respostas e as analiso.

Monto um resumo para apresentar ao *coachee* em questão e confrontamos as respostas de imagem das respostas colhidas por e-mail com a sua autopercepção, derivada de diversas técnicas aplicadas durante os encontros anteriores. Medimos os *gaps* (as diferenças entre a autopercepção e a percepção das 15 pessoas) e inicia-se um elenco de melhorias apontadas pelo *coachee*. Todas estas conclusões e percepções devem ser registradas no DPI, da forma como o *coachee* melhor entender e datar o dia. Todas as melhorias pretendidas devem virar objetivos, como já elencados no início desse artigo.

Enfim, a alta performance se conquista com o exercício diário de ser 1% melhor a cada dia, todo dia. Esse é o meu mantra e assim vivo cada dia. Espero que tenha contribuído e que você possa um dia me escrever relatando a sua experiência com o DPI e demais técnicas que aqui apresentei.

24

O Eneagrama e o desenvolvimento pessoal e profissional

O texto versa sobre o desenvolvimento pessoal e profissional e o autoconhecimento. O objetivo é chamar a atenção para um instrumento valioso, o Eneagrama, que contribui sobremaneira para a evolução do ser humano enquanto pessoa e profissional. O uso do Eneagrama no contexto empresarial contribui para a construção de um clima organizacional mais harmonioso e saudável

Ilma Mendes de Almeida

Ilma Mendes de Almeida

Pedagoga, Psicopedagoga Institucional e Clínica, *Coach* e Especialista na Área da Gestão da Educação para a Diversidade: Educação Inclusiva. *Coach* com Certificação Internacional de *Coaching* e *Mentoring* ISOR® - Formação, Profissionalização e Certificação Internacional em COACHING, MENTORING e HOLOMENTORING® do Sistema ISOR® Foco em *Professional, Self &* Life *Coaching* – Instituto Holos. Psicopedagoga Institucional e Clínica das Faculdades Santo Agostinho – Montes Claros – Minas Gerais. Docente nos Cursos de Pós-Graduação nas áreas de Recursos Humanos/Psicopedagogia/Neuropsicopedagogia /Atendimento Educacional Especializado, das Faculdades Santo Agostinho/UNICEAD em Montes Claros- Minas Gerais. Docente nos Cursos de Tecnólogo em Gestão Comercial e Licenciatura em Química da Faculdade Prisma – Montes Claros – Minas Gerais. Tutora Sênior nos Cursos de: Tecnologia Assistiva e Comunicação Alternativa/Transtornos Globais do Desenvolvimento/Disfunção Neuromotora/Atendimento Educacional Especializado – Deficiência Intelectual e Professor de Apoio - EAD da UNICEAD – Montes Claros – Minas Gerais. Palestrante nas áreas de: Educação, Educação Inclusiva, Responsabilidade Social e Ambiental das Empresas, Inteligências Múltiplas.

Contato
ilmam@santoagostinho.edu.br

Tratar do desenvolvimento pessoal e profissional requer autoconhecimento. Por vezes somos resistentes, principalmente, quando nos referimos ao ambiente profissional. Quanto mais nos conhecemos, melhores profissionais nos tornamos. Passos (2011) nos diz que a correria estressante do moderno jeito de "mal viver" trouxe em seu bojo o aumento da angústia, da violência, dos conflitos inter e intrapessoais, da competição, do egoísmo, da perda de valores éticos e a consequente sensação incômoda de vazio existencial, tudo isso reflete em nossos ambientes familiares e profissionais. O Eneagrama, quando entendido e compreendido contribui sobremaneira para a evolução do ser humano enquanto pessoa e profissional e o uso do mesmo no contexto empresarial contribui para a construção de um clima organizacional mais harmonioso e saudável.

Começo de conversa...

Quantas vezes nos perguntamos: por que tenho esse sentimento de raiva tão poderoso e outras pessoas se mostram tão pacíficas? Ou ainda, por que desejo que todas as situações sejam tão perfeitas? Por que me deprimo quando não consigo lidar com certas situações ou até mesmo sou indeciso na tomada de decisões? De acordo com Tart, (1993) não há ninguém que não se interesse pelas questões relativas à personalidade, principalmente no que diz respeito à própria personalidade ou tipo. É um assunto que interessa a todos. E por que não interessaria também entendermos o nosso tipo de personalidade para sermos melhores profissionais? Na caminhada para o autoconhecimento temos a disposição várias ferramentas. Entre elas, o Eneagrama.

Palmer (1988) diz que o Eneagrama é um antigo ensinamento Sufi, e que descreve nove tipos diferentes de personalidade a suas inter-relações. Ainda segunda a autora esse ensinamento pode nos ajudar a identificar nosso próprio tipo e a lidar com nossos problemas; a compreender nossos colegas de trabalho, pessoas amadas, familiares a amigos; e a apreciar a predisposição que cada tipo tem para as capacidades humanas superiores, tais como a empatia, a onisciência e o amor.

Atualmente o Eneagrama vêm sendo utilizado não apenas por terapeutas, mas também pelas empresas na perspectiva de se criar um ambiente de trabalho mais harmônico e onde as pessoas se sintam mais felizes e sejam mais produtivos, uma vez que a evolução do homem, segundo Gurdjieff apud Paterhan (2011) pode ser compreendida como "o desenvolvimento nele de faculdades e poderes que nunca se desenvolvem por si mesmos". Conhecer-se profundamente. Saber das potencialidades e pontos a serem desenvolvidos é algo fundamental para as lideranças do futuro[2]. É preciso entender e aceitar que o grande diferencial neste nosso século para as empresas é o ser humano. Compreender isso faz toda a diferença, pois só assim se poderá investir nos colaboradores entendendo que os mesmos são o potencial da empresa. É importante que o colaborador se conheça e que a empresa conheça o seu colaborador para que assim, possam juntos, produzir o melhor, trazendo qualidade de vida para todos.

Os nove tipos de personalidade

Maitri (2000) assim descreve os nove tipos de personalidade:

Tipo um - Tem uma noção muito clara das coisas que considera certas e das que considera erradas e acredita que, se os outros se comportassem de acordo com esses critérios, tudo estaria bem. (...) Considera ser o melhor. Não lhe é fácil tolerar o caos e a desordem, por isso ele muitas vezes é meticuloso e asseado tanto na aparência pessoal quanto no cuidado que toma com os ambientes em que vive. Energeticamente, passa uma impressão de aspereza e decisão, muitas vezes acompanhada de uma nota de limpeza e pureza.

Tipo dois - Acredita que a coisa de que mais precisa é o contato íntimo, quer físico, quer emocional. É muito sensível às necessidades e aos estados emocionais dos outros e procura atender a essas necessidades para que, em troca, os outros o amem. Percebe nitidamente quando os outros o rejeitam, por pouco que seja, e faz de tudo para ser amado e aceito. Torna-se muito orgulhoso e exigente quando se sente ignorado ou esquecido.

Tipo três - Transforma-se a si mesmo na imagem que os outros querem ver e dirige toda a sua atenção para as atividades e realizações. Sua noção do próprio valor é determinada pelo bom êxito de seu desempenho; tem dificuldade para ficar parado. A coisa mais importante, a seu ver, é cumprir as tarefas que determinou para si, e a isso ele subordina as suas necessidades físicas, os seus sentimentos e a sua vida interior. Sempre atento à sua fachada, ele engana a si mesmo e aos outros para adequar-se à imagem que procura apresentar.

Tipo quatro - Quer ser visto como uma pessoa única, original e autêntica. É extremamente sensível ao abandono e ao esquecimento, tende a dramatizar suas emoções e costuma sentir-se insatisfeito e melancólico. Parece-lhe que os outros têm as coisas que lhe faltam. Tem a impressão de sofrer mais do que os outros, e a busca de autenticidade o leva a querer controlar a si mesmo e aos outros. Pode parecer triste e deprimido e apesar da aparente força de suas emoções, parecem estar sempre um pouco distantes.

Tipo cinco - Sente que o que lhe falta é o conhecimento; procura observar a vida à distância para compreendê-la. Substitui a objetivida-

[1]Artigo *O Eneagrama e o ser humano como novo diferencial competitivo*. Disponível em: http://www.genteplena.com.br.

de pelo afastamento, a participação direta na vida pelo conhecimento mental; tende a ser um solitário que passa muito tempo sozinho e não gosta que os outros se metam em sua solidão. Perseguido continuamente por uma sensação interior de pobreza e insubstancialidade, (...) parece vazio, seco e fraco. Tende a viver de maneira simples e frugal e quase nunca desperdiça sua energia e seus recursos.

Tipo seis – Sente muito medo. Assoberbado pela dúvida, pela incerteza, pela indecisão e pela insegurança, acha que o seu medo acabará, caso consiga encontrar algo ou alguém que lhe dê confiança e lhe dissipe todas as dúvidas. Ao mesmo tempo, para afirmar essa vontade própria, o suspeita das autoridades ou desafia-as aberta ou dissimuladamente. Energeticamente, ele dá a impressão de ser assustado ou desconfiado.

Tipo sete - Seu estilo é marcado pela aparência de otimismo, animação, entusiasmo e, acima de tudo, de ser uma pessoa com quem está "tudo bem". Procura traçar antecipadamente o seu curso rumo àquilo que encerra, para ele, uma promessa de alegria, e por isso o mapeamento e o planejamento são os elementos essenciais do seu processo interior. Tem sempre vários mapas e planos de reserva, que guarda na manga do casaco. Interessa-se por muitas coisas ao mesmo tempo e perde a motivação quando as coisas ficam difíceis e repetitivas. Tem uma aparência agitada e intelectual, é falante e encantador.

Tipo oito - Acredita que a força é a solução para todos os seus problemas. Tem pouquíssima tolerância para com tudo o que lhe cheira a fraqueza ou deficiência. Não se sente nem um pouco à vontade com os sentimentos como a dor e o medo, tanto nele mesmo quanto nos outros. Tem a necessidade de estar no comando. Gosta de ser o chefe. É feroz defensor daquilo que lhe parece ser a verdade. Alguns parecem permanentemente irritados e têm uma atitude beligerante e ruidosa perante a vida. Tem extrema dificuldade para ser receptivo e aberto, tende a conservar sempre o domínio da situação e muitas vezes parece energeticamente duro".

Ter a compreensão dos tipos de personalidade que trabalham em uma mesma organização facilita os relacionamentos interpessoais e oportuniza o crescimento dos colaboradores como pessoa e como profissional, proporcionando ainda um clima organizacional mais feliz.

Tipo nove - É compreensivo, generoso e amoroso com os outros. Harmoniza-se com os outros e quase nunca afirma as próprias vontades. Foge a todos os conflitos e procura deixar as coisas agradáveis e confortáveis para si e para os outros. É excelente mediador. Tende a dar a impressão de ser um tanto vago, amorfo, como se estivesse meio fora de foco.

Uso do Eneagrama por empresas

Muitas empresas têm feito uso do Eneagrama como ferramenta de autoconhecimento no ambiente empresarial. Entre elas podemos citar Apple, Marriott, Sony, Disney, Nasa, Amil, Itaú, Toyota, Sony, entre outras. O Eneagrama nos permite visualizar quão complexo é o ser humano e ao mesmo tempo como é belo e que dadas às oportunidades pode fazer a diferença para si mesmo e posteriormente para os companheiros e própria empresa.

Considerando que o Clima Organizacional de uma empresa é a soma das relações interpessoais e intrapessoais das pessoas que ali estão, podemos então entender que se o Eneagrama aponta o tipo de personalidade de cada um, então a soma dos tipos de personalidade dos colaboradores gera o tipo organizacional. E o que isso traz de bom para as empresas? Ao identificar o tipo de seus colaboradores a empresa acaba por identificar também o seu tipo organizacional. Isso contribui para investimentos em recrutamento e seleção das pessoas, na retenção de talentos, no desenvolvimento pessoal e profissional por meio da formação continuada e inclusive na realização de planejamentos setoriais.

De acordo com a Blessolutions[2] o Eneagrama é um instrumento valioso para as organizações, pois oportuniza a melhoria do clima organizacional das empresas e ganha também no relacionamento com os clientes. Contribui sobremaneira para: identificar o que motiva e desmotiva as pessoas; eliminar os conflitos; conhecer o que limita as ações das equipes, obstaculizando a criatividade e a iniciativa das pessoas; fortalecer as relações interpessoais criando maior comprometimento entre os membros das equipes; e ainda, auxilia no processo de seleção. Importante ainda compreender que o trabalho com o colaborador a partir do Eneagrama permite ao mesmo reconhecer qual é o seu padrão de comportamento, refletir sobre o mesmo e realizar mudanças a partir do momento em que se propõe um contato com a sua essência. Isso é ver o outro como ser humano, respeitar a sua individualidade, a sua singularidade e garantir a integridade do mesmo.

Concluindo...

É preciso estar, como aponta Lallana (2013), aberto ao novo, às novas ideias sobre o autoconhecimento, às emoções, aos sentimentos, às sensações corporais, à respiração, às tensões, pois o Eneagrama é um sistema de crescimento psicoespiritual. Nos permite dar o primeiro passo para o nosso crescimento, focar no nosso objetivo, no caminho e em cada passo que damos. Assim, o conhecimento dos 9 tipos de perso-

[2] http://www.blessolutions.com.br/conteudo/5-pt-Eneagrama-nas-empresas

nalidade que o Eneagrama apresenta, não deve ser usado para rotular, discriminar, mas para conhecer os talentos, as fragilidades de cada um e assim estabelecer formas de interação que permitam o desenvolvimento pessoal e profissional dos colaboradores de uma organização.

REFERÊNCIAS

C. Khristian Paterhan *Eneagrama: um caminho para o seu sucesso pessoal e profissional.* Khristian Paterhan C. Editora Quartet. 5ª Edição. Rio de Janeiro, 2011.

LALLANA. Eduardo. *Apontamentos do Curso Eneagrama I.* Montes Claros – Minas Gerais – 01 e 02 de julho de 2013.

MAITRI. Sandra. *A Dimensão Espiritual do Eneagrama - As NOVE FACES da ALMA.* EDITORA PENSAMENTO-CULTRIX LTDA. 2000.

PALMER. Helen. *O Eneagrama: compreendendo-se a si mesmo a aos outros em sua vida.* São Paulo: Paulinas, 1993. (Coleção avulsa)

PASSOS. Alaor. Prefácio: *Eneagrama: um caminho para o seu sucesso pessoal e profissional.* Khristian Paterhan C. Editora Quartet. 5ª Edição. Rio de Janeiro, 2011.

O Eneagrama nas Empresas. Disponível em: <http://www.blessolutions.com.br/conteudo/5-pt-Eneagrama-nas-empresas acessado em 02 de junho de 2013>.

O Eneagrama e o ser humano como novo diferencial competitivo. Disponível em: <http://www.genteplena.com.br/cms/artigoFull.php?id_artigo=51&titulo=O%20Eneagrama%20e%20o%20ser%20humano%20como%20novo%20diferencial%20competitivo. Acessado em 02 de julho de 2013>.

25

Projeto Vida e Carreira: desafios, realizações, felicidade!

Vários são os fenômenos e as etapas que ocorrem no processo de *coaching*. Este capítulo demonstra, didaticamente, como se dá o processo de desenvolvimento, como nossas transformações ocorrem e como avaliar e superar obstáculos. Contém, ainda, exercícios para ajudá-lo a melhor entender e praticar. Aproveite!

Izabel Failde

Izabel Failde

Psicóloga, consultora organizacional, *coach* (carreira, liderança, pessoal), *Action Learning Coach*. Pós-graduada em Psicologia Organizacional e em Dinâmicas Corporais como Expressões Terapêuticas, especialista em Ensino Virtual. Atua há mais de 25 anos em RH (recrutamento, seleção, treinamento, desenvolvimento, jogos e dinâmicas de grupo, formação de times e líderes, atendimento ao cliente), com técnicas presenciais e à distância. Como *coach* desenvolveu o Projeto Vida e Carreira, inovadora proposta de orientação de carreira à distância, presencial ou híbrida. Palestrante em seminários, congressos, simpósios; facilitadora de *workshops*; colaboradora de revistas e sites. Autora do *Manual do Facilitador para Dinâmicas de Grupo* (Editora Papirus). Coautora do *Manual de Treinamento e Desenvolvimento: Um Guia de Operações* (Makron Books / ABTD) e *Consultoria Empresarial: Métodos e Cases dos Campeões* (Editora Ser Mais).

Contatos
izabelfailde.com.br
papoderh.blogspot.com
facebook.com/FaildeConsultoria

Não posso provar a você que Deus existe, mas meu trabalho provou, empiricamente, que o "padrão de Deus" existe em cada homem e que esse padrão (pattern) é a maior energia transformadora de que a vida é capaz de dispor ao indivíduo. Encontre esse padrão em você mesmo e a vida será transformada.

Carl Gustav Jung

O **Projeto Vida e Carreira** foi concebido entre os anos de 1995 e 1999, com o objetivo de orientar carreiras (o termo *coaching* ainda era pouco conhecido) de profissionais em qualquer ponto do país, com duração definida e baixo investimento financeiro. Assim nasceu o primeiro – ao menos pela minha pesquisa – projeto de *coaching* à distância do Brasil! O escopo original continha 10 módulos, posteriormente compilados em cinco, mantido até hoje, com duração entre 10 e 14 *encontros* (como chamo as sessões de trabalho), de forma individual ou grupal.

Inúmeros profissionais já passaram por este projeto, cada qual com suas expectativas e necessidades, todos com muito empenho, suor, lágrimas (de alegria, tristeza, surpresa), leitura e reflexões incessantes. São unânimes em dizer que o processo não é fácil, nem por isso dispensável!

Na minha contribuição a esta obra decidi mostrar-lhe parte do **Projeto Vida e Carreira**, que está voltado aos profissionais em transição de carreira, aos que pretendem mudar seu direcionamento e também aos que iniciam sua vida profissional.

Viva um pouco dessa experiência e descubra como o *coaching* pode revelar-se interessante, libertador, agregador, construtor de harmonia e felicidade!

O que é o processo de desenvolvimento e como ele acontece?

Nos processos de *coaching* – e mesmo fora dele – é comum fazermos avaliações sobre nosso desempenho profissional, valorizando nossas competências, identificando e reconhecendo limites, dificuldades, pontos de estagnação. Chegamos à conclusão que alguns aspectos precisam de mudanças, no entanto, frequentemente nos sentimos paralisados, incapazes, sem orientação de como realizar transformações significativas na vida.

Por que isso ocorre? Por que a maioria de nós sabe o que é importante transformar e, no entanto, não muda atitudes e comportamentos?

Nossas atitudes cotidianas foram geradas a partir de hábitos e costumes arraigados, carregados de crenças e valores aprendidos sem questionamento, na maioria das vezes. Vivemos apoiados em nossos hábitos, que são os pilares da nossa maneira de ser (como os alimentares, de higiene, religiosos, de trabalho, etc.).

Ao contrário do que possa parecer inicialmente, hábitos, rotinas e limites são fundamentais para a manutenção de nossa saúde mental. Eles nos ajudam a estruturar nosso dia a dia, dão-nos direção e foco, harmonia e equilíbrio. Por outro lado precisam de mudanças, ao menos eventuais, para que o cotidiano não se torne maçante, conservador, desmotivador. Assim, se quisermos alterar a estrutura do que e como fazemos, temos que mexer nos alicerces. Isso significa voltar às nossas mais profundas crenças.

Lembremos que cada indivíduo é um ser único, com necessidades estritamente pessoais e particulares.

Volte um pouco no tempo, pense em uma ocasião que tenha comprado uma roupa vermelha. Andando pelas ruas, observando as vitrines do shopping, possivelmente você ainda não havia reparado como o vermelho estava na moda, não? E aquela vez que comprou um carro branco: parecia que todos os carros ao redor eram brancos!

Em certas fases da vida um tema ou um aspecto em particular chama mais nossa atenção e, por algum motivo, repete-se aos nossos olhos. Essas insistências ou ocorrências repetidas são sinais dados pela vida e indicam que é necessário prestar atenção a elas, observá-las de outra forma, refletir.

Qualquer que seja o processo, o objetivo desta repetição é mostrar que algo está presente na vida, que requer nossa atenção. Se for um assunto que queremos transformar, esquecer ou que nos causa incômodo, é necessário, primeiro, compreendê-lo, assimilá-lo, para que gere aprendizado e mantenha-se verdadeiramente no passado. Se não ocorrer, mais cedo ou mais tarde o fato voltará.

Devemos dar ouvidos aos chamados internos, prestar atenção aos sinais que a vida nos dá, pois auxiliam a traçar nossos passos para o autodesenvolvimento. As repetições que se tornam incômodas são uma ótima referência sobre algo que precisa mudar!

O ser humano é constituído essencialmente por transformações, portanto, é inerente que caminhe em direção à melhoria contínua. Significa que necessitamos sempre de aprimoramento, acompanhando as alterações que o meio nos impõe ou, melhor ainda, tomando a iniciativa na realização das mudanças necessárias.

Essas transformações devem obedecer às vocações e interesses mais íntimos. Só se sente realizado, feliz e produtivo quem faz o que gosta, o que lhe dá prazer, mesmo se não for o mais "fácil". É fato que não fazemos apenas o que gostamos, então devemos transformar as atividades menos interessantes em fontes necessárias e prazerosas de aprendizado.

Grande parte da população não trabalha em consonância com suas habilidades e vocação principal. Muitos adquirem a profissão que foi de seus pais ou alguma decorrente das aprendizagens que a vida lhes dá, sem ao menos questionar se está de acordo com suas preferências, características de personalidade ou com o simples querer. Isso aponta para a necessidade de sobrevivência e, também, para uma das piores características que um profissional pode ter: a acomodação. Com o passar dos anos a insatisfação torna-se suportável, empobrecendo e transformando o profissional em um alienado da evolução.

Aproveite o que você tem de melhor, seu lado mais criativo e promissor. É a ele que você se dedicará com maior empenho. Ame sua profissão e seu trabalho. É a chave do seu sucesso!!!

Vamos refletir?

- *Você identifica repetições positivas em sua vida profissional pessoal? Quais?*
- *E repetições negativas?*
- *Por quais motivos essas repetições acontecem?*
- *Agora pense sobre as acomodações que o cercam. Quais são e por que aparecem?*
- *Associe as respostas e extraia aprendizados.*

Como acontece o processo de mudança?

Nenhum desenvolvimento ocorre sem transformações. Elas permeiam nossa vida diariamente, tanto de forma positiva quanto negativa, quer sejamos conscientes ou não disso. No mundo dinâmico nada fica parado: uma bola jogada para o alto sobe até atingir a velocidade zero, então começa a cair. Somos da mesma maneira e, neste caso, parar significa retroagir, caminhar para trás.

O processo de mudança e o processo de aprendizagem estão interligados. Vejamos como isso ocorre.

I – Perceber a informação

O que há de novo? O que me falta?

Essas questões iniciam o processo de perceber que existe algo além das nossas próprias crenças e conceitos. Por isso, o primeiro passo para a mudança é (re)conhecer uma "novidade", é acreditar ou aceitar que há pensamentos diferentes e que podem nos agregar valor. Quaisquer informações ou fatos percebidos pelo homem podem iniciar este processo, desde que sejam relevantes, que façam alguma diferença.

Vamos refletir?

- *Pense em dois exemplos, um de informação que você considerou e outro que ignorou. Observe como sua percepção da informação ocorreu nestes dois casos.*

II – Sentir a informação

O que essa nova informação me causa? O que me transmite?

Podemos ignorar a informação ou absorvê-la. O processo de aprendizagem só ocorre quando há aspectos emocionais envolvidos, algo que provoca desconforto, que leva à necessidade de encontrar respostas novas ou, ao menos, diferentes das anteriores. As informações são comparadas, a novidade causa desconforto e é desagradável, por isso queremos nos livrar dela o quanto antes. Demonstramos alguns comportamentos e atitudes:

a. Acatamos nossos próprios conceitos e o desconforto cessa;
b. Aceitamos nossos conceitos e parcialmente os novos. A mudança requer esforço, por isso, assumimos conviver com algum desconforto;
c. O incômodo entre o que já existe e as novidades é tal que nos impele a mudar alguma coisa.

Vamos refletir?

- *Recorde um momento em que suas crenças foram questionadas e alteradas. Agora relembre outro momento em que suas crenças não foram alteradas. Pense nos motivos pelos quais isso aconteceu.*

III – Pensar e decidir

Há algo novo, sinto-me incomodado. E agora?

É hora de comparar minhas verdades com outras possíveis, o momento da avaliação racional. Aparecem os questionamentos e as respostas. Se a informação nova é melhor, mais adequada, mais interessante que a preexistente, podemos incorporá-la integral ou parcialmente, caso contrário mantemos os conceitos já adquiridos.

Qualquer que seja a decisão, tanto a motivação quanto a necessidade de aprimoramento continuam sendo essenciais, uma vez que apenas as decisões racionais não são suficientes para que o processo de mudança se instale efetivamente. A razão escolhe, a emoção faz permanecer.

Vamos refletir?

- *Descreva uma situação de decisão recente ou atual e faça comparações considerando os três passos acima descritos.*

IV - Agir

Minha escolha deu resultado? Os conceitos novos são realmente melhores, ao menos mais interessantes que os antigos?

Respondemos a essas perguntas com a prática. Comportamentos novos, mesmo que apenas tentativas, ajudam-nos a transmitir aos outros nossas "novidades". Tendemos a iniciar com nosso pequeno grupo familiar, de amizade ou equipe de trabalho mais próxima. Se as novas atitudes e comportamentos trouxerem muita estranheza a estes grupos e demonstrarem pouca ou nenhuma receptividade, a possibilidade de desistirmos é grande. Precisamos de muita força interior para enfrentar pessoas que nos são muito significativas, por isso a possibilidade de desistir, a tentação de manter os conceitos anteriores é enorme. Por outro lado, se houver receptividade, a motivação aumenta e nos permite praticar mais e mais, ampliando a ação com pessoas e grupos desconhecidos, até que o novo conceito se instale e o processo de mudança se efetive.

Vamos refletir?

- *Relembre momentos que você precisou mais e menos coragem para prosseguir em seu processo de aprimoramento. Avalie os ganhos que obteve com seus comportamentos.*

E como compreender e ultrapassar obstáculos?

Obstáculos são barreiras que aparecem desde tenra idade, acumulam-se com as experiências de vida e são formados a partir de vários fatores. Vamos conhecer alguns:

- Repressões, inibições e restrições impostas ou aceitas sem questionamento;
- Medos, temores e receios mais diversos, como crescer, mudar, tomar iniciativa, assumir responsabilidades, envelhecer, ter experiências dolorosas e sofridas; medo de "não dar certo" e até de "dar certo" (também chamado autossabotagem);
- Enfrentamentos sem preparo;
- Ansiedade em altos níveis, desequilibrada;
- Preocupações excessivas.

Muitos obstáculos conseguimos ultrapassar com nosso desenvolvimento, experiência de vida, maturidade; outros são acumulados e, conscientemente ou não, permitimos que cresçam a ponto de transformarem-se em grandes muros. E em momentos como estes a vida nos joga na parede e diz:

Pare! Você teve tempo para solucionar isto com menos pressão e obstáculos. Agora não é mais possível esperar. Resolva!

Não há processo de desenvolvimento e mudança sem o enfrentamento de obstáculos. É um processo que pode ser difícil, requer atenção, reflexão, resiliência e mesmo resignação, muitas vezes. Ao mesmo tempo é fundamental identificá-los para que sejam conhecidos. Sim, muitas das barreiras que criamos ou aparecem em nossa vida, nem sabemos que existem!

Todos os caminhos que escolhemos ou que nos são impostos

contêm riscos. É mesmo difícil imaginar algo na vida que seja absolutamente fácil e sem inconvenientes!

Barreiras não ultrapassadas permanecerão em nossas vidas. Então, por que perder tempo? Porque percorrer uma, duas, três vezes o mesmo caminho, reviver as mesmas situações incômodas ou dolorosas? Nós não acordaremos com tudo resolvido, nem haverá um ser especial que, com sua varinha mágica, transformará o obstáculo em um pote de ouro.

Ninguém além de nós é capaz de transformar um muro de pedras grandes e firmes em pedregulhos e areia, mais fáceis de ultrapassar.

Vamos refletir?

- *Escreva no quadro as barreiras que você observa nesta fase de sua vida. Determine se são* ***pequenas*** *ou* ***fracas***, ***médias***, ***grandes*** *ou* ***resistentes.*** *Avalie o que você pode fazer para torná-las cada vez menores ou mais fracas, até que não sejam empecilhos em sua vida.*

Barreiras	***Pequenas ou Fracas***	***Médias***	***Grandes ou Resistentes***	***O que você pode fazer para enfraquecê-las e derrubá-las?***

Somos capazes de utilizar nossa energia criativa, nossa motivação e vontade de crescer para assumir essas barreiras, seus riscos e ultrapassá-los. Impedimentos? Sempre os encontraremos. Nada nem ninguém pode viver a vida em nosso lugar. Significa, também, que ninguém transporá nossas pedras, apenas nós mesmos.

Podemos fazê-lo sozinhos, como o exercício proposto neste capítulo, ou com auxílio de um profissional que nos oferece suporte, atenção, experiência e também firmeza e aconchego sempre que necessários.

O processo de *coaching* nos proporciona isso. Experimente.

26

Coach & Vendas

Caro leitor é um prazer compartilhar com você um pouco do meu conhecimento sobre *coach* e a arte de vender. Neste artigo compartilho meu ponto de vista e experiências vividas ao longo de minha carreira treinando pessoas na arte da motivação, das vendas, da formação e da liderança de equipes. É um texto fascinante que vai mudar paradigmas e mostrar a grandeza da aplicação do *coach* em vendas e as grandes conquistas em muitos aspectos. Tenha ótima leitura e excelentes resultados!

João Vidal

João Vidal

Autor do livro *Vender é a arte de crer*. Coautor do livro *Consultoria empresarial*, lançado pela editora Ser Mais. Lançou os DVDs e CDs *Como crescer em vendas I e II* e o DVD *Motivação é o combustível*. Formado em *Coach* Life pela (ABRACOACHING). Fundador e Diretor da Joerk Consultoria em Vendas, empresa que atua no mercado de consultorias, cursos de vendas, palestras de motivação, liderança e qualidade de relacionamento em equipe. Atua no segmento de treinamento para liderança, motivação e vendas há 23 anos. Já levou o seu trabalho a várias empresas e órgãos como SEBRAE MG – Associação Comercial de Minas Gerais, a faculdades conceituadas de Belo Horizonte como Newton Paiva, Centro Universitário UNATEC e Promove. Ao longo da carreira vem pesquisando o mercado e tem grande conhecimento do comportamento de vendedores e clientes, defendendo o princípio de que o bom profissional trabalha primeiro com os seus pensamentos, sentimentos, visualizações, palavras e a seguir com atitudes bem planejadas, com muita persistência na busca dos objetivos. Valoriza e respeita a teoria, mas acredita de forma muito especial na prática e na soma do conhecimento diário.

Contatos
www.joerk.com.br
vidalcursos@joerk.com.br
(31) 3275-0192 / 8686-0093

Falar de *coach* e a arte de vender é algo fascinante porque parece se tratar de duas coisas totalmente diferentes e distantes, mas é plenamente possível a relação entre elas com a certeza de conquistar grandes resultados.

Quando fiz o meu curso de *coach*, descobri que este excelente conhecimento pode ser aplicado em vendas e percebi que os dois caminham juntos. Podemos dizer que o *coach* promove a excelência na arte de vender.

O *coach* trabalha a excelência das relações e a qualidade da vida humana e quando falamos das relações entre vendedores, empresas e clientes não falamos apenas de produtos, mas das relações humanas, porque produtos existem em todos os lugares e com o mundo virtual tudo ficou mais perto e bem mais fácil. Quando tratamos de pessoas, estamos falando de pensamentos, sentimentos, crenças e valores.

Podemos ver um pouco da excelência do *coach* sendo aplicada nas vendas quando nos comprometemos com o bem-estar e a satisfação do cliente, antes de pensarmos em apenas vender os nossos produtos e serviços.

Eu acredito que no mundo dos negócios o diferencial não é mais apenas a qualidade, preços e prazos, isto já é a regra, quem não estiver dentro deste contexto está fora da realidade de querer se estabelecer e de se manter no mercado. O verdadeiro diferencial é o fato das empresas e dos profissionais entenderem que os clientes, antes de buscar produtos e preços, querem ser vistos e respeitados como seres humanos.

É muito interessante a relação entre o *coach* e as vendas, os dois caminham juntos até mesmo quando a maioria dos profissionais de vendas não sabem que estão aplicando o *coach* no seu dia a dia, ao abordar o cliente, demonstrar produtos, vender e se relacionar com os clientes.

É claro que tudo o que fazemos sem saber direito como, nem sempre alcança os resultados desejados, mas quando temos o conhecimento, o domínio e aplicamos este conhecimento com técnicas específicas para cada situação, estes conhecimentos somados à persistência, nos fará alcançar com certeza o sucesso que desejamos, planejamos e trabalhamos para que ocorra.

Coach é conhecimento diário, disciplina, foco, comprometimento e atitudes

Vendas não fogem destas regras porque ser um profissional de vendas requer tudo isto mais a certeza de que apenas fica em pé, num mundo onde a competitividade não é mais local e sim global, quem tem habilidade para aplicar a criatividade e a flexibilidade para vencer.

Eu sempre falo nas minhas palestras sobre os três primeiros passos das vendas:

Primeiro:

Você define e cria uma imagem pessoal positiva, forte, de fácil aceitação e a seguir divulga esta imagem para o mercado.

Segundo:

Você mantém a divulgação desta imagem, gerando respeito e valorização pessoal e profissional a ponto de ser lembrado pelos clientes antes mesmo dos seus produtos. Isto é ótimo!

Agindo assim você cria um relacionamento seguro e valoriza ainda mais a sua imagem, a sua marca e o seu valor no mercado.

Terceiro:

Defina em qual o segmento deseja atuar, o tipo de público consumidor para os seus produtos e ou serviços. Seja fiel aos bons princípios, valorize e respeite o seu cliente porque um cliente que se sente bem recebido, respeitado e atendido em suas necessidades, torna-se amigo e parceiro em divulgar a sua boa imagem, produtos e serviços.

Qualidade de produtos e serviços: não dá mais para ser bom, temos de ser cada vez melhores!

Seja sempre excelente na qualidade dos seus produtos, serviços e em tudo o que você, sua equipe e sua empresa oferecem ao mercado.

No passado era comum ouvir algumas pessoas que não tinham comprometimento com a qualidade de produtos e serviços dizerem o seguinte: "O que eu levar o meu cliente me compra eu tenho ele nas minhas mãos!"

Em outras palavras, bastava ser um atendente, um tirador de pedidos, porque o cliente não podia ficar sem as mercadorias.

Pensar que o cliente está preso em suas mãos é expor a carreira, a empresa e os produtos a grandes riscos, é motivá-lo a correr para os braços da concorrência, é até mesmo menosprezar a inteligência do seu cliente. O mundo mudou e com bastante rapidez, bem como as pessoas, os profissionais e as empresas.

As informações chegam a toda hora nas mãos das pessoas e não existe mais nada longe ou inatingível, o que ainda existe são pessoas que não querem acreditar e fazer parte desta mudança.

Hoje quem quer se estabelecer ou continuar no mercado precisa ser profissional e buscar a excelência em tudo o que faz, não existe mais espaço para quem pensa que o cliente está preso a ele por causa da amizade, dos preços e dos prazos.

Competitividade

No passado tínhamos uma concorrência menos agressiva, mais conservadora e era mais fácil conquistar e fidelizar os clientes até por não ter muitas ofertas de produtos e serviços em muitos segmentos, então era fácil trabalhar e se manter no mercado.

Hoje o cliente é muito bem informado, tem ferramentas de pesquisas regional, nacional e mundial. Ele valoriza e usa bem mais o seu poder para competir e comprar melhor.

E você o que tem feito para ser competitivo neste mercado tão agressivo? Você tem buscado e usado as ferramentas certas em cada departamento da carreira, da empresa e da equipe? **Reflita sobre isto!**

Parcerias

Ninguém chega longe sozinho, não podemos viver isolados, as parcerias são necessárias e temos visto este modelo crescer no mundo inteiro em muitos segmentos. Aí fica a grande pergunta: se é necessário ser e ter parceiros, como fazer e qual o diferencial que preciso oferecer e buscar neste sentido?

Tenha prazer em ser honesto, em superar as expectativas dos seus parceiros e clientes, procure ser exemplo e referência em seu segmento, seja sempre positivo, mesmo se estiver perto de pessoas negativas, comprometa-se com o seu sucesso e torça pelo sucesso dos outros e seja parceiro também.

Busque parceiros honestos, que prezem pelos bons costumes, que sejam também referência naquilo que fazem, que possam somar no seu crescimento moral, social e profissional, que sejam pontuais, respeitem as leis do consumidor e estejam, assim como você, abertos a novos conhecimentos e com vontade de crescer. *Por que quem não tem o desejo de crescer não tem foco de vencer.*

Foco

Independentemente de você ser dono de empresa, profissional de vendas ou líder de equipe, procure se perguntar o seguinte: *Quem eu sou, onde estou, como estou, onde quero chegar, como quero chegar e quando eu quero chegar.*

Faça o seu planejamento estratégico com base nas perguntas acima e tenha a definição do perfil dos seus clientes, seja um profissional bem formado e informado e vá em frente com a seguinte mentalidade: *Retroceder nunca, render-se jamais!!!*

Tenha prazer em se automotivar todos os dias, a motivação é o combustível que nos move a realizar sonhos.

Uma pessoa ou profissional com sonhos, metas e planejamentos sempre encontra forças nos momento difíceis, criatividade para transformar o fracasso de outros em oportunidades que trazem benefícios a si e a muitos.

Acredite sempre que tudo vai dar certo e trabalhe com muita garra para que isto aconteça.

Saiba que além de você, muitos dependem do seu sucesso para sobreviver, para caminhar e crescer ao seu lado e para seguir em frente com o poder da superação diária que todos nós precisamos.

Há muitas pessoas que torcem pelo seu sucesso, acredite nisto e torça pelo sucesso dos outros também.

Eu estou torcendo por você, acredito em você e sei que você dará sempre o melhor de si pelo prazer de vencer.

Um forte abraço e ótimas vendas!

27

100 empresas em SISTEMAS DE GESTÃO utilizando o *coaching* enquanto consultor

Coaching é uma profissão ou um trabalho? Há mais de 20 anos a palavra *coaching* já era conhecida pelos profissionais de Recursos Humanos e em especial daqueles que trabalharam muito no desenvolvimento da importância do treinamento dentro das organizações. Hoje, como consultor, e trabalhando sempre, me chamei de CONSULTOR tendo a certeza de que para um consultor de sistemas de gestão e RH, uma atividade fundamental é a de *COACHING*

Joel Bueno da Costa Filho

Joel Bueno da Costa Filho

Administrador de Empresas, Pós Graduado em Recursos Humanos pela FECAP e especializado em RH pela EAESP-FGV. Sócio Diretor da Decisão Consultoria em Gestão desde 1988. Assessora empresas na implementação de Sistemas da Qualidade com base nas normas ISO 9001, TS 16929, ISO 17025 e outros sistemas. Já contribuiu para certificar mais de 100 empresas nas normas NBR ISO 9001. Consultor em Auto Implantação do Programa de Gestão pela Qualidade Total e Gestão Organizacional. Atua como *coach* para desenvolver competências adequadas ao comportamento da organização e aos resultados planejados, na implantação de sistemas de Qualidade. É especialista em Gestão de Desempenho e desenvolvimento de sistemas de remuneração em empresas de Médio e Grande Porte. Elaborador cursos nas áreas de: liderança, qualidade e atendimento ao Cliente. Auditor da Qualidade e Lead Assessor pela STAT-A-MATRIX (EUA) e SGS ICS (Suíça). Auditor de Certificação em ISO 9000 pela TÜV Bayern do Brasil. Examinador do Prêmio Banas em Gestão Integrada, edições 2003 a 2005. Conduziu cursos e programas de pós-graduação envolvendo as áreas de Recursos Humanos e Qualidade para o SENAC, SEBRAE, Universidade Sagrado Coração (USC) de Bauru - SP, Universidade São Judas (SP), Faculdades Anhembi Morumbi (SP) e Faculdades Osvaldo Cruz (SP).

Contatos
www.decisao.srv.br
joel@decisao.srv.br
Facebook: https://www.facebook.com/ConsultoriaDecisao
twitter: https://twitter.com/decisao_iso
(11) 98929-4851

Hoje, ou melhor, para as pessoas mais jovens e que não têm experiência viva sobre recursos humanos e organizações, a palavra *coaching* parece algo novo, e até existem empresas que tornam um *coaching* com certificação.

Há mais de 20 anos, *Coaching* e *Feedback* já eram palavras repetidas como mantras pelos corredores das corporações, em especial grandes empresas como IBM, SULZER, ANTARTICA (na época), etc.

A palavra *coaching* vem do inglês e nós, aqui no Brasil, recentemente vimos muito isso na COPA DAS CONFEDERAÇÕES, onde o nome do FELIPÃO apareceu na TV logo depois de *COACH* (treinador).

E sempre que alguém quer ganhar alguma coisa com o nome, o marketing ajuda nisso. No caso do Neymar, por exemplo, quando a televisão passou a história dele, deixou até o médico que o ajudou a nascer mais famoso; assim como o profissional que fez tatuagem no Neymar ficou famoso agora. Então, voltando a falar de *COACHING*, alguém está ganhando muito dinheiro para transformar um trabalho numa profissão. Logo alguém é capaz de registrar a palavra *COACHING* e ninguém mais vai falar a palavra sem pagar.

Nós, consultores mais experientes, seniores no mercado, sabemos disso. Muitos colegas nossos são *coach* porque treinam gerentes e fazem consultoria para estes gerentes. E lógico que isso custa, porque estou treinando e colocando em prática aquilo que se treina junto com o gerente.

Reunião Plenária do CRA em 17 de setembro de 2008: "*Coaching* é uma atividade profissional que se dá num processo confidencial, estabelecido em uma relação de parceria entre o *Coach* e o Cliente, visando o desenvolvimento pessoal e profissional, apoiando e instigando, com o objetivo de atingir resultados previamente estabelecidos". Emerson Ciociorowski, conforme HSM Online de 31/05/2010.

Mas vamos ao *coaching*. É um processo normal em todas as funções de gerenciamento porque tem que lidar com pessoas. Não adianta as organizações e o pessoal que gosta de certificação pedirem *coaching* com certificação porque isso não é uma profissão. O Consultor em Gestão é ferramenta estratégica das empresas, notadamente no que se refere ao seu nível gerencial/diretoria, entre empresa (Presidência/Diretoria) e um Consultor experiente nisso para criação de alternativas e definições estratégicas do negócio. Muito utilizada, ela acompanha as fases de processos de mudança das organizações e seu fundamento no princípio de que, em decisões estratégicas, a diversidade de opiniões e de pontos de vista e análise são fundamentais para consolidar a eficácia das decisões.

O *Coaching* segue a mesma tendência, mas não é a mesma coisa. Alguns objetivos são similares entre as duas atuações e referem-se à necessidade da diversidade na análise dos fatos e na visão de alternativas. Isto quer dizer que a contribuição na análise e a opinião externa, advinda de um profissional sênior (sempre sênior), nos possibilitam melhor equacionamento dos problemas, maior isenção profissional e, muitas vezes, a descoberta de novas e originais alternativas para os problemas do dia a dia.

A primeira grande diferença entre o que chamamos de Consultor em Gestão é que este é estratégico para as organizações, enquanto o *Coaching* dirige-se ao acompanhamento do cotidiano dos executivos em geral, considerando o acompanhamento das questões diárias de gestão, considerando estilos de liderança, análise de alternativas, dificuldades causadas por processos de desenvolvimento e carreira.

Por exemplo, há profissionais com grande competência técnica, mas com pouca experiência gerencial (condução de equipes, monitoramento de processos, monitoramento de ações estratégicas para seus negócios). O *Coaching* tem como alvo principal o executivo, e não a organização como um todo. O executivo é o Cliente evidentemente, a organização é o referencial do processo.

No processo de *Coaching*, como se prevê, o aspecto pessoal do executivo tem importância grande. Suas características pessoais, seu posicionamento político e estratégico, seus pontos fortes e seus pontos fracos, suas necessidades de desenvolvimento e sua relação com pares, superiores e equipes são os dados para análise das estratégias de desenvolvimento objetivo do *Coach* (aquilo que acompanha o executivo).

As vantagens da atuação do *Coaching* Personalizado podem ser posicionadas em várias áreas:

• Para a organização, na otimização do desempenho de cargos importantes da estrutura, assim como no equacionamento das necessidades de desenvolvimento em áreas muito pouco atendidas por treinamentos ou cursos específicos.

• Para a equipe e pares, no desenvolvimento de alternativas de melhor contribuição entre as áreas de interface.

• Para o executivo, no seu nível de satisfação pessoal, de autoestima e, consequentemente, do desempenho geral, dos negócios e da carreira em si.

Para essa atividade interna, alguns cuidados são imprescindíveis:

• A experiência e a senilidade são elementos necessários para o exercício da função de *Coaching*.

• A confidencialidade e a ética são fatores notórios para o exercício e a garantia de bons resultados. Mesmo que a organização busque um sistema onde todos os superiores hierárquicos tenham função de *coaching*, é necessário definir alguns profissionais escolhidos para a prática do *Coaching*, propriamente dito.

Na atuação prática do *Coaching* Personalizado alguns procedimentos podem colaborar definitivamente para um bom resultado de Consultor. Relacionamos alguns para reflexão da postura adequada:

• OUVIR - Predisposição implícita em entender a razão do outro. Independentemente de entender entre o certo e o errado antes de se entender as verdadeiras razões do fato. É adequado adotar-se uma postura isenta, procurando entender.

• PERCEBER - Quer dizer ir além do imediato, do que parece ser. O efeito é sintoma. As causas devem ser a chave da solução. Neste caso, é determinante uma boa compreensão da relação de causa e efeito.

• REFLETIR - Talvez seja um dos elementos do perfil do profissional de *Coaching*. Verificar/sentir sensações, testar e compreender o fluxo de raciocínio do executivo, desvendar o objetivo real, além dos explícitos e também os implícitos das estratégias.

• ANALISAR – De forma crítica, considerando entender e refletir prós e contras, não se contentar com o óbvio e pensar junto com o executivo são posturas fundamentais do processo de *Coaching*.

• PENSAR JUNTO - Como pode ser feito? Uma das formas é "espelhar" o raciocínio do executivo. Fazer o cliente "ouvir-se de fora". Concluir, junto com o executivo, as próximas etapas. Checar alternativas e possibilidades e orientar (pensar junto e não no lugar do outro; fazer com que o executivo encontre a melhor resposta pode, muitas vezes, fazê-lo errar).

• ORIENTAR - A orientação pode ser mais bem entendida como a definição de um "caminho", discutido e analisado, que permita uma ação lógica e mensurável.

• RESULTADO - A definição de objetivos, metas, indicadores, prazos e desafios são fatores inerentes à ação de um executivo e por isso é uma ação também no processo de *Coaching*. O executivo deve entender e monitorar o seu próprio processo de desenvolvimento e crescimento. É fator de automotivação e de definição de alvos, mesmo que gradativos e progressivos.

Essas são algumas habilidades de um processo com imensas possibilidades de resultados como apenas o *Coaching* pode propiciar aos executivos e, consequentemente, à empresa.

E como consegui certificar mais de 100 empresas em SISTEMAS DE GESTÃO utilizando o *coaching* enquanto consultor?

Quando você é chamado para uma organização, pela alta direção, geralmente eles sabem O QUE eles querem, mas têm dificuldade em entender COMO se faz para uma organização receber uma certificação em tempo rápido, até porque o mercado e seus clientes cobram isso.

Enquanto consultor de sistemas de gestão onde a empresa precisa receber uma certificação por empresas terceiras, onde os executivos precisam apender a gerenciar a empresa, consideram-se algumas atividades que o executivo tem que olhar:

- Pessoas
- Processos
- Clientes (internos e externos)
- Fornecedores (internos e externos)
- Planejamento
- Implementação
- Monitoramento
- Melhoria

Enquanto COACH, tenho como objetivo fazer com que a alta direção entenda o que direção entenda GERÊNCIA NUM SISTEMA, considerando todas estas atividades e, pessoas e os executivos vão, num tempo de no máximo um ano, tomando decisões gerenciais nestas atividades independentemente de como pensam sobre isso (lá em cima vimos que pensar junto não significa fazer mas estar junto na decisão da alta direção).

Durante o processo de implantação, o *coach* deve utilizar sempre habilidades como: ouvir, perceber, refletir, analisar, pensar junto, orientar e o resultado.

Estas habilidades servem para um *coach* assegurar uma certificação adequada e com sucesso e ajudam o executivo a desenvolver estas habilidades/competências:

- Orientação para a ação
- Capacidade de lidar com ambiguidade
- Receptivo/Acessível
- Relacionamento com o superior imediato
- Perspicácia
- Atenção e cuidado com os colaboradores diretos
- Relacionamento com os níveis mais altos da organização
- Habilidade de comando
- Compaixão
- Compostura
- Gestão de conflitos
- Confrontar os colaboradores diretos
- Criatividade

- Foco do cliente
- Tomada de decisão de forma oportuna
- Delegação
- Direcionar outras pessoas
- Gestão da diversidade
- Ética e valores
- Imparcialidade em relação aos colaboradores diretos
- Humor
- Compartilhar de informações
- Gestão de inovações
- Integridade e confiança
- Confrontar os colaboradores diretos
- Criatividade
- Foco do cliente
- Tomada de decisão de forma oportuna
- Delegação
- Direcionar outras pessoas
- Gestão da diversidade
- Ética e valores
- Imparcialidade em relação aos colaboradores diretos
- Humor
- Capacidade intelectual
- Habilidade de relacionamento interpessoal
- Capacidade de aprendizagem rápida
- Habilidade de ouvir
- Coragem gerencial
- Gestão e mensuração do trabalho
- Motivar os outros
- Negociação
- Lidar com o paradoxo
- Paciência
- Relacionamento com os pares
- Perseverança
- Abertura pessoal
- Aprendizagem pessoal
- Perspectiva
- Planejamento
- Habilidade política
- Habilidade de apresentação
- Definição de prioridades
- Solução de problemas
- Gestão de processos

- Orientação para os resultados
- Autodesenvolvimento
- Autoconhecimento
- Habilidade para "ler" pessoas
- Posicionar-se e assumindo responsabilidade
- Agilidade estratégica
- Gestão por sistemas
- Formação de equipes eficazes
- Administração de tempo
- Gestão de sistemas integrados de trabalho
- Habilidade para compreender outras pessoas
- Gestão da visão e do propósito
- Equilibrar trabalho/vida pessoal
- Comunicações escritas

E o executivo avalia seu resultado por:

- Certificação da organização
- Competência de trabalhar com planejamento e resultados
- Gestão estratégica, olhando a empresa de fora para dentro
- Competência de avaliar e ser avaliado pelas pessoas

É claro que isso não acontece do nada. Isso acontece através de experiência, vivência e aprendizado nos sucessos e nas derrotas. Mas o mais importante numa organização é que ela compra de você, executivo, resultados. Talvez a empresa nem saiba disso na hora, mas VOCÊ deve saber, independentemente dela. Escrevi que a organização sabe o que quer, mas não sabe como. Olhando isso e mostrando para a empresa, ajuda muito a organização e seus gerentes e diretores a alcançarem resultados.

28

Coaching de vida, alta performance, transição de carreira e conversas terapêuticas

Não se pode reinar inocentemente
(Louis Antoine Léon de Saint-Just - 1767 – 1794)

José Carvalho Góes

José Carvalho Góes

Formação em Economia Política pela Université da la Sorbonne - Paris/França. *Coach* pelo Instituto Ecosocial de São Paulo/Brasil, membro do ICF - International *Coaching* Federation/USA e Accredited Coach Training Program pelo ICF. Experiência profissional em comunicação, consultoria e *coaching*. Foco em *Coaching* de vida, alta performance, transição de carreira e conversas terapêuticas.

Contatos
www.aprimore.com.br
jose.carvalhogoes@gmail.com
(11) 99977-8775

"Não se pode reinar inocentemente"

Esta frase foi dita por Louis Antoine Léon de Saint-Just, político, literato e revolucionário francês, decapitado em 1794. Na época, ele se referia a Luiz XVI, o Rei de plantão durante a Revolução Francesa de 1789. O discurso proferido por ele, Saint-Just, influenciou a decisão de enviar o rei da França para a guilhotina.

Mas o que isso tem a ver com *coaching*?

Somos responsáveis pelas nossas escolhas, pela vida que temos, pelas relações com as pessoas que conhecemos e vivemos, seja na comunidade, em grupo, em associações e, principalmente, nas empresas.

Em 1640, a revolução inglesa decapitou Carlos I com a coroa na cabeça, significando que tanto o Rei como a Coroa Britânica haviam sido decapitados. Assim, surgiu uma nova era para os ingleses. E para o mundo, claro. Cabeças rolaram!

Quando lembramos Saint-Just dizendo "não se pode reinar inocentemente", ou mesmo Maria Antonieta sugerindo ao povo francês que "se não tem pão, que comam brioches", estamos querendo dizer que é preciso reinventar o modo como estamos vivendo, existindo, tentando SER, a partir de uma Visão Ontológica.

O que estas pessoas como Saint-just, Maria Antonieta e Carlos I têm em comum?

Além da Guilhotina, certamente não tiveram a oportunidade de contratar um *coach* para ajudá-las a atingir as metas desejadas e, claro, com maior eficiência, sem perderem a cabeça, literalmente.

Será que conseguimos eficiência e alta performance apenas aplicando técnicas e ferramentas sem saber "quem somos nós"?

Quando perguntamos "o que é uma vida bem sucedida?", é bastante provável que cada um de nós pense em algo diferente, acreditando, talvez, que sejam crenças genuínas, pessoais. Mas nem sempre é assim.

As chamadas "crenças silenciosas" nos levam a falar e decidir coisas como se fossem decisões pessoais. Dificilmente temos uma atitude crítica em relação às coisas do mundo.

Quando você escolhe uma escola para o seu filho, uma roupa de grife para você usar, um livro para ler, um parceiro ou uma parceira para se casar e viver, uma empresa para trabalhar (e dar o sangue!), enfim, nossas escolhas se baseiam em crenças e valores e têm consequências.

Quando faço reflexões a partir de temas polêmicos, como o que é democracia, o que eu penso a respeito da união de casais gays, o que penso sobre o Congresso Nacional ou o preço da alimentação nos restaurantes na cidade de São Paulo, o que penso sobre a idade mínima da responsabilidade civil, estou certamente me baseando em valores nos quais acredito ou penso acreditar.

Quando as mulheres dizem "os homens são todos iguais", podemos considerar uma frase vazia de conteúdo, pois é uma frase do senso comum, não diz nada. Primeiramente, porque os homens não são todos iguais e, em segundo lugar, são todos iguais a que?

Por motivos óbvios, é melhor eu também tecer comentários a respeito da fala dos homens quando eles dizem que "mudar de mulher é mudar de problema!". É outra frase vazia, do senso comum, afinal, quando falamos de homens e mulheres, estamos falando de seres humanos, que têm história, que têm sonhos, que têm vocação e talentos, que têm vontades, que têm medos, que amam, que têm crenças e valores! E o mais importante, são seres que têm a possibilidade de "fazer escolhas".

Vivemos em um mundo de polaridades, onde é preciso criar o equilíbrio dinâmico a cada instante. Todo homem leva dentro de si o bem e o mal, o céu e o inferno.

Aquele executivo que passa o dia inventando estratégias para aumentar ou atingir metas de vendas sobre determinado produto (um celular, por exemplo) e quando chega em casa à noite, não consegue falar nem interagir com seus filhos, pois a atenção deles está sendo absorvida por aquele produto desenvolvido pela empresa que trabalha e que vem carregado de "traquitanas tecnológicas" e, claro, absorve a atenção de seus mancebos e de milhares de outros filhos e filhas. Nós também somos absorvidos por isso.

Onde este executivo poderá encontrar seu equilíbrio? Como fazer escolhas mesmo achando que não temos como escolher? Afinal, é preciso sobreviver e justificar o salário no final do mês.

Um processo de *coaching* eficiente atua no domínio do aprendizado do aumento de consciência e através de ferramentas utilizadas nos encontros, nas conversas, se cria um novo jeito de olhar, se cria uma cultura. Não será preciso jogar fora o celular nem enviar o filho a um colégio interno. Pedir demissão da empresa em que trabalha? Nem pensar!

A pergunta que sempre fazemos é, "como obter resultados diferentes se o jeito de fazer é sempre o mesmo?".

Estamos falando aqui da necessidade de Mudança! De Atitude!

Digo aos meus clientes que o processo de *coaching* se dá a partir do momento em que a pessoa foi mordida pelo vírus da mudança. Escuto dos meus clientes: "tenho vontade de virar a mesa", "assim como está não dá mais", "será que vou conseguir?", enfim, são frases que costumamos repetir em vários momentos de nossas vidas, tanto profissional como pessoalmente.

Somente pelo aumento de consciência que se dá durante o processo de *coaching*, seja pela reflexão, seja pela investigação sobre si mesmo, sobre sua história, é que vamos conseguir caminhar em direção ao objetivo desejado.

Nossos inimigos internos, "os sabotadores"

Nesta busca de "quem somos", no processo de *coaching*, percebemos que todos nós temos nossos inimigos internos, os famosos sabotadores. Eles são aquelas figuras invisíveis e que, na maioria das vezes, tomam decisões por nós, dirigem nossas vidas, dão as devidas justificativas lógicas para as nossas escolhas, para as nossas incompetências, nossos medos. Ao nascermos, nos deparamos com o novo, e o novo é perigoso, desconhecido. O novo nos dá medo!

E assim pode ser a vida inteira.

A chamada zona de conforto, as explicações tranquilizadoras, o sabotador interno, entre outros, são mecanismos de defesa que produzimos para explicar o inexplicável ou justificar nossas ações ou nossa inércia. Gosto de utilizar a expressão "modo de segurança", como se fossemos um computador, pois traduz bem a ideia dos obstáculos e mecanismos mentais que criamos em defesa da nossa "zona de conforto".

Ligado como em um computador, mas sem função, o "modo de segurança" faz com que fiquemos inoperantes, em segurança, hibernando, aguardando algo acontecer, correndo poucos riscos. Apesar de sentirmos a necessidade de mudar, não mudamos. A resistência à mudança é grande.

No processo de *coaching*, tiram-se da prateleira do conhecimento elementos de todas as áreas do saber, principalmente da Filosofia, da História, da Economia e da Psicologia. O Pensamento sistêmico, a inteligência emocional, a presença corporal, o desempenho de papéis e os aspectos cognitivos contribuem para que o processo, que tem início, meio e fim bem determinados, estabeleça metas claras e determine ações para se alcançar os objetivos desejados.

Harmonizar e equilibrar nossa biografia, rever o caminho e as escolhas feitas, dar significado à existência, identificar e respeitar nossos talentos e competências, isso e mais um pouco fazem parte do processo de *coaching*.

Afinal, "não se pode reinar inocentemente"

29

Potencializando a capacidade de realização através do *coaching*

Se você quiser conseguir coisas de valor em sua vida pessoal e carreira, deve se tornar uma pessoa de valor em seu próprio autodesenvolvimento.
– Brian Tracy

Karina Rebelo

Karina Rebelo

Bacharel em Administração de Empresas (Feevale). Especialista em Estratégias de Marketing – foco em vendas (Feevale). Especialista na áreas de controle de qualidade. Mais de 34 empresas certificadas na ISO 9001. Avaliadora e Examinadora do PGQP de 2002 a 2007. *Lead Assessor* ISO 9000 pelo BVQI. Mais de 16 anos de experiência em Sistemas de Gestão da Qualidade. Especialista em Desenvolvimento de Liderança e Relacionamento Interpessoal, Planejamento Estratégico, BSC, Gestão de Conflitos, Atendimento ao Cliente. Diretora Fiscal da Associação Gaúcha para a Qualidade na Gestão de 2002. Professora da Faculdade de Administração da Instituição Monteiro Lobato (FATO) de Porto Alegre nos cursos de Recursos Humanos, TGAI e TGAII, Qualidade em Serviços, Logística e Marketing em Serviços nos anos de 2007 a 2009. Formação – SBDG – Coordenação de grupos e desenvolvimento de liderança. Professional e *Personal Coaching* pela Sociedade Brasileira de *Coaching*. Diretora da CRK Consultoria em Gestão Empresarial. Diretora da Provoko Desenvolvimento Profissional.

Contatos
karina@provoko.com.br
(051) 8111-9565

Constantemente encontro pessoas infelizes e sem sucesso, que, na maior parte do tempo, estão pensando e falando do que não querem. Quase sempre focados nos problemas e encontrando culpados para justificar o seu insucesso e para não sair da zona de conforto. Não querem ou não conseguem perceber as suas atitudes e comportamentos limitantes e sabotadores.

A mudança pessoal é um processo no qual substituímos determinados comportamentos e atitudes por outros, e o *coaching* auxilia nesta descoberta do *coachee*, do que ele quer e do que não quer por ser um obstáculo nas suas conquistas e desafios. Através da mentalização, da dramatização e do processo cognitivo consegue-se transformar essa busca em realidade. É buscar trocar comportamentos e atitudes improdutivas por outros mais saudáveis e produtivos.

O processo de *coaching* parte do princípio de que a responsabilidade pela mudança deve ser assumida por quem está perseguindo os objetivos, o *coachee*. Quando conhecemos a essência da palavra "responsabilidade", entendemos ainda mais nosso papel dentro das nossas escolhas. "Responsabilidade" significa responder pelos próprios atos embasado em motivos e razões próprias. O resultado das ações e das conquistas só é possível se o *coachee* estiver focado no objetivo dele.

As pessoas de sucesso focam o que querem conseguir, sonham com os pés no chão. Isto significa escrever metas, fazer planos para alcançá-los e trabalhar diariamente nestes planos. Não é a quantidade de planos que dirá se você vai ter mais ou menos sucesso, mas sim a qualidade e o foco que dará a cada um.

Sem o estabelecimento de metas, você simplesmente será levado pelas correntes da vida. Tendo metas, você voa como uma flecha veloz e focada no seu alvo.

Para que o *coaching* tenha um resultado surpreendente, o *coachee* precisa ter claro o objetivo, estar aberto a este processo, confiar em seu *coach*. E esse objetivo é fortalecido quando a atrelado a valores/princípios do *coachee*, buscando a congruência e encontrando sentido para o cliente. Assim, todas as ações serão realizadas com foco e com obstinação.

Gosto muito da frase do treinador de vendas Tom Hopkins: "As metas são o combustível da fornalha das realizações". Viver sem metas claras é como andar em uma neblina densa, onde qualquer caminho serve e qualquer resultado será aceito.

Encontro muitas pessoas perdidas na neblina, justificando os resultados que estão obtendo por causa dos caminhos que estão seguindo, sem direção determinada, criando obstáculos limitantes para não fazer diferente, sem ações com propósito, sem paixão pela vida. O *coaching* auxilia a despertar respostas para as nossas angústias do dia a dia, fazendo refletir qual é a missão do *coachee*, quais seus valores. No momento que a pessoa começa a se conhecer melhor, consegue entender com mais percepção como as pessoas ao redor funcionam, como se comunicação e pensam. As pessoas não são como são porque querem, mas porque as suas vivências, experiências, ensinamentos e ambiente a constituíram assim.

A partir desta compreensão, o *coachee* estabelece uma comunicação mais assertiva, estabelecendo uma relação de respeito, aprendendo com as diferenças e se conhecendo melhor (autoconhecimento). Desta forma, o alcance das metas e objetivos passa a ser mais facilmente atingidos.

A felicidade é a concretização progressiva de um ideal ou meta que valha a pena, que tenha sentido e seja importante para você. Victor Frankl, o fundador da logoterapia, escreveu que a maior necessidade dos seres humanos é a de ter uma sensação de significado e propósito na vida.

Uma grande parcela da população nunca chega a tomar a decisão de onde quer chegar porque essa decisão requer um preço para só depois poder usufruir dos benefícios/ganhos. Na vida temos de fazer várias escolhas e, em cada uma delas, temos "ônus e bônus". No *coaching* é trabalhada a questão dos ganhos e da perdas a partir do objetivo proposto. Avalia-se tudo o que se irá ganhar e o que se poderá perder com o desenvolvimento. Essas perdas, em muitos casos, são os sabotadores que não permitem atingir os objetivos, devido ao medo da mudança. No momento em que o *coachee* reflete sobre o que ganha ao alcançar o objetivo, começa a se dar conta do seu crescimento, do seu desenvolvimento e do aumento considerável da sua performance.

É fundamental, para todo esse processo, saber ler e entender os sinais que o ambiente está comunicando para que as nossas ações alcancem o resultado esperado. Precisamos ter a sensibilidade de avaliar o impacto que as mesmas geram sobre as pessoas ao nosso redor. A busca do bem comum.

Atendo muitos executivos que possuem dificuldades em se relacionar com suas equipes, em alcançar resultados e assumir desafios. Todas as nossas ações geram reações no meio em que nos encontramos. Com o processo de *coaching*, o *coachee* começa a:

- Ter uma visão mais sistêmica;
- Conseguir relacionar as suas habilidades e atitudes de líder como fórmula para implementar de maneira efetiva o planejamento empresarial e a obtenção de metas;
- Abordar e compreender o papel e a importância da diversida-

de humana na construção de equipes eficazes; as bases para o estabelecimento da confiança recíproca, os papéis desempenhados na dinâmica grupal e a importância dos processos de colaboração para o desempenho das equipes de trabalho;
- Conseguir realizar o processo de *feedback* de forma mais eficaz; entre outras conquistas.

O *coachee* desperta para a responsabilidade social que tem com as outras pessoas do seu meio de convívio. Através das suas atitudes pode auxiliar a equipe a se desenvolver e a crescer, bem como destruí-la. No *coaching*, o cuidado com as pessoas ao nosso redor é sempre considerado para que o processo seja construtivo e positivo.

Na busca das respostas do *coachee*, o *coach* auxilia acionando o eu interior, fortalecendo a autoconfiança, pois 80% das respostas que procuramos estão dentro de nós. Conseguimos alcançar a autoconfiança ouvindo a intuição, aquela "vozinha bem lá dentro". Quando vivemos de acordo com nossos verdadeiros valores, encontramos o caminho para a autoconfiança, o autorrespeito e o orgulho pessoal.

Todas as pessoas conseguem e podem mais do que imaginam. Nesta busca, o *coach* atua em parceria para que haja foco nas ações e nos objetivos, focando a conquista de resultados de forma mais rápida e efetiva, promovendo aprendizado, reflexões e mudanças que elevam a performance. O *coaching* trabalha o presente com foco no futuro.

Já atendi casos de executivos que precisavam desenvolver sua competências para acompanhar as mudanças organizacionais. Já atendi pessoas que estavam com a vida nebulosa, querendo se encontrar e ter resultados mais efetivos nos seus objetivos. Enfim, o *coaching* é gratificante quando podemos visualizar pessoas encontrando a sua essência, realizando suas metas, alcançando seus objetivos de vida e seus sonhos.

A minha realização está em poder compartilhar o brilho dos olhos de cada um ao findar do processo e ver as conquistas adquiridas, a surpresa do que são capazes de realizar, a essência interior que é resgatada através dos valores pessoais.

Através do *coaching* é possível potencializar talentos e resultados, desenvolver líderes capacitados e pessoas com mais qualidade de vida. É uma grande satisfação poder exercer essa prática e auxiliar as pessoas e as organizações na busca dos seus objetivos.

30

Alta performance é viver a vida que sonhou e cumprir a sua missão servindo com consciência

A decisão verdadeira surge quando percebemos, com clareza, que nossas limitações devem ser superadas e que a vida é uma oportunidade única de cumprir a missão que nos foi dada ao nascer

Kartan Collet

Kartan Collet

Empresário e *Coach* desde o ano 2008. Formado em *Master Coaching* e *Coaching Express* Condor Blanco. Graduado em Turismo. Estudante de técnicas de liderança de alto desempenho pessoal e de equipes desde o ano 2004. Especialista em *Coaching* de Talentos e Talentos na Sinergia de Equipe por Passion & Talents by Maksuri. Instrutor dos seminários de *Coaching Express* Condor Blanco e Palestrante. Sócio-proprietário da empresa Yoga Shanty Espaço Zen – Chapecó, SC.

Contatos
www.kartancoach.com
www.yogashanty.com.br
kartancoach@gmail.com
(49) 3311-8766 / 9994-0242

Atuando como *coach* desde 2008 e após ter ultrapassado a marca de cem processos de *coaching*, comecei a refletir sobre as experiências que tive sobre alta performance.

Recordei quando comecei os estudos sobre liderança de alto desempenho em 2004 e lembrei-me de um seminário em que participei, chamado "Manquelipe".

Esse seminário foi construído com base em um dos livros do autor e *coach* chileno Suryavan Solar, também fundador da Organização Internacional Condor Blanco, intitulado "Manquelipe: a arte de sobreviver em tempos difíceis".

Lembro-me de ler um trecho desse livro, sentado no chão do meu quarto, em uma tarde de sol no outono catarinense. O trecho falava sobre o poder da decisão. E hoje entendo o que realmente significa o passo da decisão para alcançar a alta performance.

O livro dizia: "decisão é o passo que poucos sabem dar. Para a maioria não é algo tão simples assim. [...] Refiro-me a uma decisão que deve, necessariamente, durar para sempre. Decisão é a determinação definitiva e cortante, é mais do que desejar ou querer algo.

Decisão é mais do que ter uma boa intenção, pois implica a determinação inquebrantável de mudar e renunciar à vida que se vinha levando. Tomada a decisão de se libertar, a pessoa deve se levantar e começar a correr, correr e correr... O simples fato de andar, como todos fazem, não será o bastante".

Essa é a grande diferença entre as pessoas normais e as extraordinárias. A decisão é o que leva a pessoa a extrair o melhor de si, comprometendo-se com uma causa maior do que seu próprio limite.

A decisão verdadeira surge quando percebemos, com clareza, que nossas limitações devem ser superadas e que a vida é uma oportunidade única de cumprir a missão que nos foi dada ao nascer. Afinal, você acha que nasceu somente para trabalhar, estudar, pagar contas, casar, assistir televisão, ter filhos, acessar a internet, etc?

A alta performance surge quando compreendemos que a vida é uma oportunidade única de realizar nossos sonhos e de apoiar aos demais a realizarem também.

Seja você um médico, terapeuta, empresário, artista, esportista, professor, arquiteto, *coach*, construtor, pintor, atendente, garçom ou qualquer outra profissão que tenha, quando compreende que essa atividade é a maneira de cumprir a sua missão, uma grande oportunidade se abre e se você tomar a decisão autêntica, a alta performance será uma consequência do seu trabalho, pois surge um compromisso inquebrantável entre você e a vida.

O que acontece com a maioria das pessoas é que elas ainda não se deram conta de que o que mais amam fazer é a chave para encontrar a missão de vida delas.

Oitenta por cento das pessoas ou mais, em todo o mundo, não atuam na área que são realmente apaixonadas e acabam escolhendo suas profissões baseando-se na busca por dinheiro, status ou simplesmente para agradar alguns familiares.

Como uma pessoa poderá tomar uma decisão autêntica se está atuando na área errada? Como essa pessoa conseguirá alcançar um alto desempenho se não ama profundamente o que faz? Amar de maneira profunda é equivalente ao amor que uma mãe e um pai sentem por um filho. Agora pergunto a você: o que uma mãe e um pai fariam por seu filho? Tudo, não é verdade? Então, você daria tudo por sua missão? Entregaria tudo por amar o que faz?

Se você ama o que faz, terá a chance de alcançar a alta performance. Caso contrário, será mais um esforçado sem resultados autênticos na vida.

Os resultados autênticos são aqueles que trazem uma profunda satisfação interna de que valeu a pena. E satisfação é uma coisa que não tem como mentir, ou se está ou não se está satisfeito.

Na escola em que me formei como *coach*, o primeiro passo do processo de *Coaching* é honrar.

"O passado, em *Coaching Express*, são as raízes que nos sustentam. As raízes simbolizam tudo o que temos herdado de nossos pais e de nossos ancestrais, a cultura com a qual aprendemos, os valores que nos foram plantados, as experiências de vida e o caminho que temos percorrido até o presente. Honrar significa respeitar e enobrecer nosso passado e não rechaçá-lo nem desonrá-lo. Porque valorizar-nos, objetivamente significa honrar nosso passado de maneira correta, sem desprezo. Somente então poderemos fazer nossas raízes crescerem" (extraído do livro "*Coaching Express: as origens de um novo estilo de coaching*").

Honrar o passado é a única maneira de reconhecer humildemente que você não está aqui sozinho. E que, por mais sucesso e desempenho que você tenha, esse sucesso não é só seu. Antes de existir você, existiu ou existe seu pai, sua mãe, seus avós e toda a linhagem familiar que contribuiu muito para a sua realidade de hoje.

A oportunidade de honrar e agradecer todos os antepassados, gera respeito e uma energia extra para avançar e cumprir o nosso propósito na vida. A energia familiar é uma forma incrível que pode nos impulsionar para o futuro ou nos amarrar ao passado.

Muitas pessoas que dedicaram suas vidas a um objetivo e que, de alguma forma, não estavam em harmonia com seus ancestrais, viveram experiências conturbadas.

Um exemplo disso foi Michael Jackson, um ser extremante dedicado, comprometido e talentoso, que superou os limites físicos através da dança, limites tecnológicos através da produção de seus espetáculos e limites artísticos através da música, coreografia, etc, mas que, por ter sofrido no passado, não conseguiu honrar sua origem.

A energia dos pais e dos familiares tem uma força oculta que, em harmonia, nos impulsiona, pois através de você há uma geração de pessoas que buscam alcançar a realização e perpetuar o propósito de sua linhagem. A alta performance está ligada ao passado, pois como disse Sócrates: "se você não está contente com o que tem agora, não estará contente com o que terá amanhã".

Honrar não significa somente estar em gratidão com os familiares, mas também com tudo o que você passou, fazendo do seu passado um mestre por toda a superação vivida.

Ao estar em paz com o passado podemos viver livremente o presente, caso contrário, essas memórias assombrarão nossos melhores ideais e ações futuras.

Reconhecer o que viveu lhe dá a oportunidade de recordar a sua memória de triunfos. Se você ainda não escreveu em um papel todos os seus triunfos até hoje, então escreva agora mesmo e experimente o poder que essas conquistas trazem. Muitas pessoas perdem energia e desempenho por não considerarem o passado como seu professor.

Reconhecer sua história é dar valor à sua vida e ao seu sonho.

Ao falar de sonho, me sinto altamente entusiasmado, pois ter um sonho nobre é a chave impulsionadora da alta performance. Desde criança a palavra sonho esteve em meu vocabulário e fui descobrir a real importância de ter um sonho, quando perdi e resgatei o meu.

Perdi meu sonho quando acreditei de que ele não traria dinheiro. Nesse momento a vida perdeu o sentido, mudei minha atitude, sentia-me perdido, sem um propósito definido. Foi quando tive a oportunidade de compartilhar com um sábio amigo o meu sonho e ele me falou que se eu seguisse os oito passos do livro Manquelipe, citado anteriormente, eu poderia realizar o meu sonho e ser próspero. Isso me fez voltar a respirar, renascer, retomar as rédeas da minha vida, pois meu sonho voltou a ser latente em mim. A partir desse dia para mim, não há algo mais realizador do que despertar o sonho das pessoas. Encontrei no *Coaching* a ferramenta perfeita para isso.

Antonny Robbins disse em seu livro "Desperte seu gigante interior": todos nós temos sonhos... Todos nós queremos acreditar, no fundo de nossas almas, que temos um dom especial, que somos capazes de fazer a diferença, que podemos tocar os outros de um modo especial e que podemos fazer do mundo um lugar melhor".

Todos nós devemos acreditar em nossos sonhos. Neles estão as informações do propósito de estarmos vivos. O sonho está em seu coração, dentro de um baú que deve ser aberto com a chave do autoconhecimento.

Ele vai além do plano material, é abstrato e profundo. Tão poderoso que é capaz de mudar a história da humanidade. Muitos dos grandes sonhadores como Gandhi, Nelson Mandela, Martin Luther King, Madre Tereza de Calcutá, Dalai Lama, Suryavan Solar, entre tantos outros, cumpriram sua missão e deixaram sua marca.

O sonho é algo tão grandioso e poderoso que sua causa nobre é capaz de transcender o limite entre a vida e a morte. Luther King traduziu isso em uma de suas frases marcantes: "se um homem não descobriu nada pelo qual morreria, não está pronto para viver".

Essa frase para mim é o melhor exemplo do valor de um sonho, já que Luther King morreu lutando pelo sonho de igualdade entre brancos e negros.

Do sonho surge a visão, o cenário perfeito para a realização desse sonho. A visão clara torna o sonho alcançável, pois é rica em detalhes e isso gera a segurança de que é possível alcançá-lo.

Eike Batista, o maior empreendedor do Brasil na atualidade, no livro "O X da questão", disse: "Eu enxergo a criação de um novo empreendimento, de um projeto Green Field (que começa do zero), como um instante de inspiração. É evidente que grandes artistas conceberam suas obras como um momento de elevação espiritual, como algo a ser compartilhado com as pessoas".

Essa visão, quando é rica em detalhes ao ponto de sentir com o coração, gera a energia necessária para torná-la realidade, mesmo que para muitos pareça impossível. Ela vem com o sentimento de liberdade, realização e com a alta intensidade de motivação.

Dessa visão surge o projeto e o plano. Um sonho, para não se tornar ilusão, deve ter um plano de ação detalhado.

Michael Jordan, no livro "Nunca deixe de tentar", falou: "Um passo de cada vez. Não consigo imaginar nenhuma outra maneira de realizar algo".

Dessa maneira ele se tornou um ícone do basquete americano.

Quando adolescente, sugeriram a ele que optasse pela academia das Forças Aéreas para ter um emprego ao se formar. Mas, por suas próprias convicções, traçou metas razoáveis e as alcançou trabalhando duro o suficiente.

Por isso, a visão deve ser claramente colocada na linha do tempo, fazendo a ponte entre seu sonho e a sua realidade atual. Nesse momento, o sonho se torna mensurável.

Em quantos anos você quer alcançá-lo? O que será necessário você cumprir esse ano, esse mês, essa semana? Quais atitudes e decisões você precisa tomar hoje para torná-lo realidade?

Nesse momento, a decisão autêntica torna-se chave, pois quando chegamos à etapa do "como", o projeto passa a se consolidar e se transformar em uma missão. Ao ouvir a palavra missão podemos lembrar os missionários, que se entregam a viver um novo estilo de vida. Mudanças são necessárias para conquistar novos resultados.

A maioria das pessoas não quer mudar seus hábitos e, ao mesmo tempo, sofre por não viver a vida que deseja. Não há como alcançar novos resultados fazendo as mesmas coisas, certo? Da mesma maneira, não é possível alcançar a alta performance em uma zona de conforto. É necessário seguir superando, sempre, seus limites internos e externos.

Então eu pergunto: como seria você vivendo a vida em busca de seu sonho? De quais coisas abdicaria para conquistá-lo? As atitudes constroem os hábitos e os hábitos constroem os padrões comportamentais. Quais hábitos você deixaria e quais novas atitudes passaria a ter em sua vida? Quais os principais valores que o acompanhariam nessa jornada? Os valores são importantes para a alta performance, pois constroem à vitória interior.

De nada adianta alcançar um objetivo se suas atitudes prejudicam aos demais. Imagine que ao realizar seu sonho, você prejudicou a natureza, as pessoas e deixou o mundo pior. Como você se sentiria nesse momento? Um verdadeiro sonho transmite beleza, bondade e verdade. Os valores servem como pontos de referência e acabam inspirando aos demais a seguirem pelo caminho correto.

Aí está a importância do autoconhecimento. Um vencedor se transforma a cada dia reconhecendo sua realidade, desenvolvendo suas fortalezas e neutralizando debilidades, superando seus limites, crenças, pensamentos negativos, conquistando novas técnicas e abandonando as características de um perdedor.

Nesse momento, é muito importante a presença de um mentor, mestre, treinador ou *coach*, pois nessa etapa a batalha deve ser vencida antes mesmo de começar.

Cortar o laço negativo é um trabalho de confiança e persistência que precisa de acompanhamento e supervisão. Para neutralizar os venenos da ignorância, apego, raiva, ego e ciúmes, eliminando maus hábitos comportamentais, compreendendo a lei da ação e reação e superando os limites impostos pela influência do ambiente, dos amigos, dos colegas e da cultura. As influências culturais e do ambiente em que vivemos falam muito sobre nós. Se você foi criado em um ambiente negativo, com crenças limitantes e em uma cultura na qual não acredita que é possível alcançar o deseja, será um desafio maior para você, já que terá que superar os pensamentos limitantes, principalmente nos momentos difíceis. Para isso, é muito importante a persistência e a presença de seu *coach* para manter o compromisso e superar as mensagens que vêm do inconsciente pessoal e coletivo.

Receber *feedback* constantemente é necessário para que possamos redesenhar comportamentos, já que muitas vezes não percebemos que repetimos os mesmos padrões indesejados. O *feedback* nos traz a oportunidade de sabermos como somos vistos pelos outros e isso amplia o nível de percepção, pois muitas vezes não sabemos se estamos indo no caminho certo.

No *Coaching*, o *feedback*, a motivação e a celebração são ferramentas necessárias para manter o entusiasmo e seguir o caminho da alta performance.

Para finalizar, vou utilizar o exemplo de um atleta que considero ter alcançado a alta perfomance de maneira integral (satisfação na vida pessoal, familiar, profissional e social). Oscar Schmidt, em suas entrevistas, comenta o quanto é satisfeito com a vida maravilhosa que tem. Casado desde 1981, dois filhos, 26 recordes sendo o atleta com mais pontos na carreira com 49737 pontos. Indicado para o Hall da Fama da MBA, foi o "cestinha de três pontos" das cinco olimpíadas que participou, tornando-se campeão Panamericano no ano de 1987, vencendo os USA em casa, quebrando a sequência Norte Americana de 70 vitórias consecutivas.

Hoje, serve à humanidade através de palestras motivacionais. Oscar Schmidt é extremamente satisfeito com a vida que construiu. Sente que cumpriu sua missão, pois sabe que deu o melhor de si e chegou ao seu máximo como atleta. Hoje, as suas prioridades são desfrutar da vida com a família e dar palestras.

Ele pode não ter alcançado o título de melhor jogador de basquete do mundo, como ele sonhou, porém alcançou muito mais do que ser um atleta, se tornou um ser humano realizado. Esse é o verdadeiro exemplo de alta performance para mim: viver a vida que sonhou e sentir que valeu a pena, seguindo princípios e valores, desenvolvendo o autoconhecimento, superando limites, conquistando a felicidade e após tudo isso, servir aos demais para que um dia conquistem isso também.

Alta performance não é a pessoa ser excelente em uma área específica e por um curto espaço de tempo, e sim, ser completo e direcionar todas as áreas da vida à autorrealização.

Isso é alta performance!

Aproveito para honrar aqui a escola onde me formei *Coach*, pois através de sua metodologia prática, integral e alegre, pude transformar a minha vida e apoiar a muitos clientes.

Obrigado Tiago Almeida e Suryavan Solar.

31

EMPRESA+ PESSOAS + PARCEIROS, como fazer esse triângulo dar certo

Que tal olharmos o tema "*Coaching* de Alta Performance" como um processo de construção? Construir cada um desses pilares separadamente é simples, mas o sucesso está no resultado da sinergia que esses três pilares proporcionam. Respeitando as diferenças, destacando o que cada um tem de melhor e aperfeiçoando os *gaps* existentes na busca da Alta Performance

Keli Pereira Rocha

Keli Pereira Rocha

Experiência de 21 anos em Recursos Humanos, desenvolvida em empresas Nacionais e Multinacionais de grande e médio porte como Aché Laboratórios, Glenmark Farmacêutica, Schmolz-Bickenback e Melitta do Brasil, atuando nas s áreas T&D, *Coaching*, Recrutamento & Seleção, Comunicação Corporativa, Remuneração, Benefícios, Expatriado, Relações Sindicais, Administração de Pessoal, Segurança no Trabalho, Implantação de Procedimentos e Sistemas. Graduada em Ciências da Computação pelo Centro Universitário Nove de Julho em 2002, com Especialização em Recursos Humanos/ GVPEC pela FGV em 2008 e com Formação de *Coaching* pela - Academia Brasileira de *Coaching* em 2012.

Contato
keli_pereira@yahoo.com.br

Olhando o desafio do engajamento desse triângulo, a competência necessária para esse momento é: transformar o que existe hoje dentro das empresas e dentro de cada indivíduo, respeitando as diferenças, com a certeza de que estão em uma fase de aprendizado.

EMPRESA

Atualmente, as empresas procuram pessoas para contribuir de uma forma intensa na busca de resultados cada vez maiores. E para atenderem a essa performance, o que é preciso fazer?

Conhecer seu público interno, analisar suas potências e, de forma transparente, criar um Plano de Desenvolvimento Individual com as necessidades de cada competência necessária. E com uma comunicação forte e precisa, acompanhar o desenvolvimento na busca da performance desejada.

Só que quando as empresas olham para dentro de casa, conhecem um cenário não tão preparado para esse momento imediatista. Esses questionamentos ocorrem muitas vezes, quando novas estratégias são apresentadas ou se exige um processo de cocriação.

Nessa hora algumas perguntas surgem. Será que essas pessoas estão prontas para esse momento? Se não estiverem, o que devemos fazer? Conseguimos mudar as pessoas em um curto tempo? Se trocarmos as pessoas teremos mais sucesso?

E é nesse momento que as empresas olham para os seus RH´s como parte estratégica do negócio. E é bem interessante como os RH´s assumem essa responsabilidade como se fosse só sua.

Mediante as várias solicitações de soluções imediatistas e ferramentas que possam transformar a organização, o RH apresenta vários recursos/ferramentas externas. Mas também traz algumas reflexões culturais que precisam ser levadas em conta para o sucesso da construção. A empresa olha tudo aquilo e imagina que tudo vai dar certo, e que em um passe de mágica sua empresa vai mudar, as pessoas vão trazer outros resultados, seus líderes vão performar com mais eficiência e qualidade e que tudo isso será percebido por todos na empresa.

E nessa hora o RH precisa atuar como parceiro de negócio, aponta que a mudança não aconteça de um bom plano de ação.

Afinal, as coisas não mudam dessa forma, estamos falando de algo mais complexo, estamos falando de mudança de Cultura, mudança de Comportamento, tanto da empresa, quanto das pessoas que ali estão. E esse processo de transformação não é como virar a chave, afinal, estamos falando de pessoas, de comportamentos individuais e que devem ser observado no contexto, o investimento em programas só terá efeito se todo o contexto for respeitado.

Nesse momento, é importante que a empresa tire as lentes que a impedem de olhar o que realmente ela tem e o que é preciso construir para performar.

Acredito que nessa fase do processo a palavra que mais faz sentido para essa evolução é a CONSTRUÇÃO.

Algumas empresas preferem programas mais simples e acreditam que construir esse cenário com todas as empresas fará o processo de evolução mais sólido e estável. Outras preferem programas mais complexos, trazendo para a organização tudo o que existe de melhor no mercado, mas a dúvida é: será que as pessoas da organização estão preparadas para uma enxurrada de informações? Após esses dois cenários, que tal olharmos para o mercado, selecionar o que faz sentido para o negócio nesse momento de construção de curto, médio e longo prazo, na busca de resultados consistentes e fundamentados?

Quando esses programas começam a rodar, ocorrem algumas percepções, como um líder se desenvolvendo mais do que outro. Aí vem a pergunta: o que se deve fazer? Será que esse líder que não está acompanhando precisa ser substituído ou não tem potencial?

Porém, hoje posso dizer com muito orgulho que muitas empresas estão percebendo que, para ter uma equipe de alta performance, é preciso que todos estejam engajados na busca desse novo momento, utilizando os programas de *Coaching* Individual.

Após essa primeira fase, as empresas começam a identificar seus líderes inspiradores naquelas pessoas que realmente irão fazer a diferença na empresa e na construção de equipes sólidas, futuristas e engajadas. O sucesso desse momento é feito por várias ramificações, programas de desenvolvimento para toda a organização, programas de lideranças individuais. Nesse contexto de construção, algumas pessoas podem passar por temas já vistos anteriormente, mas como estão passando por um processo de construção, essa mensagem se faz necessária novamente, afinal, SABER E NÃO FAZER É O MESMO QUE NÃO SABER.

Portanto, acreditem em seus programas, lhe permitam o tempo para a linha do aprendizado e invistam nas pessoas. O sucesso desejado irá acontecer e será percebido por todos que a construção está sendo solidificada e que as variações do mercado não irão abalar essa empresa.

PESSOAS

Observando esse contexto, detectamos que a necessidade de desenvolvimento será sempre constante, afinal, pessoas passam por vários momentos dentro e fora das empresas que abalam e modificam seu comportamento. E por esse momento, apenas programa Coletivo, não atendem a expectativa da empresa a médio e longo prazo.

É comprovado que quando o ser humano passa por um programa de conhecimento interno, sua capacidade evolutiva supera suas expectativas e sua forma de atuar como pessoa.

E no contexto de conhecimento individual, os programas de *Coaching* colaboram de forma precisa e consistente no crescimento dessas pessoas. Com muita exigência e comprometimento trazidos do dia a dia, essa pessoa será orientada a se conhecer, a ver o quanto o seu comportamento interfere no seu processo de crescimento nas empresas e em sua vida pessoal.

O processo de *Coaching* irá ajudá-la na linha de "onde estou" e "para onde vou". Comprometendo-se consigo mesma, utilizando as ferramentas de forma adequada para cada fase desse processo de evolução, terá a certeza de que em pouco tempo estará performando com uma excelência percebida por todos, inclusive por ela mesma. Essa é uma das garantias que o programa individual provocar uma mudança verdadeira e a cada dia esses comportamentos vão se aperfeiçoando a cada dia.

Mas para tudo isso acontecer dentro do esperado, é preciso que todos os envolvidos nesse projeto tenham a visão clara de que cada indivíduo tem o seu tempo, e se a empresa realmente acredita nessa pessoa, esse tempo será respeitado, e a empresa continuará investindo e observando esse processo com muita transparência.

Comece a se observar, se você está na média, isso não é um bom sinal, afinal, o mundo corporativo está cada dia mais acelerado e isso faz com que as pessoas precisem ser a cada dia mais arrojadas, querendo fazer parte dessas mudanças do mundo corporativo.

Por isso ,busque o seu diferencial, foque naquilo que acredita e faça de forma diferente, porque isso é ser uma pessoa de alta performance.

PARCEIROS

Quem são esses parceiros que podem ajudar as empresas e as pessoas na busca de uma Alta Performance?

Acredito que são os RHs da empresas, que têm como principal função atuar de forma estratégica, alinhados ao negócio da empresa. Pensar fora da caixa é um diferencial que os RHs podem fazer na busca de soluções inovadoras. Como conhecem a cultura e o perfil das empresas, os RHs devem trazem alternativas para agregar ao contexto de construção.

Porém, o papel do RHs é muito maior, os profissionais da área precisam ter o conhecimento e a sabedoria para apresentar as soluções, ideias e alternativas adequadas para cada momento das empresas, demonstrando na linha da construção o resultado esperado.

Como parceiros de negócios os RHs devem medir, acompanhar, reprogramar e mudar a estratégia quando for necessário, portanto conhecimento e segurança são essenciais para o sucesso do momento de construção.

Dentro desse pilar "Parceiros", temos as consultorias que contribuem com seus conhecimentos e vivências de mercado.

Elas apresentam várias soluções, ferramentas e também personalizam seus programas de acordo com o perfil de cada empresa.

Mas acredito que o sucesso dessa parceria está em trazer para dentro da empresa essas consultorias, fazê-las vivenciar um pouquinho das rotinas, conhecer a cultura, buscar a linguagem adequada para esses programas. Só assim essa parceria será construída na busca da Alta Performance.

Essa proximidade trará uma liberdade de propor mudança e sinalizar os problemas que a empresa tem em seus discursos quando comparados à pratica vivida.

Portanto, quando vivencio esses processos de transformação, acredito que o sucesso será garantido quando o acompanhamento acontece de forma consistente.

E o mercado nos oferece esse acompanhamento de forma muito profissional, que é o *Coaching*.

Introduza a cultura de *Coaching* em suas empresas. O *Coaching* tem ferramentas fantásticas, para serem usadas a cada momento, de acordo com o cenário e a busca do resultado.

Sendo assim, construa esse processo de forma analítica e transparente, pois com certeza o *Coaching* lhe trará uma empresa de Alta Performance.

Deixo algumas dicas do que realmente acredito:

EMPRESA: utilize programas que façam sentido e que tenham conexão com a sua Cultura, que comecem a construção de forma mais simples, mas com a certeza de que esse momento terá total efeito nas pessoas, no seu negócio e na sua empresa.

PESSOAS: se permita passar por esse processo de transformação, esse presente é só seu e com certeza você se perceberá uma pessoa ainda melhor depois desse processos.

PARCEIROS: seja verdadeiro e transparente com o seus clientes, faça e ofereça o que você realmente acredita, contribua de forma única para o processo de construção.

32

Coaching de negócios: desafios e oportunidades

No universo do *coaching* muito tem de ser feito na dimensão do desenvolvimento de empresários e empresas. Os micro e pequenos empresários brasileiros ainda vivem à deriva no que se refere a competência sistêmica em gestão de negócios. O alto índice de mortalidade precoce das micro e pequenas empresas demonstra a necessidade de melhoria dos métodos de gestão. Há um amplo caminho a ser percorrido!

Lauri Martins

Lauri Martins

250

Consultor nas áreas de Gestão Administrativa de Instituições de Ensino Superior e de organizações em geral. Instrutor de Educação Corporativa. *Coach* para Desenvolvimento Pessoal e Profissional. *Coach* de Negócios e professor universitário nas disciplinas de Empreendedorismo, Estratégia Empresarial, Gestão Estratégica e Teoria Geral da Administração. Professor de pós-graduação nas áreas de Planejamento Estratégico, Sistemas Contemporâneos de Gestão e Comunicação Interna nas Organizações. É Consultor Credenciado do SEBRAE Nacional com ampla atuação na orientação de abertura de novos negócios e levantamento de dados setoriais de pequenas e médias empresas. É sócio e diretor de Relacionamento na empresa INSIGHT Desenvolvimento Empresarial Ltda.

Contatos
www.laurimartins.com.br
lauri.martins@consultoriainsight.com.br
(61) 8112-9913 / 3340-0460

Um cenário de oportunidades

O Brasil conta hoje com aproximadamente 6 milhões de empresas, das quais 99% estão classificadas como micro e pequenas empresas, respondendo por 25% do PIB brasileiro, empregando 60% das pessoas economicamente ativas e gerando 40% da massa salarial dos brasileiros. Apesar de quase 50% dessas empresas estarem localizadas na região sudeste do país, outras 3 milhões estão espalhadas nas demais regiões, ou seja, onde quer que estejamos estaremos esbarrando num grande número delas. A grande maioria dessas empresas não tem experiência com treinamento aos seus colaboradores. O setor conta apenas com a assistência do SEBRAE, que apesar de sua capilaridade em nível nacional, não consegue promover o desenvolvimento necessário, em todas as áreas da gestão organizacional. Se considerarmos um universo básico de conhecimento necessário para gerir um negócio temos que citar as competências em planejamento, gestão financeira, gestão mercadológica, gestão de pessoas, gestão da produção, gestão do fluxo de serviços ao cliente, gestão da tecnologia, gestão da satisfação do cliente e outras. O mercado está cheio de empresários que se estabeleceram porque tinham um conjunto de competências técnicas e desejavam viabilizar um negócio próprio. Porém, na maioria dos casos, essas pessoas abriram as portas e colocaram seu produto ou serviço à venda sem nenhum conhecimento a mais que lhes proporcionasse a condição de gerir uma empresa. Grande parte desses pequenos empresários, nem sequer, tem consciência da falta de preparo para garantir a autossustentação da sua galinha dos ovos de ouro. Dados do SEBRAE indicam que 26,9% dos pequenos negócios que abrem no Brasil não conseguem ultrapassar os dois primeiros anos de existência, período considerado crítico para a consolidação no mercado.

Com o advento da criação da lei geral da micro e pequena empresa em 2006, o país deu uma resposta em relação à organização tributária e fiscal, o que representava um anseio antigo e necessário para melhorar a vida desse segmento de empresas. Mais recentemente o governo federal organizou e canalizou mecanismos de crédito direcionados para os pequenos negócios, dando mais um importante suporte, através dos organismos oficiais de crédito, a juros suportáveis, se considerarmos o cenário dos juros comerciais no Brasil.

No entanto, isso não será suficiente para estancar a mortalidade de pequenas empresas, porque, de outro lado cresce a concorrência nacional e internacional, exigindo cada vez mais competência na gestão empresarial. É necessária uma ação ampla e abrangente, que só poderá ocorrer a partir das empresas de consultoria e educação corporativa.

Vale a pena ressaltar o papel das Associações Comerciais, Industriais e de Serviços nesse contexto, especialmente aquelas que congregam grande número de micro e pequenas empresas. Esses organismos podem e devem atuar no sentido de sensibilizar os empresários, promovendo eventos de atualização e troca de experiências nos diversos campos da gestão sistêmica. Além de competência administrativa será necessário promover inovação permanente, uma vez que os hábitos de consumo mudam frequentemente e o mercado geral oferta produtos cada vez mais criativos e adaptados às necessidades dos consumidores.

Coaching de negócios em ação

O *coaching* de negócios é uma metodologia utilizada para melhorar a performance do empresário e da empresa, ajudando no alcance de resultados extraordinários. O *coaching* promove o desenvolvimento humano, melhora a vida pessoal e profissional e acima de tudo, desperta o empresário para a necessidade de atitude positiva e firme no comando do negócio, atuando de forma estruturada e assertiva na gestão e liderança de todos os recursos envolvidos no processo.

A metodologia de *coaching* de negócios pode colaborar e contribuir com seu ferramental e instrumentos para facilitar a vida do empresário no que se refere a:

- Elaboração do plano de negócio;
- Estruturação ou reestruturação do modelo de negócio;
- Planejamento organizacional;
- Elaboração do plano de marketing;
- Estruturação do modelo de liderança e gestão de pessoas;
- Definição da infraestrutura de tecnologia da informação;
- Organização dos processos e atividades-chave da empresa;
- Definição da estrutura de capital;
- Estruturação do processo de logística;
- Organização do processo de relacionamento com os clientes;
- Outros de acordo com as características do negócio.

O plano de negócio é um documento elaborado com o objetivo de prever e demonstrar a viabilidade de um projeto empresarial do ponto de vista estrutural, estratégico, administrativo, mercadológico, financeiro e operacional. O plano de negócio é um item que, apesar de sua importância, não conta com a simpatia do empresário, ou candidato a empresário, em vista de sua complexidade e nível de detalhamento.

A estruturação do negócio diz respeito à implementação da estratégia através de processos e sistemas otimizados. Na maioria dos casos, nas micro e pequenas empresas, essa providência não é valorizada, ou porque o plano de negócio foi elaborado, ou por falta de conhecimento. É importante esclarecer que plano de negócio e estruturação de negócio são instrumentos diferentes e a existência de um não exclui a necessidade do outro. Atualmente dispomos de mecanismos altamente eficazes e práticos para a estruturação do modelo de negócio, como é o caso do Business Model Generation – BMG. A utilização desse modelo garante a organização dos fatores constitutivos de uma empresa e dá muito mais clareza sobre os pontos fundamentais a serem considerados.

O planejamento estratégico é um processo administrativo que orienta o direcionamento a ser seguido por toda a organização, levando em conta as condições internas e externas para o cumprimento da sua missão e o alcance da visão de futuro. É através dele que o empresário terá a visão clara dos principais objetivos a serem perseguidos, com a definição das metas, dos prazos e dos indicadores de performance a serem utilizados no acompanhamento do desempenho empresarial.

O plano de marketing é uma ferramenta de gestão que estabelece as estratégias de divulgação que a empresa utilizará para alcançar os objetivos definidos no planejamento estratégico, criando oportunidades atraentes para os produtos e serviços. A ausência do plano de marketing, certamente, é um dos fatores que favorecem a mortalidade precoce de empresas, uma vez que nos primeiros dois anos deverá ocorrer a consolidação do negócio. Ainda nesse período a empresa precisa firmar-se no mercado e angariar clientes em quantidades suficientes para promover o equilíbrio entre a receita e as despesas, garantindo a autossustentação. Com as constantes mudanças na forma de realizar negócios, causadas pela diversificação de canais e pelas transformações nos meios de comunicação com os clientes, cada vez mais os empresários precisam dominar as técnicas básicas de marketing ou, pelo menos, devem perceber o momento de contratar profissionais especializados.

Organizar o subsistema de gestão de pessoas e decidir-se por um modelo de liderança interno é, também, uma demanda a qual o empresário não poderá fugir. É necessário, cada vez mais, saber utilizar o potencial dos colaboradores e manter um clima favorável ao bom atendimento aos clientes.

Todos os tipos de negócios necessitam de equipamentos tecnológicos e softwares adequados a um bom desempenho empresarial, possibilitando a geração de comunicação com os mercados-alvo, acelerando a produção de bens e/ou serviços, reduzindo custos e possibilitando acompanhamento da performance empresarial. O correto dimensionamento da infraestrutura de tecnologia da informação é fator crucial para o sucesso da empresa.

É necessário ter uma visão clara dos principais processos e das atividades-chave da empresa, possibilitando o conhecimento dos níveis de eficiência e de qualidade, os principais custos e a necessidade de atuação humana e tecnológica.

O dimensionamento dos recursos financeiros necessários aos investimentos e capital de giro é um ponto de importância vital para o sucesso do negócio. Definir a fonte de recursos é, também, uma decisão de alto impacto.

A definição do modelo de logística de suprimento, armazenamento e entrega poderá constituir-se em fator decisivo para a geração de diferencial competitivo, bem como para a redução de custos ou a eficiência organizacional.

O modelo de relacionamento com os clientes será decisivo para um atendimento qualificado, promovendo a retenção e fidelização da clientela.

Benefícios para o empresário

O *coaching* de negócios será realizado por um *coach* experiente que detenha conhecimento abrangente em gestão organizacional, o qual estará munido de ferramentas e instrumentos próprios para auxiliar no desenvolvimento pessoal do empresário e da empresa.

Em negócios de pequeno porte a influência dos sócios ou do proprietário constituem-se em fator determinante para o sucesso da organização. O oposto também pode ser verdadeiro, quando o empresário não detém as competências adequadas, uma vez que é natural a tendência do empreendedor transferir para a empresa a sua história de vida.

Empresários com miopia em gestão empresarial terão a tendência de construir empresas míopes e incapazes de desenvolver visão de longo alcance, produzindo resultados pouco significativos.

Empresários medrosos e comprometidos com crenças limitadoras, certamente não poderão gerar empresas agressivas, criativas, inovadoras e de alta eficácia.

Da mesma forma, pessoas desorganizadas, procrastinadoras, lentas e com dificuldade de tomar decisão terão a tendência de construir organizações que refletem sua personalidade, comprometendo os resultados e aniquilando o potencial organizacional.

O trabalho de *coaching* com o empresário e com o corpo administrativo estará direcionado para o desenvolvimento das seguintes características:

- Assertividade, autossuficiência e competitividade;
- Inovação, persistência e resiliência;
- Coragem para assumir riscos calculados;
- Capacidade para tomada de decisão;

- Forte determinação para fazer acontecer;
- Capacidade de planejar, implementar planos e controlar;
- Capacidade de influenciar e inspirar pessoas;
- Facilidade para trabalhar em equipe;
- Capacidade de produzir resultados positivos;
- Saber delegar tarefas e acompanhar resultados;
- Capacidade para administrar conflitos;
- Saber gerenciar o tempo;
- Saber administrar os fatores-chaves na dimensão pessoal e profissional para manter a qualidade de vida.

Benefícios para a empresa

A empresa será afetada positivamente com o desenvolvimento das capacidades dos gestores responsáveis pela condução do negócio. A tendência natural é que ocorram os seguintes benefícios:

- Empresa bem estruturada e preparada para os desafios do mercado;
- Valorização do planejamento e utilização desse recurso;
- Mais comprometimento com a missão da empresa;
- Equipe mais produtiva e alinhada com os princípios da organização;
- Aprimoramento do modelo de liderança interna;
- Melhor utilização do potencial e dos talentos humanos;
- Ampliação das parcerias de negócio;
- Mais entrosamento da equipe de gestores;
- Melhor direcionamento para o relacionamento com os clientes;
- Melhoria do atendimento aos clientes;
- Mais eficiência em vendas;
- Aprimoramento da logística de suprimento, armazenamento e distribuição;
- Ampliação da oferta de valor ao cliente e mais comprometimento com a sua satisfação.

Considerações finais

Este modelo de *coaching* de negócios pressupõe uma ação integral e sistêmica, abrangendo a gestão e a estruturação ou reestruturação da micro e pequena empresa. Atua de forma incisiva sobre o empresário e/ou integrantes da equipe de gestores, possibilitando mudança consistente e amplo aprendizado. Inicialmente, o modelo tem como objetivo o aprimoramento de competências para gestão da vida pessoal, e posteriormente, direciona essas competências para a melhoria da condução dos negócios.

É claro que representa um grande desafio para os profissionais de *coaching*, especialmente àqueles que pretendem atuar como *coaches* de negócios, devido à abrangência de conhecimentos e habilidades necessárias, uma vez que requer o uso de ferramentas da área de administração geral, agregadas à metodologia e instrumentos de *coaching*.

O Brasil necessita de ações rápidas e efetivas nessa área. Canais precisam ser abertos para sensibilizar e ganhar a confiança dos empresários das micro e pequenas empresas.

O resultado dessa verdadeira cruzada será um legado valioso para a história da gestão empresarial brasileira.

33

Aposentadoria de alto rendimento
Como planejar seu segundo início

O pós-carreira faz parte do chamado "plano de carreira". E certamente se trata de uma etapa fundamental, já que diversos artigos de revistas científicas, em especial na área de psicologia, confirmam que manter um propósito de vida no pós-carreira é essencial para nossa longevidade. O artigo a seguir é um convite aos profissionais e empresas para que atentem e se planejem para esta fase tão importante na vida e na carreira de cada um de nós

Leticia Belia Rodrigues

Leticia Belia Rodrigues

Atua com *WebCoaching* - *coaching* por Skype, treinamentos e terapia focal, sob o CRT 4567. Coautora do livro "Damas de Ouro", da Editora Ser Mais (2013). *Master Coach pelo Behavioral Coaching Institute* - BCI (USA), *Executive Coach* pelo Behavioral Coaching Institute – BCI (USA) e Sociedade Brasileira de Coaching, *Personal & Professional Coach* pela Sociedade Brasileira de *Coaching*, *Trainer* e *Master Practitioner* em Programação Neurolinguística pelo Metaforum International (Alemanha) com reconhecimento internacional pelo DVNLP, NLP-IN, IANLP e Society of NLP, licenciada como *Trainer* Taquion (Argentina), Analista de Panorama Social formada por Lucas Derks (Holanda). Mestre em Administração de Empresas pelo COPPEAD/ UFRJ, Pós-graduada em Comunicação e Imagem pela PUC-Rio, Bacharel em Jornalismo pela UERJ e em Publicidade e Propaganda pela UFRJ, Graduação em Psicologia pela Faculdade Pitágoras de Uberlândia. Possui dez anos de experiência executiva na área de Planejamento Estratégico, além de vivência como docente em Marketing, Programação Neurolinguística e *Coaching*.

Contatos
leticiacoach.com.br
contato@leticiacoach.com.br
http://www.facebook.com//pages/Leticia-Coaching-e
-PNL/112196908808341

Pode parecer estranho encontrar um artigo sobre aposentadoria em um livro sobre *coaching* de alta performance e excelência na vida pessoal. Será mesmo?

Passamos grande parte da nossa vida profissional sendo exigidos para entregar resultados e avaliados por desempenho. Somos incentivados a sermos competitivos, mais eficientes e produtivos a cada ano ou semestre, para garantirmos nosso cargo ou até nosso emprego. Após trinta anos neste ritmo, somos convidados a nos retirar. Muitas vezes o recém-aposentado possui vitalidade e clareza mental para continuar produtivo por vários anos mais. É justo?

Para construirmos uma ideia melhor das implicações deste sistema, vamos iniciar com uma breve história da previdência social nos Estados Unidos, que é claramente um parâmetro para o que foi estabelecido no Brasil. Na década de 1920, a América vivia a Era Industrial que estava em plena expansão. Com a grande depressão de 1929, o nível de desemprego chegou a 25%, colocando em risco o "sonho americano", já que os jovens não conseguiam colocar-se profissionalmente e nem constituir família. A estratégia do então presidente Roosevelt foi de remover algumas pessoas do mercado para abrir espaço aos jovens. Assim, institucionalizou a aposentadoria e a ideia de que as pessoas mais velhas já não eram capazes de prestar sua contribuição à sociedade. Foi construído o mito de que a aposentadoria é maravilhosa, que o trabalho na maturidade é degradante e que felicidade é não precisar mais trabalhar. Os idosos resistiram, pois se sentiam bem com o grau de contribuição que ofereciam à sociedade com seu trabalho, não se satisfaziam em ficar em casa sem serem produtivos e ainda tinham que enfrentar a tensão pela condição financeira de dependência do governo, sindicatos ou família, uma vez que a expectativa de vida tornou-se cada vez maior e o poder aquisitivo baseado na previdência social impedia a manutenção do seu estilo de vida.

Hoje, a aposentadoria é encarada por muitos não como uma continuidade, mas como um ponto de parada, quando o crescimento cessa. O propósito de vida se perde, é momento de fazer menos, ser menos, delegar o comando do mundo às gerações mais jovens. Em geral, nos definimos pelo trabalho que realizamos na vida. Quando crianças, nos perguntam o que queremos ser quando crescer; quando adultos, assumimos o nome da empresa em que trabalhamos como referência: "eu sou a Maria da Tecnowork". Quando aposentados, perdemos a identidade? A aposentadoria como um ato de "desaparecimento" não pode ser saudável. Além disso, vivemos em tempos de uma Previdência Social que dá sinais de falência, incapaz de garantir uma velhice sem preocupações financeiras.

Qual a saída? Planejamento financeiro com foco na manutenção do estilo de vida, enquanto ela durar, e o planejamento de uma aposentadoria produtiva ou "segundo início".

Planejamento financeiro

O planejamento financeiro tem como objetivo garantir que você não precise trabalhar por necessidade após a aposentadoria, e sim por escolha pessoal. Manter-se ativo por opção própria e fazendo o que realmente gosta traz benefícios nas esferas mental, emocional e espiritual.

Ter disciplina e sabedoria para poupar e investir durante a juventude é fator crítico para manter um estilo de vida confortável na maturidade e ainda ter a oportunidade de iniciar uma nova carreira ou manter um negócio em paralelo. Quanto antes você começar a poupar, melhor, pois os juros compostos operam milagres em investimentos de longo prazo. Atente para as seguintes dicas financeiras e comece o quanto antes a construir a aposentadoria dos seus sonhos:

- Planeje preventivamente: se gastar o que ganha para manter um estilo de vida de alto padrão, pode ter que reduzir muito a qualidade de vida na aposentadoria. Faça seu dinheiro durar tanto quanto você, de forma que você não precise reduzir seu padrão de vida na maturidade.
- Procure um consultor financeiro para lhe auxiliar neste planejamento. Ele poderá ajudar a determinar o quanto você precisará economizar e investir para ter o retorno financeiro esperado na aposentadoria.
- Selecione uma data-limite em que gostaria de se aposentar e calcule a quantia que você precisa poupar até lá. Comece determinando o quanto precisa por mês para manter seu estilo de vida atual.
- Considere que você precisará de uma grande soma de dinheiro, que aumente a cada ano, para o resto de sua vida. Lembre-se de inserir em seus cálculos a inflação e o aumento de gastos com despesas médicas.
- Calcule o valor aproximado do benefício que receberá da previdência social e privada, se tiver.
- Comece agora, estabelecendo metas ao longo do tempo.
- Supervisione seu progresso.
- Não mexa em suas economias voltadas para a aposentadoria.
- Diversifique seus bens.
- Busque investimentos com tributação diferenciada.
- Adote a prática de investimentos automáticos, isto é, aqueles

que o banco tem autorização para realizar mensalmente.
- Faça pequenos sacrifícios agora em seu estilo de vida para ter uma vida tranquila no pós-trabalho.

Reaqueça-se: planejamento do segundo início

Reaquecer-se significa manter-se ativo na maturidade, trabalhando com suas próprias regras e respeitando sua nova condição, isto é, estabelecer um novo equilíbrio entre o trabalho produtivo, o lazer e a família, além de trabalhar enquanto quiser, podendo parar quando achar que deve. Os "novos idosos" têm muita energia e são intelectualmente vibrantes, podem continuar contribuindo com a economia e, de quebra, garantir seu padrão de vida e maior interação social.

Para planejar seu segundo início, comece o quanto antes a procurar áreas em que poderá e gostará de trabalhar no futuro, que o manterão estimulado a se levantar todas as manhãs, que o coloquem em contato com novas pessoas e experiências. Você poderá criar suas próprias condições de trabalho, que nem mesmo precisam estar relacionadas com o fato de ganhar dinheiro. Para isso, responda inicialmente as seguintes perguntas por escrito:

- Quem eu quero de fato ser quando eu for mais velho? Quem eu quero SER nessa próxima fase da minha vida?
- Qual será o novo equilíbrio que adotarei entre contribuir para a sociedade, trabalhar, aprender e me divertir?

Faça um levantamento dos recursos que você tem à sua disposição: habilidades e contatos profissionais, atividades que são paixões pessoais, áreas do mercado que você conhece bem, ideias iniciais de negócio, amigos que poderiam ajudá-lo a iniciar e administrar um novo empreendimento.

Se a ideia de iniciar o próprio negócio não o atrai, existem outras formas de se manter produtivo, como: trabalhar em organizações comunitárias ou religiosas, fazer parte de uma equipe de voluntários, ser recontratado por sua empresa para realizar atividades como treinamento de novos funcionários na área em que você atuava, trabalhar na elaboração de um projeto, buscar atividades sazonais, entre outros.

Se você tem paixão por aprender coisas novas, tem gosto por riscos e disposição física, pode optar por tornar-se um empreendedor na maturidade. Você pode adotar um sistema de trabalho mais flexível e acrescentar ao trabalho interesses pessoais aos quais não pôde se dedicar enquanto jovem. Pense além do convencional: como você poderia transformar seu melhor talento em uma nova carreira? Como você poderia transformar o que mais ama fazer em um negócio?

Se você conseguiu estabilidade financeira na aposentadoria e agora tem a felicidade de poder escolher como ser produtivo na maturidade, pense naquilo que você adora e encontre uma maneira de passar seus dias fazendo isso. Aqui vão algumas sugestões para inspirar sua criatividade:

- Investir em um período sabático, dedicado a viagens ou a cursos, e depois publicar dicas sobre os lugares que visitou ou sobre as experiências que teve para que outras pessoas na maturidade possam fazer o mesmo.
- Tornar-se palestrante profissional.
- Usar sua experiência para ministrar treinamento terceirizado em seu antigo emprego.
- Se teve um passatempo durante a vida, agora pode ser hora de oferecê-lo ao mundo: buscar galerias para expor e vender seus quadros e esculturas, publicar seus livros, oferecer suas peças teatrais a uma companhia de teatro, gravar um CD, entre outros.
- Associar-se a outros idosos para oferecer produtos e serviços para a maturidade. Ao criar uma cooperativa, vocês agruparão recursos financeiros para terem vantagens em negociações. Além disso, terão uma maior variedade de aptidões a oferecer e mais contatos empresariais e pessoais. Algumas ideias de negócio são: formar grupos de idosos para excursões que estejam dentro do perfil e do interesse desta faixa etária (eventos culturais, turismo, compras, etc.), serviços a domicílio, treinamento e suporte em tecnologia, transporte especializado, fotografia artística.

Coaching de Aposentadoria como benefício diferencial a seus colaboradores

Durante a carreira, os funcionários de uma empresa são compelidos a apresentar a melhor *performance* possível ao longo dos anos. Superam desafios, suportam pressões, adotam um ritmo acelerado para darem conta de suas metas e responsabilidades. Nada mais justo que esta mesma organização prepare seus colaboradores para a transição entre o trabalho formal e a aposentadoria. Como fazer isso?

Para começar, é importante definirmos em quais momentos a orientação para a aposentadoria deve ser aplicada. A Antroposofia de Rudolf Steiner mostra que, entre os fenômenos comuns a todas as pessoas ao longo da vida, está a repetição de um ciclo formado por três dinâmicas, como detalhado a seguir:

Dinâmicas		
APRENDIZADO - Dependência; - Fortes influências externas; - Aquisição de experiência. 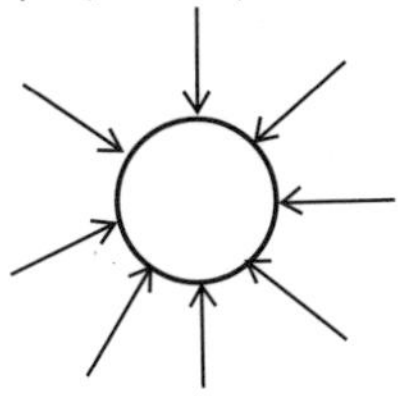	TROCA - Consolidação; - Troca de experiências com o ambiente. 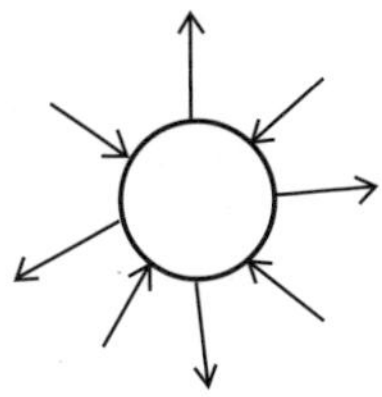	DOAÇÃO - Usar experiência adquirida para dar retorno à sociedade e ao mundo. 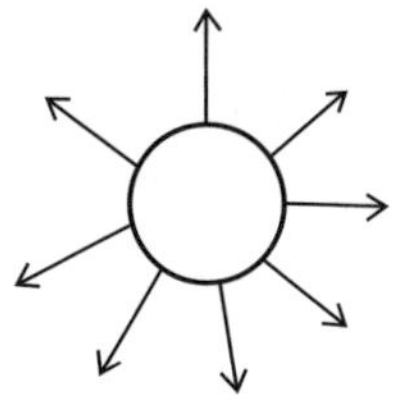
0 a 7 anos: - Conhecer o mundo.	**7 a 14 anos:** - Estabelecer de relacionamentos sociais.	**14 a 21 anos:** - "Estou aqui com toda a minha potencialidade e quero modificar o mundo". - Escolha profissional.
21 a 28 anos: - Como vivencio o mundo? - Desenvolvimento de habilidades técnicas no trabalho.	**28 a 35 anos:** - Como o mundo está organizado e como organizo a mim mesmo? - Capacidade de planejar, organizar e gerenciar. - Mais estabilidade no trabalho.	**35 a 42 anos:** - Desenvolvimento de habilidades sociais. - Aprender a ser mais tolerante consigo e com o outro. - Percepção de que não é onipotente, precisa do outro. - Até então investiu em TER (emprego, casa, bens, família), agora passa a investir em SER autêntico em relação a si mesmo. - "Já passou metade da minha vida. O que pretendo fazer daqui para frente?" - Maior consciência da própria missão de vida.
42 a 49 anos: - Profissionalmente chega ao ápice e desse ponto em diante tem a capacidade de olhar todo o panorama e compreender as circunstâncias que o levaram à situação atual. - "Como transmitirei aos outros o que enxergo agora?" - Busca por novos valores de vida e espirituais.	**49 a 56 anos:** - Fase da sabedoria: busca do equilíbrio entre as solicitações da vida externa e da vida interna. - Crise aos 55 ou 56 anos: aceitar a chegada da velhice. - Saber encontrar um novo ritmo de vida adequado ao crescente declínio físico e fazer transição gradativa de atividades.	**56 a 63 anos:** - "O que consegui realizar?" - "O que ainda gostaria de desenvolver?" - Ainda é possível fazer algo diferente: novos aprendizados e autodesenvolvimento. - Segundo início: reaquecer-se!

Referência: BURKHARD, Gudrun. "Assuma o comando do seu destino". São Paulo: Editora Gente, 2001.

Considerando o quadro, a faixa etária entre 35 e 42 anos compreende os executivos que estão em um bom momento para serem sensibilizados para a necessidade do planejamento financeiro para a aposentadoria. Podem ser convidados a assistirem palestras de consultores financeiros e receberem reportagens e estudos ou pesquisas sobre este assunto.

Entre os 42 e os 49 anos de idade, podem ser encorajados pela empresa a pensar na aposentadoria de forma mais prática. Um *coach* pode realizar um trabalho motivador e de planejamento, com orientação dos profissionais em grupo, e fazer o acompanhamento anual das metas traçadas por cada um. Estes objetivos devem incluir os dois aspectos do planejamento: o financeiro e o foco de atuação no "segundo início". O serviço de consultores financeiros pode ser colocado à disposição dos colaboradores por um valor acessível.

Dos 49 aos 56 anos é aconselhável oferecer uma combinação de *coaching* em grupo e individual para que seja feito o preparo do colaborador para uma transição gradual. Deve ser considerado o apoio na formação dos profissionais que assumirão seu cargo no futuro, um acompanhamento mais próximo da situação financeira para a aposentadoria e dos demais recursos, para o segundo início almejado. Ciclos de palestras com *coaches*, psicólogos, empreendedores seniores, ONGs que trabalham com voluntariado, SEBRAE e profissionais criativos e de áreas relacionadas à saúde são bem-vindos.

Entre os 56 e os 63 anos, o *coach* acompanhará a transição do profissional para a aposentadoria apoiando-o na adaptação ao seu novo estilo de vida e às suas novas atividades, sejam elas profissionais ou não.

Se a empresa preferir fazer um investimento de curto prazo, o tempo mínimo para uma orientação para o pós-carreira ser realizada é de cinco anos antes da data prevista para o colaborador se retirar. No entanto, cabe considerar que este já é um prazo apertado para a realização do planejamento financeiro adequado.

É sempre bom lembrar que embora tratemos vida pessoal e profissional de forma dissociada, estes dois aspectos estão intrinsecamente entrelaçados. Por isso, conceitos como "excelência" podem e devem ser aplicados também à vida pessoal, a fim de construirmos diariamente e desde cedo a realidade que desejamos viver.

34

COACHING – alta performance em vendas

Quando, em algum momento da vida, você perceber que é necessário desenvolver uma mudança efetiva para ir de encontro a novas oportunidades e realizações em sua vida profissional e pessoal, permita-se experimentar o *coaching* em estratégia de vendas. Você, com certeza, encontrará uma nova maneira de pensar e de agir que proporcionará a mudança necessária para que você encontre a tão necessária alta performance e para que as portas de um novo campo de possibilidades se abram

Luiz Felippe Salomon Filho

Luiz Felippe Salomon Filho

Engenheiro agrônomo, pós-graduado pela UFV e UFLA. Desenvolveu mais de 5 mil pessoas em cursos, palestras e consultorias. Pós-graduado em Gestão Estratégica de Recursos Humanos e Docência do Ensino Superior – UCAM. *Executive Coach, Professional Coach e Advanced Leader Coach com certificação internacional pelo Behavioral Coaching Institute* (BCI): *Professional Coach e Executive Coach* ISE-ICE. *Master Practitioner* em Programação Neurolinguística – Certificação Internacional pela International Association of NLP Institutes. Consultor em Perfil Comportamental DISC. Estrategista em desenvolvimento de mercado. Profissional em RH conduzindo estratégias avançadas no Desenvolvimento Comportamental Humano. Consultor com mais de 20 anos de experiência em Gestão Estratégica de Empresas nos ramos: Agropecuária, Comércio, Indústria, Saúde e Educação. Profissional em cargos estratégicos de Multinacionais. Professor de pós-graduação em Gestão Estratégica de Recursos Humanos na UCAM.

Contatos
www.salomoncoach.com.br
contato@salomoncoach.com.br
(22) 99899-9228

Coaching na estratégia de vendas

Introdução

O profissional de vendas trabalhou num mercado completamente diferente do que temos hoje em dia. O que se aplicava no passado não pode mais ser exercido no presente.

A competência exigida atualmente é a razão do sucesso. Para isso o profissional de vendas tem de buscar recursos internos cada vez mais poderosos para atender a demanda de resultados exigidos pelas empresas do presente século.

Para o encontro destes recursos fantásticos, torna-se necessária uma nova maneira de aprender através do trabalho de um *coach* que apoia, avalia e promove um caminho de maravilhosas descobertas que proporcionam alta performance nos negócios.

Era claro que os vendedores estavam fazendo muito da mesma coisa!!!

A nova formatação requer um novo método, um novo pensar, uma nova atitude, onde com certeza os resultados serão muito próximos ou maiores do que os resultados desejados. Esta nova versão do vendedor exige uma ruptura com o aprendizado do passado. É muito fácil aprender algo novo, o mais difícil é se desfazer das coisas antigas! Esta ruptura deve ser integral. Quando chegamos a este ponto de ruptura estaremos reavaliando e ressignificando velhas crenças. Sairemos do modo passivo para o modo ativo. Estaremos no foco do foco do cliente. Negociaremos benefícios e vantagens para ambas as partes e construiremos um futuro duradouro baseado na relação pessoal e profissional que está sendo estabelecida aqui e agora, abrangendo, então, o conceito de sustentabilidade.

Este novo pensar/agir nos força a mudar completamente a visão do que é a arte de vender. É dar um novo significado onde entendemos o vendedor e o comprador como um sistema completo, abandonando o pensamento cartesiano onde "quero levar vantagem em tudo" e abraçamos a visão de que todos precisam ganhar juntos para que exista sustentabilidade no contexto.

Este tratado não é um estudo de técnicas de vendas onde é claramente perceptível a dificuldade de aplicação junto de grande esforço para atingir os resultados desejados, quando utilizamos estas técnicas de vendas sem ter a mínima noção de se adaptar às diversas situações que a profissão de vendas nos impõe durante o trabalho diário. Ser um estrategista é o que há de melhor para atingir bons resultados. É ter coragem para caminhar na presença do medo, pois saberemos onde queremos chegar de maneira que poderemos construir um caminho com as mesmas pedras com as quais nos deparamos, ou seja, um caminho de aprendizado que leva ao sucesso!

Estado atual

Quando estamos perdidos, o primeiro passo é descobrirmos que estamos perdidos! Em muitos casos vemos pessoas repetindo as mesmas coisas esperando resultados diferentes, isso prova que elas não sabem, mas estão perdidas. Então o importante é reconhecermos que nos encontramos perdidos para poder redirecionar nosso aprendizado e trilhar um novo caminho.

Que tipo de mudança deve ocorrer em minha vida a partir de agora? O que sinto que me dá permissão para que eu mude? Está de acordo com os meus valores? E com o meu ideal e resultados esperados? Quanto e o que posso ganhar com esta mudança?

Toda mudança causa desconforto, turbulências e a primeira ação para mudar é a mais difícil, pois a maior barreira, neste caso, somos nós mesmos. Impedimentos muito fortes tais como as crenças e as experiências consolidadas no passado limitam o campo de possibilidades para que ocorram novos aprendizados, impedindo temporariamente você de criar um estado pessoal favorável para a alta performance.

O interessante é que o "ser" se constrói no fazer!!! Vamos entender melhor. Para sermos melhores, a cada dia, torna-se necessário absorver conhecimentos e habilidades, seja através de estudos, cursos, observações e conclusões de experiências pessoais. Após ter aprendido com estes fatos, o que valerá este novo conhecimento sem a utilização dele em sua vida? Respondeu? Não valerá nada, pois não gerou nenhum crescimento pessoal. Porém, quando colocamos este conhecimento em uso, novas experiências de vida acontecerão, gerando novos aprendizados, construindo ainda mais o seu ser. O ser se desenvolve no fazer. Alguém já falou que para termos sucesso é preciso 1% de inspiração e 99% de transpiração!

Análise de cenário

Existe uma matriz que facilita a análise do contexto que estamos vivendo. Tanto no âmbito pessoal como profissional. Esta matriz chama-se Matriz SWOT ou FOFA .

Esta matriz promove a análise dos seguintes itens: pontos fortes e pontos fracos, relacionados ao profissional ou ambiente interno. Oportunidades e Ameaças, relacionadas ao mercado ou ambiente externo.

É um momento de autoavaliação, onde me encontro e onde meu mercado se encontra com certa projeção do que está por vir. Esta análise nos permite entender ainda mais o estado atual do profissional, produto, mercado, etc., e onde queremos chegar.

De posse desta análise podemos passar para a próxima etapa, onde vamos construir metas, uma poderosa ferramenta de orientação ao resultado.

Metas sóbrias

A orientação ao resultado é feito através de um plano de metas. A construção de uma meta deve seguir os parâmetros abaixo.

Específica: a meta deve ser específica e não generalista.

Mensurável: a meta deve ser medida, em qualquer momento. Você poderá medir o tamanho do resultado que está obtendo.

Acordada: a meta deverá ser acordada entre os profissionais superior hierárquico, cliente e consigo mesmo.

Realista: a meta tem de ser realista com o contexto.

Temporal: a meta terá prazo para ser cumprida.

Lembre-se sempre da máxima: "quem não sabe aonde quer ir, qualquer caminho serve". Qualquer caminho aparece na maior parte das vezes, porém normalmente este caminho não é o caminho desejado.

Rapport

O *rapport* é natural. Já existe no DNA do homem. É uma forma de dar qualidade a um relacionamento, pois atinge diversos níveis. A influência depende do *rapport* e não é manipulação, pois para influenciarmos também estaremos nos deixando ser influenciados.

O *rapport* pode ser construído de imediato. A confiança funciona de outra forma, leva bem mais tempo do que a construção do *rapport*.

A ideia principal é que para construir *rapport*, você deve acompanhar o ritmo da outra pessoa. É entrar no modelo de mundo que esta pessoa tem. É estar ao lado dela acompanhando sua velocidade, sua respiração, sua fala, seus movimentos, seu ritmo! É como se você estivesse espelhando alguém, porém com cuidado para não se tornar um macaco de imitação. Então não é copiar uma pessoa, é mais parecido com uma dança onde tem uma pessoa que conduz, acompanha, acompanha, acompanha, conduz... Você e ela irão se sentir mais à vontade e poderão construir mais facilmente o relacionamento.

Escuta dinâmica

As pessoas precisam ser ouvidas. Ouvindo com intenção e atenção, a confiabilidade cresce e muito será revelado. Este processo de escuta dinâmica deve ser utilizado o tempo todo, pois a venda é realizada objetivando suprir as necessidades e desejos dos clientes. Para sabermos estas necessidades e desejos precisamos escutar muito e ter atenção a todos os detalhes que estão sendo transmitidos e percebidos por meio de seu sistema sensorial.

Escutar dinamicamente é estar envolvido com a forma como o cliente apresenta um fato, o contexto como é apresentado e a reação dele com o fato. Escutar é entrar no mundo dele. Nesta hora o julgamento atrapalha demais esta escuta. Ele limita muito a oportunidade que está sendo exposta. O julgamento nos direciona a uma maneira de entender o fato, de acordo com nossas experiências pessoais e crenças, e não da maneira como deve ser entendido, como único e puramente um fato.

Comunicação

Entende-se que a comunicação, segundo os pesquisadores, é mais percebida pelo homem por meio da ação não verbal, ou seja, o gestual, a estética facial, o olhar, etc. O tom de voz vem em segundo lugar e por fim o conteúdo. Por que é assim? O conteúdo deveria ter mais importância? O que dá sentido a esta situação? Parece-me claramente que acontece dessa forma porque percebemos muito mais o sentimento emitido na mensagem do que propriamente o que a mensagem quer dizer em seu conteúdo. Daí filtramos a mensagem de acordo com nossas experiências e no que acreditamos ser a verdade. Muitas mensagens passam sem importância e muitas vezes damos demasiada importância ao que não seria necessário.

Comunicação então, é o que foi entendido e não o que foi transmitido. Uma forma clara e simples de comunicar-se, em muitos casos, atinge plenamente o resultado desejado do que fantasiar demais a comunicação. Seja simples e objetivo!

Perguntas estratégicas

Ouvi uma propaganda que disse: "não são as respostas que movem o mundo e sim as perguntas". Isto é maravilhoso. Da curiosidade surge a pergunta que motivará o desejo de encontrar a resposta certa!

Assim devemos agir com nossos clientes. Perguntando sempre, de forma estratégica, para conseguir obter as informações certas e descobrir as necessidades e os desejos deles, acertando, então, na venda de um produto tão maravilhoso que soluciona todos estes detalhes expostos por eles mesmos.

O que precisamos ter em mente é como as coisas se desenvolvem em níveis neurológicos no cérebro. Podemos utilizar os níveis neurológicos para construir as perguntas, fundamentando os questionamentos na seguinte escala:

1) Ambiente: onde e quando?
2) Habilidade: o quê?
3) Comportamento: como?
4) Crenças: por quê?
5) Identidade: quem?
6) Conexão: quem mais?

A utilização do por que é complexa. Vejamos a razão: quando perguntamos ao cliente por que ele não compra, a resposta imediatamente será embasada em justificativas e crenças que não ajudarão em nada o profissional de vendas e muito menos o cliente. Esse nível está associado a crenças, traumas e muitas coisas que não revelarão nada de importante para os dois. Então em vez de perguntar por que isto está acontecendo assim, pergunte: o que está promovendo isto acontecer assim? O que acha? Soa melhor! E a resposta será muito mais significativa!

Estado desejado

Como vou saber se atingi o estado desejado? A meta proposta? Eu programei enxergar algum sinal quando fiz minha meta sóbria. Como vou avaliar este resultado? De que forma? O que é avaliação? O que é exame?

Avaliação é uma forma de enxergar o processo. Quando eu avalio um aluno, estou também examinando-o, porém deverão ser feitas tantas avaliações quanto forem necessárias para descobrir qual o nível de aprendizado do aluno e também para que haja tempo necessário para descobrir os desvios e corrigi-los durante o processo de aprendizagem. Então a avaliação deve ser feita a todo momento, a todo instante durante o processo de venda.

Finalizando

Entendo que os recursos necessários para a alta performance de vendas estão dentro de nós. Podemos criar diferentes estados para atingirmos alto nível de consciência e alto nível de ação, objetivando um superestado de adaptação onde conduziremos todas as negociações, utilizando as ferramentas acima, espontaneamente, e buscando assertivamente um excelente resultado positivo.

35

TRANSFORMAÇÃO

"A vida é uma jornada que nos leva de um ponto A, nascimento, até um ponto B, morte. O segredo esta em contemplar o verdadeiro milagre que é essa trajetória e a todo instante agradecer por todos os aprendizados relativos aos fracassos e vitórias. Felizes aqueles que a todo o momento desfrutam do milagre da transformação. Felizes aqueles que aprenderam a usar o *coaching* para a conquista de todos os seus sonhos"

Manoel Orro

Manoel Orro

Palestrante motivacional, especializado em liderança e *Executive Coaching*, sócio-proprietário da O.D.H, Orro Desenvolvimento Humano. *Executive, Leader e Master Coaching.*

Contatos
www.odh.net.br
contato@odh.net.br

Existe um poder de realização que mora dentro de cada ser, quando atravessamos a ponte do medo e passamos a aceitar e aprender com aquilo que consideramos um fracasso nos tornamos cada vez mais fortes. Aprender, entender e respeitar o fracasso, buscar as origens do comportamento que levou você a acreditar que deveria ter seguido tal caminho. Existe aprendizado quando permitimos mergulhar profundamente em nós mesmos, quando quebramos determinados modelos mentais, existe aprendizado quando trabalhamos no terreno fértil da humildade. Nosso poderoso inconsciente armazena registros que influenciam nossos comportamentos e decisões, esse poderoso reino que pouco conhecemos pode nos levar à conquista dos nossos maiores sonhos como pode nos colocar em uma prisão invisível por décadas ou até uma existência inteira. Defendo ir além, dotar-se do domínio de ferramentas essenciais que deverão ser usadas em conjunto durante as sessões entre você e seu cliente.

Se desejo aplicar *coaching* com o foco em alta performance, devo estar certo dos caminhos que deverão ser percorridos. Como *coach*, devo caminhar na trilha do completo abandono da zona de conforto, aplicar o processo, e obter o resultado que ele oferece não basta, estamos falando em aplicar o processo e durante essa trajetória buscar a excelência em resultado, proporcionar ao seu cliente o campo para a verdadeira T R A N S F O R M A Ç Ã O.

O *coach* focado em transformação deve ser um especialista em comportamento humano, deve dominar ferramentas como a Programação Neurolinguística e a Hypnose Ericsoniana, que contribuirão com o desempenho de alta performance. O caminho daquele que se dispõe a escolher como profissão ser *coach* torna-se uma jornada incansável pela melhora contínua. Para poder obter resultados surpreendentes com seus clientes é preciso estar consciente de seus próprios pontos fortes e fracos a todo o momento e fortalecê-los.

Tenho buscado nesses últimos 10 anos conhecer minhas forças e fraquezas, sair da zona de conforto. Essa tarefa tem me gerado muito aprendizado, seja positivo ou negativo, é preciso força e determinação para lidar com a aprendizagem dessa caminhada, manter a mente vigilante, manter o foco no momento presente, ler bons livros, pesquisar novos assuntos. Para isso, um dos modelos que encontrei foram os "treinamentos de imersão", a cada pequeno passo que dou descubro que essa jornada é infinita. É preciso disposição, garra, vontade de fazer e aprender, só existe alta performance se existir confiança. No processo de *coaching* só existirá confiança por parte do cliente se o *coach* se conectar ao coração do seu cliente.

Como gerar confiança quando no ambiente corporativo de determinadas organizações o clima é de desconfiança? Como se conectar a um cliente e em um curto espaço de tempo tornar o ambiente seguro iniciando o processo de busca pela excelência?

Quanto tempo se perde dentro das organizações hoje com desperdício de produtividade? Partindo do simples princípio de que o sol nasceu para todos, por que temos pessoas obstinadas pela melhoria, pessoas conformadas com o resultado mediano e pessoas desgastadas e desmotivadas com resultados péssimos?

Temos resultados diferentes porque acreditamos de formas diferentes que somos ou não capazes de realizar nossos objetivos e porque reagimos de formas diferentes quando somos liderados ou estamos liderando. Podemos gerar confiança com uma comunicação impactante e a convicção absoluta de que estamos nos propondo a entrega máxima; podemos nos conectar rapidamente, deixando claro que em um ambiente seguro, onde a regra máxima será a lealdade e a verdade, não existem muros, e sim pontes. Vale, portanto, ressaltar que a forma como processamos as informações é essencial para o nosso êxito ou fracasso. Quem luta pela melhoria com base em fatos concretos e não desiste de seguir o caminho tem muito mais chance de obter êxito em suas ideias. É preciso manter a percepção ativa.

A percepção nasce da capacidade de ouvir, observar e sentir, é preciso ir além das palavras, é preciso ir além da visão. O *coaching* de alta performance tem como objetivo quebrar barreiras, romper limites, tornar o cliente mestre de sua melhoria contínua.

O *coaching* precisa gerar conexão, é preciso identificar quais são as crenças limitantes dos nossos clientes, quais são os diálogos internos que existem baseados em um sistema de crenças que podem continuar levando a um resultado indesejado. Quando o cliente começa a ter consciência de seu estado atual as possibilidades de uma verdadeira transformação começam a acontecer. Definir metas é essencial, porém precisa ficar claro que na ação mora o sucesso da realização de todos os nossos desejos mais ardentes. Não consigo emagrecer se não mudar meus hábitos e tomar atitudes para que através de uma reeducação alimentar e a prática de esportes eu emagreça; não consigo enriquecer se não definir um plano de ação que envolva farejar oportunidades no mercado, estudar essas possibilidades, apostar em uma ou mais delas e transpirar 99% para que os resultados aconteçam. Não existe *Coaching* de Alta performance sem transformação. Quando o processo traz à tona o diálogo interno que contribui com os aspectos negativos que fazem com que o cliente não avance, é preciso caminhar com as perguntas poderosas que permitirão caminhar na estrada do autoconhecimento e da ação para poder avançar na estrada das conquistas pessoais. Quantas pessoas nós conhecemos que triunfaram na carreira profissional e hoje não desfrutam de uma boa saúde ou pessoas que triunfaram na questão financeira e fracassaram em suas famílias? Definitivamente, para obter resultados acima de qualquer expectativa é preciso agir com objetivos claros na busca pela transformação, é preciso entender que o verdadeiro sucesso mora no equilíbrio.

Não estamos falando de mudança nem de melhoria, estamos falando de transformação, e é preciso sacrifício para obter a recompensa que a transformação fornece. Durante a minha jornada, em minha formação no IFT (Instituto de Formação de Treinadores), pude caminhar em direção a minha transformação. A oportunidade de vivenciar por sete dias os ensinamentos do instrutor Massaru Ogata foram de importância fundamental para novos desafios que estabeleci em minha vida, porém reforço que eu tive que dar os passos, minha inscrição para a formação, minha entrega durante a formação, minhas atitudes depois da formação. Se desejamos transformação precisamos agir, muitas vezes rever a ação, agir de outras formas obtendo, assim, resultados diferentes, porém sempre ajustando em busca do melhor resultado possível. Não devemos nos conformar, a verdadeira felicidade se encontra na jornada, portanto a intensidade com a qual decidimos viver nossas vidas define o caminho da transformação. Sempre existirá um ponto B a ser atingido. Onde você está hoje? Seus resultados e sua realidade, esse é o ponto A, o processo sempre o levará ao ponto B, se comprometa em atingir esse ponto, se comprometa em agir com excelência para que possa romper barreiras. Outro exemplo em minha busca pela transformação foi em minha formação em Renascimento pelo Instituto Ibrare. Os aprendizados obtidos permitiram a abertura de novas possibilidades. O instrutor Nilson, com seu amor e sensibilidade, trouxe poderosas ferramentas para o autoconhecimento. Imagine durante uma semana se permitir perceber o poder da respiração, grande alimento de nosso organismo, o quanto deixamos de atentar para esse poder silencioso que mora em nosso ser. Respirar, um aprendizado aparentemente simples, mais de uma profundidade sem igual.

O *coaching* passa a ser fundamental quando existe o persistente desejo de atingir patamares superiores de resultado. É preciso ter consciência da necessidade de buscar patamares superiores para atingir a transformação. Quando o cliente se compromete a atingir um ponto B, deve ter a convicção e a consciência de que seja possível, quando reconhece que tem características de comportamento que estão atrapalhando a jornada, deve buscar a origem desses comportamentos e transformá-los em comportamentos que auxiliem a jornada. O *coaching* de alta performance foca nesse ponto, identifica o lado que inicialmente não aparece pelo simples motivo que o próprio cliente não percebe. Em dezembro de 2012 realizei uma formação de oito dias na qual o objetivo era identificar os padrões de comportamento negativos e positivos. Realizei o Processo Hoffman de Quadrinidade, a formação foi de importância única para ir a fundo em meus padrões de comportamento. Bob Hoffman criador do processo, estabelece que somos a soma dos padrões de comportamentos negativos e positivos que herdamos de nossos pais ou pais substitutos e isso é transmitido geração após geração. Validado por Harvard e aplicado em alguns locais do mundo, o processo foi mais um passo em busca do autoconhecimento, ter a consciência de que existe um padrão de comportamento que não desejo mais e descobrir a sua origem trouxe a convicção de que é possível alterá-lo. Obter as ferramentas necessárias para eliminar esses padrões contribui significativamente para o autodomínio, trazendo muita tranquilidade para o ser. Devemos, como *coaches*, caminhar na senda do autoconhecimento, é preciso esforço contínuo para atingir patamares superiores. Quando busco desenvolvimento emocional e espiritual, percebo que minhas atitudes quanto ao meu comportamento vão melhorando.

Quando me torno conhecedor das origens de meus padrões de comportamento e reconheço minhas fraquezas é que posso realmente me tornar forte, o estado de consciência me fortalece, mostra o quanto posso estar no caminho certo e quais passos devo dar em busca da melhoria contínua. O *coaching* de alta performance deve mover o cliente para a ação. Sempre existirá algo novo para ser descoberto, seu cliente deve acreditar que existe um futuro diferente, o foco deve ser na esperança em atingir o ponto B, devemos promover a criação de novos propósitos, novas expectativas. Tenho a crença que somente em constante transformação podemos realmente fazer a diferença em nossas vidas e na de nossos clientes , em minha formação de hipnose Ericksoniana com o Dr. Stephen Paul Adler presidente do ACT INSTITUTE, ouvi algo que jamais esquecerei, "O PODER MORA NA VULNERABILIDADE DO SER, QUANDO NOS CONECTAMOS A NOSSA ESSÊNCIA, ENCONTRAMOS O CAMINHO".

Com 10.000 horas de estudo em qualquer assunto nos tornarmos especialista, para se criar um novo hábito são necessários 90 dias praticando repetidas vezes, portanto o segredo da transformação mora no despertar da consciência e na execução de novos comportamentos. "Nós somos o que repetidamente fazemos, portanto a excelência não é um feito, mas um hábito"(Aristóteles).

36

Saindo da superficialidade para elevar sua performance

Diversos pontos podem ser trabalhados para atingir a alta performance e é importante entender quais são eles para então desenvolvê-los intensamente. Isso porque um trabalho superficial jamais proporcionará resultados espetaculares. O *coaching* pode apoiar esse desenvolvimento de forma muito poderosa e eficaz, sendo utilizado cada vez mais para que estados elevados de performance sejam atingidos

Marcela Marques &
Rodrigo Fagundes

Marcela Marques & Rodrigo Fagundes

Marcela Marques: *Master Coach* formada pela Sociedade Latino Americana de *Coaching*, credenciada internacionalmente pela International Association of *Coaching Institutes*. Bacharel em Comunicação Social com ênfase em Marketing e pós-graduada em Gestão Estratégica de Negócios. Atuou nas áreas de marketing, comunicação, comercial, assuntos corporativos, eventos e treinamentos em empresas de grande porte.

Rodrigo Fagundes: Especializou-se em gestão empresarial e planejamento estratégico. Formado em Comunicação Social com ênfase em Marketing, com pós-graduação em Gestão Estratégica de Negócios. Atuou em empresas multinacionais e nacionais nas áreas de marketing e projetos. *Master Coach* formado pela Sociedade Latino Americana de *Coaching*, internacionalmente credenciado pela International Association of Coaching Institutes.

Contatos
www.complementocoaching.com.br
contato@complementocoaching.com.br
(19) 2121-0722

Quando falamos em elevar performance, temos primeiramente que analisar o quão fundo estamos dispostos a mergulhar. Isso porque a alta performance não acontece em uma atuação superficial, é preciso realizar uma imersão profunda. Este é um conceito amplamente desenvolvido em uma equipe que é exemplo de desempenho elevado: o Cirque du Soleil. Indiscutivelmente, essa equipe conseguiu atingir um patamar em seu ramo de atuação nunca antes alcançado e, em quase 30 anos de apresentações pelo mundo, nenhum outro grupo conseguiu alcançá-la. Qual será o segredo desse sucesso tão consistente?

O principal ponto consiste em fazer com que cada membro da equipe atue profundamente naquilo que faz, aplicando todo o seu conhecimento técnico atrelado à vontade de realizar um excelente trabalho. Para que isso possa acontecer, é fundamental que seja desenvolvida uma visão holística das situações. Essa visão, que também pode ser chamada de sistêmica, nada mais é do que perceber a empresa, procedimentos, pessoas, políticas, etc., de forma global. Assim, o indivíduo deixa de enxergar apenas o que considera ser essencial para sua função e passa a entender que tudo e todos estão conectados e que cada ponto é, de fato, relevante.

Para iniciar esse processo de mudança várias ferramentas podem ser aplicadas, mas o *coaching* é, com toda certeza, uma das que traz resultados mais rápidos. Isso porque essa metodologia provoca questionamentos profundos nas pessoas, causando então diversas mudanças internas. Sabemos que o que somos e fazemos influencia o meio em que vivemos; então, cada mudança interna é refletida diretamente em mudanças externas. Não é preciso muito tempo para verificar melhorias na forma como cada um desempenha sua função e como isso começa a elevar a performance individual e do grupo.

Nesse processo de mudança, é muito comum esbarrarmos em diversos paradigmas, que nada mais são do que padrões que achamos que devem ser seguidos sempre. Muitas vezes esses padrões nos impedem de avançarmos em direção aos nossos objetivos e temos a sensação de estarmos estagnados. Para prosseguirmos em direção ao alto desempenho é preciso identificá-los e iniciar um trabalho para desconstruí-los. É importante entendermos que todo paradigma está ligado a uma crença e que nossas crenças nos dão permissão para agir. O que queremos dizer é que se uma pessoa não acredita em uma determinada questão, ela não se sente capaz de executá-la. Uma forma simples de desconstruir paradigmas desse tipo utilizando *coaching* é questionar se algo parecido já foi feito por alguém e o que este alguém fez para conseguir. Assim, o paradigma deixa de fazer sentido, pois a pessoa percebe que é possível executar a tarefa de alguma forma. Então ela poderá traçar um plano de ação para superar o obstáculo com êxito.

Para lidar com os paradigmas de diferentes pessoas, ou até mesmo outras questões que surgirem, não se pode deixar de considerar que cada um tem seu estilo de comportamento, composto de diferentes preferências e hábitos. Existem diversos estudos a respeito desse assunto e alguns modelos de análise de perfil comportamental, como o DiSC, podem ser bastante úteis para o autoconhecimento, assim como um melhor entendimento do funcionamento de um time. Ao entender como funcionamos e como nossos colegas funcionam, fica muito mais fácil trabalharmos com eles visando resultados elevados. Um exemplo disso é a motivação. Há pessoas que sob pressão constante produzem mais e mais, pois se sentem motivadas pelo desafio. Outras se sentem perseguidas e passam a ter um rendimento menor. Não existe certo ou errado nesta esfera, apenas preferências e se soubermos aproveitar o melhor de cada estilo, o sucesso de todos virá com mais facilidade. Mas como fazer para otimizar esse aproveitamento particular?

É fundamental desenvolver uma comunicação eficaz entre as pessoas, pois grande parte dos problemas do dia a dia é oriunda da falta da mesma. Não é raro dizermos algo e nosso ouvinte entender uma coisa completamente diferente. No fim das contas, o que vale mesmo é sempre o que a outra pessoa compreendeu, pois é baseado nessa compreensão que as próximas ações serão executadas. Assim, todos devemos ter uma pequena estratégia na hora de nos comunicar, garantindo que pelo menos três etapas sejam executadas:

1) Entender a situação
2) Estabelecer as ações
3) Verificar a compreensão

Novamente podemos utilizar o *coaching* para extrair do nosso interlocutor respostas profundas em cada etapa. Ao entender a situação, buscamos clarificar o que está acontecendo, sempre utilizando fatos como base. No momento em que estabelecemos as ações, temos que ser claros e realistas sobre o que de fato podemos fazer a respeito da situação para atingirmos o estado desejado. Por fim, uma verificação deve ser realizada para garantir que todos os envolvidos entenderam o que deve ser feito, assim como de que forma e em que prazo. Esse modelo pode ser utilizado tanto em uma reunião de uma hora quanto em uma conversa de cinco minutos, pois cobre as etapas básicas para que a comunicação seja eficaz.

Contudo, algumas modificações devem ser feitas quando a intenção da comunicação é fornecer um *feedback*, que nada mais é do que um retorno contemplando comentários e informações sobre algo que foi realizado ou está em andamento. Nestes casos temos que ter cuidado para que nossa intenção, que é sempre positiva, cause também efeitos positivos. Em uma situação de queda de performance é comum que, após um *feedback* mal realizado, o desempenho se eleve um pouco e então volte a cair. Para evitar que isso aconteça, sugerimos que seja acrescentado um quarto passo na comunicação.

Voltando ao raciocínio anterior, comece por descrever a situação, sempre utilizando detalhes e fatos, para que o *feedback* não pareça estar baseado em uma opinião apenas. Questione a pessoa com relação ao que pode ser feito e, se necessário, forneça orientações pertinentes. Faça o alinhamento para verificar se tudo que foi dito também foi totalmente compreendido. Por fim, acrescente o quarto passo, que é fazer com que a pessoa se comprometa com os resultados esperados. Motivar é a palavra chave para que um compromisso seja estabelecido e o desempenho melhore após o *feedback*.

Outro ponto importante a analisar é se todos os recursos necessários para atingir um desempenho elevado estão presentes. Não adianta exigirmos que as pessoas obtenham resultados excelentes se estas não possuem preparação, treinamento, equipamentos, verba, etc. É preciso que sejamos realistas para identificar até onde podemos chegar com os recursos que já temos e, caso este não seja o estado desejado, tracemos uma estratégia coerente e atingível para obter os demais recursos que nos levarão até lá. O *coaching* pode apoiar as pessoas tanto a identificar recursos atuais e desejados, como também no desenvolvimento dos mesmos. Muitas vezes esse desenvolvimento envolve um trabalho profundo de competências e novos hábitos comportamentais, além de lidar com as emoções que fazem a ponte entre as competências que o indivíduo possui e as ações que ele consegue efetivamente ter para demonstrá-las.

Continuando esse processo de desenvolvimento, seria inconsistente falar de aumento de performance sem falar de um dos fatores cruciais para isso, ou melhor dizendo, a falta de um destes fatores, que é o tempo. Afinal, quem é que nunca disse que não conseguiu realizar algo, não pôde fazer um treinamento, não foi possível fazer tudo o que era necessário, por falta de tempo?

Se pensarmos friamente, tempo, todos nós temos em quantidades iguais, sem exceção para ninguém. Essa síndrome da falta de tempo é gerada muitas vezes pela grande demanda de trabalho existente atualmente. As pessoas acabam fazendo o trabalho de uma equipe inteira e, além disso, possuem uma má gestão de suas atividades no dia a dia, com a frequente procrastinação de tarefas, que se espalha quase como uma doença crônica, pois está 99% das vezes ligada às situações onde sentimos que não possuímos tempo para nada, não rendemos em nossas atividades e acabamos ficando desmotivados. As redes sociais e o fácil acesso à informação na internet são grandes vilões geradores de distração nas pessoas. Com isso, o famoso cafezinho de cinco minutos está perdendo lugar para a troca de mensagens e as visualizações de postagens, que acabam levando bem mais tempo.

Além disso, outro movimento recorrente é que muitos passam a maior parte de seu tempo apagando incêndios, correndo para solucionar os problemas frequentes e acabam não focando nas questões que em breve também serão urgentes e que geralmente fazem a engrenagem girar nas companhias. Independentemente da situação que você se encontra, é necessário buscar um equilíbrio, nem trabalhar demais, nem de menos e sim fazer o seu melhor no tempo destinado ao trabalho, além de ter qualidade de vida nos momentos livres.

Existem diversas ferramentas e recursos que auxiliam na organização das tarefas diariamente, semanalmente e até para períodos maiores, que proporcionam um melhor direcionamento das atividades. O *coaching* com certeza é uma metodologia que apoia as pessoas a terem uma melhor organização com a criação de planos de ação consistentes. É preciso analisar, priorizar e buscar otimização das ações realizadas para com isso conseguir elevar a performance, fazer o melhor no menor tempo e, neste caso, foco é fator indispensável pois, sem ele, o planejamento de nada adiantará. Ele pode auxiliar também em outros pontos que nos impulsionam a obter um desempenho mais elevado como, por exemplo, a atenção aos detalhes. Afinal, hoje em dia o que faz a diferença muitas vezes são pequenos fatores. Resultados, muitos conseguem entregar; porém, o que chama a atenção dos gestores muitas vezes é a forma como o trabalho foi executado e os detalhes que o fizeram ser melhor que os demais. Você está atento aos detalhes que poderão fazer a diferença em sua função? Começar a prestar mais atenção a eles é um passo necessário e você deve incorporar esse diferencial.

Alguns desses detalhes podem ser até mesmo riscos que aparecem e devem ser assumidos. É visível que apenas uma pequena parcela da população se sente confortável em assumir riscos, porém, algumas vezes isso é necessário e pode fazer a diferença se você correr o risco certo. Sair da zona de conforto não é fácil, mas pode ser o elemento chave que falta para elevar seus resultados. O processo de *coaching* pode constantemente auxiliar na análise de riscos, pois provoca a conscientização das perdas e dos ganhos em cada passo a ser dado, como um experiente jogador de xadrez que avalia todas as suas possibilidades antes de mover as peças para poder dar um xeque-mate certeiro, que neste caso, é conseguir os resultados almejados e potencializar seu desempenho.

Existem também as pessoas que se sentem confortáveis em situações que envolvam riscos, que gostam de estar sobre pressão e conseguem resultados melhores desta forma. O importante mesmo é estarmos em um ambiente estimulante que provoque motivação, pois só assim é possível efetivamente buscarmos o aumento de performance. Você consegue se sentir motivado a produzir mais em um ambiente que seja desestimulante e negativo? Raramente sua resposta será sim, portanto, este é um fator a ser considerado antes mesmo de pensar em aumentar o desempenho. O ambiente que você atua lhe possibilita ser mais criativo, abrir a mente para novas ideias e ter motivação para conseguir extrair o melhor de si? Se sua resposta for não, talvez algumas coisas tenham que ser mudadas antes.

Passamos boa parte do nosso dia e, se pensarmos mais amplamente, de nossas vidas, no ambiente de trabalho. Se ele não for entusiasmante, talvez seja complicado conseguir motivação interna para agir além e conseguirmos otimizar nossos resultados. Um exemplo de funcionários desempenhando suas funções na mais alta performance pode ser encontrado na Walt Disney Company, atualmente o complexo de entretenimento de mais sucesso no mundo. Tudo parece funcionar como em uma peça teatral que se exibe em extrema harmonia e ritmo compassado, onde tudo se encaixa e parece ter sido exaustivamente ensaiado. A cada dia os clientes podem se beneficiar com o desempenho exemplar de todos os funcionários, pois eles dão o melhor de si e, no dia seguinte, conseguem ser ainda melhores, o que é um grande desafio. A fórmula para esse sucesso é que todos sentem que são importantes, pois são tratados como peças essenciais e, se uma delas faltar, o quebra-cabeça estará incompleto. Uma forma de demonstrar essa importância é por meio de reconhecimento, recompensas e comemoração constantes.

Vemos então que a alta performance não é algo que se obtém do dia para a noite, mas sim com planejamento e persistência, pois é composta por uma junção de diversos fatores. Algo que facilita o trabalho é termos em mente se o que estamos fazendo está alinhado com nossos valores, pois isso é um grande passo em direção ao alto desempenho.

37

Coaching executivo para alta performance

Frente às forças do ambiente externo e à alta pressão das empresas para se cumprir metas organizacionais, um conjunto de competências e habilidades é esperado de seus gestores e líderes para que cumpram com o *delivery* esperado. Neste cenário altamente competitivo e estressante, o *coaching* para alta performance corrobora para o desenvolvimento e a capacitação de gestores e líderes, tornando-os gestores com alto desempenho quando demandado e líderes de sucesso continuamente

Marcelo Dourado Sales & Ana Lúcia Righi Schleich

Marcelo Dourado Sales & Ana Lúcia Righi Schleich

Marcelo Dourado Sales: Administrador de empresas, PhD em Business Administration (FCU-Florida Christian University). Mestre em Administração Profissional em Empreendedorismo (FACCAMP). Especialista em Gestão da Qualidade e Inovação de Produto (MACKENZIE). Certificado em Alpha Assessment (teste de perfil para executivos). Formação em Executive *Coaching*, Personal e Professional *Coaching*, Master e Practitioner em PNL pela Sociedade Brasileira de *Coaching*. Executivo na área de Comércio Exterior e atua em treinamento a 15 anos. Diretor-Sócio da Alliance Team – *coaching, training & consulting*. Docente dos cursos de graduação e pós-graduação da FACCAMP. Docente da graduação da Universidade São Judas Tadeu.

Contatos: www.atresultados.com.br / sales@atresultados.com.br

Ana Lúcia Righi Schleich: Psicóloga, PhD em Business Administration (FCU-Florida Christian University). Mestre em Educação (UNICAMP). Especialista em Psicopedagogia. Certificação em Assessment Training DISC (SUCCESS TOOLS). Diretora-sócia da Alliance Team - *coaching, training & consulting*. Docente a 14 anos dos cursos de graduação e pós-graduação da FACCAMP.

Contatos: www.atresultados.com.br / ana@atresultados.com.br

Neste artigo, apresentamos uma revisão da literatura a respeito do tema *coaching* e liderança a fim de delimitar elementos que influenciam na gestão e na liderança eficaz, considerando desde pessoas até projetos.

A missão de qualquer organização é atingir lucros e sobreviver às ameaças constantes do mercado. Isso significa dizer que é, sobretudo, fornecer valor – valor percebido é o valor prometido pela proposição de valor da empresa e pelo cliente – ao cliente em uma economia cada vez mais competitiva em que os compradores estão mais racionais em seus processos de escolha. (KOTTLER; KELLER, 2012).

Não obstante, os líderes devem lidar com as forças do ambiente externo que afetam a organização. Da mesma forma que as forças do ambiente de marketing demandam análise e ações dos profissionais de marketing. Segundo Kottler e Keller (2012), o ambiente de marketing está constituído por:

1) o microambiente (participantes imediatos envolvidos na produção, na distribuição e na promoção de oferta: a empresa, os fornecedores, os distribuidores, os revendedores e os clientes-alvo);

2) o macroambiente (composto por seis componentes: ambiente demográfico, ambiente econômico, ambiente sociocultural, ambiente natural, ambiente tecnológico e ambiente político legal).

Assim sendo, admite-se que todos os líderes da organização devem analisar esses dois ambientes e, sobretudo, identificar como a sua área e, por conseguinte, a sua organização estão respondendo às demandas necessárias dos ambientes micro e macro.

Essa análise deve, ainda, verificar nesses ambientes a eficácia do planejamento, dos processos, das pessoas e dos projetos, conhecidos como os quatro Ps da gestão, 1) Planejamento; 2) Processos; 3) Pessoas; 4) Projetos. (GASSENFERTH; MACHADO; KRAUSE, 2012)

Para se obter uma alta *performance*, tais forças têm demandado aplicação e revisão de planejamentos, adoção de estratégias e novos comportamentos que incluem competências pessoais, tomada de decisões racionais, agilidade e assertividade por parte do líder; e este, por sua vez, demanda um constante apoio por parte de sua equipe.

Os autores Kotler e Kettler (2012) afirmam que o mercado está drasticamente diferente do que era há somente dez anos. Existem doze forças sociais importantes e em alguns casos interligadas. São elas: 1) Rede de tecnologia da informação; 2) Globalização; 3) Desregulamentação; 4) Privatização; 5) Concorrência ampliada; 6) Convergência setorial; 7) Transformação no varejo; 8) Desintermediação; 9) Maior poder de compra do cliente; 10) Informação ao consumidor; 11) Participação do consumidor; 12) Resistência do consumidor. Essas forças criaram novos comportamentos, oportunidades e desafios de marketing. Esses elementos criados afetam toda a organização, por isso, essas forças demandam posicionamento e tomada de decisão dos líderes. Por esse motivo, há que se capacitar e desenvolver gerentes para que se tornem líderes, pois estes também deverão conduzir a sua equipe para que todos possam estar alinhados às estratégias para entrega de valor.

É neste cenário que o processo de *coaching* contribui para a alta performance do líder, direcionando-o para o cumprimento de metas, corroborando para que o líder reflita sobre as suas responsabilidades e ações. Com este apoio, o líder poderá rever o seu planejamento estratégico e avaliar as suas ações e seu desempenho, assim como, os de sua equipe.

Portanto, o processo de *coaching* torna-se uma ferramenta estratégica útil para minimizar e gerenciar riscos que podem suplantar a boa performance do líder, corroborando com seu aprendizado e no desenvolvimento do conjunto de competências e habilidades que esperam-se de um líder com alta performance.

Como proposto o conceito de competências por Fleury & Fleury (2001, p.21), competência é "um saber agir responsável e reconhecido, que implica mobilizar, integrar, transferir conhecimentos, recursos, habilidades, que agreguem valor econômico à organização e valor social ao indivíduo". Em congruência ao conceito acima Zariffian (1999) *apud* Fleury & Fleury (2001) elenca cinco competências em uma organização que se esperam dos líderes: 1) Competências sobre processos, 2) Competências técnicas, 3) Competências sobre a organização, 4) Competências de serviço e 5) Competências sociais.

Para se conseguir uma alta performance de um líder ou de uma organização, os líderes devem tratar claramente as suas duas funções, gerenciar e liderar. Gerenciar é controlar, manejar ou manipular sistemas, processos e tecnologia e liderar é guiar, influenciar ou persuadir pessoas. Tanto a gerência quanto a liderança são necessários em todos os níveis organizacionais, em todas as pessoas e equipes para que uma organização alcance eficácia – mais *performance*. (CHIAVENATO, 2005)

Frente a este cenário de competências e habilidades que as organizações esperam dos líderes, o Alpha *assessment* e o DISC *assessment* identificam o conjunto de competências e habilidades, assim como o conjunto de limitações. E o processo de *coaching* configura-se no elo que leva o líder ao processo de aprendizagem, desenvolvimento e capacitação. O Alpha *Assessment* é um instrumento estratégico que apresenta como um líder tende assumir o seu papel dominante em situações sociais ou profissionais. O instrumento Alpha apresenta sua estrutura em dois pilares: valores e riscos para a organização. No Quadro 1 é apresentado as tipologias do Alpha e os valores e riscos para a organização.

Tipo Alpha	Valor para a organização	Risco para a organização
Comandante	Decidido, forte, imponente; exala confiança; frequentemente carismático; tem grande apetite por conquistas e sede de vitória.	Gosta de atuar sozinho; dominador e intimidador; discute para fazer prevalecer suas opiniões; gera medo e cria uma cultura de autoproteção; compete com os colegas; invejoso; não se atém às regras.
Visionário	Tem altos padrões e objetivos amplos; é inspirador em sua visão de futuro; gera saltos criativos; possui convicções fortes, fé inabalável e vontade tenaz; confia no instinto.	Confiante demais nas ideias; bravata excessiva; fica na defensiva quando questionado; hermético a subsídios alheios; ignora a realidade, perdendo apoio dos pragmáticos; distorce a realidade.
Estrategista	Possui mente rápida e investigativa; é objetivo, analítico, metódico, movido por dados; enxerga padrões subjacentes; vai além do óbvio e integra ideias díspares.	É um sabe-tudo opinioso; cheio de si, arrogante, pretensioso; quer sempre estar certo; não admite os seus erros; frio e objetivo; desprovido de espírito de equipe; desliga-se dos outros.
Executor	Lança-se em uma busca indisciplinada e incansável por resultados; possui um olho incrível para detectar problemas; dá excelentes *feedbacks* e "toques de despertar"; impele as pessoas para a ação; ajuda a equipe a crescer.	Cria expectativas exageradas; micro gerencia; tende a trabalhar demais e a levar os funcionários à estafa; impaciente; crítico demais; concentra-se nas falhas; expressa seu desagrado, mas não expressa o seu reconhecimento.

Quadro 1 - Contribuição e riscos para a organização de cada tipo Alpha
Fonte: Executive *Coaching* – Sociedade Brasileira de *Coaching* ®

Esses valores e riscos precisam estar em equilíbrio para que se tenha um perfil de líder eficaz. Isto é, quando os profissionais com perfil Alpha estão em equilíbrio e em pleno comando de suas forças, inspiram respeito admiração e promovem o engajamento. O perfil Alpha não funcionando gera resistência, ressentimento e atos de sabotagem por parte dos funcionários (MATTA; VICTORIA, 2010).

Já a ferramenta *Assessment* DISC busca a identificação do perfil comportamental das pessoas. É utilizada em recrutamentos, seleções, realocação de colaboradores de acordo com as necessidades da empresa e as competências exigidas para determinados cargos. Ajuda a entender como a pessoa reage ao ambiente ao seu redor, como ela se relaciona, como é motivada, etc. Essa ferramenta também permite mapear comportamentos, emoções e posicionar o estilo comportamental da pessoa dentro de quatro dimensões:

Dominância – refere-se à maneira de cada pessoa lidar com as dificuldades e os desafios. Pessoas com este perfil são mais competitivas, objetivas e orientadas para os resultados.

Influência – refere-se à maneira de cada pessoa se relacionar e influenciar os outros. Pessoas com este perfil são mais comunicativas, otimistas, orientadas para pessoas e têm mais facilidade para trabalhar em grupo. Benefícios para o time: gerenciam e motivam, negociam em conflitos.

Estabilidade – refere-se à maneira de cada pessoa lidar com mudanças. Pessoas com este perfil são mais constantes, pacientes, amistosas e com capacidade para ouvir. Benefícios para o time: iniciam e terminam projetos, cooperativos, trabalham por um líder ou uma causa.

Conformidade – refere-se à maneira de cada pessoa lidar com as regras estabelecidas e as respeita. Pessoas com este perfil são analíticas e detalhistas, orientadas para a qualidade e a precisão. Benefícios para o time: definem, esclarecem, buscam informações, avaliam e testam.

A importância do Processo de *Coaching*

Para Underhill; McAnally; Koriath (2010) o *coaching* executivo ajuda líderes a transpor o largo vão que existe entre entender o que fazer e realmente fazê-lo. Entender como o ambiente de marketing externo impacta na organização e identificar as competências pessoais, técnicas e sociais que interagem no *delivery* do líder. O *coaching* irá ajudar exponencialmente líderes com alto potencial a se tornarem grandes líderes; e é a parte inicial para um boa performance, o fazer que resultará no sucesso. Não obstante, o processo de *coaching* executivo permite o desenvolvimento de capacidades individuais, mais rapidamente do que na maioria dos programas de aprendizagem, e permite desenvolvimento em áreas onde não existem programas de treinamento. Um estudo da Executive Development Associates (2005) identificou que empresas que apresentam tais sistemas possuem uma oportunidade de melhoria de *performance*. (UNDERHILL; McANALLY; KORIATH, 2010)

Conclui-se que a alta performance é obtida quando os líderes por meio da avaliação dos dois ambientes, micro e macro, analisam a sua gestão e respondem de maneira eficaz às demandas desses ambientes. Para isso, é necessário um alinhamento eficaz entre os quatro Ps. Além disso, é esperado que os líderes desenvolvam um conjunto de competências e habilidades necessárias para o exercício eficiente do cargo, como aquelas apresentadas nos perfis por meio do instrumento Alpha ou DISC e pelos especialistas Fleury & Fleury (2001). Portanto, os *assessments* são de suma importância porque dão mais direcionamento e foco para o desenvolvimento do processo do *coaching* executivo para alta performance; por meio desses instrumentos são identificados as competências pessoais, técnicas e sociais dos líderes. Os *assessments* apresentam não somente os desafios e limitações para serem trabalhadas, mas também os pontos fortes que podem ser potencializados, dando assim, um direcionamento que quando trabalhado ao processo de *coaching* executivo, corroboram para o sucesso da capacitação e do desenvolvimento do líder e, por conseguinte, da melhor *performance* da organização.

REFERÊNCIAS

BARON, R. A.; SHANE, S. A. *Empreendedorismo uma visão do processo*. Tradução All Tasks. São Paulo: Thomson Learning, 2007.

CHIAVENATO, I. *Comportamento Organizacional – A Dinâmica do Sucesso das Organizações*. 2. ed., Rio de Janeiro: Elsevier, 2005.

FLEURY, A.; FLEURY, M. T. L. *Estratégias Empresariais e Formação de Competências – Um Quebra-cabeça Caleidoscópio da Indústria Brasileira*. 2. ed. São Paulo: Atlas, 2001.

GASSENFERTH, W.; MACHADO M. A. S.; KRAUSE, W. *Gestão Empresarial em Gotas – AGITE DEPOIS DE LER*. São Paulo: Cengage Learning, 2012.

KOTLER, P.; KELLER, K. L. *Administração de Marketing 14e*. São Paulo: Pearson, 2012.

MATTA V.; VICTORIA F. *Executive Coaching* – Livro de Metodologia. São Paulo: SBCoaching Editora, 2012.

UNDERHILL, B. O.; McANALLY, K.; KORIATH J. J. *Coaching Executivo para resultados*. Tradução Mark Broeker. Osasco: Novo Século Editora, 2010.

38

Em busca dos objetivos profissionais

Em um determinado momento da minha vida, por volta dos meus vinte e poucos anos, tive a oportunidade de presenciar um palestrante abordar um tema bastante interessante e intrigante. Ele começou com uma pergunta: "Você faz hoje o trabalho que escolheu fazer?" Para o aumento da minha angústia ele vinha com outra igualmente inquietante: "Você trabalha na empresa que escolheu para você?"

Marcelo Jabur

Marcelo Jabur

Marcelo Jabur é doutor em Psicologia pela USP, mestre em Ciências do Esporte pela Unicamp e professor da Fundação Getulio Vargas (MBA-FGV Management). Atua como palestrante, em treinamentos corporativos e como *coach* executivo junto a gestores dos mais variados segmentos. É autor dos livros *Escolher ou Ser Escolhido* (Ed. Roca) e *Liderança Generosa* (Ed. Saint Paul). É também diretor da Instrumenta – Consultoria e Desenvolvimento Humano.

Contatos
www.marcelojabur.com.br
marcelojabur@instrumenta.com.br

Em um determinado momento da minha vida, por volta dos meus vinte e poucos anos, tive a oportunidade de presenciar um palestrante abordar um tema bastante interessante e intrigante. Ele começou com uma pergunta: "Você faz hoje o trabalho que escolheu fazer?" Para o aumento da minha angústia ele vinha com outra igualmente inquietante: "Você trabalha na empresa que escolheu para você?" Eu só pensava em onde ele queria chegar com aquele papo.

Bom, depois disso, após estudar comportamento no trabalho por alguns anos e de exercer algumas funções de gestão, venho refletindo mais e mais sobre esse assunto. Chego à conclusão (agora com meus quarenta e tantos anos), que o tema abordado naquele dia por aquele (famoso) palestrante é absolutamente essencial para o sucesso profissional e pessoal. Sei que nessas linhas não falo sobre a "rebimboca da parafuseta" (ou algo ainda mais complicado); mas sei que volto a tratar de um assunto que chega a ser angustiante para grande parte dos seres humanos que estão no mercado de trabalho.

A escolha do trabalho e da vida que queremos não é algo tão fácil ou mágico como pode parecer algumas vezes em palestras, livros ou filmes. Mas, por outro lado, verificamos que se torna bastante provável quando existe uma preparação para isso. Destaco a palavra "preparação" para lembrarmos do processo que leva o atleta àquela final de um campeonato mundial. Não foi por sorte, acaso ou qualquer outra razão que se chegou a um momento que se sonhou tanto. Muito treinamento, abdicação de centenas de horas de lazer, disciplina com as tarefas a serem cumpridas ao longo do caminho e, mais do que qualquer outra razão, o foco e a prioridade com que a busca por esse momento foi tratada. Quando esse atleta é entrevistado, antes ou após a prova que define o campeonato mundial, muitas vezes ele relata que jamais imaginou chegar a tal ponto; chega a afirmar que ficaria muitíssimo feliz e realizado com conquistas muito mais modestas (um campeonato nacional ou até regional).

Quando transferimos essa situação para o mundo das organizações, percebemos uma realidade muito parecida. Conhecem-se pessoas desenvolvendo tarefas profissionais que lhe trazem muito prazer e satisfação financeira/material. Quando digo satisfação financeira/material, não entro no mérito de quantificar isso em dólares ou reais. Satisfação é algo um tanto complicado de generalizar. O importante é tê-la. Nesse caso, falamos de um indivíduo que trabalha no que escolheu ou, outras vezes, na empresa em que gostaria de fazer parte. Conto de fadas? Não! É mais uma vez a situação do atleta se repetindo. Foco nos objetivos traçados, atenção no aparecimento das oportunidades (ou a criação da própria oportunidade), resiliência quando confrontado(a) com dificuldades e/ou adversidades e, como característica principal, persistência.

Pode parecer que esse artigo não tem, necessariamente, uma preocupação com aqueles profissionais que estão hoje em um lugar ou atividade indesejados, em função dos compromissos com a família e com o meio em que vivem. Aproveito para dizer que não é nada disso. É evidente que em muitos momentos da vida temos de ter atitudes centradas e racionais que, vez ou outra, contrariam nossos próprios interesses pessoais. Não é propósito desse texto fazer com que os leitores resolvam chutar o balde no dia seguinte. Mas tem sim o objetivo de despertar para a responsabilidade que temos pelas decisões que tomamos na vida. E como diz a música: "o caminho só existe quando você passa!".

1.1 - Definição de metas em gestão de carreira: três critérios decisivos

Dentro desse contexto, buscamos agora falar de algo que poderia ser considerado básico, caso não fosse tão marginalizado: a definição de metas, muito discutida em qualquer planejamento estratégico, tático ou operacional. Um fator pouco desenvolvido quando o assunto é "Gestão de Carreira". Muitas vezes sabe-se o que "não" se deseja na carreira; porém, encontra-se muita dificuldade em determinar quais são os verdadeiros caminhos que gostaríamos de trilhar em nossas vidas. Para onde queremos ir? Qual é a vida profissional que queremos ter?

Para me aprofundar nesse tema, sinto a necessidade de destacar que a definição de metas depende de uma análise um pouco mais ampla do contexto que as envolve. A forma com a qual nos decidimos a definir nossas metas pode tornar o caminho mais ou menos espinhoso. Percebe-se que no texto não tenho o interesse de demonstrar alguma coisa como: "corram, venham encontrar e atingir suas metas sem esforço"! Tenho sim o propósito de descrever alguns caminhos que possam otimizar o seu desenvolvimento.

Para definição das metas, três critérios são importantíssimos: especificidade, viabilidade e visão sistêmica. Sem a pretensão de dizer que são os únicos fatores a serem considerados nesse processo, reforço que são essenciais para tornar as chances de êxito cada vez maior.

A especificidade nos indica que à medida que deixamos claras e específicas nossas metas, aumentamos (e muito!) a probabilidade de alcançá-las. Alguns estudos da área de psicologia, ligados à teoria da definição de objetivos, indicam que, quanto mais genérica for a meta, mais difícil é motivar as pessoas no sentido de atingi-las. Como exemplo, podemos nos lembrar das inúmeras ocasiões em nossas vidas que estávamos determinados a perder alguns quilinhos. Nessa hora vem o objetivo: emagrecer!. Depois disso... Bom, depois disso todo mundo já conhece a história: por uma razão ou outra deixamos de buscar o que queríamos. Trata-se de um exemplo claro de falta de especificidade. A teoria (e a prática) nos mostra claramente que o resultado tende a ser muito diferente caso possamos determinar a meta com mais precisão. Utilizando-se do exemplo anterior, em vez de dizermos que o objetivo seria "emagrecer", poderíamos descrever "reduzir o percentual de gordura em 8% no prazo de três meses". Certamente iríamos nos embasar na quantidade (do emagrecimento), bem como no período estabelecido para o alcance da meta. Com a carreira profissional não é diferente. Poderíamos chegar a extremos de descrever a função, a empresa e, inclusive os companheiros de trabalho que gostaríamos de ter ao nosso lado.

Por viabilidade, entendemos que a meta tem de ser pensada e repensada de acordo com seu tamanho. Metas têm de ser possíveis. Nesse caso, não quero desanimar as pessoas que acreditam que seus objetivos são demasiadamente sonhadores. Essas, na maior parte das vezes, são um tanto pessimistas quanto às suas possibilidades e subestimam sua capacidade de superação. A frase de Séneca pode nos inspirar no processo de definição do tamanho das metas: "Muitas coisas não ousamos empreender por parecerem difíceis; entretanto, são difíceis porque não ousamos empreendê-las". Mas, o que é claro, é que os dois extremos são negativos. Da mesma forma que uma meta no estilo "missão impossível" pode levar facilmente à frustração, os objetivos que demonstram que o alcance é mais fácil, tendem a não motivar o indivíduo. O ideal é o equilíbrio. É importante que as metas sejam vistas como possíveis e desafiadoras.

Quanto à visão sistêmica, discutimos um tópico pouco abordado na definição das metas. A verdade é que somos muitos! Não é possível determinar um objetivo profissional e esquecer que temos nossas responsabilidades familiares, sociais e mesmo com o trabalho atual. A "visão do todo" nos ajuda a enxergar a situação de uma forma ampla, reduzindo assim o desconforto do impacto negativo de uma escolha profissional sobre a condição pessoal. Quantas vezes ouvimos relatos de profissionais que deixaram a família em segundo (ou último) plano para que atingissem seus objetivos no ambiente de trabalho. Deve-se saber que existe um preço a ser pago. A visão sistêmica nos permite avaliar as consequências previamente para que, caso estejamos realmente decididos a buscar nosso espaço profissional, não precisemos fugir dos resultados desagradáveis em outras esferas de nossas vidas.

1.2 - O inimigo está lá fora! Será?

Dentro dessa busca também encontraremos algumas armadilhas. Muitas vezes, armamos emboscadas para nós mesmos. Uma delas, talvez, seja o princípio de se esquivar das responsabilidades.

Vive-se a política da culpa. Para o que quer que aconteça de negativo no ambiente de trabalho e pessoal, temos que encontrar um responsável. Agora o mais importante: deve ser alguém que não sejamos nós mesmos.

Eu diria que é instintivo. O ser humano busca minimizar suas frustrações repassando suas responsabilidades para terceiros. Eu disse "suas responsabilidades"? Sim, é isso mesmo. O conceito do pensamento sistêmico estabelece que não devemos nos concentrar em eventos isolados. Todas as ocorrências estão interligadas com ações que foram realizadas e/ou tarefas que deixaram de ser feitas. Nesse caso, começamos a dar sentido para os "azares" do cotidiano. Vamos entendendo (evidente que com certa dose de esforço) que somos absolutamente responsáveis pelas coisas que acontecem em nossa vida.

A partir desse momento, começamos a tomar para nós as rédeas da nossa vida. Vou entender que o responsável pelo meu fracasso sou eu mesmo; assim como pelos sucessos que posso atingir ao longo da vida. Evidente que, passando por nós, temos pessoas e situações que servem de instrumentos para facilitar ou dificultar o alcance dos objetivos. Mas, em última instância, é de minha responsabilidade a ação frente às contingências encontradas. A maneira como vou reagir às oportunidades não depende de absolutamente ninguém; o aproveitamento de perspectivas positivas que se apresentam vão me levar a uma maior probabilidade de êxito. Caso eu fique esperando o trem passar enquanto as oportunidades me chamam insistentemente, passo a assumir toda a responsabilidade pelo fracasso ou pela manutenção do *status quo* (que muitas vezes não nos agrada).

Outra questão me motiva a falar sobre esse assunto: é fato que não temos um poder "lá muito grande" para modificar a maneira como as pessoas agem. Somos um tanto pretensiosos quando nos empenhamos e nos desgastamos com conselhos e sugestões muitas vezes infundadas ou pouco eficientes. Quando procuramos influenciar as pessoas, olhamos a situação sob um ponto de vista pessoal, com as nossas experiências e com um modelo mental profundamente particular. Nessa hora, fica muito difícil entrar no mundo da outra pessoa e influenciá-la. A menos que façamos um exercício muitíssimo profundo para mudança dos modelos mentais, podemos ser muito mais eficientes olhando para dentro de nós mesmos e verificando de que maneira interferimos diretamente sobre os acontecimentos que interferem nas nossas vidas.

A natureza do ser humano está na busca por mudanças que o

torne melhor. A evolução é o caminho natural. Nesse sentido fica a sugestão de exercitarmos sempre a reflexão sobre a forma como interferimos sobre os eventos do dia a dia. Dessa maneira, poderemos fazer um diagnóstico inteligente de nossas forças e fraquezas. Isso pode maximizar as oportunidades e evitar a interferência negativa das ameaças que eventualmente possam aparecer.

1.3 - Visão sistêmica e o encadeamento de atitudes

O entendimento da visão sistêmica deve nos levar ao perfeito entendimento de um processo em que todas as ocorrências em nossa vida se dão através de um encadeamento de atitudes. Como assim? Somos responsáveis pelo nosso futuro; nosso comportamento deverá resultar nos frutos colhidos à medida que o tempo passa.

Nessa linha de raciocínio, seremos mais críticos com a nossa conduta no dia a dia e, menos irresponsáveis em ver no outro a razão para o nosso insucesso. Como discutido no início desse tópico, temos que reforçar o pensamento de que as nossas ações e pensamentos nos propiciarão os resultados que virão. Chega de olhar para o gerente ou supervisor como uma pessoa que limita sua função; não que isso não possa ocorrer. Pelo contrário, há pessoas que pela falta de inteligência emocional para o trabalho tendem a dificultar as atividades de outros companheiros. Mas o que quero deixar claro é que este mesmo o profissional que vê no outro (supervisor) um fator limitante, deveria verificar de forma apurada e ética como melhorar esse relacionamento e continuar a trilhar o caminho da evolução. O que poderia, por exemplo, melhorar a percepção que o coordenador tem de você para que suas ideias fossem respeitadas e entendidas como positivas para o bem comum e não somente para os interesses individuais de um ou de outro? Ficar esperando pela iluminação completa da mente dos nossos superiores talvez seja muito pouco perto da nossa capacidade de contribuir para o processo de evolução da organização.

Baseado nestes comentários, fica claro que a conhecida conduta de fazer o que se pede, ou o básico, é muito pouco para quem reivindica respeito e melhores condições de trabalho. Não há evolução sem o planejamento e o desenvolvimento de ações diferentes ou inovadoras. Uma coisa é clara: "as mesmas ações geram os mesmos resultados". Ficamos vivendo em um mar de reclamações sobre falta de valorização permanente por parte da direção da empresa, também sobre a manutenção de normas pouco eficientes, mas, por outro lado, não contribuímos com uma mudança de postura que nos leve a uma condição de respeito, na qual seríamos mais ouvidos e, em consequência, poderíamos contribuir muito mais.

Para encerrar o texto, deixo uma mensagem que gostaria que ficasse gravada na mente do leitor: "somos os únicos responsáveis pelos resultados que temos". Façamos, portanto, uma reflexão sobre nossas condutas (pessoais e profissionais) do cotidiano para buscarmos a constante evolução no sentido da vida que queremos viver.

Grande abraço e bom trabalho!

39

Desenvolvendo as super convicções

Você conhece a Filosofia do Sucesso? O que ela diz, em suma, é que se uma pessoa não acredita verdadeiramente que irá alcançar o objetivo almejado não conseguirá nada. Sendo assim, neste artigo apresento a você uma ferramenta para poder trabalhar com seus clientes a transformação de crenças limitantes em possibilitadoras. Ou seja, fazê-lo ter convicção em seus recursos para desbravar seus sonhos

Marcelo Lima

Marcelo Lima

Formação e Certificação Internacional Practitioner em PNL na cidade de Los Angeles, Estados Unidos. Licenciado pela Society of Neuro -Linguistic Programming de Richard Bandler, um dos criadores da PNL na cidade de Los Angeles, Estados Unidos. Formação e Certificação Internacional *Coaching* com PNL na cidade de Los Angeles, Estados Unidos. Formação em Hipnose Clássica e Ericksoniana. Atuante nas áreas de PNL, Hipnose e *Coach* direcionados a treinamentos, empreendedorismo e vendas. Está na área de treinamentos há 21 anos.

Contatos
www.ibmleader.com.br
treinamento@ibmleader.com.br
(13) 3019-8833

Pode ser que apareça alguma coisa no meio do caminho que o faça parar de andar. Quando você não consegue entender o motivo, uma Crença Limitante o está impedindo.

Crença é uma verdade plena. É uma determinada coisa que parece ser uma verdade absoluta, mas somente para uma pessoa. Pode ser que para outra pessoa não seja. Isso acontece porque cada pessoa tem uma história, experiências e educação diferentes.

Alguns exemplos de crenças:

- Santo de casa não faz milagre;
- Se melhorar, estraga;
- Casa de ferreiro, espeto de pau;
- Quando a esmola é demais o Santo desconfia;
- O que é suado é melhor;
- Para evoluir tem de sofrer;
- Está muito bom para ser verdade;
- Time que está ganhando não se mexe;
- Estou indo para a guerra (referindo-se ao trabalho);
- Deus ajuda quem cedo madruga.

Toda crença é limitante, até as possibilitadoras. Crença limitante depende do foco que você está dando, da comparação que você faz com ela. Por exemplo, dizer: "Eu acredito que posso tudo!" é uma Crença Possibilitadora ou Limitante? Muitos responderão: "Possibilitadora!". Porém a frase: "Eu acredito que posso tudo!" limita no aspecto de estar vivo, porque senão você vai querer saltar de um avião sem paraquedas para sair voando e acabar no chão. A Crença está lhe limitando de se proteger. Então, as crenças possibilitadoras também são limitantes. O importante é descobrir quais são as crenças limitantes que atrapalham a realização de seus objetivos e sonhos.

Atualização de crenças

As crenças se atualizam com o passar do tempo. Preencha a tabela a seguir, perceba as mudanças que aconteceram e verifique o que possibilita e o que limita você. Atente para o motivo que o fez mudar de crença.

Observe que nas colunas da tabela há faixas de idade. Caso você ainda não tenha vivido uma determinada faixa, preencha mesmo assim, perguntando-se: "quando eu viver essa época qual será minha crença sobre esse item?".

Faça este exercício com seu cliente.

Vou dar um exemplo nas duas primeiras linhas. Acompanhe.

EXEMPLO	0 a 7 anos	7 a 15 anos	15 a 25 anos	25 a 35 anos	35 a 50 anos	50 a 65 anos	Mais de 65 anos
IDADE	***Brincar***	***Namorar***	***Descober-tas***	***Responsa-bilidade***	***Colhendo bons frutos***	***Curtindo***	***Sabedoria***
BELEZA	***Sem impor-tância***	***Transfor-mação***	***Agradar os outros***	***Cuidados***	***Mais cuidados***	***Plástica***	***Sem Importância***

Coloque o que vier à mente sobre o item determinado.

	0 a 7 anos	7 a 15 anos	15 a 25 anos	25 a 35 anos	35 a 50 anos	50 a 65 anos	Mais de 65 anos
Idade							
Beleza							
Felicidade							
Lar							
Amor							
Casamento							
Saúde							
Trabalho							
Aprendizagem							
Dinheiro							

Encontramos crenças

Teoricamente as crenças são verbalizáveis e aparecem como resposta à pergunta "por quê?". No entanto, muitas vezes as pessoas têm dificuldade em verbalizar imediatamente a resposta por diversos motivos: porque a crença está tão profundamente instalada e há tanto tempo que não se consegue descobri-la de imediato ou porque a parte do sistema que mantém a crença ativa recusa-se a apresentá-la. É importante saber também que a maioria das nossas crenças está no nível inconsciente. Por este motivo, ao trabalhar pessoas, muitas vezes existe algo similar a uma cortina de fumaça envolvendo a questão abordada. Isto se dá porque o sistema cibernético tem suas próprias e bem estabelecidas estratégias de defesa e de manutenção de seus padrões comportamentais. Outro motivo para o aparecimento da "cortina de fumaça" está no fato de que não existe, inicialmente, relação lógica de causa e efeito entre crença e as atitudes ou os comportamentos dela derivados. Existem diversas maneiras de classificar crenças e há uma organização que nos parece bem abrangente. Definimos assim, crenças sobre capacidade, sobre permissão e sobre merecimento.

Agora que já você já percebeu que as crenças vão se alterando com o passar do tempo e também como classificá-las, vamos entender como funciona a Pirâmide de Níveis Neurológicos que vai nos ajudar a transformar as crenças limitantes em possibilitadoras. Esse trabalho de transformação de crenças, em alguns processos de *coaching*, dependendo do cliente, talvez seja a parte mais importante.

Pirâmide de Níveis Neurológicos

O antropólogo Gregory Bateson defende a ideia de que o aprendizado obedece a uma determinada hierarquia e a chamou de Níveis Lógicos de Aprendizagem. Robert Dilts modelou a estratégia de Bateson e a adaptou aos pressupostos da PNL, criando o que chamamos de Níveis Neurológicos.

Uma mudança hierárquica em um nível superior irá, necessariamente, trazer mudanças nos níveis inferiores. Porém uma mudança em um nível inferior pode não trazer mudanças em níveis superiores. O realinhamento de níveis neurológicos é um ótimo processo para identificação de reações e comportamentos indesejados, reestruturação de crenças, valores e capacidades. E é um caminho para alcançar a missão de vida de uma pessoa.

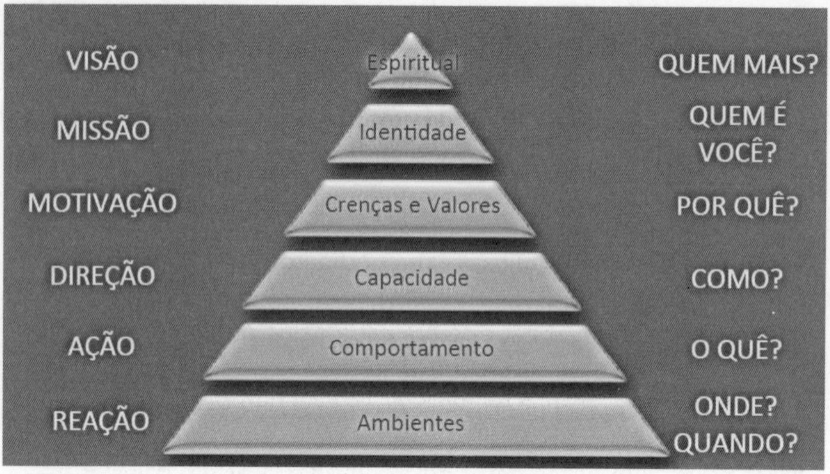

Pirâmide de Níveis Neurológicos

Ambientes (Onde? Quando?): O lugar, a hora e as pessoas envolvidas.

Comportamento (O quê?): É o que você faz e expressa para o mundo ao seu redor.

Capacidade (Como?): Recursos disponíveis na forma de habilidade, qualidades e competências.

Crenças e Valores (Por quê?): O que você acredita ser verdade. A razão de você agir. Permissões/proibições de suas ações. O que importa para você.

Identidade (Quem é você?): Missão e senso do EU. Crenças e valores essenciais que definem você e sua Missão de vida.

Espiritual (Quem mais?): Maior Sistema do qual você faz parte. Visão. O que você deseja para os outros. Algo muito maior que é só para você. O que você quer que o mundo tenha.

Crenças estão relacionadas com diversos níveis neurológicos. Assim há crenças sobre comportamentos, sobre capacidades, sobre crenças e sobre identidade. A importância de localizar a que nível a crença se refere está na observação de que a solução de um problema está no nível imediatamente superior. Por exemplo, uma crença limitante a respeito de determinado comportamento pode ser solucionada trabalhando-a no nível de capacidades. Um mesmo problema pode expressar-se em diferentes pessoas, em diversos níveis neurológicos. Possíveis afirmações relativas a esta questão: eu sou incompetente (identidade), é difícil solucionar este problema (crenças e valores), eu não consigo dar uma ideia para esta solução (capacidades), eu não resolvi o problema (comportamentos), esse momento é impróprio para se dar uma solução (ambientes).

É importante o *coach* perceber onde se localiza na Pirâmide, a crença do cliente. Sabendo isso, o *coach* terá uma condição mais assertiva para alcançar a transformação da crença.

Antes de chegarmos na ferramenta que quero passar aqui para você, é interessante você saber que nos *feedbacks* que damos aos clientes ou a quaisquer outras pessoas do nosso cotidiano, fazemos assim:

- Caso seja um *feedback* positivo, dê nos níveis mais altos da pirâmide, como: Identidade ou Crenças & Valores.
- Caso seja um *feedback* negativo, dê nos níveis mais baixos, como: Capacidade, Comportamento ou Ambientes.

Através da Pirâmide, você pode identificar em qual nível se encontra uma crença e, a partir daí, alterando um determinado nível, todos os que estão abaixo irão se modificar automaticamente. O contrário nem sempre é verdadeiro, porém, em alguns casos isso é possível. Por exemplo, alterando um comportamento, pode lhe ajudar a conquistar uma habilidade, ou ainda, a mudar uma crença limitante para possibilitadora.

Por exemplo, se um cliente diz a você: "Eu não resolvo certo os exercícios de matemática nas provas.". Aqui percebemos que a crença está no nível de Comportamento. Neste caso, sabemos que é importante trabalhar em algum nível acima desse. Por exemplo, podemos, através de perguntas, procurar saber se o Cliente já teve alguma exceção em sua vida e se conseguiu fazer certo. Possivelmente ele encontrará um dia que foi exceção. Repare que a pergunta foi um nível acima (Capacidade) e, quando o cliente disser que já conseguiu um dia, o que iremos evidenciar é que ele conseguiu. Ou seja, ele foi capaz. Elevamos positivamente a exceção. Agora é hora de perguntar como ele poderá fazer para alcançar um resultado igual ou melhor do que o dia da exceção. Faça-o pensar e refletir, fazendo perguntas.

Obs.: depois de um resultado positivo com o cliente, lembre-se de dar um *feedback* positivo ainda mais elevado. Incentive e motive ainda mais, alcançando o nível de Identidade. Diga a seu cliente que ele conseguiu novamente da mesma forma que no dia da exceção e que isso significa que ele é competente, capaz, determinado, etc.

Valores está em um ponto interessante da Pirâmide, pois está bem perto da Identidade. Utilizaremos principalmente valores para transformar crenças em todos os níveis a Pirâmide.

Ferramenta de transformação de crenças

Aparece uma crença em um cliente que o está impossibilitando em alguma coisa e que o atrapalha de realizar vários sonhos. Não se tira uma crença do sistema de uma pessoa. Se isso ocorrer, a pessoa pode ter transtornos psicológicos sérios. O que se faz é transformar a crença de limitante para possibilitadora. Na ferramenta a seguir você poderá perceber que esta transformação é feita de forma suave. No exemplo o cliente é o Matheus, um personagem fictício.

Coach: Matheus, diga uma Crença que esteja limitando você de fazer algo.
Cliente: Tenho medo de dirigir na estrada à noite e com chuva.
Coach: Ok. Em algum momento da sua vida, você teve uma exceção em relação à essa crença e que deu certo?
Cliente: Indo de São Paulo para Santos.
Coach: Você conhece alguém que dirige à noite ou com chuva na estrada e obtém resultados positivos?
Cliente: Sim. Meu irmão e alguns amigos.
Coach: Matheus, você sabe qual é a intenção positiva dessa sua crença?
Cliente: Sim. Preservar minha integridade física.
Coach: Matheus, encontre algumas coisas que sejam importantes e que tenham Valores por trás para que essa crença se torne Possibilitadora.
Cliente: Dirigir um carro com freios ABS, com *Air Bags* e em uma estrada boa. Valor: Segurança.
Coach: Matheus, escreva agora a frase da sua crença possibilitadora.
Cliente: Sentindo segurança, terei coragem para dirigir na estrada à noite e com chuva.

Veja a seguir um exemplo da folha do caderno do Cliente:

CRENÇA LIMITANTE (Coloque uma crença que está limitando de fazer algo).
Tenho medo de dirigir na estrada à noite e com chuva.
EXCEÇÃO (Em algum momento da vida, teve uma exceção em relação à crença e deu certo?) Indo de São Paulo para Santos.
CONTRA EXEMPLO (Conhece alguém que fez o inverso e obteve resultados positivos?) Sim. Meu irmão e alguns amigos.
INTENÇÃO POSITIVA (Qual é a intenção positiva da sua crença?) Sim. Preservar minha integridade física.
RESSIGNIFICAR (Encontre algumas coisas que sejam importantes e que tenham Valores por trás para que essa crença se torne possibilitadora.) Dirigir um carro com freios ABS, com *Air Bags* e em uma estrada boa. Valores: Segurança e Tranquilidade.
CRENÇA POSSIBILITADORA (Escreva agora a frase da sua crença possibilitadora.) Sentindo segurança, terei tranquilidade e coragem para dirigir na estrada à noite e com chuva.

Lembre-se de toda vez que seu Cliente conseguiu superar uma Crença e, isso, trouxe resultados importantes, dê *feedback* positivo no nível de Identidade e, se couber, no nível de Espiritualidade, ou seja, a quem mais está sendo interessante, fazer o que ele está realizando.

40

Coaching: um diferencial para o sucesso no planejamento estratégico

O *coaching*, já conhecido e aplicado em muitas organizações por sua efetividade no suporte ao desenvolvimento pessoal e conquista de objetivos, pode ter seus fundamentos aplicados no suporte a consecução bem-sucedida de um planejamento estratégico rumo à alta performance nas organizações

Marcos Silva

Marcos Silva

312

Coach e orientador de executivos, empresários e lideranças de vários segmentos; consultor e instrutor em programas de desenvolvimento organizacional e pessoal no Brasil e no Exterior, com experiência de mais de 12 anos desenvolvendo e orientando profissionais do setor público e privado em microempresas, multinacionais, prefeituras municipais, câmaras de vereadores, escolas, universidades, federação das indústrias, associações empresariais e outros. Criador e instrutor de inúmeros programas na área de *coaching* educacional. É o diretor fundador da Meta Insight: Consultoria, *Coaching* e Treinamentos. Administrador de Empresas, especialista em Gestão de Pessoas. Químico e Doutor em Química. Possui certificação Internacional em *Coaching* e *Coaching* de Equipe reconhecidas pela International Coaching Community. *Trainer* em PNL com certificação internacional pela International Association for NLP. DISC *certified Trainer*. Formador de Coaches autorizado pela International Coaching Community (Londres).

Contatos
www.metainsight.com.br
marcos@metainsight.com.br
Skype: doutormarcos
(48) 3254-3818

Numa gestão estratégica, o planejamento estratégico ocupa um papel fundamental nas organizações. Como consultor e *coach* tive a oportunidade de observar uma efetiva melhoria no engajamento dos participantes à medida que passei a incorporar os conhecimentos do *coaching* às etapas de planejamento estratégico. Os sete princípios inspirados no *coaching* apresentados a seguir, mostram como isso é possível.

Etapa de formulação do planejamento estratégico
Princípios: 1º ao 3º

A etapa de "formulação" das bases estratégicas de uma organização geralmente requer a coordenação de poucas pessoas que exercem papéis de liderança. Para essa etapa, a utilização de três princípios inspirados no *coaching* pode se constituir num grande apoio.

1º Princípio: saiba exatamente onde você está e aonde quer chegar

A definição do estado desejado, aquilo que você almeja para si, para o seu setor ou instituição, pode ser alcançada numa reunião de *brainstorm* onde se faz um registro de tudo o que se quer conquistar. Aqui são úteis perguntas como "o que você quer alcançar para sua organização? O que você e sua equipe querem que a organização alcance nesse próximo período de um (dois, três...) ano(s)?"

Para saber o quão distante se está desse estado, o que precisará para chegar lá e o que já possui que poderá ajudar é preciso conhecer também onde se está, ou seja, o *estado atual* e, de preferência, buscar informações sobre as estratégias e recursos utilizados que ajudaram a chegar até aqui.

Aplicação do 1º princípio: as informações referentes ao estado atual e estado desejado devem servir como um complemento de informações para ajudar no desenvolvimento da declaração da missão e da visão da organização. Algumas informações também poderão ser usadas na fase posterior de planejamento.

2º Princípio: estabeleça objetivos bem formulados

Uma vez estabelecido o estado desejado é preciso transformá-lo em um objetivo bem específico. Para isso são úteis as dicas apresentadas a seguir inspiradas nos conhecimentos da Programação Neurolinguística (PNL) sobre "condições para boa formulação de objetivos":

1. *Escreva seus objetivos em termos positivos, descrevendo o que você quer e não o que não quer* – isso torna o objetivo mais facilmente compreendido pela mente.
2. *Estabeleça objetivos concretos de forma que eles possam ser observados sensorialmente* – é mais fácil ser bem-sucedido

com um objetivo escrito de forma que seja possível ser observado por outras pessoas, por meio de seus sentidos, em vez de um objetivo muito abstrato, compreendido apenas pela pessoa que o estabeleceu.

3. *Certifique-se de que a conquista do objetivo dependa da pessoa que o deseja* – numa organização isso nem sempre é possível, de forma absoluta, já que nela alguns objetivos são influenciados por várias pessoas. Ainda assim, é útil se perguntar: "de que maneira posso aumentar minha influencia sobre esse objetivo? De que maneira posso fazer a minha parte de modo mais efetivo? Quais recursos minha equipe precisa e que posso ajudar a disponibilizar de algum modo?".
4. *Procure contextualizar o objetivo de maneira apropriada* – situar um objetivo num contexto específico fará com que ele fique mais concreto. Para isso podem ser úteis perguntas como: "quando quero alcançar esse objetivo? Em que lugar e com quem quero realizar esse objetivo?".
5. *Leve em conta as consequência que a conquista do objetivo pode trazer para si e para os outros* – quando se conhece as consequências positivas e negativas para o indivíduo e para o sistema fica mais fácil compreender as forças que atuarão apoiando ou dificultando a conquista do objetivo.

Aplicação do 2º princípio: esses princípios podem ajudar a fundamentar a definição dos objetivos estratégicos, bem como as metas intermediárias (metas de processo) ou as metas finais.

3º Princípio: seja planejado e estratégico

Definir com clareza os passos de ação entre o estado atual e o desejado certamente facilita sua execução; isto é ser planejado. Complementarmente, as possibilidades de êxito aumentam quando um gestor é também estratégico, ou seja, capaz de encontrar e criar inúmeros caminhos e alternativas diante de desafios rumo aos objetivos. Estimular nas lideranças essa visão é útil para que um plano não seja algo engessado, mas possa incluir estratégias alternativas diante de desafios onde a estratégia prevista não se mostre a mais adequada.

Aplicação do 3º princípio: o uso de ferramentas como o 5W2H, símbolo usado para indicar a ferramenta de planejamento formada por cinco palavras que em inglês começam com a letra "W" e duas que começam com a letra "H", costuma ser de grande utilidade na elaboração de um plano de ação. Essa ferramenta permite detalhar a identificação das ações e consequentes passos (o quê? *what?*), os motivos (por quê? *why?*), os prazos e datas (quando? *when?*), os locais (onde? *where?*), as pessoas envolvias (quem? *who?*), a forma de execução das ações (como? *how?*) e os custos e quantidades envolvidas (quanto? *how much? how many?*). Uma grande contribuição do *coaching* para essa etapa está em utilizar a cada momento do planejamento perguntas abertas e de efeito profundo que permitam levantar informações não só sobre os processos, mas principalmente sobre as motivações e inseguranças dos envolvidos, sobre as competências necessárias e sobre as possíveis reações individuais em caso de resultados não desejados.

Etapa de Implementação do planejamento estratégico
Princípios: 4° e 5°

Nesta etapa, onde são envolvidas mais pessoas do que na etapa anterior, é o momento onde os líderes precisam demonstrar habilidades para motivar e coordenar pessoas para a execução.

4° Princípio: descubra um propósito grandioso por trás de cada ação

Encontrar propósitos grandiosos na execução das ações ajuda a aumentar o comprometimento nas etapas operacionais, pois passamos a perceber as ações como passos que nos aproximam do propósito maior. É como o construtor que trabalha motivado porque está, nas palavras dele, "construindo uma catedral", em oposição ao outro que trabalha mal-humorado, alegando que está somente "empilhando tijolos". Embora a tarefa seja a mesma, no primeiro caso, no entanto, o profissional encontrou um propósito maior.

Aplicação do 4° princípio – nessa etapa, a promoção de discussões e orientações sobre temas como visão sistêmica, valores pessoais e organizacionais auxiliam na compreensão da importância desse princípio, mostrando como a qualidade de cada tarefa realizada influenciará não só os resultados individuais, mas os de toda a organização.

5° Princípio: saiba beneficiar-se com o poder do trabalho em equipe

Conseguir o engajamento de uma equipe para a execução das ações de um plano é bastante desafiador porque, além de se buscar o engajamento individual dos integrantes, é preciso saber gerenciar a qualidade dos relacionamentos entre eles. Ainda que desafiador, um trabalho executado por uma equipe verdadeiramente alinhada, permite alcançar resultados fantásticos para a organização, que vão muito além dos resultados obtidos pela simples soma dos trabalhos individuais, onde não exista o senso de coletividade. Essa é exatamente a definição de *sinergia*, aplicada ao trabalho em equipe. As organizações de alta performance sabem disso muito bem e por isso mesmo investem ao máximo na construção e manutenção de equipes bem alinhadas.

Aplicação do 5º princípio – para ter uma equipe, não basta um simples grupo de pessoas trabalhando de modo individualista. É preciso um grupo de pessoas com a consciência de que seus recursos e competências podem ser complementares e combinadas para o alcance de objetivos comuns. Certificar-se de que o grupo tenha mais característica de uma *"equipe"* do que de um simples *"grupo"*, constitui um fator diferencial num planejamento estratégico. Podem auxiliar nesta etapa, os conhecimentos de *coaching* sobre alinhamento de valores, levantamento das competências necessárias para se desenvolver uma equipe vencedora e o estabelecimento e acompanhamento de metas para a equipe.

Etapa de avaliação e ajuste da estratégia
Princípios: 6º e 7º

Para o sucesso de um planejamento estratégico é necessário realizar verificações que permitam identificar a qualidade e efetividade dos resultados e ações. Uma contribuição importante do *coaching* são os conhecimentos de como lidar com os resultados de modo a gerar o aprimoramento individual nos envolvidos e, a partir daí, a melhoria da performance em suas ações.

6º Princípio: aprenda com os resultados

Para aprender com os resultados é preciso ter uma postura adequada diante deles. Desde que no processo estejam presentes bons procedimentos de avaliação de resultados, as informações neles geradas podem ser indicadores de quando uma estratégia está ou não sendo adequada, permitindo gerar os aprendizados necessários. Resultados excelentes podem ser indicadores de estratégias excelentes e, portanto, precisam ser compartilhados. No caso de resultados insatisfatórios, algumas pessoas apresentam dificuldades em adotar uma postura de aprendizado. Um conceito que ajuda nesse caso é o de "ponto cego" que faz referência às características pessoais em um indivíduo que somente ele não consegue perceber, mas que todos ao seu redor percebem. Promover o conhecimento dos pontos cegos é um processo que quando bem conduzido pode se transformar numa oportunidade de autoconhecimento e melhoria da performance pessoal em toda a equipe.

Aplicação do 6º princípio: evoluir exige humildade, seja para um líder ou para um colaborador. Aprender e aceitar que todos nós temos pontos cegos é uma demonstração de inteligência e abertura para o crescimento. Além disso, buscar identificar quais são os próprios pontos cegos é um passo ainda mais nobre nesse processo. Escolher os aspectos identificados e decidir trabalhar para a melhoria deles é uma demonstração de que já se está caminhando na estrada da excelência profissional e humana. Atuar como facilitador nesse processo seja por meio de conversas e orientações individuais ou em grupo é uma tarefa desafiadora e ao mesmo tempo gratificante para todo líder.

7º Princípio: ajuste as ações estratégicas do seu plano bem como as estratégias pessoais dos envolvidos

Ajustar as ações estratégicas é focar na correção do *"o que"* precisa ser feito, ajustar as estratégias pessoais é descobrir em cada indivíduo o "como é preciso ser feito" e "qual a maneira mais produtiva de pensar a respeito do que precisa ser feito". No *coaching*, uma atenção especial é dada às estratégias pessoais (comportamentais e mentais) e o que fazer para torná-las mais produtivas. Estratégias comportamentais geralmente são aprimoradas com orientações e *feedback*. Um desafio maior, no entanto, é quando surge a necessidade de ajustes nas estratégias mentais. É preciso estar atento se o que impediu o bom resultado de uma pessoa foi alguma maneira limitadora de pensar a respeito do que precisava ser feito. Como saber disso? E quando nem mesmo o próprio indivíduo está consciente de suas formas limitadoras de pensamento? Questões como essas constituem um desafio para líderes que não possuem conhecimentos ou ferramentas para essas verificações.

Aplicação do 7º princípio: as seguintes dicas ajudam a lidar com a necessidade de promover melhorias nas estratégias mentais, quando se está diante de formas limitadoras de pensamentos:

1. Observe na fala do indivíduo as declarações que aparecem como justificativas ou frases que demonstrem como ele pensa a respeito de uma situação.
2. Verifique se pode existir alguma relação entre essas "formas de pensamentos" com o resultado indesejado obtido pelo indivíduo. O melhor a fazer é perguntar a ele, ajudando-o nessa reflexão, com a seguinte sequência de perguntas:

(i) qual o seu pensamento sobre essa situação?

(ii) que resultados você tem conseguido, mantendo esse tipo de pensamento?

(iii) qual outro pensamento permitiria a você obter um resultado ainda melhor?

(iv) qual das duas formas de pensamento você prefere manter?

Com essa reflexão geralmente o indivíduo toma consciência de que existem opções no modo de pensar a respeito de uma situação e que muitas vezes ele não está optando pela melhor. Cabe ao condutor desse processo dar suporte para que o indivíduo se mantenha consistente com a escolha que permita os melhores resultados práticos simultaneamente para si e para a organização.

Considerações finais

Ao estudar estes princípios e suas aplicações é possível encontrar informações relevantes sobre como lidar com desafios não só relativos ao processo de planejamento estratégico, mas também aos comportamentos, motivações e formas de pensamentos das pessoas envolvidas. Sendo a implementação de um planejamento estratégico tão importante para uma organização, o uso dos conhecimentos de *coaching* para essa finalidade representa uma evolução na forma de condução das etapas de um bom planejamento rumo à alta performance organizacional.

41

Faça acontecer, faça *coaching*!

A vida é uma construção de histórias que acontecem em picos e vales e se dá melhor, quem usa o melhor material, constrói no tempo certo, usando as melhores técnicas e sobre o melhor terreno. E como qualquer obra, a sua execução começa com o primeiro tijolo, que muitas vezes demora-se anos para que essa atitude seja tomada. Um simples ato, que desencadeia em uma verdadeira obra prima. Faça acontecer. Faça *Coaching*!

Marcos Tito

Marcos Tito

Fundador da MT Consulting e consultor empresarial desde 2001, administrador, Mestre em "*Arts in Coaching*", pela Flórida Christian University (Orlando - EUA). Conduziu mais de 200 processos individuais de *coaching* e mais de 50 grupos de *Team Coaching*, além de dezenas de seminários e palestras. *Master Coach* pelo IBC, com certificação internacional pela Global Coaching Community, Behavioral Coaching Institute, Metaforum International, International Association of Coaching e European *Coaching* Association. Formado também como *Master Coach* pela Federação Brasileira de *Coaching* Integral Sistêmico e Pós-graduando em Psicologia Positiva com *Coaching*. Auditor Líder (Lead Assessor) em Sistemas de Gestão da Qualidade da série ISO 9000 pela ATSG do Rio Grande do Sul. Treinador e palestrante com foco em desempenho profissional e pessoal. Mais de 3.500 horas de *Coaching* individual realizadas. Consultorias prestadas a mais de 150 empresas. Participa também do programa OAB na TV, onde fala sobre *Coaching* na Advocacia.

Contatos

www.mtconsultores.com.br
tito@mtconsultores.com.br
www.facebook.com/MTConsultingOficial
www.facebook.com/marcostito.paivacastelo
Instagram: mtitocoach
(85) 3264-9593

Em toda a minha trajetória como *coach* onde pude ajudar centenas de pessoas diretamente – hoje, pelo menos, cem por semana –, e após todas as minhas formações de *coaching* no Brasil e fora, percebo que tudo isso sem a vivência da escola da vida seria como ter aulas de futebol por vídeo e não entrar em campo para efetivar os aprendizados.

A escola da vida é a melhor escola do *coaching*. Observar, fazer analogias, arriscar, ganhar, perder, se frustrar, são verdadeiras dádivas e muitas vezes não as enxergamos assim.

Amo a vida e o *coaching* me ajudou a viver de fato isso. Por isso por meio desse capítulo, cito aqui alguns dos principais entendimentos, *insights* ou aprendizados que fizeram e fazem da minha vida como *coach*, o caminho para a construção de uma trajetória de experiências, aplicações, ganhos e amadurecimento contínuo.

1) O direito de ser quem você é:

Esperar a aprovação dos outros, o tempo todo, para se caminhar na vida muita vezes pode ser uma grande perda de tempo. Viver a vida em função dessa aprovação é um passaporte para a infelicidade com escalas frequentes nas frustrações. Seja para agradar os pais, amigos ou até mesmo colegas de trabalho. Essa vida é a vida de todos eles juntos! Só não é a sua. Muitas vezes vivemos sonhos que não são os nossos. Temos gostos por coisas que não nos movem internamente, músicas, lugares ou até certos tipos de pessoas com as quais convivemos porque esses não são os nossos valores. Acabamos vivendo os valores dos outros. Às vezes, sem perceber, buscamos ser elogiados, aceitos ou amados, por talvez não termos sido no passado ou na infância. Que loucura não é mesmo? Pois essa é a pura verdade. A felicidade só vem quando você vive realmente os seus valores, não os dos outros. Quais são as coisas mais importantes e ponderosas da sua vida? O que elas lhe proporcionam? Anote no papel. Verifique com atenção, pois esses são os seus principais valores e se esses valores não estiverem por trás dos seus objetivos, talvez seu esforço para alcançá-los seja decepcionante e você nem saiba o motivo. Ame-se e descubra o que alimenta você. Se a resposta for ser aprovado pelos outros, pergunte-se quando conseguirá a aprovação de todo mundo. Sabe quando? Nunca. Sempre mais exigências virão. Se esse for o seu alimento, busque equilibrar a dieta. Se alimente do reconhecimento, mas como complemento. E reeduque sua mente e seu coração olhando para o espelho e definindo com ele todas as suas principais vontades e necessidades. Não se preocupe, pois no mínimo você encontrará uma ponte para o equilíbrio na sua vida e aí sim, respirar aliviado poderá ser o seu mais novo nutriente, rico em merecimento, autoestima e coragem.

2) O preço do sucesso

Posso lhe falar uma coisa? Seu sucesso tem preço e custa caro. E na caminhada para ele o que não faltará são duras críticas, projetos que não sairão como você esperava, frustrações, desgastes físicos e muitas surpresas de pessoas que você jurava torcerem por você. Mas sem o prazer de você fazer o que sempre quis, com a emoção de estar se realizando a cada dia e cercado por pessoas que realmente são verdadeiras, todos os obstáculos passarão a ser agentes motivadores. Todas as críticas lhe mostrarão o verdadeiro caminho e as verdadeiras pessoas. É possível até que neste momento você já possa enxergar de forma mais clara que tudo isso está valendo a pena e as tapinhas nas costas, com aquela piscadinha de olho, serão mais frequentes. Todo projeto é valioso, só basta que seu dono olhe verdadeiramente para ele com o forte desejo de que se torne uma realidade nítida, palpável. Então, quando você pode colocar o primeiro tijolo na construção do seu projeto dos sonhos?

3) Nem Jesus Cristo agradou a todos

É difícil agradar a todos. Talvez até impossível. Quando se é muito autocrítico então, nossa, pequenos deslizes, erros ou *feedbacks* de orientação, podem ser tornar verdadeiros baldes de água fria. Vem logo a sensação de que o caminho para a perfeição é muito difícil, ou até impossível. E é mesmo! Além de que a perfeição é utopia. Nem os grandes artistas, nem os mais brilhantes escritores esperam perfeição de suas obras. Uma hora eles entregam o produto e pronto! Se fossem esperar a perfeição pode ser que nós nunca pudéssemos usufruir de tantas maravilhas naturalmente geniais. A magia da evolução contínua, dos ajustes, da maturação diária em um projeto, comportamentos, hábitos, competências ou desenvolvimento da uma equipe, é o que posso chamar de "o grande lance". É o que leva você a sentir o gostinho único de poder subir na escada da maturidade. Talvez a palavra seja essa: MATURIDADE. E com ela a flexibilidade, a humildade e o amor pelo seu projeto. Seja ele a mudança deu um hábito ou a materialização do negócio dos seus sonhos. Cada objeção, crítica, falha, nada mais são do que *gaps* a serem preenchidos, caminhos a serem percorridos, com muita observação, visão e sensibilidade. Observe no que você foca e foque no que você quer.

4) A escola, a vida

Confesso que nunca fui muito estudioso, muito menos o primeiro da sala, mas sempre que precisei passei bem. Até gostava do desafio de passar em cima da hora, estudando pouco. Um auto desafio racional, mas pouco sábio. De qualquer forma, ali eu já testava minha capacidade. Na juventude a vida acadêmica não me motivava muito, e para ser sincero até desmotivou bastante. Hoje estudo por uma vida toda. Mestrados, especializações, formações, etc. Mas porque agora sei onde quero chegar e toda essa capacitação faz parte de um projeto de vida. E a questão é essa: Projeto de vida! Viver sem ter um projeto de vida, é viver uma vida sem sentido. Ter sentido na vida é tudo. O sentido da sua vida tem de ser seu projeto de vida, independente de qual for. Acumular diplomas, conceitos, conhecimentos intelectuais e títulos, apenas para expor no quadro do escritório ou na sala de estudo, nem de longe faz parte dos meus sonhos. Estudar para produzir mais, colocar em prática, adquirir *know-how*, poder criar, inovar e agregar na vida de pessoas à minha volta, me interessam bem mais. Poder sentir o gostinho da evolução contínua e buscar recursos quase escassos, sejam eles físicos ou mentais, são desafios que me atraem. Ser um cidadão honrado, independentemente dos defeitos e das falhas passadas e aprender todo dia os caminhos para honrar a minha história alimentam muito mais minha alma e alegram muito mais os meus verdadeiros professores. Os verdadeiros mestres da minha vida. Uma vida de conhecimentos aplicados no dia a dia geram muito mais alunos para segui-la e livros para se escrever. Inclusive hoje dou grato à minha mãe porque foi ela quem me ensinou, me aplicou as provas, me desafiou a colocar os conceitos em prática e ser alguém na vida. E que vivam aqueles professores e mestres que nos motivam não só a sermos, mas a fazermos.

5) Decisões certas no momento certo

Cada dia mais percebo que um caminho para evolução rápida, talvez seja economizar certos prazeres momentâneos para obter prazeres duradouro mais à frente. A ânsia de buscar o prazer imediato gera uma dor a longo prazo em muitos aspectos da vida. Renunciar, muitas vezes, em busca de objetivos maiores, abdicar, esforçar-se mais podem ser a certeza de conquistas mais concretas e de longo prazo. Fazer sempre as escolhas certas, que nem sempre são as mais fáceis, usando o livre-arbítrio da melhor forma, pode ser a decisão mais inteligente. E é nessa ânsia do imediatismo que o ser humano busca acabar o mais rápido possível com a incerteza, a dúvida ou a sensação de ansiedade. O problema é que com isso, a decisão muitas vezes é tomada no calor da emoção, de forma eufórica, às vezes radical e impensada, podendo gerar arrependimento e estresse. E é o que acontece: operações corporativas mal-executadas, condutas de autoritarismo, excesso de poder e sentimentos descontrolados nos *feedbacks*. Evidências da falta de cautela e da ausência de análise e equilíbrio. Eu não sou fã, de forma alguma, da inércia calculista que leva o sonho embora, aguardando o momento da perfeição utópica. Mas aprendi com a vida que não há nada melhor do que "parar, respirar e beber uma água", reconstruir novos ângulos e buscar um pouco da razão, apenas para alinhar as ideias e a visão de futuro. A ansiedade pode ser o misto da busca por fazer melhor, com o imediatismo que gera o prazer imediato, mas que muitas vezes pode tê-lo levado a fazer coisas incoerentes em muitas etapa da sua vida, principalmente na juventude. Esse imediatismo é muitíssimo perigoso e se vivido sem a cautela e a frieza da experiência de vida pode ser fatal. Acredito assim que o *feeling*, uma competência inconsciente e acessada principalmente em momentos de paz e equilíbrio mental, pode atuar de forma mais calibrada e coerente, fazendo você tomar a decisão correta e no tempo certo, porque essa competência ou ferramenta iluminada que é o *feeling*, quando bem pautada pela razão e a emoção pode resultar em decisões fantásticas, repletas de coragem, segurança, foco e equilíbrio. E o seu *feeling* como está? Tem ajudado você em sua rotina diária de escolhas e decisões ou não tem se manifestado? Você tem observado e cultivado isso?

6) Foco = vai dar certo

A vontade de fazer dar certo, pode levar você a grandes mudanças de comportamento, ponto de vista e até flexibilidade. Bater na mesma tecla pode ser consequência de uma falta de repertório, quando talvez a abertura para tentar novos caminhos seja mais inteligente estrategicamente falando. O que importa é estar disposto a acreditar que vai dar certo. Mas a verdade é que são poucos os que se dispõem a isso. Quanto menos se arrisca, menos sucesso se tem e menos se acredita que vai dar certo. Essa é a verdade! Fazer as coisas darem certo é um hábito, um estilo de viver. O hábito de praticar, de fazer acontecer. O hábito de ressignificar um resultado negativo quando "ainda" não tiver dado certo e novamente se mover, pelo mesmo caminho ou não, mas rumo ao destino que é o objetivo realizado.

7) Se lançar ao novo

Experiência corajosa de abrir o coração e abraçar o sonho ou até mesmo um desafio ponte para novas descobertas e oportunidades em volta. Parabéns para os que se propõem a encarar seus medos e ressignificar razões antigas para não fazê-lo. E para os que ainda não se jogaram na vida, podem ter certeza, nunca é tarde para dar o primeiro passo, o segundo, o terceira. A questão é que os anos passam tão rápido que quando essa ficha cai, a vontade de se lançar nesses desafios é simplesmente inevitável. Depois da 10ª sessão de *coaching* com um querido senhor de 77 anos, no qual aprendi bastante sobre a vida, comecei a refletir sobre como as coisas podem mudar. Adoro viver a vida e honro tudo o que eu fiz nela, inclusive os momentos em que falhei, pois com certeza sem eles eu não estaria aqui. Mas pensando sobre esse *case* percebi como tudo pode mudar repentinamente. Somos frágeis a acontecimentos que literalmente fogem ao nosso controle. Como as surpresas nos encontram! Como o tempo passa! Naquele instante ficou ainda mais claro que só há uma forma de viver tudo o que a vida tem a me oferecer, sejam nas vivências fortalecedoras ou não: adquirindo sabedoria. Não a sabedoria intelectual, mas a sabedoria de descobrir o meu equilíbrio, de descobrir e viver diariamente meus valores. De aprender a exteriorizar meus sentimentos, expectativas e respeitar a minha própria história e origem. A sabedoria divina de aprender com tudo e por tudo agradecer. Eu sei que nada acontece por acaso, mas sei que as coisas podem mudar de lugar a qualquer momento. O que custa eu me preparar para ser uma pessoa melhor, mais forte, honesta e humana? A vida é maravilhosa e estar pronto para vivê-la é uma missão eterna e que vale muito a pena. Vida a Vida!

Para finalizar gostaria de lhe convidar a escolher três hábitos que considere hábitos de sucesso e que até possam ser hábitos que você admire em outras pessoas, com altos resultados em áreas que você tenha interesse. Que hábitos seriam esses? Agora responda: que resultados esses hábitos podem lhe proporcionar? Responda ao lado de cada hábito, os resultados que você poderia conquistar caso os tivesse. Para finalizar, onde você pode chegar com esses hábitos arraigados dentro de você? Defina que ação prática pode verdadeiramente fazer para iniciar o fortalecimento desse hábito. Que ação seria essa? Agora escreva a data dessa ação e a minha pergunta é: essa data é boa para você? Se fosse 1 mês depois, teria problema? Ou 2 ou 3 meses depois, haveria algum problema? Caso sua resposta tenha sido para flexibilizar essa data, então se preocupe, pois pode ser que seu nível de comprometimento não esteja alto. Agora se você não quis renegociar a data ou mudou-a muito pouco, mantendo ou até fortalecendo a convicção de que você vai sim fazer o que foi determinado, fico feliz por você, pois com certeza, quando menos esperar, terá mais uma coisa de sucesso na sua vida. E o melhor é que isso pode ser uma poderosa ferramenta para levar você a conquistar os mais belos e merecidos sonhos da sua vida.

42

Estratégias do *Coaching* para alta performance

O texto a seguir oferece uma amostra do trabalho realizado durante um processo de *coaching* para otimizar a performance, no qual o cliente transforma as tarefas do dia a dia, em oportunidades para exibir um desempenho surpreendente. Diversas "ferramentas" podem ser utilizadas durante o processo, porém, focalizamos as "Perguntas Poderosas", por serem as mais importantes aliadas dos *coaches*

Mauricio de Freitas

Mauricio de Freitas

Master Coach e *Trainer* em PNL, certificado pelos institutos: META-FORUM INTERNACIONAL (Alemanha), DVNLP (Alemanha), SOCIETY OF NLP (EUA), IANLP (Suíça), INTERNATIONAL ASSOCIATION OF NLP INSTITUTES (Alemanha), ECA (Europa), ICI (Alemanha), SEAC (Europa e Brasil) e IVL (Brasil). Trabalha há vinte e dois anos na área de desenvolvimento de pessoas e une o melhor do *Coaching* americano e do *Coaching* europeu sistêmico. Passou por treinamentos com os *Coaches* e *Trainers*: Robert Dilts (EUA), Deborah Bacon Dilts (EUA), Tom Best (EUA) Sabine Klenke (Alemanha), Bernd Isert (Alemanha), Sean Xenja (EUA), Meir Schneider (EUA), Dr. Michael Hall (EUA), Guillermo Echegaray (Espanha), Lucas Derks (Holanda), entre outros. Ministra cursos de formação profissional em *Coaching* e PNL, dentro dos mais rigorosos padrões internacionais.

Contatos
www.iycoaching.com.br
contato@iycoaching.com.br
(11) 2373-0038

Fatores indispensáveis para um desempenho de campeão:

Recursos

Inicialmente, para que o *coachee* tenha uma ótima performance, ele precisará contar com os recursos internos (conhecimentos, habilidades, capacidades, etc) e externos (equipamentos, equipe de trabalho, materiais, etc) necessários para realização de suas tarefas. Perguntas poderosas para esta fase são:

- Quais são os recursos internos/externos necessários para que você tenha uma performance surpreendente? Quais desses recursos você já possui? O que você pode fazer para obter os recursos que ainda não possui?

Coerência

Alta performance combina com coerência, pois é mais fácil ter um grande resultado e nos mantermos motivados, quando fazemos algo que se conecta conosco, em que acreditamos e que esta em conformidade com nossos valores e nossa identidade. Quando um jornalista perguntou ao cantor Frank Sinatra, como ele foi capaz de ter criado tantas interpretações impecáveis de canções ao longo de sua carreira, Sinatra respondeu que jamais havia cantado uma canção que não lhe emocionasse ou que não combinasse com ele. Para testar a coerência podemos perguntar:

- O quanto esse objetivo combina com você e com seus valores de vida? O que é mais fascinante e emocionante em relação a esse objetivo?

Relevância

Um forma poderosa de nos sentirmos motivados a fazer algo é ter uma percepção da relevância que isto terá em nossas vidas. Uma vez atingido um objetivo realmente importante, inúmeros serão benefícios proporcionados pelo cliente de *Coaching*. Para pesquisar a relevância de um objetivo, as perguntas chave são:

- Quais serão os benefícios que você experimentará após atingir sua meta? O que você irá alcançar de especial em decorrência dessa realização?

Visão de futuro

A maioria dos projetos nos quais clientes de *Coaching* estão envolvidos, são grandiosos e afetam, além de suas próprias vidas, a vida de muitas pessoas. Podem ser inclusive um significativo legado à humanidade, por isso estimulamos nossos clientes a projetar-se no futuro e perceber os diversos efeitos positivos de suas ações a médio e longo prazo, conscientizando-os do impacto poderoso de seus atos. Desta maneira, movimentamos uma poderosa energia de decisão e motivação, que propulsiona o indivíduo em direção a sua meta. Para apoiarmos a criação de uma visão poderosa de futuro podemos fazer perguntas como:

O que essa conquista trará de positivo para as demais pessoas e influenciará o que existe além de você? Qual serão os diversos benefícios gerados a longo prazo?

Motivação

Geramos motivação através de um habilidoso questionamento que mobiliza duas forças poderosas dentro da pessoa: desejo de sucesso e aversão ao fracasso! Para gerar um sentimento de aversão ao fracasso, podemos perguntar:

- Como você se sentirá daqui a cinco anos se não tiver realizado o que quer? E daqui a dez anos, quais serão as consequências de não ter realizado seu objetivo?

Agora, para movimentar a força e o poder do desejo de sucesso, podemos lançar mão de perguntas como:

- Como você se sentirá daqui a cinco anos quando já tiver realizado seu objetivo? E daqui a dez anos, quais serão as consequências de ter atingido o sucesso?

Após isto, podemos perguntar: _ E então? O que realmente você quer?

Quando o cliente toma uma firme decisão, pedimos a ele que crie em sua mente uma imagem de si mesmo, no futuro, desfrutando a evidência perfeita de seu objetivo realizado. A criação dessa imagem de futuro gera um poderoso sentimento de motivação.

Outros fatores motivacionais:

Posso ainda motivar meu cliente através pesquisando sua conexão com pessoas importantes de seu passado:

- Que pessoa, importante para você, será honrada ou homenageada através de seu sucesso?

Podemos também gerar motivação através da conscientização dos reconhecimentos, que o cliente receberá no futuro em decorrência de seu sucesso:

- Que reconhecimento você irá obter quando já tiver realizado sua meta? Quem irá validar você?

Podemos ainda questionar a respeito de como se transformará o papel de nosso cliente nos grupos ou equipes dos quais participa, após ter conquistado com sucesso seu objetivo.

Energia/vitalidade

Para manter um altíssimo de desempenho, é importante cultivar o estado de plenitude, que assegurará a vitalidade e energia necessárias.

É fundamental proteger o *coachee* da síndrome de *Burnout* (total esgotamento físico e mental de um indivíduo devido à dedicação exagerada ao trabalho). Os *workaholics* estão mais propensos a síndrome de *Burnout*, pois não encontram formas de recuperar a energia perdida durante os esforços empreendidos. Para garantir que o cliente possa manter-se com um alto grau de vitalidade podemos fazer perguntas com a intenção de mapear as ações que comprometem sua vitalidade e descobrir alternativas para a recuperação de energia. Veja abaixo alguns exemplos:

- O que normalmente estressa você? O que poderia ser feito de diferente em relação a isso, para que você possa manter um alto nível de energia? Que ações preventivas você poderia ter no dia a dia para garantir zero estresse? Como você pode criar momentos de oscilação da rotina diária, fazendo coisas agradáveis para recuperar sua energia? Quais são os seus dez maiores prazeres pessoais? De que maneira você poderia encontrar espaço na sua agenda diária para essas atividades? Se existissem novas e inusitadas maneiras de diminuir seu estresse, quais seriam elas?

Quando o *coach* apoia seu cliente a incluir em sua rotina diária ações que ajudam a manter um nível elevado de energia, está assegurando que ele esteja protegido contra o estresse e o *Burnout*, os grandes vilões dos profissionais de alta performance.

Lembre-se: quanto maior o bem-estar, mais seremos capazes de sustentar um alto nível de desempenho.

Planejamento estratégico e planejamento de riscos

Esse é um item é fundamental para o sucesso de qualquer projeto. Podemos certamente apoiar o cliente na criação de seu plano de ação, e mais, podemos estimulá-lo a calcular possíveis riscos e a pensar em todas as variáveis, para que ele possa estar preparado para manter uma performance invejável em meio qualquer adversidade. Fazemos isto investigando o que pode ocorrer de diferente do que foi planejado, com o objetivo de encontrar alternativas de ação que assegurarão o sucesso do projeto, mesmo que ocorram imprevistos. Podemos avaliar junto com cliente cada passo do projeto através de perguntas como:

- Se não der certo desse jeito, que alternativas você tem? Qual dessas alternativas lhe parece a melhor? Que tipo de imprevistos poderiam ocorrem? Que alternativas você tem caso esses imprevistos ocorram? Que reações inesperadas as pessoas poderiam ter? Que alternativas você tem caso essas reações ocorram?

É necessário também ajudá-lo a medir as consequências naturais de cada uma das alternativas escolhidas perguntando:

- O que ocorrerá como consequência dessa opção escolhida por você? De que forma essa ação afetará o ambiente, as pessoas e o projeto? Quais serão as repercussões dessas ações a longo prazo?

Controle e autocontrole

Ter controle sobre si mesmo e sobre situações amplia o poder pessoal do cliente. Quase sempre é possível descobrir facetas de situações adversas que podemos melhorar ou controlar, mas mesmo que isto não seja possível, podemos ao menos controlar nossa maneira de reagir à situação. Para apoiar o cliente no desenvolvimento de controle e de autocontrole perguntamos:

- Até que ponto você pode influenciar a situação positivamente? O que você pode fazer de efetivo controlar essa situação? Até que ponto você consegue controlar a sua resposta à situação? Qual é a reação mais positiva que você poderia ter diante dessa situação?

Algumas situações que surgem podem ser oportunidades para assumirmos a responsabilidade pela solução de problemas e para participarmos da recuperação de algo. Isto permite que expressemos nosso potencial, nos destacando da multidão. Quando trabalhamos controle e autocontrole numa sessão de *Coaching* estimulamos o cliente a resolver os problemas rapidamente, independentemente de quem ou o quê os causou. Perguntas que podem favorecer este processo são:

- De que forma esse problema poderia se transformar numa vantagem para você? Se você fosse melhorar uma parte desta situação, qual seria? Que soluções você poderia criar agora, que jamais foram pensadas por você anteriormente?

Expressão da grandeza

A essência de um processo de *Coaching* de alta qualidade, é procurar a grandeza, os pontos fortes e os talentos do cliente, com o objetivo de fortalecer e estimular a expressão pública dessa grandeza, por meio da execução de suas funções diárias. Manifestar o que há de melhor em si mesmo, faz com que o desempenho do cliente adquira uma dimensão estética superior, indo além da simples competência e transformando a performance em algo surpreendente e belo de se ver. Para encontrar os pontos fortes temos inúmeras perguntas realmente poderosas que podemos fazer:

- O que você acha que é seu maior talento ou qualidade? O que você faz naturalmente e sem esforço, que muito bem feito? Se você estivesse na capa de uma revista, qual revista seria? E o artigo da revista seria sobre o quê? O que sua família, amigos ou colegas de trabalho diriam de você se perguntássemos sobre seus talentos e habilidades? Como você poderia utilizar seus talentos e habilidades para alavancar sua performance?

Encerramento

Através do texto acima, espero ter oferecido uma ideia breve, mas significativa do que o *Coaching* para alta performance é capaz de fazer. Obviamente, isto é apenas uma pequena amostra de uma, das inúmeras ferramentas, que durante um processo de *Coaching,* podem ser utilizadas para estimular o altíssimo desempenho do *coachee.* Encaro o *Coaching* como a mais poderosa metodologia para autorrealização já criada; por isso sinto-me honrado em escrever a respeito deste assunto que tanto me encanta e que, merecidamente, tem sido destaque em diversas mídias por sua originalidade e eficácia comprovada em pesquisas. Coloco-me à sua disposição, querido leitor, para resolver dúvidas e ofertar maiores esclarecimentos.

43

Expressão exímia e contextualizada por meio de alguns princípios do *coaching*

Você se expressa como gostaria? A forma como nos expressamos podem nos definir momentaneamente. Quem é você? Vamos despertar recursos através de alguns princípios do *coaching* para que você se expresse livremente e conscientemente

Mirella Guilhen

Mirella Guilhen

Certificação Internacional em *Eneacoaching* e Eneagrama 360° pela Escola Eneagrama "Khristian Paterhan C.", reconhecida pela IEA (International Enneagram Association); formação em *Coaching* pela Sociedade Latino Americana de *Coaching* (SLAC), reconhecida pela ICI (International Association of *Coaching* Institutes); aprimoramento em Voz pela DERDIC, clínica-escola da Pontifícia Universidade Católica de São Paulo (PUC – SP); graduação em Fonoaudiologia pela Pontifícia Universidade Católica de São Paulo (PUC-SP). Diretora da Empresa "Mirella Guilhen - Fonoaudiologia & *Coaching*"; *coach* nas áreas de *Coaching* de Vida e *Coaching* Executivo com ênfase no desenvolvimento e aprimoramento das Expressões Humanas; fonoaudióloga clínica nas áreas de Voz, Motricidade Orofacial, Linguagem Escrita e Linguagem Oral; preparadora, *coach* e *personal* vocal de profissionais da voz. Ministra palestras, cursos, aulas e consultorias, sobre expressão humana para Instituições Financeiras, para Cursos de Formação de Atores (teatro, cinema, televisão e dublagem), para escolas e para empresas de diversos segmentos.

Contatos
mirella@mirellaguilhen.com.br
www.mirellaguilhen.com.br

O *coaching* é um processo de apoio ao sujeito que deseja alavancar resultados em sua vida pessoal e/ou profissional através do despertar dos recursos internos do próprio sujeito. Este processo é feito por meio de alguns princípios, alguns dos quais trataremos aqui.

Minha intenção é que você tenha uma leitura ativa, ou seja, uma leitura que estimule ações para mudança. Mudança para sua alta performance. A performance acontece através de como nos expressamos. Por isso as nossas formas de expressão aliadas a alguns princípios do *coaching* serão os grandes assuntos deste capítulo, pois com estes princípios poderemos atingir uma expressão exímia e contextualizada, isto é, uma expressão que se adéqua muito bem a qualquer cenário. Para caminharmos rumo a esta mudança, inicio com uma pergunta:

Você se expressa como gostaria?

Inicio dessa forma para apresentar dois grandes princípios do *coaching* que irão nos acompanhar nesta leitura e espero que acompanhem vocês sempre:

- **Pergunta poderosa:** O *coach* é um profissional que utiliza de perguntas importantes para despertar recursos internos do seu *coachee* (cliente do *coach*). Quando descobrimos a resposta em nós, sem o julgamento externo, as mudanças acontecem efetivamente.
- **Avaliação do seu estado atual e do seu estado desejado:** As transformações ocorrem somente quando temos entendimento de como estamos hoje e como queremos estar.

Convido você a escrever a resposta desta primeira pergunta. A escrita tem um papel fundamental neste processo de mudança que é o de permitir que organizemos e visualizemos nossos pensamentos.

Para continuar a reflexão, faço outra pergunta:

Suas formas de expressão estão alinhadas ao que você deseja transmitir?

As nossas formas de expressão são:

- **Expressão postural**: refere-se à sua postura corporal e gestual;
- **Expressão verbal:** refere-se à sua linguagem, ao conteúdo da sua fala;
- **Expressão vocal:** refere-se aos recursos de sua voz (respiração, tom, ressonância, intensidade, velocidade, articulação, entonação e ênfase => aspectos que compõem a qualidade vocal);
- **Expressão emocional:** refere-se às suas intenções emocionais

- **Expressão comportamental e de aparência:** refere-se às suas atitudes comportamentais e como você se apresenta em relação ao vestuário.

As nossas formas de expressão podem nos definir momentaneamente e dizer muito de como nós estamos. Acontece que nem sempre conseguimos passar ao outro o que e como queremos, muitas vezes não conseguimos por não termos consciência do que nossas formas de expressão representam e também podemos enfrentar dificuldades em relação ao uso das nossas formas de expressão por medo, ansiedade, nervosismo, tensão, vergonha, insegurança e tantas outras sensações que podem nos angustiar, nos fazer sofrer e nos paralisar frente aos nossos desejos de mudança.

Relacionei alguns princípios do *coaching* com o trabalho de desenvolvimento e aprimoramento das nossas formas de expressão para que você consiga se expressar de maneira exímia e utilizar sua expressão de modo adequado em qualquer contexto. Essa conquista será possível se você usar bem as perguntas poderosas, se você focar no seu estado desejado e se você utilizar mais um princípio do *coaching* que apresento abaixo:

- **Ação:** qualquer forma de obtenção de informação, como esta leitura, por exemplo, é muito importante, porém a informação se transforma em conhecimento através da ação, através da vivência da questão tratada. Por isso, um dos princípios do *coaching* é a ação e em um processo de *coaching* tarefas são pedidas constantemente. Somente através delas que resultados são alavancados e objetivos são conquistados. Além disso, quando agimos podemos saborear e registrar sensações que nos apoiarão em novas ações.

Considerando mais este princípio descrito acima e prosseguindo em nossa reflexão, faço mais uma pergunta:

Como você quer se expressar?

Com algumas perguntas feitas e respondidas, com o olhar voltado para o seu estado desejado, iniciamos um novo e fundamental caminho para a ação e expressão que é alinhar e frequentemente checar coerência entre:

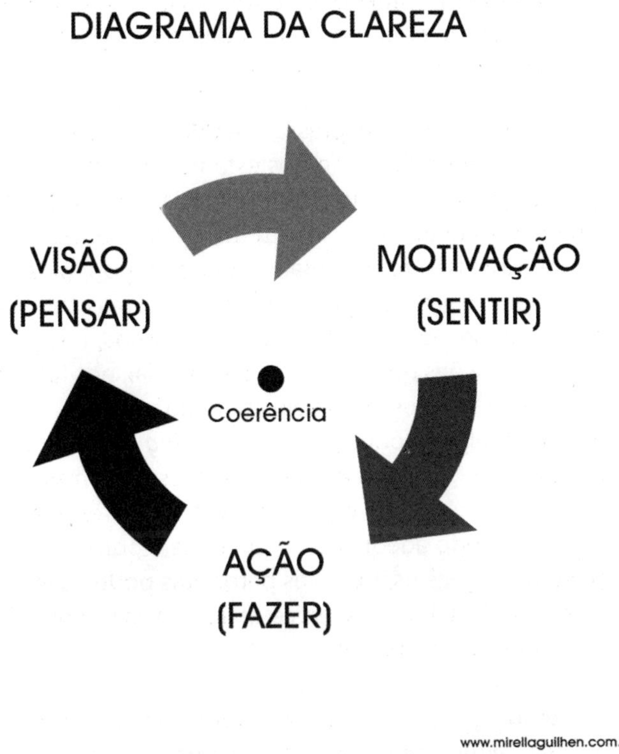

O "Diagrama da Clareza" pode ser usado em qualquer área de sua vida ou aspecto que queira trabalhar, mas como o assunto que estamos tratando é o desenvolvimento de nossa expressividade, podemos aplicá-lo assim:

1- Identificar o assunto que queira expressar (Visão)
2- Acreditar no assunto escolhido (Motivação)
3- "O-Usar" a se expressar (Ação)

Uma Ação ou Expressão clara, segura, convincente, encantadora e que gera entusiasmo é consequência da coerência entre Visão e Motivação. Quando temos clareza e entendimento, quando nosso foco está ajustado para estes três aspectos, nos sentimos livres, seguros e prontos para expressarmos "o que, como, quando e para quem" quisermos.

Para auxiliar na identificação, organização e validar a coerência dos pontos do "Diagrama da Clareza", você pode usar uma ferramenta muito conhecida no *coaching* que é a "Roda da Vida". Esta ferramenta nos permite uma visualização de como estão as áreas de nossa vida e em qual ou quais áreas devemos investir em mais ações para que ela se mantenha equilibrada e em movimento. Preencha a "Roda da Vida", abaixo, pontuando de 0 a 100 cada fatia (Carreira; Ambiente e Organização Pessoal; Relacionamentos em geral; Espiritualidade; Lazer; Desenvolvimento Pessoal; Finanças; Saúde e Boa Forma).

RODA DA VIDA

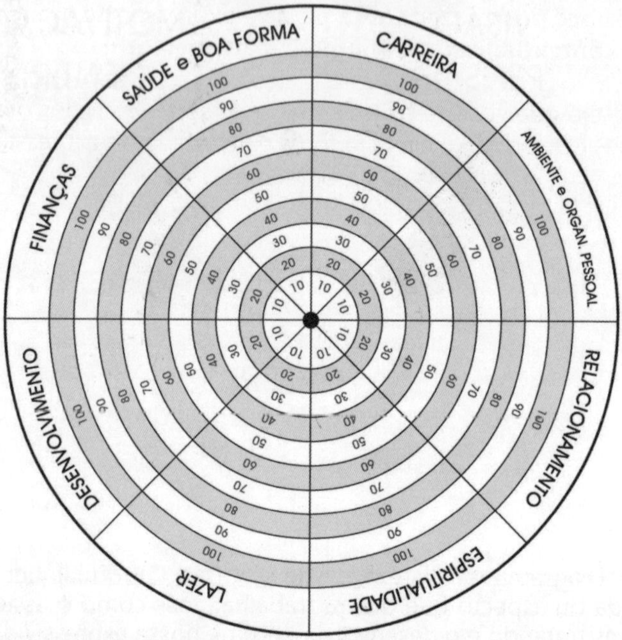

versão do Livro "Co-Active Coaching"

www.mirellaguilhen.com.br

Verifique se existe uma harmonia entre as áreas ou se necessita investir mais ações em fatias com pontuação baixa. Retome e formule perguntas poderosas em relação à sua Roda, entenda como gostaria que fosse sua Roda e realize ações que aproximem você do seu estado desejado e que harmonizem sua Roda da Vida. Após essa avaliação, volte para o "Diagrama da Clareza" e valide a coerência entre VISÃO-MOTIVAÇÃO-AÇÃO.

Ao realizar essa organização, utilizando alguns princípios e ferramentas do *coaching*, perceberá que se sentirá livre para se expressar, pois precisamos de organização de pensamentos, sentimentos e atitudes para nos expressarmos de maneira clara, verdadeira, contagiante e eficaz, com consciência e confiança dos nossos infinitos recursos positivos e mostrando o que você realmente quer mostrar.

Saber se expressar é a base para se ter sucesso. Acreditar no que você expressa é o primeiro passo da ação e com a ação, você realiza e se realiza. Ouse expressar para realizar!

Para finalizar e garantir que você termine esta leitura, de fato, ativa, pergunto novamente, unindo os princípios do *coaching* tratados até agora:

O que você pode fazer agora para se expressar de maneira exímia e contextualizada e atingir sua alta performance ?

Desejo que você se conscientize e acredite em todos os infinitos recursos que possui e aja com força e liberdade de expressão!

44

As Emoções e a Alta Performance

Você sabe como seu cérebro funciona? Como você recebe e armazena todas as informações desde o útero materno? Como essas informações se transformam em emoções? Como essas emoções desencadeiam TODOS os seus comportamentos que influenciaram na realização dos seus objetivos?

Nádia Gomide

Nádia Gomide

Palestrante, escritora, empresária, fundadora do Instituto Ânima de Desenvolvimento Humano, *Master Trainer* em Programação Neurolinguística, treinada por grandes nomes como Robert Dilts e Jairo Mancilha. *Master Coach* pelo Behavioral Coaching Institute (BCI), Pós-Graduada em Gestão Empresarial Estratégica, *master teacher* em Magnified Healing e Reike, facilitadora de Meditações Ativas, treinada no OSHO International Foudation - INDIA. Atuando há dez anos no desenvolvimento humano. Eterna apaixonada pelo Ser Humano dedica-se a auxiliar pessoas e organizações a encontrar sua melhor performance.

Contato
www.institutoanima.com.br

Com apenas algumas semanas de vida gestacional, podemos ouvir e sentir o mundo à nossa volta. Recebemos uma gama muito grande de informações vindas do externo. Muito cedo se formam nossos cinco sentidos. Logo teremos visão, audição, tato, olfato e paladar. Através deles, conheceremos o mundo e teremos registradas em nosso cérebro milhões e milhões de informações muito relevantes para nossa formação. Talvez tenhamos sido aquele bebê programado e esperado com amor e ansiedade, ou sejamos o terceiro, quinto, até o oitavo filho. Talvez nossos pais estivessem felizes e seguros, ou tenhamos vindo de surpresa e nossa família se encontrasse em um momento de desafio, pressão e até medo. Não podemos saber como era o momento emocional dos nossos pais durante a gestação, bem como nos primeiros anos de nossa existência. A única coisa que sabemos é que, nessa fase, os estímulos do mundo externo, em contato com nossos sentidos, formam nossos valores, nosso sistema de crenças e a forma como iremos lidar com um número ilimitado de emoções.

Como tudo na existência tem dois lados, o mesmo fator que nos torna absolutamente únicos, ou seja, a forma como recebemos e armazenamos todas as informações dentro de nosso cérebro, nos faz criar limitações emocionais também únicas, gerando, assim, julgamentos a respeito dos nossos comportamentos e das pessoas à nossa volta. Emoções que são neutras para alguns podem ser limitantes ou até fortalecedoras para outros. E assim seguimos pela vida, em um completo turbilhão de emoções que podem potencializar em um momento e limitar em muitos outros.

Ao longo de minha experiência como *coach*, venho observando que todos nós, de uma maneira ou de outra, somos reféns de nossos processos emocionais. Diante das sensações de tristeza, rejeição, incapacidade, inferioridade, sentimo-nos reprimidos e temerosos. E o campo da emoção torna-se uma bomba prestes a explodir. Ao primeiro sinal, nos retraímos, ficamos paralisados, foragidos das situações carregadas emocionalmente, como visitar um doente, resolver uma pendência familiar, discutir com o cônjuge ou com os pais, impor uma opinião. Mais tarde, estenderemos esse comportamento até o âmbito profissional, comprometendo, assim, o alcance das nossas metas.

Além da sensação de fracasso pessoal e profissional que podemos viver quando escravizados pelas emoções negativas, está clinicamente provado que algumas doenças fisiológicas são resultado de longos períodos de exposição a emoções como medo, humilhação, preocupação, pressão, raiva, sensação de incapacidade, desamparo, entre outras. O Dr. Robert S. Eliot contou em seu livro *Is It Worth Dying For?* o resultado de suas pesquisas como especialista cardiovascular, onde concluiu que depois de certo tempo essas emoções podem gerar níveis perigosos de stress, que levam à pressão alta, úlceras, doenças cardíacas e outros distúrbios degenerativos. Ele realizou importante pesquisa com os colaboradores do centro aeroespacial de Cabo Canaveral, em que os funcionários tinham taxas de alcoolismo, ingestão de drogas, divórcio e mortes súbitas, além de infartos, maiores que a média da população. Descobriu que o problema não era causado pelo disparo dos foguetes, e sim pela demissão dos funcionários ao final do projeto, fato que gerava nos envolvidos um sentimento geral de ansiedade, medo e desespero.

Estudos feitos com quinze empresas globais e milhares de executivos mostraram que de 76 a 80% da efetividade de profissionais de alguma posição de liderança vem das competências existentes no conceito da inteligência emocional (Goleman, 1998, Case Western University) que, segundo Mayer e Salovey, é a habilidade de perceber, acessar e gerar emoções para promover crescimento intelectual e emocional.

A Emoção como Gerador

De maneira abrangente, segundo Leslie Camerom, podemos classificar as emoções, quanto à sua categoria, como "positivas" e "negativas" ou "agradáveis" e "desagradáveis". No entanto, elas não se limitam a isso. Na verdade, são centenas de distinções relacionadas ao modo como classificamos nossos estados. Tive um *coachee* que frequentemente dizia: "Não consegui realizar minha tarefa conforme combinamos porque me senti travado todos os dias". Observe que esse estado de "sentir-se travado" por si só não traz nenhum benefício. Pelo contrário, é tido como o motivo pelo qual ele não conseguiu realizar o que havia proposto. Tal fato gerou nele uma nova emoção negativa, a frustração. Especificando melhor o que tinha ocorrido, descobri que o "sentir-se travado" era, na verdade, sentir-se inseguro em relação a realizar a tarefa. Observe que insegurança já é algo que pode esclarecer um pouco mais. Quando me sinto inseguro, provavelmente não estou preparado para realizar algo. Que habilidades necessito aperfeiçoar para me sentir mais preparado para essa tarefa? Se me preparo melhor, consigo realizar e, ao invés de frustração, sinto motivação para seguir adiante até a conquista de minha meta. Aqui está a chave para que as emoções, ao invés de simples limitadores, sejam grandes "informantes" dos quais necessitamos para atingir alta performance.

Todas as emoções, sem distinção, são informações preciosas que devemos utilizar. Porém, reconhecer e beneficiar-se delas não é tão comum como deveria. Agimos conforme nossos condicionamentos, o que nos leva muito mais a justificar nossos insucessos do que a entrar em contato com a sua verdadeira causa. Não há nada mais ineficaz do que a "justificativa". Ela paralisa e tende a transferir para o externo toda a responsabilidade pelos nossos fracassos. É o que costumo chamar de "terceirizar a culpa". Da mesma maneira que não temos consciência de nossas emoções limitantes, não sabemos utilizar as emoções fortalecedoras como aliadas. Somos analfabetos emocionais. Não existe em nossa grade curricular a disciplina "Alfabetização Emocional". Apesar dos avanços da psicologia na era moderna, não estudamos na escola como funcionam nossas emoções; como podemos ter acesso a elas, quando potencializadoras; ou livrar-nos delas, quando destrutivas.

Desde os nossos primeiros equívocos infantis, somos corrigidos de forma a acreditar que falhamos, que não fomos "tão capazes quanto" alguém. Nesse momento, já estamos na "berlinda". Já somos vítimas da comparação. Dizia o mestre indiano OSHO, em seus discursos: "O único ser sobre o planeta que faz comparações é o Ser Humano". O ipê jamais dirá ao bambu: "Quero ser como você, leve e flexível". Da mesma forma, o bambu jamais desejou a envergadura e o porte do ipê. A comparação nos diminui. Tenta, e muitas vezes consegue, nos tornar iguais. E na tentativa de ser quem não somos, para atender a uma demanda do externo, acumulamos emoções como frustração, dúvida, medo, insegurança, raiva e rancor, que acabam por sobrepor-se às poucas realizações, alegrias e satisfações.

Como ter escolha emocional

Temos consciência de que podemos escolher nossas emoções? Estamos preparados para reconhecê-las? Estamos atentos para identificá-las? Atenção requer percepção e percepção requer presença. Vivemos em um mundo extremamente competitivo. Somos avaliados e valorizados pelo que temos. Portanto, corremos constantemente com o objetivo de ter mais e mais. Nessa busca incansável, nos esquecemos de "ser". Nosso foco está no "ter". O barulho do externo nos impede de escutar nossa voz interior. Essa voz que grita alto pode ser a voz das nossas emoções, muitas vezes desprezada. Ouvir essa voz possibilita ter maior acesso às nossas emoções e, assim, usufruir delas como nossas aliadas.

Para utilizar as emoções como aliadas, segundo Leslie em *O Refém Emocional*, devemos observar as quatro capacidades da escolha emocional, que são:

Colocação – A habilidade de reagir a situações cotidianas com emoções apropriadas e úteis. Tive uma cliente que reagiu com decepção ao saber que o filho decidiu casar-se aos 22 anos. Após uma análise da emoção (decepção), identificamos que seria mais apropriado sentir a emoção da aceitação, haja vista que não tinha o direito de interferir na escolha do filho.

Expressão – A habilidade de escolher como expressar suas emoções. Aproveitando o exemplo anterior, a mesma cliente estaria expressando para o filho a emoção de raiva ou revolta, o que não contribuiria de forma alguma para amenizar a situação. Ao expressar uma emoção de forma inadequada, estaremos agindo contra nosso autoconceito, o que certamente irá, em seguida, gerar uma nova emoção de arrependimento ou até levar ao afastamento das pessoas importantes ao nosso convívio. Muitas vezes expressamos de forma errada e/ou na hora errada. Não é útil expressar uma emoção por uma pessoa a não ser para gerar o impacto que desejamos. A expressão é de suma importância, levando em consideração o fato de que somos treinados para não demonstrar nossas emoções. Muitos relacionamentos chegam ao fim simplesmente por não dizermos ao outro verdadeiramente o que estamos sentindo. No ambiente corporativo, provavelmente, pela grande competitividade, confundimos seriedade com frieza e nos deparamos com a hostilidade estampada em forma de rostos sombrios e tensos.

Emprego - habilidade de usar emoções desagradáveis para gerar comportamentos úteis e emoções agradáveis. Aqui está um ponto muito importante a ser lembrado: a emoção tem um atributo funcional - uma finalidade de existir. Prestar atenção em sua mensagem pode revelar muito do que você necessita fazer diferente para obter melhores resultados. É importante lembrar que, ao invés de desejar livrar-se das emoções desagradáveis, devemos respeitá-las e enxergá-las como importantes informações que nosso sistema nos disponibiliza, indicando a necessidade de novos caminhos. Um grande exemplo de como utilizar o "emprego" como aliado foi quando eu estava com muito medo de dar o primeiro curso de formação em Programação Neurolinguística sozinha. Entrei em contato com a minha sensação e descobri que, na verdade, não me sentia segura, preparada para essa tarefa. Ao buscar o antídoto para a insegurança, encontrei a preparação. Demorei mais alguns meses estudando até que me senti totalmente segura e preparada. Como vimos, uma emoção sempre tem uma função ou finalidade. A identificação do seu atributo funcional e a forma que nos abrimos para essa informação, satisfazendo a necessidade implícita na emoção, é a grande sacada para que você se beneficie e caminhe para a evolução.

Prevenção – A habilidade de evitar vivenciar algumas emoções opressoras e imobilizadoras. No decorrer de nossa vida, inevitavelmente, entraremos em contato com os mais diversos tipos de emoção. O impacto causado por elas pode ser amedrontador e até aterrorizador. Emoções muito fortes como humilhação, vergonha, incapacidade e desamparo profundo, mesmo tendo atributos funcionais, são grandes sugadores de energia, de maneira que vale a pena evitá-los sempre que possível. Prevenir tais emoções exige que fiquemos atentos a quais circunstâncias as provocam em situações cotidianas. Vivemos em uma cultura que prega a negatividade e herdamos um pouco desses hábitos. É muito importante ter consciência disso e fazer escolhas saudáveis, inclusive sobre quais programas de TV assistir e quais jornais ler diariamente, bem como identificar qual o nível de energia das pessoas com quem você mais convive. Se uma pessoa sente-se humilhada ao frequentar uma academia por ter sobrepeso e péssimo condicionamento muscular, ela pode escolher fazer exercícios em um local diferente daquele que a deixa desconfortável, postergando a academia para quando estiver em melhor forma e adotando um novo comportamento, o que a fará se sentir confortável neste momento.

Como ter acesso às emoções

Em nosso cérebro, o sistema mais perfeito criado até hoje, existem milhões de neurônios onde estão guardados todos os registros de nossas experiências. É um perfeito sistema bioquímico que mora na nossa fisiologia. Se você duvida, pare por um momento e procure em sua memória um acontecimento marcante. Feche seus olhos e permita-se viver esse momento novamente como se estivesse acontecendo agora. Veja o que você viu. Sinta o que você sentiu. Reviva com todos os detalhes. Respire esta sensação, deixando que ela contamine todas as suas células com o seu melhor. É verdade, ali, na sua emoção positiva, está o seu melhor. Tenho plena convicção de que se tiver feito como instruí, você encontrou aí na sua memória corporal uma sensação agradável que lhe levou a uma emoção provavelmente muito boa. Existem muitas e muitas emoções fortalecedoras, estimulantes, guardadas em nosso interior. Porém, mesmo sabendo disso, não acessamos essas emoções. Agimos como se elas tivessem ido embora logo depois que aconteceram. Existem diversas maneiras de facilitar o acesso a elas, a partir da consciência de qual emoção estou sentindo e qual seria a mais útil e adequada para o momento.

Ainda, com a consciência de que tenho a bioquímica adequada para cada situação guardada em minha fisiologia.

Cada um de nós tem sua representação interna do mundo à sua volta e de como é para cada emoção. Por exemplo, sentir-se confiante para uma pessoa pode não ser igual para outra e nem útil no mesmo contexto, mas para sentir-se confiante você pode mudar sua postura corporal, levantando os ombros, deixando seu nariz na altura do horizonte e sua coluna como se fosse de aço, ouvir mentalmente uma música que o deixa confiante e pensar em pessoas que admira pela sua autoconfiança. Para sentir-se sereno, talvez possa imaginar um lago de águas claras e tranquilas ou imaginar-se frente a um vale verde e iluminado, respirar profundamente, unir suas mãos e contar lentamente até dez. São exemplos de como pode mudar sua emoção para uma mais adequada.

Como utilizar as emoções

O uso das nossas emoções é uma das importantes habilidades para nosso desenvolvimento. Mesmo as emoções negativas trazem grandes informações. Devemos tirar proveito delas em vez de fazer uma cirurgia emocional. Não amputaríamos nosso pé após um dia de caminhada com o sapato apertado. O núcleo do uso das emoções é o atributo funcional. Logo após identificá-lo, estaremos a um passo de identificar padrões de comportamentos inadequados ou impróprios à nossa evolução.

Sim, vale a pena entrar em contato com emoções como raiva, culpa, frustração, arrependimento; vale a pena extrair dessas informações o mais puro sumo que nos levará à conscientização que servirá como ímpeto para se ter a reação apropriada naquele momento e, sem a menor dúvida, isso é Alta Performance. Lembro-me sempre de uma grande mestra que dizia: "Fique com esta emoção o tempo suficiente para extrair o aprendizado!". Como *Coach*, podemos direcionar nossos *coachees* a viver toda a riqueza de informações geradas por suas experiências e, assim, potencializar seus resultados. Isso, de alguma forma, também potencializará os nossos próprios resultados.

45

Como nos tornamos *Coach* de Alta Performance

Nesse artigo, compartilhamos nossas práticas de forma simples levando o leitor a refletir sobre alguns cuidados necessários no processo de se tornar um *Coach* de Alta Performance, além de dar-lhe dicas que facilitam nessa trajetória

Nair Fátima & Conceição Correia

Nair Fátima & Conceição Correia

352

Nair Fátima
Bacharel em Economia. Bacharel em Administração com Ênfase em Recursos Humanos. Formação internacional em *Coaching* com PNL (Núcleo, Pensamento & Ação) e Formação Internacional em *Coaching* (Academia Brasileira de Coaching - ABRACOACHING). *Practitioner* em Programação, *Master* e *Trainer* em Programação e Neurolinguística (Núcleo, Pensamento em Ação). Curso de *Coaching* Executivo, Instituto INAP.

Contatos
nairfatimacoach@gmail.com / Skype: nairfatimacoach
Facebook: www.facebook.com/nair.silva.7127
Blog: http://resgatedoser.wordpress.com/author/nairfatimacoach
(21) 3215-7684 / 96871-9641

Conceição Correia
Psicóloga Clínica/Organizacional e *Life Coach*/Carreira. Sócia-Diretora da empresa CEPAC Gente-(Centro de Atuação Psicológica Clínica e Organizacional, no mercado desde 1983), com forte atuação em Treinamento & Desenvolvimento de Pessoas, Mapeamento de Competências, Avaliação Psicológica, Orientação de Carreira, Cursos *In Company*, Treinamento aberto para Capacitação de Alunos com interesse em RH.

Contatos
www.cepacgente.com.br / conceicaocorreiacoach@hotmail.com
Skype: cepacgente / Facebook: www.facebook.com/cepac.gente
CEPAC - (21) 3684-0043 / (21) 99335-6776

Nossa trajetória: como o *coaching* nos impactou

Nair Fátima

Sou uma eterna aprendiz e, através de estudos em cursos, pude compreender que o autoconhecimento, como também a prática das técnicas e ferramentas do *coaching*, são essenciais para alavancar a alta performance nesse processo. Relato isso porque foi exatamente através do autoconhecimento que pude enxergar coisas ainda não vistas quando estive no papel de *coachee*. E a **Ferramenta RODA DA VIDA** foi parte fundamental nisso, visto que ela deixou claro para mim como estava minha vida nas áreas "Espiritual", "Saúde e Boa Forma", "Relacionamentos", "Finanças", "Desenvolvimento Pessoal", "Carreira", "Ambiente e Organização Pessoal" e "Lazer". Foi como se eu estivesse diante de uma fotografia nítida com qualidade "HD" (Alta Definição) representante de tudo que eu estava vivendo naquele momento. Uma experiência maravilhosa.

Em Setembro de 2009, fiz uma "viagem" em mim mesma a partir da **RODA DA VIDA** e percebi as "Finanças" como a área de maior grau de insatisfação, capaz até de influenciar negativamente as outras áreas, gerando problemas. Após sofrer, chorar, conscientizei-me e assumi as minhas responsabilidades, o que me impulsionou a AGIR em prol de superar e transformar minha própria história de vida, já que sou eu a Protagonista dela, compartilhando-a com a família.

Em fevereiro de 2011, atingi minha meta de sair da dependência financeira, do sofrimento e comecei a viver dentro do orçamento familiar, garantindo, assim, uma melhor qualidade de vida. E logo concluo que isso só foi e tem sido possível porque, com o *coaching*, pensamentos, comportamentos, hábitos e ações saudáveis, responsáveis, planejadas estrategicamente passaram a fazer parte de mim.

Conceição Correia

Antes de vivenciar o *coaching*, minhas metas previamente estabelecidas eram atingidas, deixando-me feliz e motivada pelas conquistas. No entanto, não percebia que a trajetória era desorganizada, como também não tinha consciência de que poderia atingir os mesmos objetivos com menos cansaço físico e mental. Foi a **Ferramenta SMART** (Específica, Mensurável, Alcançável, Relevante e Tempo) que me impactou e ajudou a perceber que seria possível traçar metas organizadas com planejamento de caminho e Rota de Ação via linha do tempo. Assim, tornei-me consciente da importância em agir e planejar equilibradamente. E, como resultado desse esforço, consegui com que minha empresa, CEPAC Gente, evoluísse em sua organização como um todo: tecnologia, marketing, finanças e aumento de clientes, trazendo assim uma paz interior.

Hoje, meus papéis estão mais bem definidos e tenho utilizado da **Ferramenta RODA DA VIDA** em prol de valorizar minha qualidade de vida em todas as áreas, proporcionando também uma melhor administração do tempo e das relações profissionais, afetivas e familiares, o que me permite usufruir mais dos momentos de lazer e diversão.

Apaixonadas pelo *coaching* e dando continuidade aos estudos, nos conhecemos em setembro de 2012 na Turma 09 – RJ, do Curso de *coaching* do ABRACOACHING e com mais um membro importante na construção do artigo, o João Sérgio Pereira da Silva, formamos um Grupo de Estudos denominado de "Grupo de Aprendiz do *coaching*" (inicialmente).

Metodologia aplicada:

O "Grupo de aprendiz do *coaching*" planejou encontros semanais de três horas. Reviu toda teoria aprendida, dramatizou a troca de papéis (*coach, coachee*) por meio das Ferramentas e ao final de cada "Sessão" definiu uma tarefa para o encontro seguinte, conforme o tema desenvolvido.

Como resultado desses preciosos encontros, após vários desafios enfrentados, criamos uma estrutura de sessão de *coaching*/roteiro, facilitando a visualização de todo processo com o uso de ilustrações que representam seus 11 passos. Tal estrutura foi escolhida para ser utilizada como nosso *banner*.

Em cima das Ferramentas aprendidas no curso, criamos uma Planilha organizando cada "Ferramenta", "Pergunta-chave", "Características e Aplicações", objetivando uma Metodologia facilitadora para todo o processo do *coaching*.

Dividimos em dois objetivos: Ferramentas com foco em Autoconhecimento (da Ferramenta 1 a 6) e Ferramentas com foco na Meta a ser atingida (da Ferramenta 7 a 17), lembrando ao leitor que não se trata de um *script* pronto, é necessário ouvir, perceber e sentir o cliente para escolha da ferramenta adequada a ser utilizada em cada sessão.

Com a aplicação da estrutura e planilha criadas, conquistamos um resultado diferenciado e conseguimos transformar uma Pedra Preciosa (o Processo de *coaching*) em um Diamante (Processo *coaching* de Alta Performance).

Passamos da Teoria à Prática e gradativamente cada um de nós foi recebendo seus respectivos *coachees*. Nossos encontros foram enriquecidos, pois os estudos de caso eram reais, permitindo alinhavar a prática à teoria. O relato das sessões foi aprofundado com comentários, críticas, sugestões, orientações, uso bibliográfico com revisão de textos. O grupo se fortaleceu durante esses 10 meses e, com isso, nós modificamos o nome de "Grupo de Aprendiz do *coaching*" para "Grupo de Aprofundamento do *coaching*" da Tríade dos *coaches*: Nair Fátima, Conceição Correia e João Sérgio. A seguir, apresentamos dois modelos desenvolvidos e escolhidos pela Tríade dos *coaches* para compartilhar com o leitor:

1ª) ESTRUTURA DE UMA SESSÃO DE *COACHING*:

2ª) FERRAMENTAS DO PROCESSO DE *COACHING* DE ALTA PERFORMANCE:

FERRAMENTA	PERGUNTA CHAVE	CARACTERÍSTICAS	APLICAÇÃO
1) PREFERÊNCIA CEREBRAL	Quem sou?	Define o perfil cerebral (Águia, Tubarão, Lobo, Golfinho), pontos fortes, fraquezas, natureza.	Conhecer o *coachee* e ajudá-lo no seu autoconhecimento características humanas).
2) SISTEMA REPRESENTACIONAL	Como me percebo no mundo?	Auditivo, Visual, Cinestésico, Digital.	Conhecer o Sistema representacional do *coachee*.
3) RODA DA VIDA	Como está minha vida?	Define as áreas da vida, quais aspectos estão com níveis de satisfação/insatisfação, o que pode facilitar/ prejudicar na busca do estado desejado. Conhecer melhor os aspectos da vida do *coachee* e suas necessidades.	Usar quando o *coachee* não tem ideia de como está sua vida e como investir na busca do estado desejado.
4) CRENÇAS E SONHOS	Quais são as minhas crenças e sonhos?	Encontrar Crenças e Sonhos.	Conhecer o *coachee* e ajudá-lo no seu autoconhecimento.
5) LEVANTAMENTO DE VALORES	Quais são os meus valores?	Levantamento dos valores do *coachee*.	Conhecer o *coachee* e ajudá-lo no seu autoconhecimento: o que o motiva, o que é importante para ele e quais são os seus valores.
6) PROPÓSITO E MISSÃO	Para que existo?	Definir a missão na vida.	Ajudar o *coachee* a definir suas metas baseando-se em sua Missão de Vida.
7) PERDAS E GANHOS	O que tenho a perder e a ganhar com esta meta?	O que vai ganhar com isso, o que vai perder com isso, o que vai perder se não tiver e o que ganha se não tiver.	Ajuda o *coachee* a tomar decisões de avançar ou desistir da meta.
8) MATRIZ SWOT	Quais são minhas forças e fraquezas?	Pontos Fortes, Pontos de melhoria, Desafios e Oportunidades.	Conhecer os fatores internos e externos para tomada de decisões (soluções).
9) MODELO 6Ws	Onde estou? Onde quero chegar?	Permite responder melhor onde o *coachee* está aonde quer chegar, Quais os obstáculos, Quais os pontos fortes, as melhores estratégias, como medir o resultado.	Estruturar qual o melhor caminho para atingir a meta.
10) SMART	Quais são os passos a seguir?	Específica, Mensurável, Alcançável, Relevante e Tempo.	Especificar a Meta.
11) ROTA DE AÇÃO	O que falta para realizar?	Planejamento do caminho e linha do tempo.	Visualização do caminho para a Meta e revisão dos planos.

12) RODA DA REALIZAÇÃO	O que falta para realizar?	Comunicar, Solicitar, Arriscar, Realizar.	Medir o grau de equilíbrio e o que precisa ser trabalhado para a Realização.
13) ARQUÉTIPOS	Como despertar minhas forças internas?	Guerreiro, Curador, Mestre, Visionário.	Exercício de visualização da Meta do ponto de vista de cada um dos arquétipos, despertar os potenciais internos do *coachee*.
14)CADEIRAS VAZIAS	Quem pode me aconselhar?	Trocar de lugar com personagens que podem ajudar na meta.	Explorar o potencial e os recursos internos do *coachee*.
15) TRÍADE DO TEMPO	Como uso meu tempo?	Circunstancial, Urgente, Importante.	Ajudar a melhorar a organização e distribuição do tempo do *coachee* para priorizar a meta.
16) RODA DO MARKETING	Como está o meu MKT?	Nicho, Mensagem, Preço, Publicidade, Falar em Público, *Networking*, Internet, Fechamento.	Avaliar potencial de Marketing pessoal.
17) RODA DA ORATORIA	Como está minha oratória	Preparação Interior, Planejamento, Domínio do assunto, Postura Corporal, Vocabulário, Voz e vícios de linguagem.	Avaliar capacidade de oratória.

Possíveis armadilhas: identificando as necessidades do cliente

Como identificarmos se o *coaching* é o suficiente para a situação do cliente?

Acreditamos que Competência Técnica seja imprescindível, porém mais do que qualificação, é necessário um desprendimento total do Poder, do Orgulho e do Ego. Para isso, o profissional precisa exercer a humildade, a escuta ativa, que lhe permite identificar qual é a necessidade do seu cliente, pois o *coach* pode dar suporte ao *coachee* em qualquer circunstância, acolhendo-o. Mas, eticamente, deve ter o cuidado de perceber até que ponto pode ajudar/atuar e quando é o momento de incluir um Psiquiatra ou Psicólogo no processo de *coaching*.

DEPOIMENTOS AUTORIZADOS:
Nair Fátima (coach)

"Foi um impacto positivo ouvir a expressão da *coach*/psicóloga clínica, Conceição Correia: 'você é conhecedora do SER HUMANO. Comparo-a a uma Psicóloga, ainda que sem o diploma'. Receber o reconhecimento dessa profissional foi muito importante na minha vida. E a agradeço, pois isso me fortaleceu para continuar a minha Trajetória Profissional de *coaching* de Alta Performance".

***Coach*: Nair Fátima**
***Coachee*: Anni Wanderley Ignácio**

"Quando conheci a *coach* Nair Fátima percebi que precisava de ajuda para organizar a minha vida financeira, estava totalmente confusa. Hoje, eu compreendo que tinha tudo em mente, mas faltava tomar consciência dos medos ocultos para poder libertar-me deles, dos pontos em que estava falhando para corrigi-los e ter coragem para agir. Mas esse nível de clareza do pensamento, que permitiu a mudança de comportamento e ação, só foi possível durante o processo do *coaching*, a partir da atuação dessa incansável Profissional. Com ela aprendi: hábitos saudáveis, tomar decisões estratégicas, gastar conscientemente, isto é, pensar antes de gastar, avaliando se realmente é necessário comprar, entre outros aprendizados relevantes. E com essa vivência concluí que o *coaching* não faz milagres. Na verdade, ele é um processo que ajuda a pessoa a enxergar caminhos, ora despercebidos, para resolver problemas que pareciam insolucionáveis até aquele momento inicial".

***Coach*: Conceição Correia**
***Coachee*: Débora Benício**

"O *coaching* na minha vida foi algo extraordinário. Fiz o processo acompanhado da terapia e percebi que é possível fazer os dois simultaneamente, mesmo que sejam processos diferentes, porque de um lado, a terapeuta me auxiliava ao provocar uma autorreflexão profunda, levando em consideração minhas questões de origem que, por sua vez, influenciavam em meu comportamento e escolhas. De outro, a *coach* Conceição Correia, com sua objetividade e assertividade, me conduzia ao atingimento da minha meta através do planejamento de uma série de exercícios auxiliadores na desconstrução de ideias. A partir deles, eu conseguia eliminar as ideias que limitavam minhas ações e traziam insegurança, para, assim, dar lugar a novas. Conclusão: hoje tenho uma melhor qualidade de vida, sou mais confiante na tomada de decisões no âmbito pessoal, como também no profissional e, com isso, valorizo muito essa parceria."

46

AMOR à base de *coaching*

Todos nós desejamos ardentemente ter nossos sonhos realizados, isso nos traz profunda alegria e nos estimula a ir além. Porém, só seremos envolvidos por essa realidade, se nos tornarmos pessoas de alta performance e a base para que isso ocorra é o AMOR.
Eu não sei o que você está vivenciando, mas tudo o que você determinar fazer, faça com AMOR. Isso fará toda a diferença

Paulo de Sá

Paulo de Sá

360

Coach e trainer. MBA executivo em Gestão Estratégica de Negócios pela Universidade Anhanguera Uniderp. Pós-graduado em Gestão de Empresas e em Gestão e Docência da Educação a Distancia. Orientador de artigos científicos de curso de pós-graduação Universidade Federal do Mato Grosso. Professor de pós-graduação e graduação de diversas universidades. Consultor organizacional desde 2002, treinador e palestrante desenvolvendo colaboradores de organizações como: Tribunal de Justiça de Goiás, UFMT. *Professional, Leader, Team Coaching. Executive e Bussines Coaching.*

Contatos
www.leadership.com.br
paulo@leadership.com.br
paulo@conexaoleadership.com.br
(62) 8268-4155 / (64) 3638-2189

Nos dias atuais temos uma busca incansável por parte das pessoas, para terem seus desejos, projetos, sonhos e objetivos alcançados. Assim sendo, paira na mente uma indagação: "O que posso fazer para ter o que almejo?"

Diante dessa realidade, surge a metodologia *coaching*. Cabe nesse momento oportuno ressaltar que o *coaching* não é uma formula mágica, como muitos infelizmente o tem apresentado, com a promessa de que da noite para o dia "seus problemas acabaram", mas sim um processo que se aplicado de forma correta, trará resultados extraordinários que nos levarão ao que mais ansiamos e desejamos.

Como isso é possível?

A metodologia *coaching* trabalha com técnicas e ferramentas poderosas, desenvolvidas e testadas ao longo do tempo. Essas técnicas e ferramentas são instrumentos utilizados para propiciar o desenvolvimento humano. Mas de que maneira isso é feito?

Ao conhecer essa metodologia fiquei profundamente impactado, pois fui levado a ter alta performance em tudo o que faço e assim tive resultados maravilhosos. Após essa experiência peculiar e espetacular, passei a estudar e a desenvolver uma estruturação desse processo, tendo como base toda a minha vivência acadêmica e experiência profissional. Desenvolvi, então, um acróstico que responde a essa questão:

"De que maneira o *coaching* me levará a ter alta performance e assim obter resultados extraordinários?"

Chamo você amigo leitor a percorrer essas linhas como se fosse o último livro que estará lendo, buscando entender um pouco mais dessa metodologia que levará à alta performance.

Tudo começa no AMOR

Quando passei a estudar essa metodologia e de que maneira ela levava as pessoas a terem alta performance, surgiu a ideia de iniciar pela análise da vida de pessoas reconhecidas por possuírem alta performance, entre eles: Martin Lutter King, homem tão diferente que trazia para junto de si pessoas com crenças completamente distintas das suas, como na vez em que ganhou o premio Nobel, ele estava no hospital e recebeu a visita do arcebispo Hallinan, da arquidiocese católica romana de Atlanta, que na ocasião abençoou-o e foi abençoado por King, como descreve Neto e Lima (p. 22, 1974); Zilda Arns, líder da Pastoral da Criança, ela praticamente erradicou a desnutrição das crianças do Nordeste brasileiro; Ayrton Senna, piloto de Formula 1, que em sua primeira vitória no Brasil venceu utilizando apenas a sexta marcha e pneus em péssimo estado; Tomas Edson que após um incêndio que destruiu seu laboratório com inúmeras pesquisas, descansou em uma varanda e no outro dia recomeçou tudo; Neil Armstrong, que mesmo antes de ser possível ir à Lua, já declarava que pisaria nela; e Jesus Cristo que, mesmo considerado por alguns somente um filho de carpinteiro, dividiu a história no meio, pois só existe antes e depois dele.

Ao contemplar essas pessoas que se tornaram ilustres em suas gerações e nas gerações vindouras, surge a grande questão: o que havia de mais evidente em suas vidas para obterem resultados tão grandes?

Na busca pela resposta eu me deparei com a seguinte verdade: todos eles possuíam extremo AMOR pelo que faziam. Com isso podemos percebemos algumas coisas como:

- O que moveu Luther King a doar todo o prêmio ganho no Nobel para a causa em que lutava?
- O que fez Zilda Arns dedicar sua vida a crianças que não eram seus parentes?
- O que motivou Senna a não parar na próxima curva? Ou, Edson, não desistir?
- O que tornou o sonho de Neil Armstrong possível?
- O que fez Jesus Cristo amar até mesmo aqueles que o odiavam?

Ao buscar respostas a essas indagações, só chegamos a um veredicto, foi o AMOR. Para existir alta performance o ponto chave inicial é amar o que faz, ou seja, tudo começa no amor. Criei um acróstico que estrutura o que a metodologia *coaching* propicia a nós, pois a primeira transformação que ocorre em nossas vidas é amar tudo o que empreendemos, pois passamos a questionar nossas reais motivações e a entender o propósito da nossa existência.

Por isso gostaria de te fazer a seguinte pergunta: Você ama tudo o que faz?

Acróstico AMOR

Tendo como base o AMOR, desenvolvi um acróstico que estrutura os pontos básicos trabalhados pela metodologia *coaching*. Aplicado em sua vida, ele fará com que você tenha alta performance e, com isso, resultados extraordinários.

Ação
Melhoria Contínua
Objetivo
Resultado

Essa, portanto, é a base do *coaching* para alta performance. Discorrerei sobre cada ponto desse acróstico, mas cabe ressaltar que para realmente termos alta performance, devemos fazer tudo com AMOR.

1 – Ação

Gosto da seguinte definição de ação: é o processo que visa modificar o comportamento ou estado de um indivíduo. Torna-se peculiar trazer essa definição, pois antes de estabelecer a importância de algo, é primordial defini-lo. Assim, podemos evidenciar que aqueles que desejam possuir alta performance devem prioritariamente experimentar novos comportamentos e sair da zona de conforto. Pois só há desenvolvimento e mudança se existir ação.

Fulano diz: "como teremos resultados diferentes, tendo as mesmas ações?".

Ao analisar essa frase, percebemos que é muito importante não termos somente ações, mas em especial ações assertivas, que realmente nos levarão a alcançar nossos objetivos.

O *coaching* nos leva a ter ações, a realmente sairmos de nossa zona de conforto, trazendo à nossa realidade questionamentos como:

O que posso fazer para aproximar e alcançar aquilo que desejo?

Qual ação realmente vai me aproximar disso?

Dessa forma quebramos crenças do tipo: "Eu preciso ter muitas ações para obter resultados", o que propiciará que foquemos em ações que realmente tragam resultados, nos dispensando do cansaço e do estresse das muitas ações erradas.

Portanto, você deseja ter alta performance?

Qual ação você precisa ter hoje que vai aproximá-lo disso?

Não se esqueça de que toda grande jornada começa com o primeiro passo e que suas ações são os passos de sua jornada.

2 – Melhoria Contínua

Às vezes tendemos a pensar que as pessoas que possuem alta performance nasceram com isso, portanto, não há nada a fazer. Isso, porém, é um grande erro. Peguemos alguns exemplos:

Michael Jordan possuía alta performance ao jogar basquete?

Fazer essa pergunta, hoje, parece piada, pois ele foi campeão olímpico da NBA seis vezes e o terceiro maior pontuador da NBA com 32.292 pontos, além de ter sido eleito um dos cinquenta maiores jogadores da história da NBA. Mas nem sempre foi assim. Quando jovem foi dispensado do time de basquete do colegial.

Einstein, foi um cientista de alta performance? Claro que sim. Todos o conhecem, inclusive aqueles menos familiarizados com o universo científico. Einstein ganhou o premio Nobel por sua genialidade e propôs a teoria da relatividade. Porém seus primeiros professores o descreviam como alguém abaixo da média e com dificuldades de aprendizagem.

Lincoln foi um presidente de alta performance? Com certeza! Os americanos o reverenciam. Mas pare por um breve momento e reveja a história dele repleta de vários fracassos no âmbito político.

Como pode, então, eles terem chegado à alta performance e se tornado referências no que fazem? A resposta a essa pergunta é simples, buscaram a melhoria contínua a cada dia.

Michael Jordan começou a treinar cada vez mais e mais, enquanto todos iam embora, ele continuava sua jornada de treinos.

Einstein não deu ouvidos ao que diziam, buscou aplicar seus conhecimentos dia após dia.

Lincoln, mesmo enfrentando inúmeros obstáculos e derrotas, perseverou e se tornou o 16º presidente dos Estados Unidos.

O *coaching* nos leva a avaliar e a questionar o que fizemos e o que fazemos para que possamos aprender e melhorar em tudo. Incentivando-nos a romper com crenças limitantes e a testar novos comportamentos que nos farão ter progresso.

3 – Objetivo

Desde minha infância me deparo com a seguinte frase: "Para navio sem destino qualquer porto serve".

Frases iguais a essa são comuns em nosso dia a dia, pois vivemos em meio a uma geração onde as pessoas se sentem perdidas e em constante busca por direcionamento. Isso se torna determinante na vida, saber onde quer chegar, ou seja, aonde está indo.

Quando falamos de objetivo é importante deixar claro que ele não significa apenas onde se quer chegar, o que se quer ser, fazer, etc., mas quando se quer isso. Objetivo sem data é apenas ilusão. Se não determinamos quando o que desejamos realmente será realidade, sempre teremos tempo, ou seja, fica vago.

Com o *coaching*, passamos a ter objetivos claros e, assim, com certeza o alcançaremos. Quero nesse momento auxiliar você a definir seu objetivo. Responda as interrogações abaixo e ao termino terá seu objetivo definido e as primeiras ações que precisará desenvolver para conquistar o que deseja.

O que você deseja alcançar de imediato?
Até quando quer alcançar esse objetivo?
Você acredita que é possível alcançá-lo?
Alcançar esse objetivo é importante para você?

De que maneira você precisa agir para alcançar esse objetivo?

Estabeleça, pelo menos, três ações que você possa ter ainda hoje e que vai aproximá-lo desse objetivo?

Qual é o seu nível de comprometimento de 0 a 100% para realizar essas ações?

Caro leitor quando temos objetivos claros, sem sombra de dúvidas o alcançaremos.

4 – Resultado

Quando falamos de *coaching*, devemos deixar nítido, que realmente só é *coaching* quando há resultado. Pois estamos falando de uma metodologia que nos faz sair de nossa ZONA DE CONFORTO, nos estimulando a mudança de pensamentos, reformulando sentimentos e levando-nos a novos comportamentos. Dessa maneira romperemos com tudo o que possa ser um possível sabotador na caminhada à realização de nossos sonhos.

Convite Especial

Gostaria de convidá-lo, amigo leitor, a se permitir viver uma vida de alta performance. Portanto, lance-se em atitudes respaldadas por AMOR, ou seja:

Ação: não espere as coisas acontecerem, faça antes com que elas ocorram;

Melhoria Contínua: hoje seja melhor do que ontem e amanhã melhor do que hoje;

Objetivo: saiba o que quer e empenhe-se em obter;

Resultado: não aceite o quase, estabeleça o sucesso.

Ao comprometer-se dia após dia com esses comportamentos, sem sombra de dúvida viverá os melhores dias de sua vida e obterá resultados extraordinários.

"Nunca se esqueça de que se você ama o que faz, fará tudo com alta performance."

47

Coaching: Autoconhecimento, um caminho de escolhas e estratégias

Para que possamos conduzir nossas vidas, liderarmos pessoas e organizações, é imprescindível que busquemos as nossas verdades através do desenvolvimento do nosso autoconhecimento

Renata Fagundes

Renata Fagundes

Coach Executivo, *Coach* de Negócio, Positive *Coaching*, *Coaching* de Carreira, *Coaching* de Liderança. Gestão de Mudanças Organizacionais, Melhoria de resultados/Performance, Maximização do Engajamento organizacional, *Team Building* e *Assessment*. Psicóloga, *Master Coach*, formada e certificada pela Sociedade Brasileira de *Coaching* e pela Behavioral *Coaching* Institute, com carreira desenvolvida em organizações multinacionais e nacionais nos segmentos: industrial, serviços, bebidas, infraestrutura, construção pesada, óleo e Gás. Tendo como principais desafios *Startup*, reestruturação, desenvolvimento de líderes, gestão de mudança, planejamento estratégico, gestão de metas e resultados, análises de cenário e tomada de decisão.

Contatos
www.2bthere.com.br
renatafagundes@2bthere.com.br
contato@2bthere.com.br
(11) 4506-3080

Pensar que nos distinguimos das outras espécies por sermos seres da Razão, com capacidades de raciocínio lógico, cognitivo, capazes de escolher entre o certo e o errado, nos leva a refletir qual o nosso verdadeiro papel. Por que a ordem da evolução foi dada?

Evoluir, transformar, ir além do que está exposto são competências inerentes àqueles que querem sobreviver diante da teoria evolutiva.

Porém, se nos colocarmos apenas na posição de seres que necessitam utilizar seus talentos com o único objetivo de sobreviver, isso nos coloca novamente em encontro com as outras espécies que em algum momento nos gabamos de sermos diferentes.

Diante disso, fica a escolha de nos posicionarmos de forma diferente diante do universo.

Muito mais importante do que poder escolher, é saber escolher o que é melhor para si próprio, para as pessoas, para as organizações e para as nações.

Estamos vivenciando um momento em que é permitido falar além da razão, do processo decisório racional. Novas teorias e estudos têm surgido para nos orientar e balizar-nos através de outras perspectivas. Física quântica, psicologia positiva, inteligência espiritual, etc.

A busca incessante por uma verdade universal continua ao longo dos tempos. O que muda é o foco da procura desta verdade.

Se nos diferenciamos por sermos capazes de raciocinar e escolher, provavelmente somos capazes de encontrar nossas próprias verdades. As verdades da alma. Não estou falando de alma no sentido espiritual, mas sim no sentido de integridade, de plenitude, de um lugar universal.

Para que possamos conduzir nossas vidas, liderarmos pessoas e organizações, é imprescindível que busquemos as nossas verdades através do desenvolvimento do nosso autoconhecimento.

Já dizia a lagarta do grande clássico Alice no país das maravilhas: "Qualquer caminho serve quando não sabemos para onde ir".

Uma pessoa só pode contribuir efetivamente com outra se tiver em seus valores o senso de contribuição, para isso é necessário identificar quais são os seus valores. É preciso estar conectado com seus propósitos e perguntas primárias, como: Quem sou eu? Qual o meu propósito de vida? Quais as coisas que são realmente importantes para mim? De que eu não abro mão? Elas devem ser feitas com o objetivo de aumentar a autoconsciência.

Um líder só é capaz de conduzir uma equipe para o resultado utilizando ao máximo o potencial de seus liderados se ele for capaz de identificar individualmente os valores, os fatores motivacionais e as necessidades de cada um. Para isso é necessário que antes ele faça o caminho de busca de seus valores e fatores motivadores. É imprescindível passar pela experiência, pois só assim conseguimos colocar no processo o sentimento de empatia.

Uma organização, uma nação só consegue prosperar se tiver um senso de identidade e propósito muito forte. Somos seres sociais, temos necessidades de autonomia, competência e relacionamento. Motivamo-nos diante de grandes metas e missões porque assim nos desafiamos a utilizar nossas competências e talentos em sua potencialidade máxima.

Desenvolver este senso de identidade e propósito está diretamente ligado ao desafio de desenvolver um grande trabalho de autoconhecimento organizacional, pautado nos valores, nos processos, na identificação do papel dos seus líderes que tangem os objetivos organizacionais.

O *Coaching* é um processo que pode auxiliar em muito tanto organizações quanto líderes e indivíduos nesse processo de autoconhecimento e estruturação de identidade. Por ser um processo fundamentalmente sistêmico, ele, através de ferramentas e técnicas comprovadas, faz com que as organizações e indivíduos aumentem o nível de consciência quanto a crenças, padrões, potenciais que possam estar limitando ou dificultando o crescimento, o desenvolvimento e a utilização dos seus talentos no nível máximo.

Quanto mais conscientes nos tornamos diante dos recursos que estão disponíveis em nós mesmos, melhor se torna o processo decisório e mais capazes somos para construir rotas alternativas na busca dos nossos objetivos.

Uma das maiores ilusões que os seres humanos têm é a de que conseguem mudar os fatores externos. Sendo que o que podemos mudar são as nossas atitudes e reações diante destes fatores. Para isso é necessário que tenhamos um exercício muito forte de auto-observação.

Um dos primeiros fatores que devemos observar é a constância com que as situações ou fatos se repetem em nossas vidas, sejam elas no âmbito profissional ou pessoal. O que faz com que nos coloquemos nas mesmas situações em diferentes momentos? Os padrões de pensamentos que cultivamos e mantemos, que são reforçados e enraizados através das crenças que temos.

O nosso sistema psíquico trabalha de acordo com as nossas orientações, se constantemente temos padrões de pensamentos semelhantes, ele também responde com atitudes semelhantes que já foram apreendidas e automatizadas. Ele sempre irá seguir a seguinte sequência: pensamento que gera emoção e que gera ação. Quando esse pensamento gera uma emoção de medo ou insegurança, automaticamente o nosso sistema, que está programado para nos defender, envolvido na reação de luta ou fuga, vai gerar uma ação em que esse possível "medo" não se concretize. Porém, toda sensação de "medo" é apreendida culturalmente, ou seja, está diretamente ligada a uma crença. Isso pode explicar por que muitos profissionais com grande potencial em determinado momento da sua vida deixam de crescer profissionalmente.

Se ele possui uma crença de que ele não é bom o suficiente ou que não merece estar onde está, ou que sempre decepciona as pessoas, o sistema dele vai protegê-lo desta situação, não deixando vivenciar aquela experiência. Isso é o que também chamamos de "boicote inconsciente". Inconsciente por que o sistema já automatizou e não deixa chegar à consciência o processo de defesa.

Desta forma, em um processo de *Coaching* é fundamental que ensinemos os *Coachees* a desenvolverem o seu autogerenciamento, ou seja, o gerenciamento dos seus pensamentos, crenças e atitudes. Para que possamos ter um resultado diferente do que estamos tendo precisamos ter uma ação diferente diante daquela situação e, como sabemos, a ação só será diferente se tivermos um sentimento diferente e, claro, um padrão de pensamentos diferente.

Muitas pessoas devem estar se perguntando, "mas como fazemos isso na prática"? "Já que este é o caminho para não sofrermos ou para termos maior realização, por que não fazemos?"

Bem, no que diz respeito à prática, ao contrário do que muitos possam pensar, o processo deve ser feito da forma mais simples possível. Ou seja, pensando: "quais novos padrões de pensamentos eu quero ter? Ou: quais são os nossos objetivos de realização?" "O que realmente me realiza? O que me impede de ter esses novos padrões de pensamento?" Neste momento, é fundamental que o executivo pratique a auto-observação, entendendo a situação de maneira prática. "Qual é o resultado que estou tendo? É positivo? Então, estou no caminho certo. É negativo? Então, não estou no caminho certo, preciso rever a minha estratégia." Somos muito bem preparados para fazer isso em questões profissionais, análises de mercado, concorrência, *share*, etc., mas no âmbito pessoal as coisas se tornam mais difíceis. Por que isso acontece? Por que profissionalmente, já somos formados, "educados" para trabalharmos em busca do lucro real e, pessoalmente, não é bem assim, por que muitas vezes fica mais difícil avaliar o lucro real, uma vez que culturalmente "não é de bom tom" trabalhar em benefício próprio e, por outro lado, também somos educados a trabalhar em prol dos outros. E nesse caso específico, além do nosso reconhecimento, teremos o reconhecimento social e na conta final, mesmo que no concreto o resultado não tenha sido tão positivo assim, temos um lucro secundário, que é difícil de mensurar, pois está diretamente relacionado ao nosso sistema do que é ganho ou perda.

No entanto, nós somos nosso maior ativo, e se não vale a pena lutar por ele, por que mais valerá?

A principal dica neste caso, para reavaliarmos o nosso lucro real, é enxergarmos verdadeiramente onde estamos nos colocando nesta situação. Em primeiro ou em segundo plano? Em que posição eu quero estar? Se eu me colocar no primeiro plano para mim, que sensação eu tenho? O que isso pode me trazer? Pode parecer um pouco complicado fazer esta análise, mas para simplificar, devemos sempre olhar para o que queremos por resultado.

Saber que está em nossas mãos a possibilidade real de aumentar ou melhorar a qualidade dos nossos resultados é ou não é uma grande carta na manga para os próximos passos?

Gerenciar nossas atitudes através de uma seleção melhor de padrões de pensamento como estratégia de melhoria de resultado pode ser muito divertido e lucrativo. Veja que não são necessários grandes processos de análise ou processos terapêuticos longos, estamos simplesmente trabalhando no plano do concreto. Faça o teste no seu dia a dia. Em que você gostaria de ter um resultado melhor na sua vida? Faça algumas reflexões quanto às suas atitudes diante desta situação e quais são os pensamentos que aparecem na sua cabeça quando você desafia a situação. Por que não tentar um resultado diferente?

Aprendi que a chave sempre está em nossas mãos, basta tomarmos a atitude de girá-la a nosso favor que todo o resto acontece. Vamos tentar?

48

Coaching e afetividade

Ao longo da caminhada como *coach*, pude observar que as questões emocionais e afetivas são o grande entrave para a maioria dos *coachees* em seus processos de desenvolvimento. Nos anos em que acompanhei a formação de novos *coaches*, percebi que em grande parte isto se dá porque o *coach* não tem a competência emocional e afetiva necessária para lidar com estas questões

Renata Friaça Pinto

Renata Friaça Pinto

Sócia diretora da ReSurgir Desenvolvimento Humano e consultora da Opus Soluções Empresariais. Tem formação em *Coaching* Executivo e Organizacional pela Leading Group, com reconhecimento da FIACE (Federação Iberoamericana de *Coaching* Executivo), e formação pela Lambent do Brasil, com reconhecimento da ICC (International Coaching Community). Atuou como coordenadora na Formação em *Coaching* Executivo e Organizacional ministrada por Leonardo Wolk, no Brasil. Atua com o público adolescente em programas de desenvolvimento pessoal e de carreira e como *coach*, desenvolve programas específicos para grupos de gênero e tem um portfólio exclusivo para mulheres, liderança, criatividade & inovação. Certificada em "Clínica para Adolescentes"– abordagem Gestalt pela Entrelinhas/DF. Certificada em Criatividade e Estratégia junto ao ILACE Instituto Latino-Americano de Ciências Cognitivas e Estratégia.

Contatos
www.projetoresurgir.com.br
renata@projetoresurgir.com.br

"Tudo o que fazemos ou que deixamos de fazer tem por trás uma emoção". – Renata Friaça Pinto

Vejamos alguns conceitos de afetividade:

Em psicologia, o termo afetividade é utilizado para designar a suscetibilidade que o ser humano experimenta perante determinadas alterações que acontecem no mundo exterior ou em si próprio. Tem por constituinte fundamental um processo cambiante no âmbito das vivências do sujeito, em sua qualidade de experiências agradáveis ou desagradáveis.

O afeto é um dos sentimentos que mais gera autoestima entre pessoas, pois produz alterações fisiológicas que garantem o bem-estar da pessoa.

Durante o decorrer das nossas vidas, o *status* afetivo condiciona os nossos modelos mentais, crenças e valores, mediante o acionamento de filtros perceptivos. Em consequência, nossa maneira de olhar, interpretar e interagir no mundo é resultado desse processo. Com graus diferenciados de distorção, aquilo que poderia ser fruto de uma observação fenomenológica assume constructo caracteristicamente individualizado. Assim, no exercício do *coaching* – tendo presente a existência deste mecanismo – o olhar atento para a condição afetiva do *coachee* nos coloca em situação mais favorável para ajudá-lo a alcançar os objetivos pretendidos. Isto porque, despojada tanto quanto possível de juízos, a situação contexto da realidade do indivíduo fica mais próxima da autenticidade.

E nós, enquanto *coaches*, como lidamos com a própria afetividade? Como cuidamos deste aspecto, de forma a melhorar o nosso desempenho profissional? O enriquecimento das abordagens teóricas alargam as alternativas para intervenções de sucesso. Mas isso só será possível se houver a contrapartida vivencial, experiencial, da qual se possam extrair aprendizados sobre como reagimos diante das demandas afetivas. É como aprender a equilibrar-se. Ninguém se sairá bem na corda bamba, por mais livros que leia, se não se der ao trabalho de praticar.

A conversa difícil com um filho, o desentendimento com um parceiro, o conflito com pares – todas estas situações são excelente laboratório para colocar em prática nossos conhecimentos teóricos e vivenciar circunstâncias afetivas promotoras de melhores resultados. A *expertise* com os nossos *coachee*s somente será alcançada plenamente se entendermos que os degraus para chegar lá passam necessariamente pela experimentação pessoal.

Muito se fala e se escreve sobre afetividade, gerenciamento emocional e tantos outros temas correlatos. À medida em que endossamos tais ensinamentos e valores, tornamo-nos responsáveis por praticá-los. Mas até onde há coerência entre a crença e a sua prática? Será que estamos aptos a praticar aquilo que pregamos? Quantos de nós, apologistas do *Management* Emocional e Afetividade, gerenciamos as nossas próprias emoções e os nossos próprios sentimentos? Quem de nós – apeados do nosso pedestal de *coach* – ousa confessar ter mergulhado no caos ao viver uma turbulência afetiva?

Enfrentar desafios vivenciais faz parte do destino de qualquer ser humano. Nós, *coaches*, teríamos, até por dever de ofício, uma vantagem sobre quem é leigo no assunto. Entretanto, a questão que se coloca vai além da qualificação. A questão é de coerência entre o que se fala e o que se vive. Falar é relativamente fácil. O difícil é, na prática, não ser dissonante com o próprio discurso.

O exercício da liderança, quaisquer que sejam os objetivos grupais, impõe lidar com a emoção e os sentimentos dos liderados. Ainda que a afirmação possa parecer paradoxal, um líder de fato precisa, antes de tudo, transformar-se em líder de si mesmo, gerenciar as próprias emoções e exercitar a afetividade de forma plena e saudável. Criar o clima – aprendizado contínuo, confiança, respeito e sustentabilidade – favorável para que a equipe se desenvolva plenamente não só como profissionais, mas também, e sobretudo, como seres humanos. Só assim a alta performance duradoura e o aumento dos níveis de produtividade conseguirão migrar da esfera das intenções formais para a realidade dos resultados corporativos.

O que se vê, em muitas organizações, são líderes altamente qualificados tecnicamente. Por que então vários diagnósticos apontam indicadores de insatisfação com a qualidade das lideranças e com o desempenho das equipes? Por trás dos diagnósticos mais comuns figuram aspectos como estilos inadequados de gestão, comunicação e relacionamento. E por trás disso, com certeza, haverá questões ligadas a fatores de natureza emocional e afetivos, não equacionados ou equacionados de forma equivocada.

No modelo atual e formal de educação, investe-se mais em qualificação técnica do que em habilidades de gestão. Além desse descompasso, a gestão é vista muito mais nos seus aspectos técnicos, onde a força de trabalho humano é qualificada como recurso. Muitas empresas, mais por modismo do que por genuíno interesse de transformação, mudaram a nomenclatura de "Recursos Humanos" para um sem número de alternativas que sugerem "Desenvolvimento Humano". Como se mudar o nome pudesse, num passe de mágica, mudar a prática. Em suma, sobretudo nos ambientes corporativos, a competência técnica somente produzirá plenos resultados se vier acompanhada de investimentos para desenvolver, paralela e complementarmente, as competências emocionais e afetivas. Afinal, é uma simples questão de inteligência: lidar com máquinas como máquinas e lidar com seres humanos como humanos. O lubrificante está para a máquina assim como a emoção está para o homem.

REFERÊNCIAS

http://pt.wikipedia.org/wiki/Afetividade.
http://www.dicionarioinformal.com.br/afetividade/

49

A jornada do herói

Até conhecer o *coaching*, eu tive muita dificuldade para conquistar as coisas que eu queria. Foi por meio dessa técnica maravilhosa que me foi dada a oportunidade de vivenciar sentimentos de satisfação e realização. No texto *A jornada do herói* a intenção é despertar o herói que existe dentro de cada indivíduo, iniciando a jornada rumo a realização de sonhos e de uma vida de alta performance

Renato Rocha

Renato Rocha

Coach com formação reconhecida pelo European *Coaching* Association, Behavioral *Coaching* Institute, Global *Coaching* Community e International Association of *Coaching*. Graduado em Processos Gerenciais e graduando em Psicologia. Busca excelência profissional por meio de muita pesquisa e leitura para aperfeiçoar as técnicas que utiliza. Acelerar resultados é o seu lema e a frase com a qual gosta de definir o *coaching*.

Contatos

www.coachrenatorocha.com.br

contato@coachrenatorocha.com.br

(48) 9641-4257

Quando criança eu tinha um sonho. Um sonho de ser agente secreto. Durante algum tempo, em meus pensamentos, eu vivi essa identidade secreta ao estilo Clark Kent. Eu tinha, inclusive, uma carteirinha com foto e tudo, que fiz numa antiga máquina de escrever. Imaginava salvar muitas vidas e combater criminosos. Só que um dia cometi um grave erro, perdi a minha carteirinha. Meu irmão, que a encontrou, fez um trocadilho com o que estava escrito nela: PAT (abreviação de Policial Altamente Treinado) se lido com meu sobrenome Rocha ficaria patrocha, daí para "'para trouxa" é um pulo. O trocadilho acabou com minha fantasia, me senti envergonhado ao ponto de nunca mais brincar com essa identidade.

Mas esse não foi meu único sonho. Recordo que certa vez eu tinha uma espada muito poderosa. Claro que não era uma espada de verdade, era apenas um pedaço de madeira, que muito de longe se parecia com uma espada, mas na minha cabeça era muito poderosa, inclusive soltava raios. Com essa espada, ao melhor estilo medieval, enfrentei diversos inimigos, conquistei nações e fui um herói justo. Quando chovia, eu a deixava "recarregando" em cima da laje, mas um dia ela sumiu, muito provavelmente porque minha mãe jogou fora pensando que fosse apenas um pedaço velho de madeira e, mais uma vez, deixei uma fantasia morrer.

Claro que essas são apenas fantasias de criança e fantasias como a que todos nós tivemos. Mas o que quero contextualizar com essas histórias é que as pessoas não conseguem realizar sonhos e vivem apenas de fantasias. As pessoas estão tão acostumadas a fantasiar sobre suas próprias vidas que não percebem que seus sonhos vão sendo deixado de lado, um a um.

O sonho de ser médico que não se realizou por não conseguir passar no vestibular. Uma graduação que não conseguiu concluir, pois descobriu no meio do caminho que não era sua vocação ou porque não conseguiu mais pagar a mensalidade. O sonho da casa própria que não conseguiu comprar ou o lindo carro novo que não conseguiu quitar. Um sonho de mudar o mundo, de emagrecer, de correr uma maratona. Ano após ano, adia-se a realização dos sonhos, esperando que algum milagre aconteça ou que a sorte lhe sorria e seguem fantasiando sobre dias melhores que nunca chegam.

Não podemos ficar apenas fantasiando dias melhores. Temos que fazer acontecer dias melhores. Em vez de viver sonhando, temos de viver como quem realiza sonhos. Senão, um dia nos percebemos, tarde demais, sem nunca conquistar o que sonhamos, tristes, diminuídos, depressivos, amargurados.

A jornada do herói, de quem realiza sonhos, não é fácil. No caminho muitos dirão que não dá para ser fazer o que ninguém antes conseguiu. Muitos leões por dia deverão ser mortos. Muitas pessoas tentarão dissuadi-lo. Mas você tem de ser o herói da sua própria história, cheio de virtudes, trilhando uma vitoriosa jornada rumo a grandes realizações. Esse é seu destino. Essa é sua história. Essa é a sua jornada

Aguardar x Iniciar

"Vem vamos embora que esperar não é saber, quem sabe faz a hora não espera acontecer." – Geraldo Vandré

Por que viver esperando que alguma coisa aconteça para dar uma virada na vida? Quantas vezes você se perguntou: "e seu eu tivesse feito isso? E se eu tivesse feito aquilo?" Quantas vezes teve arrependimento por não ter tomado "aquela decisão"?

Toda jornada começa pelo primeiro passo. Não importa o tamanho da jornada, o primeiro passo sempre será o menor pedaço do caminho, porém o mais importante.

Duvidar x Acreditar

"Imagine uma nova história para sua vida e acredite nela." – Paulo Coelho

Eu me pergunto: se eu não acreditar em mim, como poderei convencer alguém a acreditar? Se você ainda duvida do que é capaz, eu o convido a conhecer a incrível história do australiano Nick Vujicic que nasceu sem braços e sem pernas devido à rara síndrome *Tetra-amelia* e que se superou ao se formar em contabilidade e planejamento financeiro, tornando-se um palestrante conhecido mundialmente.

Tenha certeza de que quando seus olhos brilharem pelos propósitos que segue, então conseguirá fazer os olhos dos outros brilharem por você.

Abster x Fazer

"O único lugar onde sucesso vem antes do trabalho é no dicionário." – Albert Einstein

Como posso desejar um futuro melhor se não participo da sua construção? O herói da sua própria história, aquele que faz acontecer, não se abstém, não deixa de lado, ele faz, ele protagoniza e não espera que alguém faça por ele.

Acusar x Responsabilizar-se

"Você precisa fazer aquilo que pensa que não é capaz de fazer." – Eleanor Roosevelt

Conheço gente que acusa o mundo e amaldiçoa a própria história para justificar seu fracasso e sua atual situação. Isso mascara o verdadeiro problema que é a falta de comprometimento da pessoa com seu próprio projeto de vida. Responsabilizar-se por cada decisão tomada, por cada acontecimento, é a melhor maneira de criar uma identidade com seus projetos e se tornar o herói da sua jornada.

Improvisar x Planejar

"O entusiasmo é a maior força da alma. Conserva-o e nunca te faltará poder para conseguires o que deseja." – Napoleão Bonaparte

O acaso e a sorte não vão trazer aquilo que você precisa para ser feliz. O sucesso não vem por acaso. Você precisa se planejar, saber para onde vai, saber o que fazer, como fazer, quando fazer e por que fazer.

Manter x Mudar

Pessoas que se sentem presas no estado atual não conseguem prosperar. Mudar faz parte da vida. O corpo que morre não é o mesmo que nasce. Durante todo o ciclo de vida, nossas células são renovadas, novas células nascem no lugar das que morrem.

A vida é uma constante renovação. Mude e renove-se diariamente. É maravilhosos perceber que não estamos condenados à mesma condição, que podemos escolher entre manter e mudar. Basta se permitir.

Retroceder x Insistir

"Noventa por cento do sucesso se baseia simplesmente em insistir." – Woody Allen

Depois de iniciada a jornada, muitos se perdem no caminho e resolvem voltar para o estado inicial, para o ponto de partida. Desistem. Sucumbem. Outros, porém, perseguem suas metas, sonhos e objetivos e descobrem o melhor lado da vida.

Sabotar x Promover

"Como somos insensatos, queremos tudo conquistar, como se tivéssemos tempo de tudo possuir." – Frederico II

As pessoas sabotam os próprios sonhos. Vivem querendo coisas demais e não chegam a conquistar nada. Vivem arranjando desculpas. Inventam outros sonhos e outras metas. Dizem não ter jeito para coisa, que não estão prontos, que não têm tempo, que não têm sorte.

Ao contrário, viva como quem promove a própria vida. Alegre-se, entusiasme-se, elogie-se, conheça seus pontos fortes. Por que não você? Por que não fazer sucesso, realizar seus sonhos? Promova seu ideal, seu estado desejado.

Tudo é uma questão de escolha. Diante das circunstâncias da vida, escolhemos como vamos nos posicionar. Diferentes verbos, diferentes ações, consequentemente diferentes serão os resultados. Escolha de que lado estará sua atitude e inicie sua jornada do herói.

Agora gostaria que você pegasse uma folha de papel e a dobrasse no meio. Sobre a marcação do meio faça um traço, dividindo o lado esquerdo do lado direito. No cabeçalho do lado esquerdo escreva "Sonhos não realizados" e no cabeçalho do lado direito escreva "sonhos realizados".

Escreva do lado esquerdo, na coluna dos "sonhos não realizados", aquilo que você ainda não realizou. Aquilo que está adiando para começar a realizar ou aquilo que simplesmente abandou pela vida, ou seja, desistiu de realizar. Já do lado direito, escreva todos os sonhos que já realizou e compare o tamanho dos seus sonhos. Os seus maiores sonhos estão do lado esquerdo ou do lado direito?

Se seus maiores sonhos estiverem do lado direito, então, parabéns. Comemore. Você provavelmente já percorreu sua jornada do herói e merece tudo que conquistou.

Se seus maiores sonhos ainda estão do lado esquerdo, responda sinceramente como você se sente? Consegue imaginar o que está perdendo? Agora imagine você daqui a 5, 10, 20 anos, se sua lista ainda pender mais para o lado esquerdo, como você imagina que vai se sentir? Depressivo? Derrotado? Angustiado? Arrependido? Como você imagina que é deixar de lado sentimentos de satisfação, realização, de prazer em ver os sonhos realizados? Quantos sentimentos frustrados, quantas experiências não vivenciadas.

Agora se você daqui a 5, 10 ou 20 anos, tiver realizado tudo aquilo que realmente é importante para você, imagine a sensação de vitória. O sentimento de realização. A sua autoestima elevada. Imagine-se desfrutando das conquistas. Perceba como é bom se sentir realizado.

Não perca essa oportunidade. A vida é muito especial para viver sem fé, sem realizações, sem significação. Não a desperdice. Por isso quero fazer um convite muito especial. Mude para o lado direito. Permita-se a conjugar os verbos: Iniciar, Acreditar, Fazer, Responsabilizar-se, Planejar, Mudar, Insistir, Promover. Vamos juntos iniciar a sua jornada do herói.

Autoconsciência

Embora o caminho da mudança não seja fácil, a boa novidade é que o primeiro passo já foi dado. A jornada do herói começa pela autoconsciência. Reconhecer sua atual situação e saber que algo precisa mudar.

Autoconhecimento

A maioria das pessoas que conheço não se conhece e isso não me surpreendente porque há 2 anos eu também pouco me conhecia.

Veja quais coisas são importantes para você, seus valores, o que você não abre mão, seus sentimentos e as experiências que não quer deixar de vivenciar. Sua missão de vida, ou seja, aquilo que o inspira a ser uma pessoa melhor todo dia. Qual é a sua visão de mundo, ou seja, o que você quer ser daqui a 5, 10 ou 20 anos? Quais seus pontos fortes? Aquilo que faz de melhor? Quais seus pontos fracos? Aquilo que precisa ser melhorado, conhecimentos, habilidades e atitudes, ainda não muito bem desenvolvidas e que influenciam negativamente seu desempenho?

Defina o objetivo

Saiba o que realmente importa e que vai fazer a diferença na sua vida. Uma boa estratégia para eleger qual o seu próximo objetivo é a hierarquização dos seus sonhos.

Para facilitar a hierarquização dos seus sonhos, faça o exercício do Gênio da "lâmpada mágica". Imagine que você encontrou uma lâmpada mágica da qual saiu de dentro um gênio que lhe concedeu 3 desejos. Você só tem de escolher os 3 sonhos mais importantes da lista que fez no exercício anterior.

Agora que você tem em mãos os 3 sonhos mais importantes da sua vida, lembre-se de que a vida é feita de escolhas, que cada escolha requer uma renúncia e que agora o gênio, por motivos que desconhecemos, decidiu realizar apenas um dos seus sonhos. Por isso você deve eleger entre os seus 3 maiores sonhos, 2 dos quais abriria mão, para que apenas 1 se realize.

Não tenha pressa. Ao final do exercício você tem de ter certeza de ter hierarquizado corretamente seus sonhos.

Mantenha o foco

O que a maioria das pessoas faz de errado é não ter foco no que realmente deseja. É comum que escolham 2 ou mais objetivos ao mesmo tempo e não consigam alcançar nenhum deles.

Um grande objetivo não pode e não deve disputar a preferência do seu tempo e energia com outro grande objetivo. Isso vai fazer a pessoa perder o foco e desperdiçar sua energia.

Focar em um único grande objetivo por vez é a grande sacada. Em vez de fazer um monte de coisa de qualquer jeito, escolha fazer uma única coisa de forma que se torne inesquecível. Pois um monte de coisas feitas de qualquer jeito é só o resumo de uma vida qualquer, já uma sucessão de coisas inesquecíveis e bem-sucedidas é a história de uma vida de sucesso, essa é a jornada do herói.

Escolha as atitudes certas

"Somos livres para escolher, mas prisioneiros das consequências." – Aldo Novak

Lembre-se de que você pode escolher como se posicionar, qual será sua atitude. Tudo é uma questão de escolha, o que não escolhemos são as consequências.

Comemore e agradeça

Reconheça seu esforço e seu empenho. Comemore toda vez que uma meta for atingida ou um objetivo for alcançado. Mas principalmente agradeça sinceramente o que já tem. Pois se não cuidar das pequenas conquistas com dignidade, não será digno das grandes realizações.

Agora que você já começou, siga em frente, mantenha o foco e a atitude positiva e cumpra sua jornada. No fim comemore e agradeça!

Boa jornada, meu herói

SEARCH FOR THE HERO (Procure o herói) – M. People

"Procure o herói dentro de você.
Procure os segredos que você esconde.
Procure o herói dentro de você.
Até encontrar a chave para a sua vida"
(tradução livre)

50

Ferramentas e Técnicas mais eficientes em *Coaching*

Percebemos que nas publicações e divulgações sobre *Coaching* raramente são tratadas, as técnicas, ferramentas ou instrumentos utilizados. Nosso objetivo é, portanto, contribuir para aqueles que estão se introduzindo nesta prática, quem já atua como *Coach*, sejam Consultores ou Líderes, como para aqueles que estão passando ou pretendem se submeter a essa aventura!

Rosana Franco &
Valeria Correia

Rosana Franco & Valeria Correia

Rosana Franco Marinari
Psicóloga; Pós-graduada em Gestão de RH. *Professional & Personal Coaching®* pela SBC. Especialista em Desenvolvimento Estratégico de Pessoas e Comportamento Humano. Sócia consultora da Praxis Consultoria em RH há mais de 20 anos criando soluções em recursos humanos a clientes de vários segmentos de mercado. Certificada como analista na ferramenta *Alpha Assessment Coaching*. Formação em Grafologia Básico e Avançado. Palestrante em temas voltados a Liderança e Desenvolvimento de Competências Organizacionais para empresas de médio e grande porte.

Contatos
www.praxisconsult.com.br / rosana@praxisconsult.com.br
(11) 5081-7202 / (11) 98121-1269

Valeria Correia
Psicóloga; Pós-graduada em Gestão de Pessoas pela FAAP e em Psicodrama pelo Inst. Sedes Sapientiae. Membro da Soc. Bras. *Coaching*; Qualificada no MBTI. Especialista em Grafologia desde 1996, membro da SOBRAG e da ABRACE (Assoc. Bras. Ciência da Escrita). Docente no curso de Pós-graduação em Grafologia na UNICID. *Expertise* adquirido em Assessment e Coaching em conceituadas consultorias. Atualmente formação em TCC - Terapia Cognitivo-Comportamental no CETCC - Centro de Estudos em TCC.

Contatos
www.valeriaconsult.com.br / http://grafologiaa.blogspot.com.br
(11) 2367-7838 / (11) 99436-7683

Ferramentas e Técnicas mais eficientes em *Coaching*

O objetivo deste artigo é compartilhar novas e consagradas técnicas e ferramentas, dando noções mais práticas do *Coaching*.

Para se iniciar um bom processo de *Coaching* a fase de investigação é fundamental.

Entendemos que definir a elegibilidade ao processo vem de uma fase de diagnóstico consistente que ira alicerçar os resultados futuros.

O diagnóstico também denominado ***Assessment*** permite saber qual é a realidade presente do profissional antes de se começar a falar de futuro.

Deve envolver informações sobre a empresa, concorrentes e mercado. Dá uma dimensão realista ao processo, mostrando o ponto de partida e as alavancas, possibilitando, tanto ao *Coach,* ao *Coachee* e a empresa (quando o contratante é uma companhia), a definição das metas e resultados a serem alcançados.

Alguns *coaches* utilizam outras ferramentas na fase de *assessmen*t. Nós conciliamos ao alinhamento com os clientes (*Coachee* e empresa) e à entrevista por competências, as ferramentas descritas a seguir.

ASSESSMENT OU DIAGNÓSTICO

Alfa Assessment

Dentre as várias ferramentas que vimos utilizando destaco o ***Alfa Assessment*** no trabalho com gestores seniores e executivos. A ferramenta identifica os limites do sadio e do disfuncional em **três** tendências que indicam perfis com Orientação para Resultados, Senso de Urgência e Assertividade e quando se apresentam sob a forma de Risco apontam Extrema Competitividade, Impaciência e Hostilidade.

Identificamos ainda **quatro** tipos básicos Alfa, cada um deles com um conjunto específico de características principais:

Comandantes: são líderes naturais que sabem levar as pessoas e fazer as coisas. São intensos, apaixonados, altamente energizados, líderes que definem o tom e mobilizam as tropas.

Visionários: vêm o "todo" e sonham com o impossível. São curiosos, proativos e direcionados para o futuro, vendo possibilidades e oportunidades que outros não percebem.

Estrategistas: distinguem-se em pensamentos abstratos, resolução de problemas e planejamento. Claros, com pensamento analítico e brilhante, com excelente senso e olho afiado para os padrões.

Executores: são obstinados implementadores que mergulham em detalhes e criam responsabilidade. Direcionados, com olhos à frente com planos implacáveis, disciplinados e consideram todos como responsáveis pelos seus compromissos.

Cada pessoa possui uma combinação única dos vários pontos fortes e os riscos inerentes a cada um dos tipos. É importante notar que as quatro categorias não são mutuamente exclusivas. Embora cada tipo alfa seja exclusivamente único, há cerca de vinte por cento de correlação entre elas.

Em outras palavras, independentemente de qual tipo seja mais prevalecente em sua personalidade, é muito provável que também tenham características e outros tipos.

Como os alfas são encontrados em todos os níveis de organograma e muitos profissionais não entendem seus pontos fortes e como eles, em excesso podem ser seu ponto fraco o Alfa *Assessment* fornece uma visão sistêmica sobre o *Coachee* direcionando o plano de trabalho e permitindo uma adequada calibragem de Forças e Fraquezas a serem trabalhadas.

Grafologia

A Grafologia consiste em uma técnica milenar do estudo da personalidade por meio da grafia, levando se em consideração aspectos neurofisiológicos, psicomotores e simbólicos. Vem sendo propagada em universidades, reconhecida e utilizada por grandes empresas, em diversos países, e utilizada como valiosa ferramenta nos processos de Seleção, Programas de "*Trainees*", *Assessment*, Orientação de Carreira e ***Coaching.***

É o resultado de anos de pesquisas realizadas por meio de métodos científicos, permitindo a classificação e padronização de "sinais gráficos", tornando possível, afirmações e confirmações a respeito de determinadas predisposições humanas.

Sobre a maioria dos demais instrumentos, as vantagens da grafologia aparecem desde a praticidade e o baixo custo de sua aplicação, que não exclui a precisão na análise; minimiza interferências externas e internas, pois a partir da 15ª linha do texto o movimento torna-se naturalmente espontâneo; a análise tem um caráter singular, personalizado, específico ao sujeito da análise, diferentemente de relatórios de outros instrumentos que tendem à padronização e generalização.

E o produto final dessa análise pode ser apresentado em relatório/laudo descritivo onde se apresenta a dinâmica do perfil identificado na amostra ou categorizados em Competências.

MBTI

O MBTI (Myers-Briggs Type Indicator) é um instrumento de identificação de características pessoais desenvolvido por Katharine Cook Briggs (1875-1968) e Isabel Briggs Myers (1897-1980) com base nos trabalhos de Carl G. Jung sobre Tipos Psicológicos. Seu uso é recomendado na Análise de Potencial ou *Assessment* – para movimentações internas ou *talent pool*, e no diagnóstico de necessidades de desenvolvimento e ***Coaching.***

São dezesseis tipos de personalidades a partir da combinação de quatro preferências, segundo a base conceitual Junguiana: Extroversão/Introversão; Sensação/Intuição; Pensamento/Sentimento; Julgamento/Percepção.

Com o MBTI é possível identificar características, tendências, pontos fortes e fracos, possibilitando a melhoria de relacionamentos interpessoais, a ampliação da capacidade de liderança, a formação de equipes de trabalho mais produtivas e participativas, conquistando padrões mais elevados de eficiência e produtividade.

PROCESSO DE *COACHING*

Já no processo de *Coaching*, destacamos as técnicas **Ganhos & Perdas** e **SWOT**, usadas para validar metas e definir escolhas a partir de cenários, e a **360º**, que oferece oportunidade de confrontar a autoimagem com a imagem percebida. Elas vêm sendo incluídas em nossos trabalhos e serão aprofundadas no próximo artigo.

Neste artigo, optamos por compartilhar duas já consagradas, a **Autobiografia** e a **Roda da Vida**, por sua importância e eficiência, também no diagnóstico e definição de metas, e duas novas técnicas, originadas em nosso trabalho com o *Coaching*, pelo resultado e sucesso apresentado.

Autobiografia

Técnica simples que pode ser realizada presencialmente ou remotamente. Requer de autoconhecimento, porém o *Coachee* pode fazer em etapas e explorar conversas com amigos e parentes.

Deve constar a evolução de suas competências, de seu conhecimento e principalmente as mudanças e obstáculos que enfrentou e venceu ao longo da vida. É importante incluir no exercício registros da sua história (evolução), aspectos da vida pessoal, como a infância e a história dos pais, escolha da carreira, momentos marcantes, ganhos e perdas até o momento atual, forças e fraquezas, momentos de superação e adversidades , desafios para o futuro, diferenciais e expectativas de resultados.

Roda da Vida

Assim como a Autobiografia a Roda da Vida aumenta a proximidade e o entendimento dos objetivos e desafios do processo. Ambas ampliam a conexão, o grau de confiança e abertura ao processo e reforçam o estabelecimento de um vinculo entre *Coach* e *Coachee*.

Tem sido eficiente para identificar aspectos específicos da vida que estão com problemas ou quando o *Coachee* quando as metas não estão claras.

Convidamos o *Coachee* a examinar numa escala de 0 a 10 seu grau de satisfação em áreas da vida. A divisão clássica é de 12 fatias divididas em 4 quadrantes que tratam de questões ligadas a Vida Pessoal, Profissional, Qualidade de Vida e Relacionamento Interpessoal.

A Roda pode ser adaptada a diversos fins com variações de tópicos como a Roda de Competências (a partir das competências adotadas na empresa) ou da Roda Profissional contendo aspectos ligados a vida profissional, como salário, influência, relacionamentos com pares, superiores e subordinados, carreira e outros. A depender de sua área de atuação como *Coach*, você pode utilizar dimensões específicas dessa área.

Temos usado a Roda da Vida acrescentando uma estratégia onde a primeira roda é feita a lápis e retrata o nível de satisfação atual (como está) e a outra roda a caneta que traduz o estado desejado (como quero que fique).

Quando aparecem diversas áreas de melhorias pedimos a identificação de prioridades ou alavancas que são aquelas que trarão impactos ou melhorias imediatas em outras áreas da roda, intensificando uma maior frente de resultados.

Frequentemente durante o processo de *Coaching* retomamos a Roda da Vida de forma a reforçar a escolha das metas e alavancas definidas com essa técnica. Afinal *Insight* não é a ação!

Grade de Comportamentos

Consiste, em um formulário em que, na primeira coluna, se descrevem comportamentos, e a partir da segunda coluna, seguem-se datas, formando uma grade que deve corresponder aos dias intermediários entre uma sessão e outra. O *Coachee* deve registrar em cada data, quantas vezes apresentou aquele comportamento.

Á frente desta **grade** há uma coluna onde devem ser registrados os Resultados ou Observações correspondentes a cada linha/ comportamento.

Este instrumento requer uma relação de absoluta confiança entre as duas partes e completo comprometimento por parte do *Coachee*. E pode ser utilizado em dois momentos do *Coaching*: Na **fase inicial** quando as **Metas ou Objetivos** a serem trabalhados não estão claros ainda, servindo para se **definir metas ou objetivos** a serem atingidos em relação a cada um deles ou a apenas alguns especificamente. E na fase **intermediária/final** em que a partir dos registros, é possível acompanhar/verificar as mudanças quantitativas relativas à prática dos comportamentos desejáveis.

A análise dos resultados/observações também é rica de oportunidades de verificação da eficácia ou não dos comportamentos ou da ausência dos mesmos.

Segue Modelo do Instrumento:

Grade de Comportamentos

Comportamentos	2 ª	3 ª	4 ª	5 ª	6 ª	Resultados ou Observações

ABC

A Ferramenta ABC tem sido conhecida e utilizada em técnicas de *feedback*. É constituída por três elementos: *Action* (ação), *Behavior* (comportamento) e *Consequences* (consequência)

No campo *Action* deve ser descrito o contexto ou situação vivenciada; no campo *Behavior* devem ser relatados os comportamentos, reações ou mesmo pensamentos do *Coachee* ao experienciar o episódio; e em C*onsequences* devem ser registradas as consequências ou desdobramentos da ação, reação, atitude ou mesmo não **atitude** do *Coachee.*

Adaptamos ao uso no processo de *Coaching* onde ela funciona como uma **lente de aumento** sobre as mudanças de comportamentos/atitudes desejadas. Pode, inclusive, ser aplicada simultaneamente com a **Grade de Comportamentos** nos intervalos entre as sessões de *Coaching*.

Além da prática e aprendizagem validada nas sessões e incorporada em seu repertório, os registros permitem traçarmos planos de ação sobre as modificações desejadas.

As atividades nos intervalos entre as sessões nós chamamos **BELIEVE**, pois mais do que **tarefas de casa** ou *To Do* como são comumente conhecidas, se tratam da prática e aprendizagem validada nas sessões e incorporada em seu repertório.

Esses registros devem então ser trazidos na sessão, onde são analisados pormenorizadamente, iniciando-se pela impressão do próprio *Coachee* da situação, de seu comportamento e consequências, e a partir daí, traçamos planos de ação sobre as modificações desejadas.

Cada vez mais empresas e lideres reconhecem a necessidade do crescimento próprio e da equipe, e procuram *Coaches* para facilitar seu desenvolvimento. O *Coach* deve ter sensibilidade, bom senso e usar ferramentas criteriosamente, desenvolvendo preferencias e estilo.

51

Coaching como instrumento de melhoria dos relacionamentos humanos

Como o processo de *coaching* pode potencializar o desenvolvimento humano, atuando para a melhoria dos relacionamentos interpessoais, nas instâncias do capital humano, social e organizacional

Sabrina de Mello Hornos

Sabrina de Mello Hornos

Advogada formada pela USP, pós-graduada em Negócios Imobiliários pela FAAP/Secovi. Experiência no mundo corporativo atuando na área de direito empresarial e imobiliário há mais de 20 anos. Consultora e *Coach*. Formada em *Coach* Executivo Empresarial certificada pela ABRACEM e pelo Instituto EcoSocial. Tesoureira da ABRACEM – Associação Brasileira de Coaching Executivo e Empresarial. Analista PI - Sistema Predictive Index. Mediadora pela Mediativa Instituto de Mediação Transformativa - Instituto de Mediação Transformativa.

Contatos
sabrinahornos@uol.com.br
(11) 98142-2819

A palavra *coaching* sempre me intrigou por entender que não temos, ainda para ela, uma tradução adequada na língua portuguesa. Literalmente, podemos traduzi-la como treinamento, uma vez que o termo *coach* significa treinador, porém com o risco de entendermos equivocadamente o processo como uma forma de ensinar ou treinar alguém.

Treinamento pressupõe transmitir técnicas e conhecimento, diferente do *coaching* - um método de desenvolvimento pessoal, que visa facilitar o aprendizado. Por meio deste método, o *coach*, em um ambiente de parceria, não pretende ensinar nem trazer conhecimentos novos, mas, sim, fazer com que o próprio cliente traga à tona, à consciência, através de estímulos criativos, as melhores respostas e soluções para sua questão, que em essência já se encontravam dormentes internamente.

O *coach* parte do princípio de que o próprio cliente (*coachee*) é quem sabe o que é melhor para sua vida e seu futuro, apenas não teve a oportunidade e a forma adequada de avaliar todas as opções e explorar toda sua potencialidade e criatividade, colocando-as em prática e a seu serviço.

O método será aplicado através de conversas e um amplo questionamento, onde o profissional utilizará a escuta ativa e a entrega genuína ao processo para possibilitar reflexões profundas sobre a questão trazida pelo cliente. Por meio de perguntas estratégicas e totalmente relacionadas com o conteúdo gerado nas sessões, o *coach* irá provocar, incitar e estimular o *coachee* a transformar sua visão sobre a situação analisada e chegar aos resultados e metas almejados.

Considerando que o objetivo a ser alcançado depende de diversas decisões que precisamos tomar ao longo da vida, no processo de *coaching* o cliente é fortalecido para tomar tais decisões com responsabilidade, mais segurança e antecipando as consequências e riscos envolvidos, aprendendo a lidar melhor com os sentimentos de perda por abrir mão de todas as demais opções em prol da sua escolha.

O processo começa incentivando o cliente a apurar seu senso de autoconhecimento, deixando claro que à medida que nos conhecemos melhor, aprendemos a usar nossas forças e a administrar nossos pontos fracos, utilizando essa percepção na melhoria de nossos relacionamentos.

Em um segundo momento, o cliente é motivado a olhar para o futuro e definir com clareza onde gostaria de chegar. A definição da meta e dos resultados a serem alcançados é trabalhada no *coaching* a fim de tornaremse mais tangíveis e mais próximas, de forma mais clara e objetiva, fazendo com que possam se tornar realidade em um curto espaço de tempo.

"Somente sabendo quem eu sou, posso saber onde quero chegar", essa frase pode parecer um clichê de autoajuda, mas o cliente certamente obterá sucesso quando sentir-se seguro e confiante para entregar-se a esta autoinvestigação, através da vivência e da experimentação do processo de *coaching*. Partindo dos pressupostos de que haverá comprometimento e engajamento por parte do cliente e a condução profissional ética e experiente de um bom *coach*, veremos resultados maravilhosos acontecerem, onde as transformações são inegáveis e o progresso e crescimento pessoal permanentes e muito nítidos.

Podemos chamar este acontecimento de "a mágica do encontro". Isso ocorre, pois as sessões de *coaching* promovem um diálogo diferente. Em conversações normais, duas ou mais pessoas trocam seus pontos de vista, suas ideias e pensamentos. Na maioria das vezes, cada na conversa está mais focada no que vai dizer do que em ouvir o outro. Raras vezes encontramos pessoas que nos ouvem atentamente e que estão mais interessadas em assimilar do que em passar sua contribuição.

Um breve exemplo: quantas vezes já aconteceu de você contar algo para alguém e ouvir de volta "eu já passei por isso" ou "eu tenho um amigo que lidou com isso da seguinte maneira...". Ou seja, as pessoas se identificam com o assunto trazido e começam a fazer suas conexões internas, trazendo suas próprias experiências ou o que sabem a respeito daquilo. É uma forma normal de interação social onde queremos ajudar, compartilhar e formar um ambiente de empatia com o interlocutor.

A "mágica do encontro" que acontece no *coaching*, se deve ao fato do diálogo *coach/coachee* ter uma metodologia totalmente diferente do descrito acima. Nesta parceria, o *coach* deve necessariamente se despir de todas suas ideias preconcebidas e mergulhar no universo do cliente. Seus interesses e sua distinta forma de pensar são colocados de lado, focando no modelo mental do *coachee*, para seguir a sua linha de raciocínio e concepções. O *coach* se concentra na linguagem do cliente para que as respostas e *insights* venham do mundo do próprio *coachee*, do seu universo, sem contaminação com ideias e soluções externas ou dos paradigmas do *coach*. Certamente o valor dessas respostas será mais significativo para o cliente e será mais integrado com a sua realidade.

Para entender o funcionamento do *coaching*, devemos também explorar um pouco as diversas interações do ser humano, que dão origem ao seu capital humano, social e organizacional.

O capital humano é o valor que adquirimos através de nossos conhecimentos, habilidades, talentos e competências desenvolvidas. O capital social é formado pelos inter-relacionamentos e conexões sociais, hoje muito valorizadas e chamadas de *networking*. Já o capital organizacional provém das relações e interações dentro de empresas e organizações. Abaixo, vamos explorá-los individualmente.

O capital humano é um recurso moldado através das experiências de relacionamentos durante a vivência familiar, escolar e das demais atividades do cotidiano. As relações humanas advindas da convivência, das escolhas de atividades e experiências e o desenvolvimento de habilidades, talentos e competências comporão o indivíduo e sua capacidade de gerar e produzir trabalho. O investimento na educação e na aprendizagem formal e informal da pessoa será determinante para formação do capital humano.

Agregam valores para esta formação, por exemplo, o desenvolvimento do senso de disciplina e trabalho de equipe envolvidos na prática de determinadas atividades esportivas, jogos coletivos, lutas marciais, esportes olímpicos ou competições interescolares, os quais ajudarão a moldar e inspirar a personalidade e caráter do indivíduo/atleta. Através dessas experiências, o aluno aprende com a contribuição indispensável de um profissional orientador, técnico ou professor que ministra a atividade e transmite seus valores e competências.

Também o desenvolvimento de talentos artísticos e musicais completam e enriquecem o capital humano de uma pessoa, que poderá agregar a sensibilidade e os dons criativos para incrementar e potencializar seu valor.

A integração de valores morais e éticos no conhecimento e na aprendizagem também poderá desenvolver a excelência humana, fazendo a diferença entre o capital humano de qualidade e valor, do mero capital humano técnico e especialista, acadêmico e formal.

Já o capital social é introduzido por meio dos inter-relacionamentos, dos círculos de amizade, convivência social com os pares, envolvimento e a participação em diversos grupos familiares, sociais e comunidades em geral, formando um ativo intangível que a rede de relacionamentos transmite à pessoa.

A escolha e definição de qual grupo ou meio social a pessoa decide agremiar-se é baseada na formação do capital humano. Da mesma forma, a maneira como o capital humano foi desenvolvido determinará as diversas interações sociais, onde as pessoas irão compartilhar suas ideias, princípios, crenças e cultura. Quanto mais diversificada e multicultural for a sociabilidade do indivíduo e sua integração em ambientes sociais, maior será a contribuição para o enriquecimento do capital social adquirido.

As associações humanas possibilitam trocas e cooperação mútua, produzindo o valor e recursos ao capital social. O fortalecimento dos laços que unem um determinado grupo ou rede social confere aos seus membros um sentimento de pertencimento e valorização da pessoa, que transmitem confiança e autoestima elevada, fazendo do capital social um recurso a ser explorado e utilizado como ferramenta de poder e marketing pessoal.

Por fim, o capital organizacional surgirá do conjunto de pessoas (capital humano) e seu inter-relacionamento social (capital social) dentro de uma estrutura corporativa, uma empresa ou entidade profissional formada desse agrupamento. O conjunto de valores que formam o ser humano um ser único, composto de inúmeras variáveis de influências externas e internas, também se manifesta em uma entidade, uma corporação que terá sua cultura própria, sua identidade, seus valores e princípios, independentemente do ramo de atuação.

A estratégia comercial e operacional da organização, que determinará seu sucesso ou fracasso no mundo empresarial, será proveniente das atitudes e atuações dos gestores e líderes que nela trabalham e empregam suas habilidades e competências. Entendendo este processo, os responsáveis, fundadores e empresários destas empresas saberão que o investimento no capital humano e social e a qualidade desses relacionamentos e integrações serão o diferencial potencializador e determinante do crescimento organizacional.

Cada indivíduo que integra a empresa desenvolve relacionamentos, adaptando-se ou mesclando-se à estrutura da empresa, seus sistemas de trabalho, sua cultura e sua política interna. Desse cotidiano e no decorrer dessa atividade e integração social, nada mais natural do que o surgimento de conflitos, dúvidas e problemas, inerentes ao comportamento humano e suas associações.

O papel do processo de *coaching*, dentro de uma corporação, nos setores de liderança e nas pessoas estratégicas no comando da empresa, será identificar esses atritos e conflitos e desenvolver um trabalho de autoconhecimento e profunda análise do ambiente e das relações decorrentes destes profissionais. Este trabalho irá propiciar uma aprendizagem e progresso, potencializando as habilidades e competências natas das pessoas e equipes e contribuindo para um crescimento individual e consequentemente coletivo.

O *coach* irá tomar conhecimento do trabalho do *coachee*, verificar sua experiência profissional, analisar as variáveis intervenientes que moldaram e construíram a pessoa e o profissional, seu capital humano, as bases que o consolidaram, seu capital social adquirido pelos meios em que vive e atua, e seu capital organizacional, constituído pela cultura do meio em que trabalha.

O *coach* deverá levar em consideração todo o pacote, todo o contexto em que o *coachee* está inserido. O objeto do trabalho do *coach* será investigar o capital humano do cliente, o capital social do qual ele faz parte e o capital organizacional ao qual decidiu inserir-se e pertencer, compondo sua realidade e situação fática atual.

Entender a empresa em que ele trabalha, qual a equipe que ele lidera ou é liderado, as pessoas com as quais ele se relaciona, para quem trabalha, em qual sistema e a sua forma de adaptação e integração na cultura empresarial para potencializar e maximizar a sua atuação, são focos essenciais do trabalho do *coach*.

Considerando que as pessoas têm reações diferentes, reagem diversamente aos mesmos estímulos, dependendo da sua forma de entender o mundo e as pessoas que o rodeiam, o trabalho de *coaching* será o de convidar e estimular o *coachee* a pensar em alternativas e opções diversas para um determinado problema ou situação. O resultado do trabalho deve trazer a percepção clara de perspectivas não convencionais, estabelecendo ligações, hipóteses e relações entre as situações e as possibilidades de desfecho ou continuidade da questão trabalhada.

Convidar a experimentar e simular posicionamentos diferentes, discutindo os efeitos e as consequências de cada ato e atitude. Mapear onde o *coachee* se encontra hoje e onde deseja chegar, explorando as formas de gerenciamento de tempo e planejamento de futuro. O *coaching* objetiva uma forma de expansão da consciência, aumentando a capacidade de aprendizagem visando atingir resultados e objetivos com menos esforço, em menos tempo, de forma otimizada.

Concluindo e resumindo, o processo de *coaching* deve estabelecer-se como uma parceria entre *coach* e *coachee*, alicerçada em uma relação de confiança e comprometimento, a fim de atingir um objetivo e alcançar os resultados almejados. Para tanto, torna-se essencial uma análise prévia do contexto geral, considerando-se o capital humano, social e organizacional do *coachee*, constituído por um complexo conjunto de características que formam o ser humano e suas relações com o mundo externo, que influenciarão e definirão o mundo interno a ser explorado, propiciando o autoconhecimento e conquistas de aprendizagem.

Finalmente, voltamos à questão inicial e convidamos à reflexão para a denominação do processo. Será que conseguiremos batizar o *coaching* na língua portuguesa com um nome adequado que expresse toda sua metodologia esboçada nessas breves linhas? Fica lançado o desafio!

REFERÊNCIAS

KRAUSZ, Rosa. *Coaching Executivo: a Conquista da Liderança*, Nobel, 2007.

FRANCO, A. *Capital Social*, Brasília, Instituto Milleniun, 2003.

SILVA JUNIOR, José Deocleciano de Siqueira. *O Capital Social: discussão em torno da construção de um conceito*, Revista Espaço Acadêmico – n. 72 – maio/2007, Ano VI.

PORTES, Alejandro. *Capital social: origens e aplicações na sociologia contemporânea*. Sociologia, Problemas e Práticas, set. 2000, no.33, p.133-158. ISSN 0873-6529.

PORTES, Alejandro. Departamento de Sociologia, Universidade de Princeton, Princeton, New Jersey 08540.

52

A importância do autoconhecimento para a construção de líderes de alta performance

O autoconhecimento faz parte do processo de desenvolvimento pessoal e profissional a que o indivíduo se propõe. Estar predisposto ao autoconhecimento, muitas vezes não é algo simples e fácil, mas é possível. O *coaching*, como metodologia, é um processo de evolução, um facilitador de grandes descobertas, favorece o autoconhecimento, é um impulsionador de resultados que impactam na alta performance do indivíduo

Sabrina Rugeri & Edgmara Giordani

Sabrina Rugeri & Edgmara Giordani

Sabrina Rugeri: Psicóloga formada pela Universidade de Caxias do Sul, com formação em Psicologia Organizacional e em Terapia e Auto-Organização Integral, pós-graduada em Gestão e Docência Universitária. *Coach* formada pela Academia Brasileira de *Coaching*. Vivência em projetos de Gestão de Pessoas, Gestão por Competências, Gestão de Mudanças associadas à Tecnologia da Informação, Avaliação de Desempenho e Avaliação de Perfil Psicológico atuando em todos os segmentos e para diferentes níveis hierárquicos. Docente e instrutora de treinamentos.

Edgmara Giordani: Profissional com larga experiência na área de atendimento, prospecção e fidelização de clientes atuando em empresas de representações, comércio e serviços. Vivência no atendimento aos clientes no pré e pós-vendas. Hábil na condução de processos de negociação e orientação de equipes. Formanda em Gestão Comercial pela UNIINTER e bacharelanda em Psicologia pela Faculdade da Serra Gaúcha. *Coach* formada pela Academia Brasileira de *Coaching*.

Contatos
contato@essedesenvolvimento.com.br
www.essedesenvolvimento.com.br
https://www.facebook.com/EsseDesenvolvimento

Com o que mais nos deparamos hoje no mercado de trabalho, no que se refere à Gestão de Pessoas, é a necessidade de desenvolver ou ampliar a performance daqueles indivíduos que ocupam uma posição de liderança nas organizações a fim de se promover um crescimento pessoal e profissional junto a resultados e expectativas da organização.

Quando falamos em ampliarmos este potencial ou melhorarmos a performance, temos de considerar que o ser humano está constantemente em busca de satisfazer suas necessidades, valores, meta, estima.

Indivíduos entram em uma organização para que possam alcançar alguns de seus objetivos, como dinheiro, por exemplo. O dinheiro é um elemento simbólico e intercambiável, que assumiu um papel complexo e significativo, particularmente na sociedade ocidental, na definição e comunicação da essência de indivíduos e grupos. Ele é visto, muitas vezes, como um substituto do próprio valor da pessoa, pois afeta o indivíduo sob o ponto de vista econômico, social e psicológico – com a possível exceção da religião, não há força mais poderosa na determinação da identidade, do *status* e do valor pessoal. O indivíduo empenha parte de si, do seu esforço, da sua vida, comprometendo-se a uma atividade ou tarefa cotidiana e a um padrão de desempenho na organização e recebe como retorno do seu trabalho, uma remuneração que permite e que proporciona o alcance de sonhos, intenções, desejos, objetivos, servindo como indicador de poder e prestígio, o que influencia na sua autoestima e define seu padrão de vida e satisfação dentro da sua hierarquia de necessidades individuais. E aqui se pode considerar como uma fonte ilustradora a teoria da Pirâmide de Maslow, onde o ser humano possui determinadas necessidades que precisam ser satisfeitas e todas elas, umas mais, outras menos, dependem essencialmente da integração das relações humanas para serem atendidas. Das necessidades mais básicas do ser humano, como alimentação, sobrevivência, até as mais voltadas para a realização do seu próprio potencial, como o autodesenvolvimento criativo e a autoexpressão. Uma relação bem-sucedida entre indivíduo e organização, poderia ser considerada, então, quando ambos chegam ao objetivo: performance e resultado!

Nos últimos anos, a noção de que a liderança faz parte do mundo dos negócios e da administração, fez com que se fosse definido dentro das organizações programas envolvendo a gestão de habilidades, conhecimentos e atitudes – a famosa Gestão por Competências – redigindo isso na descrição dos cargos e na declaração de valores essenciais da organização, assim criaram-se programas de Treinamento e Desenvolvimento para se sanar ou minimizar o *gap* formado entre o que se tem dentro das organizações (real) e o que se quer (ideal).

Bukinghan e Clifton em seu livro *Descubra seus pontos fortes*, aborda esta questão afirmando que a maioria das empresas "dá pouca atenção aos pontos fortes dos funcionários e empenha-se em minimizar seus pontos fracos. Tornam-se peritas naquelas áreas onde seu colaborador tem dificuldades, passam delicadamente a denominá-las 'lacunas de competências' ou 'áreas de oportunidade' e os despacham para cursos de treinamentos a fim de que suas fraquezas sejam corrigidas"(p.15).

Com base na nossa cultura e sob um regime hierarquizado e autoritário, as pessoas foram colocadas nestes programas de Treinamento e Desenvolvimento com um objetivo de alcançar quesitos solicitados nos cargos que não possuíam ou que tinham pouco e precisavam se aperfeiçoar. Sendo elas participativas nestes programas, tornaram-se de certo modo passivas no recebimento de informações, não assumindo grandes responsabilidades pelo conhecimento adquirido, não correndo riscos, não sendo criativas e nem proativas.

Mas o retorno financeiro, o dinheiro, era suficiente para fazer valer a pena continuar. Então o indivíduo permanece na organização, faz o que lhe é mandado e paga as contas. O resultado? As pessoas se sentem pouco realizadas no trabalho, são mais difíceis de se motivar e, portanto, têm seu comprometimento e performance abalados. É como uma relação de casamento, num relacionamento de negócios chamado *emprego*.

Atualmente fala-se muito em alocar nossa energia para algo que nos motive verdadeiramente, algo que gere prazer, afinal somos movidos por valores que nos impulsionam, como: reconhecimento, criatividade, segurança, responsabilidade, alegria, satisfação pessoal. Seria fácil, então, pensarmos que para termos um desempenho de alto nível dentro de uma empresa, uma 'fórmula mágica' estaria relacionada em juntar nossos afazeres, nossas tarefas, nosso trabalho – algo que gostamos de fazer – com nossos valores pessoais, desta forma estaríamos mais motivados e prontos para desenvolvermos nossos potenciais humanos.

O que ocorre é que na grande maioria das vezes temos dificuldade em reconhecer nossos valores. Para o indivíduo que ocupa uma posição de liderança, isso se torna uma tarefa mais complexa, já que sua posição torna-o um exemplo a ser seguido.

Não é possível liderar sem que outros optem por viajar na mesma estrada que seu líder. Em palavras simples, liderar é conseguir que as coisas sejam feitas através das pessoas. Ao se trabalhar com elas e conseguir com que as coisas se façam através delas, estaremos abordando duas dinâmicas: a tarefa e o relacionamento. Hunter, em *O monge e o executivo* fala que "a chave da liderança é executar as tarefas enquanto se constroem os relacionamentos" (p.34).

A liderança, então, começa com uma vontade, um fim, que é nossa capacidade como seres humanos para sintonizar nossas intenções com ações e a partir daí, escolhermos o nosso comportamento.

O verdadeiro líder deve, antes de tudo, saber para onde quer ir e, em seguida, colocar-se em marcha nesse caminho. Ao colocar-se no seu verdadeiro caminho, será tão impulsionado por seus valores e as pessoas à volta perceberão a sua satisfação, o seu carisma natural, a sua congruência entre discurso e prática e decidirão que esse também é o mundo ao qual querem pertencer. Trata-se de uma liderança natural, a liderança dada pelo exemplo vivido pelo próprio líder.

" [...] A essência se localiza abaixo da superfície, no amago do líder. A essência é nossa substância subjacente: nossos propósitos, valores, visão e coragem. Quando descobrimos nossa essência e aprendemos a lidar com ela, então o liderar se torna um corajoso processo de descoberta para o futuro.[...] Quando lideramos a partir da essência, estabelecemos a confiança. Quando integramos quem somos ao que fazemos, desaparecem muitos problemas crônicos da liderança" (Goldsmith,2003, p.125).

Nossas crenças exercem enorme influência sobre o nosso modo de interagir com as pessoas. Aquilo que acreditamos tende a determinar como nos comportamos em relação aos outros. O nosso comportamento tende a influenciar a qualidade dos relacionamentos que mantemos com as pessoas, afetando o comportamento delas. E isso, consequentemente, influencia os resultados que obtemos com tais pessoas.

Aí vem a pergunta: Então, de que forma o líder deve se preparar para alcançar uma alta performance? Uma das grandes respostas a isso é: conhecendo-se como pessoa, percebendo suas fraquezas, limitações, pontos fortes e, principalmente, como lidar com as emoções.

O líder precisa ter consciência de que ele, enquanto líder, sente, pensa e reage de maneira automática às vezes e que este comportamento desencadeia em seus liderados atitudes que podem ser altamente construtivas ou destrutivas.

A autoconscientização promove uma boa noção de capacidade, "até que ponto eu posso ir", "quais meus limites", e "quando eu preciso pedir ajuda", demonstra certa propensão a uma maior reflexão e ponderação. O autoconhecimento do líder implica em ele próprio ter consciência de seu funcionamento como pessoa e como seu comportamento interfere de maneira positiva ou negativa em seu liderado.

Quando se pensa em autoconhecimento não se pode deixar de lado Sócrates, um dos fundadores da filosofia ocidental, que formou sua instrução sobretudo por meio da reflexão pessoal, e que na esperança de encontrar respostas para dúvidas que o angustiavam dirigiu-se ao Oráculo de Delfos onde, no frontão do templo, encontrou a resposta que tanto procurava: *"Homo, nosce te ipsum"* – "Homem, conhece-te a ti mesmo".

Esta interioridade do saber, esta intimidade com o próprio "eu" significa a necessidade de reflexão, de introspecção, uma consciência lógica e racional de si mesmo para organizar com sabedoria a própria vida. Tornar-se consciente de si mesmo, entretanto, quer dizer, antes de tudo, acordar ou o dar-se conta do próprio "não saber", "não conhecer" e, portanto, necessidade de superá-la pela aquisição da ciência, da busca pelo conhecimento. Em um mundo tão dinâmico como o que vivemos, quem acredita nada mais ter a aprender ou a se conhecer está demonstrando que não está entendendo absolutamente nada do que ocorre à sua volta!

O que mais fazemos durante o dia é nos relacionar com pessoas. Seja qual for a profissão escolhida, nós compramos, vendemos, negociamos, atendemos, ensinamos, orientamos, comunicamos, enfim, interagimos com seres humanos. E quando se fala em relações humanas, um dos ingredientes dessa dinâmica é a nossa capacidade empática. Essa palavra de origem grega – empatia (em+pathos) –, que significa estado de alma, tem a ver com o saber se relacionar, é a capacidade de ler e de se identificar com a alma (EU) do outro. E de que forma podemos nos identificar com o eu do outro se não sabemos como somos?

Somente a partir do autoconhecimento é que somos capazes de compreender os outros. A compreensão de nós mesmos e posteriormente dos outros que nos cercam é que irá garantir e nos fornecer ferramentas para trabalharmos com pessoas e buscarmos o nosso desenvolvimento como verdadeiros líderes, seja na vida pessoal ou na carreira profissional.

Em corporações voltadas para o desenvolvimento do potencial humano, algumas ferramentas têm sido utilizadas para auxiliar os colaboradores a identificarem seus verdadeiros valores, já que o conhecimento está dentro das pessoas – que são capazes de aprender por si mesmas. O processo de *coaching*, embora mais diretamente ligado à orientação para se atingir metas por meio da otimização do desempenho pessoal, surge como um elemento que ajuda e orienta os indivíduos a terem um desempenho mais condizente com seu potencial e passa necessariamente por uma investigação dos verdadeiros valores pessoais do líder e da corporação.

O autoconhecimento permite ao indivíduo perceber que enxerga o mundo através do seu próprio ponto de vista. Essa consciência permite a compreensão das diferenças entre as pessoas e a consequente diminuição do egocentrismo do líder, aumentando sua capacidade para que aconteça um verdadeiro trabalho em equipe.

Um processo de autoconhecimento acarreta mudanças profundas de paradigmas: o que é certo e o que é errado? Ou: o que é certo pra mim é o mesmo para você? O que eu consigo fazer com facilidade, você também demonstra a mesma presteza? Considerando que paradigmas são padrões psicológicos, modelos ou mapas mentais preestabelecidos que usamos para navegar e perceber a vida ao nosso redor, a aquisição de novas formas de pensar interfere na nossa lógica racional, no nosso piloto automático. Aprendemos com a nossa flexibilidade perceptiva a ver vários ângulos ou aspectos da mesma situação, atuando de forma diferenciada, não rotineira, experimentando novas condutas percebidas como alternativas de ação. Questionar e mudar paradigmas, crenças ou verdades sobre nós e sobre o mundo, pode ser uma valiosa forma de crescimento para se alcançar um nível maior de desempenho.

A transformação pessoal somente pode ser realizada com a permissão, o esforço e o querer da própria pessoa. O auxílio exterior também é necessário e nisso o *coaching*, como um processo, pode apoiar no sentido de estabelecer uma forte conexão com uma autoridade interior, reafirmando constantemente o "Confie em si mesmo". Porém, o próprio "eu" é o único que pode realizar a verdadeira transformação.

Com as mudanças e cenários globais, um novo padrão de excelência passou a ser exigido e as organizações, para não ficar de fora dos negócios, precisam ser muito mais produtivas e competitivas, com equipes mais eficientes, colaboradores continuamente estimulados e desenvolvidos e líderes mais adaptáveis, flexíveis e com altos padrões de excelência, performance, comprometimento e foco. Sempre existirá um espaço entre o potencial e o desempenho propriamente dito. O *coaching* através da sua arte de facilitar o desempenho, aprendizado e desenvolvimento se firma dentro das organizações com o intuito de obter um capital humano mais alinhado com os objetivos do negócio, construindo novos modelos de liderança e desempenho de performance de mais excelência.

53

Coaching Executivo Liderança e o Eneagrama

O *coaching* executivo com o eneagrama auxilia no desenvolvimento de líderes em suas diferentes etapas. O eneagrama é um instrumento de autoconhecimento capaz de indicar o perfil do líder com precisão e realizar mudanças na sua forma de pensar, sentir e agir valorizando o trabalho de gestão. É preciso gerenciar primeiro a si próprio para depois gerenciar os outros

Suely Novoa

Suely Novoa

Coach com certificação internacional pelo Behavioral *Coaching* Institute e International *Coaching* Council e pela Sociedade Brasileira de *Coaching*. *Coach* de Carreira e Talentos certificada pela Organização Internacional Cóndor Blanco- Maksuri Gestão de Talentos. Especialista em Eneagrama e PNL pelo Instituto Self de Psicologia. Pedagoga com pós-graduação em Recursos Humanos atuou como diretora pedagógica e administrativa no Colégio Pentágono –- S.P-S.P e como mantenedora do Colégio Borba Gato - S.P-SP. Como *Coach* de Carreira e Talentos auxilia executivos a terem mais satisfação no trabalho. Ministra cursos e dá palestras com foco nas suas especialidades.

Contatos
www.coachingparaexecutivas.com
www.linkedin.com/in/suelynovoa
suelynovoa@hotmail.com
(11) 99357-1421

Coaching Executivo é um processo individualizado direcionado ao desenvolvimento das habilidades e de novas competências de gestão de executivos com a finalidade de assegurar melhores níveis de desempenho e para que possa estar alinhado aos desafios do negócio em uma organização. É uma parceria entre o executivo/líder, a organização e o *coach*.

Os objetivos do *coaching* executivo variam de indivíduo para indivíduo e de organização para organização. Dentre eles destacamos:

1. Expandir a autoconsciência por meio do autoconhecimento;
2. Desenvolver competências necessárias para a escolha de estilos de liderança e de gestão visando o desenvolvimento da equipe;
3. Aprimorar as relações interpessoais, foco e motivação para aceleração de resultados;
4. Potencializar o desenvolvimento do líder e dos colaboradores para que haja alinhamento com a cultura organizacional.

Uma das ferramentas usadas no processo de *Coaching* Executivo para o alcance dos objetivos citados acima é o ENEAGRAMA, sistema de autoconhecimento que gera mudanças profundas. Apresenta de forma precisa a dinâmica de funcionamento dos nove estilos de personalidade, seus padrões de comportamento, de crenças e principalmente caminhos de autodesenvolvimento.

Contribui de forma eficaz na compreensão das formas de pensar, sentir, agir e reagir das pessoas. Oferece condições de descobrir e desenvolver pontos fortes e de identificar limitações, resultando em qualidade nos relacionamentos profissionais, pessoais e sociais.

Teve sua origem na Ásia e no Oriente Médio há pelo menos dois mil anos. Trazido ao Ocidente no século passado, popularizou-se como ferramenta de trabalho de psicólogos, professores, *coaches* e executivos. Importantes organizações multinacionais (3M, IBM, Disney, Sony, Motorola, Du Pont, Procter & Gamble) utilizam o modelo do Eneagrama com suas equipes. No Brasil, podemos citar: Embraer, Vivo, Vale do Rio Doce, Itaú, Yahoo, Avon, entre outras.

O termo Eneagrama é uma combinação das palavras de origem grega ennea ("nove") e gram ("algo que é escrito ou desenhado") e se refere ao sistema de nove pontos ou números que se encontra no seu símbolo gráfico.

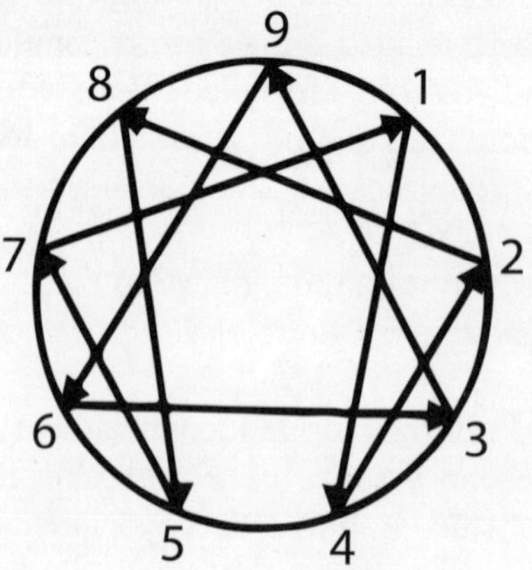

É preciso que os líderes tenham compreensão profunda de sua personalidade e das personalidades diferentes das suas para traçar um caminho de desenvolvimento na liderança.

Tenho consciência de meus pontos fortes, limitações e motivações?

Como entendo a liderança e o que fazer para aperfeiçoá-la e desenvolvê-la?

Qual dos tipos do Eneagrama me descreve com maior precisão? O que busco e desejo? O que me move?

TIPO 1
Busca a perfeição, fazer o que é correto. Ética.
Pontos fortes - Disciplinado, objetivo, determinado, comprometido, lidera pelo exemplo, focado na qualidade, organizado.

TIPO 2
Busca agradar, ajudar os outros, aprovação e reconhecimento. Procura ser amado.
Pontos fortes - Empático, carismático, percebe as necessidades dos outros, prestativo, generoso, otimista, responsável e trabalhador.

TIPO 3
Busca sucesso, reconhecimento, admiração e conquistas. Procura ter valor.
Pontos fortes - Autoconfiança, entusiasmo, praticidade, empreendedorismo, superação de problemas, eficiência, obtenção de resultados.

TIPO 4
Busca ser autêntico, especial, original. Procura encontrar a si mesmo.
Pontos fortes - Criativo, exigente, sensível, detalhista, autêntico, intuitivo, relacionamento interpessoal.

TIPO 5
Busca observar e entender o mundo que o rodeia. Conhecimento, autonomia, privacidade. Procura ser competente.
Pontos fortes - Conhecimento, prudência, confiança, lógica, planejamento, análise, capacidade de manter a calma em momentos de crise.

TIPO 6
Busca lealdade, proteção, confiança, apoio. Sentir-se seguro.
Pontos fortes - Perseverança, lealdade, prudência, responsabilidade, organização, comprometimento, é estratégico.

TIPO 7
Busca novos projetos, inovação, positividade, alegria. Procura ser feliz.
Pontos Fortes - Otimista, visionário, prestativo, entusiasmado, criativo, mente ágil, multitarefa.
TIPO 8
Busca controle, poder, verdade, justiça. Procura se proteger.
Pontos fortes - Assertivo, corajoso, persistente, objetivo, justo, eficaz, realizador.
TIPO 9
Busca a felicidade dos outros, tranquilidade, conforto e harmonia. Procura estar em paz.
Pontos fortes - Conciliador, pacífico, mediador, flexível, carismático, receptivo, perseverante.

Não basta você determinar o seu tipo principal. É preciso reconhecer as influências recebidas das asas, pontos de tensão e segurança, variantes instintivas e predominância dos centros instintivo, emocional e mental.

ASAS, PONTOS DE TENSÃO E SEGURANÇA - Auxiliam você a determinar o seu tipo do Eneagrama.
ASAS - São os tipos do Eneagrama que estão de cada lado do seu tipo principal.
PONTOS DE TENSÃO - O tipo do Eneagrama para o qual a seta do seu tipo está apontando é o seu ponto de tensão.
PONTOS DE SEGURANÇA - Em condições de segurança ou relaxamento, as setas do Eneagrama seguem no sentido horário.

PADRÃO DE LIDERANÇA SEGUNDO O ENEAGRAMA

TIPO 1 - Quer diretrizes claras e definidas com metas detalhadas, resultados esperados e responsabilidades entregues. Forma equipes focadas na obtenção de produtos e serviços de máxima qualidade. Estabelece metas tanto para si mesmo como para os outros com padrões elevados de exigência.

Organizado, especifica as tarefas distribuindo-as eficazmente, fica em estado de prontidão para esclarecer dúvidas e atenuar preocupações.

Determinado, comprometido, lidera pelo exemplo.

Aspectos a serem desenvolvidos:

- Apreciar as pessoas como aprecia as tarefas;
- Pensar mais nos aspectos positivos;
- Criar visões motivadoras.

TIPO 2 - Tem grande intuição para perceber as necessidades alheias.

Identifica as "necessidades" do cliente e procura a satisfação das mesmas. E quando mudam as necessidades, ele também muda os planos e as estruturas. Lidera as suas equipes com uma visão coletiva focada tanto na própria equipe como nos clientes. Consciente e prestativo, se esforça para alcançar o sucesso dos projetos, como a entrega de produtos de qualidade.

Aspectos a serem desenvolvidos:

- Dizer o que deve ser dito;
- Colocar em foco os objetivos do trabalho tanto quanto foca as pessoas;
- Ser comedido.

TIPO 3 - Concentra a atenção no objetivo final (sucesso). Esforça-se ao máximo para ser o melhor no que faz, visando prêmios e reconhecimento por suas realizações. Organiza a sua equipe em torno de resultados concretos que tem tanto as funções claramente definidas como uma estrutura diretamente vinculada às suas metas. Excelente líder de equipe, especialmente aquelas formadas por pessoas altamente competentes e de confiança.

Pontos a serem desenvolvidos:

- Prestar atenção aos seus sentimentos;
- Dar aos liderados, superiores e colegas o mesmo tratamento dado aos clientes;
- Passar orientações mais claras.

TIPO 4 - Lidera com estilo próprio, precisa estar envolvido no projeto, motivado pelo reconhecimento. Orienta a equipe a ser receptiva aos clientes, a apresentar soluções inovadoras e a buscar sentido para o que faz e para a obtenção de excelentes resultados. Forma uma equipe com base numa visão comum e utilizando os seus talentos.

Aspectos a serem desenvolvidos:

- Fazer uso do raciocínio objetivo associado à sensibilidade;
- Formular a sua crítica em termos objetivos;
- Fazer planos mais detalhados.

TIPO 5 - Lidera trazendo ao grupo o valor das metas de longo prazo e do planejamento estratégico. Concentra-se nas ideias centrais. Não gosta de imprevistos, improvisos e de exposição. Investe a sua tendência para a análise e a lógica na liderança de uma equipe, estabelecendo metas precisas e concretas para a equipe e atribuindo função específica e responsabilidade definida para cada um dos seus membros.

Pontos a serem desenvolvidos:

- Entrar em ação rapidamente;
- Ter uma comunicação contínua e recíproca;
- Fazer só perguntas importantes a si e aos outros;

TIPO 6 - Lidera com clareza e força quando tem obstáculos a vencer. Reage nas adversidades. Desenvolve uma forte cultura de equipe para que ela seja capaz de assumir e responder a grandes desafios, sem deixar, ao mesmo tempo, de ressaltar valores como honestidade e responsabilidade.

Aspectos a serem desenvolvidos:

- Criar cenário positivo;
- Planejar com melhores cenários;
- Manter a calma em situações de crise.

TIPO 7 - Lidera com criatividade, versatilidade e positividade. Consegue mobilizar apoios, inclui os outros e estimula a sua participação nos projetos. Pensa e age rápido sob pressão. Gosta de mudanças imprevisíveis. Cria culturas de equipe vigorosas e estimulantes focadas na entrega de produtos e serviços de qualidade excepcional aos clientes.

Aspectos a serem desenvolvidos:

- Treinar para se manter focado;
- Detalhar plano de trabalho;
- Assumir o compromisso de antecipar as tarefas.

TIPO 8 - Lidera com eficiência e dinamismo equipes altamente produtivas e comprometidas com o propósito geral de produzir resultados de alto impacto. Controlador, assume o comando quando necessário.

Aspectos a serem desenvolvidos:

- Conseguir relaxar e divertir-se;
- Aprender a ser mais tolerante;
- Deixar que os liderados tomem iniciativa.

TIPO 9 - Lidera com atitude mediadora. Concentra-se no global. Apresenta dificuldade em fazer mudanças rápidas e em tomar decisões imediatas. Excelente em projetos de longo prazo, define claramente os processos para que os membros da equipe tenham sentido comum de direção com suporte apropriado para que o trabalho seja realizado integrando opiniões diversas.

Pontos a serem desenvolvidos:

- Manter o fluxo do trabalho mais rápido;

- Ter visão do todo;
- Expressar o que realmente pensa.

Por ser dinâmico, o Eneagrama contribui para uma liderança eficaz. Uma vez que se tenha o conhecimento do padrão de liderança principal, com seus pontos fortes e pontos de melhoria, este padrão pode ser ainda mais potencializado com as influências das asas e dos pontos de tensão e segurança. A expansão dessas qualidades de liderança poderá ser feita acrescentando um ou mais padrões ao que já se tem.

Para que a liderança seja de Alta Performance, é necessário que o executivo conheça a si mesmo e tenha autodomínio. Tão importante quanto, é conhecer as motivações, o padrão de comportamento de seus liderados para que possam pôr em ação seus dons em tarefas seguindo seus valores, inteligência e desejos. Quanto aos comportamentos críticos, ao mudar um com diferentes abordagens, gera uma performance maior do que tentar mudar dois ou três de uma vez.

É fundamental ser líder consciente. Saber quem você é. Como usa o seu poder e autoridade. E com quais valores e talentos contribui com a empresa e subordinados.

Com o *Coaching* Executivo e o Eneagrama, o líder terá uma liderança de ALTA PERFORMANCE para equipes de ALTA PERFORMANCE.

"O ENEAGRAMA PODE SER USADO EM DIVERSOS RAMOS DO CONHECIMENTO E TEM GRANDE UTILIDADE NA LIDERANÇA E NA SINERGIA DE EQUIPES."

REFERÊNCIAS

LAPID-BOGDA, Ginger. *Liderança e o Eneagrama. Como identificar que tipo de líder você é para alcançar o sucesso total*: Cultrix, 2008.

54

Leader coach: desenvolvendo equipes vencedoras

"No futuro todos os líderes serão coaches. Quem não desenvolver essa habilidade, automaticamente será descartado pelo mercado." – Jack Welch

Talita Cristina Oliveira

Talita Cristina Oliveira

Certificada em *Master Coach*, em *Business & Executive Coaching*, em *Leader Coach e Professional & Self Coaching* pelo Instituto Brasileiro de *Coaching*. Graduada em Psicologia pela Universidade São Marcos, atua há oito anos como Psicóloga Organizacional, além da prática adquirida em três anos como Psicóloga Clínica. Apresenta significativo desempenho em Consultorias de RH, Terceiro Setor e no segmento Varejista. Concluiu pós graduação em Gestão de Pessoas pelo Instituto Brasileiro de *Coaching* e, para aprimorar seus conhecimentos, cursou Behavioral Analyst no Instituto Brasileiro de *Coaching* e Analista Quântico no Quantum Assessment. Acumula experiência em Gestão de Equipe, Recrutamento e Seleção, Treinamento e Desenvolvimento, Palestras de Sensibilização sobre inclusão social de pessoas com deficiência, Reuniões de Planejamento Estratégico com executivos de alto escalão, Pesquisa de Clima e Avaliação de 360º. Desenvolveu grandes projetos de inclusão social para empresas como Grupo Pão de Açúcar, Banco Santander e Tam.

Contatos
www.solucaocoaching.com.br
talita@solucaocoaching.com.br
(11) 2772-3079 / 99866-1229

Com a mudança na economia mundial percebemos o quanto o mercado profissional está cada vez mais competitivo e exigente. Para se destacar, as organizações são desafiadas a apresentar um diferencial. Precisam inovar para expor novas propostas e se adequar às expectativas.

A concorrência acirrada e a competitividade crescente geraram na cultura empresarial a necessidade de se sobressair, aumentando com isso a preocupação com o desenvolvimento do capital humano – principal bem capaz de proporcionar resultados diferenciados à instituição.

Neste cenário, identifica-se a necessidade de líderes mais preparados, eficientes e participativos para construir grupos de trabalho capazes de oferecer soluções inovadoras, excelência no atendimento, melhores serviços que o concorrente, aumento da produtividade/lucratividade, dentre outros.

A partir da definição de diversos autores, podemos sintetizar liderança como a arte de atrair seguidores, conduzir pessoas, incentivar, influenciar e transformar a equipe, além de criar condições necessárias para que o grupo caminhe com motivação ao encontro do objetivo comum e contribua em direção aos interesses da organização.

O método *coaching* tem significativa contribuição na formação desses líderes. Sua junção com a liderança representa ousadia, desenvolvimento de pessoas, efeitos extraordinários e transformação de dificuldades em oportunidades.

Essa metodologia disponibiliza técnicas e ferramentas que ajudam as pessoas a aprimorar competências, expandir habilidades e, através de um plano de ação, ter atitudes assertivas para ir de encontro aos seus objetivos e atingir as metas estabelecidas por ela ou pela empresa. Um processo capaz de gerar autoconhecimento, construir empresas mais humanizadas e equipes de alta performance.

Também possibilita atingir a resolução de conflitos entre colaboradores, aprender a atuar com curtos prazos, melhorar o gerenciamento do pessoal e a administração eficiente do tempo, além de elevar a capacidade de motivação e de adaptação frente a desafios.

Outros benefícios são aumentar a produtividade e o faturamento, fortalecer relações com os clientes e enfrentar mudanças com mais agilidade, bem como possibilitar clareza na missão do negócio e compreensão dos funcionários sobre o cumprimento de seus papéis.

Portanto, com o *coaching* é possível aumentar o desempenho e proporcionar impactos positivos para que as empresas obtenham excelentes resultados a curto ou médio prazo.

Para colocar em prática essa filosofia é necessário que profissionais, ainda no exercício de chefes, empresários ou gestores, em busca constante e diferenciada por atualização, permitam-se conhecer o perfil do *leader coach* – especialista em desenvolver equipes vencedoras.

O chefe transmite ser frio e distante. Expressa um perfil autocrático e centralizador. Demonstra uma postura mais autoritária ou diretiva e segue a cultura de comando e controle. Adota como função delegar tarefas e cobrar respostas, ou seja, o modelo de mandar e exigir obediência. Sua tomada de decisão é individualista, geralmente desconsiderando a opinião do grupo.

Ao contrário do chefe, o *leader coach* apresenta um perfil mais "caloroso". Mantém o equilíbrio entre firmeza, sensibilidade e sabedoria, e procura ser transparente em suas relações. Além de delegar, também age e é respeitado por dar o exemplo.

Com a *expertise* em *coaching*, este líder terá subsídios para desenvolver, capacitar e transformar os colaboradores em pessoas mais criativas, seguras e ousadas, além de tornar seu grupo de trabalho – e consequentemente sua empresa – diferenciada competitivamente e preparada para atender as expectativas do mercado.

Este profissional considera as definições de liderança e ainda busca pela sua própria evolução e equilíbrio para uma vida mais feliz, pois ter êxito neste papel depende primeiramente de ser um bom administrador de si para, com isso, obter bons resultados entre seus liderados.

Para conservar nosso líder interno é extremamente importante realizarmos a autogestão das nossas competências emocionais. Os principais passos para alcançar uma verdadeira liderança interior são: estar sempre voltado para o crescimento contínuo; ter flexibilidade e tolerância para se adaptar em momentos de estresse; ter autocontrole e autoconfiança, além de focar na resolução estratégica de problemas e no êxito dessas resoluções.

De nada adiantaria conhecer uma metodologia eficaz e transformadora, estando desequilibrado internamente, permitindo que seus sabotadores ou crenças limitantes lhe dominem, dando maior importância para os obstáculos internos, do que ao estado desejado.

É preciso ficar atento para que os pensamentos e ações sejam congruentes, pois se não conseguir se dirigir satisfatoriamente, dificilmente fará isso com uma equipe.

Ser capaz de aplicar essas técnicas em sua vida, para alcançar soluções positivas com seu grupo, é outra competência necessária, caso contrário o rendimento não será o mesmo.

Ao se apropriar, praticar consigo mesmo e conquistar a harmonia interior, o líder reconhecerá o potencial da metodologia e o poder de mudanças que os instrumentos do *coaching* podem proporcionar. Consequentemente, ficará mais fácil o manejo das ferramentas e a proliferação dessa filosofia de liderança no universo empresarial e social.

O perfil do *leader coach* inclui ainda reconhecer o potencial de seus liderados e ter humildade para aprender com eles. Ele considera o capital humano mais que um conceito, uma realidade a ser incorporada no ambiente empresarial. Tem como foco valorizar as pessoas para construir verdadeiras equipes, mais inteligentes e maduras, com reais chances de atingir as expectativas da empresa.

No grupo, suas principais funções são transformar paradigmas, estabelecer conexão entre as pessoas, gerar um vínculo de confiança e cooperação entre o grupo, despertar reflexões, alinhar, ensinar, acompanhar, delegar, conduzir e mobilizar. Ouvir na essência, ter empatia, compartilhar suas experiências, inspirar, motivar, inovar e prezar por uma evolução contínua também são particularidades fundamentais para este profissional.

Este líder é empreendedor, estrategista, visionário, ousado e proativo. Valoriza a diversidade de perfis, reconhece o que cada um tem de melhor e observa quais qualidades são complementares e os aspectos a ser compensados ou trabalhados, para assim tornar sólida a construção de uma equipe pronta para enfrentar as demandas do mercado. Tem habilidade para observar que quando as aptidões individuais são reconhecidas, a organização se beneficia pelo aumento do conjunto de talentos disponíveis e, motivado, o grupo cresce cada dia mais.

É um profissional que respeita opiniões divergentes, auxilia a equipe a atingir o consenso, os convence de sua capacidade, os incita a entrar em ação, superar limites e arriscar em atividades alheias às práticas convencionais. Além disso, mostra a equipe o quanto precisam dominar o hábito de deixar para depois e vencer os medos para lidar com as adversidades – fundamentais na decisão de reorientar-se rumo a valores mais positivos.

Outra característica é incentivar seus liderados a compreender a situação sob novas perspectivas, superar obstáculos e trabalhar de forma integrada. O líder que instiga os participantes a se engajarem e dar o máximo de si para atingir a meta estabelecida, criando com isso uma poderosa visão de futuro. Age com foco no progresso e no amadurecimento profissional de sua equipe, estimula a criatividade e os ensina a pensar como líderes, capacitando-os a criar alternativas e a melhorar o processo de tomada de decisão. São treinados a analisar os fatos, antecipar problemas ou necessidades, avaliar os recursos disponíveis e a gerar respostas eficientes. A autoestima aumenta conforme são desafiados e superam os objetivos.

Uma das competências chave é transmitir constantes *feedbacks* construtivos com o intuito de ajudar os liderados a aprender com suas experiências e a atingir os principais objetivos de sua jornada.

Valoriza e comemora cada conquista, mesmo "pequena", pois são estas atitudes que geram confiança e motivação para enfrentar os maiores desafios, rumo a concretização de suas metas. Também se preocupa com o bem-estar de seus colaboradores e em proporcionar carreiras bem-sucedidas, avalia o que está faltando para que sua equipe consiga atingir as metas estabelecidas, firma parcerias de soluções e elabora planos de ações eficazes e estratégicos.

O papel do *leader coach* é contribuir para que seu grupo de trabalho seja composto por integrantes entusiasmados, comprometidos, competentes e apaixonados pelo trabalho, que buscam a excelência em todos os sentidos, não se contentando com resultados medianos. Em resumo o *leader coach* tornou-se uma figura imprescindível para impulsionar ações que garantam o sucesso dos projetos. É extremamente capacitado para proporcionar o desenvolvimento técnico e comportamental, e transformar a cultura empresarial através de mudanças na equipe, além de possuir habilidade para favorecer a qualidade de vida de seus liderados. Você já é ou pretende ser um *leader coach*?

Gostaria de convidá-lo a responder algumas perguntas que têm como objetivo levá-lo a importantes reflexões sobre sua forma de gestão:

1. Qual a qualidade de sua relação com a equipe? Numa escala de 1 a 10, qual nota você se dá no que se refere ao relacionamento com ela?
2. Você respeita a equipe? E ela respeita você? Quais comportamentos e atitudes evidenciam esse respeito?
3. Você e a equipe têm metas em comum? Como você sabe? Quais as ações que confirmam sua percepção?
4. A equipe entende suas necessidades de informação, aprendizagem e apoio encorajador?
5. Para que a equipe precisa de você? Qual a palavra que melhor descreve você enquanto líder?
6. Qual é o equilíbrio mais apropriado para essa equipe quanto ao manejo dos altos e baixos?
7. Sobre quais tópicos você e a equipe evitam conversar?
8. Quais decisões e atitudes você mais tenta adiar? Que prejuízos isso traz para a equipe/empresa?
9. O que você poderia parar de fazer para melhorar o desempenho da equipe?
10. O que você poderia começar a fazer para incrementar o desempenho da equipe?
11. O que você pode continuar a fazer para otimizar o desempenho da equipe?

12. Que dose de liderança essa equipe necessita?
13. Que estilo de liderança seria mais adequada ao perfil da sua equipe (autocrática, democrática ou liberal)?
14. Se você pudesse escolher a equipe ideal, como seria?
15. O que você pode fazer para que a equipe atual se transforme nessa formação ideal? Que tipos de investimentos ou permissões você precisa fazer para chegar a este ideal?
16. O que a equipe pensa, sente, expressa e vê sobre sua liderança?
17. O que você poderia dizer ou refletir agora que lhe deixaria mais próximo de sua equipe?
18. Que tipo de liderança você exerce (autocrática, democrática ou liberal)?
19. Quais os três melhores momentos de sua vida profissional em que verdadeiramente você se sentiu um líder ideal?
20. Qual momento de sua experiência como líder que, se você pudesse, voltaria no tempo e faria melhor?

Faz sentido colocar em prática tudo o que aprendeu? As mudanças em sua vida dependem apenas de você. Ouse ser melhor!

55

Trabalhando com crenças: como produzir uma alta performance!

Se você iniciou a leitura deste parágrafo, possivelmente está em busca do entendimento para as causas que impactam sua alta performance. Quantas vezes você foi questionado sobre suas crenças, sem mesmo saber o que o "outro" estava tentando lhe dizer? Pois bem, chegou o momento de encontrar algumas das respostas para os comportamentos que você sempre desejou mudar e alavancar seu desempenho!

Tiago Oliveira

Tiago Oliveira

É diretor do O Novo Tempo - Psicoterapia & *Coaching*, *Master Coach* membro da ICC - International *Coaching* Community, Doutorando em Ciências Biomédicas - Neurociências, Psicanalista Clínico & Institucional, Administrador, com extensões em: Psicologia & Saúde; compreendendo o processo do adoecer (PUC-SP); Hipnose Clínica (PUC-SP); e Análise de Tendência Comportamental (Universidade Quantum).
Atua na clínica psicoterapêutica, conduz processos de *Life & Business Coaching*, ministra treinamentos comportamentais, palestras e cursos (*in company* e abertos), é docente em disciplinas de saúde mental, psicobiologia, desenvolvimento psíquico e neurociências.

Contatos
www.onovotempo.com.br
tiago@onovotempo.com.br
atendimento@onovotempo.com.br
(11) 5082-3283 / 98282-1777 / 97071-7771

Investigações sobre o desenvolvimento psíquico são acompanhadas desde meados do século XIX, quando o homem declarou seu interesse pelo domínio do pensamento e, desde então, entender o mecanismo de CRENÇAS tem se tornado cada vez mais eficaz para potencializar a capacidade de superação nas diversas dimensões da vida humana: profissional; pessoal; social e afetiva.

Faça um teste, pare por alguns segundos e pense quantas vezes a mesma situação já se repetiu em diferentes momentos da sua vida sem que você tenha percebido, sua relação com dinheiro, comportamento no trabalho, até suas atitudes com a família. Será que em todas elas os "outros" estavam errados ou é algo que está no seu inconsciente, dentro de você e que ainda não tenha percebido? É aí que moram as crenças. Elas interferem diretamente no seu dia a dia e alteram por completo seu funcionamento e, dependendo de como você lida com elas, impossibilitam sua alta performance. O que você precisa saber é que a maneira como lida com elas pode lhe trazer problemas ou ser extremamente benéfica.

CRENÇAS são conjuntos de parâmetros emocionais adquiridos desde o momento do nascimento, gerados a partir da percepção de como se desenvolve a relação com pais e/ou cuidadores na primeira infância (de 0 até 6 anos) e são responsáveis por balizar o comportamento no cotidiano da vida adulta. Assim, uma crença pode ser funcional (possibilitadora) ou disfuncional (limitante). Esse mecanismo de formação de crenças é orquestrado pelo Sistema Nervoso Central (SNC), que dispara mensagens em um milissegundo (equivalente a um piscar de olhos dividido por mil), provocando reações no comportamento em cada sensação de perigo eminente, como fome, calor, dor, repressão, julgamento etc. Passamos toda a primeira infância operando nesse modelo e atribuindo uma forte carga emocional para cada evento vivido, ou seja: todo adulto é resultado daquilo que viveu quando criança.

Podemos dizer, então, que as crenças funcionais são referenciais construídos a partir de uma condição emocional capaz de promover comportamentos que impulsionam sua ousadia e inovação em busca de melhores resultados; já as crenças disfuncionais são capazes de distorcer comportamentos, impedindo que você reconheça suas habilidades, potencialidades e merecimentos.

Toda crença é precursora de alguns comportamentos que conseguimos observar no cotidiano, afinal, transitamos diariamente por diversos cenários e assumimos os mais variados papéis. Porém, a bagagem emocional e o modelo de crenças permanecem os mesmos, conforme fomos constituídos, até que se tornem conscientes.

Conheça as principais diferenças entre as crenças funcional e disfuncional:

CRENÇA FUNCIONAL		CRENÇA DISFUNCIONAL	
Gera resiliência e aprendizado contínuo		Gera instabilidade emocional	
Impulsiona para novos resultados		Tendência à repetição	
Flexibilidade para mudanças		Resistência para mudanças	
Proatividade		Procrastinação	
Palavras que melhor descrevem:		Palavras que melhor descrevem:	
Força	Inovação	Medo	Frustração
Coragem	Produtividade	Raiva	Melancolia
Positivismo	Engajamento	Estagnação	Inércia
Performance	Prazer	Desprazer	Instabilidade
Conquista	Visão de futuro	Negativismo	Acomodação

Essa é a razão pela qual você pode repetir muitos comportamentos e acreditar em coisas que não fazem sentido para você e que, em uma atuação profissional, por exemplo, podem promover prejuízos significativos em sua performance, gerando questionamentos sem respostas aparentes: por que sempre repito os mesmos comportamentos?; por que me sinto sempre da mesma forma?; o que faz com que as pessoas tenham sempre a mesma percepção sobre mim, mesmo quando me esforço para promover algo diferente do que faço?

Para lhe ajudar a encontrar as respostas para essas perguntas, proponho que a leitura seja apenas um guia para que você possa reconhecer suas crenças funcionais e disfuncionais e tratá-las com o objetivo de potencializar sua performance. É importante destacar que a CRENÇA não está associada a uma condição religiosa e/ou espiritual, mas, sim, à bagagem emocional que você construiu desde o momento em que nasceu e que, consequentemente, comandará o seu comportamento até que ela se torne consciente e você possa mudá-la.

Visando facilitar o entendimento do mecanismo de formação de crenças, proponho que observe o esquema a seguir e lembre-se do mais importante: aplicar sua bagagem emocional relembrando os principais momentos em que você se sentiu impedido por suas próprias crenças, assim, você poderá celebrar seu primeiro passo para alcançar uma alta performance. SE VOCÊ QUISER ENTENDER, FAÇA!

Como o esquema mostra, do ponto de vista psicobiológico, você foi gerado em um ambiente confortável e recebeu tudo aquilo que precisava para o seu desenvolvimento, porém, ao nascer, dotado de uma intensa sensibilidade aos estímulos recebidos e desprovido de racionalidade, toda criança sofre pela angústia da separação materna (1) ao perceber que deixa de ter a condição cômoda sentida durante o processo de gestação. Eh! Tal evento é o que move todo ser humano a travar uma luta pela sobrevivência em busca de gratificação (prazer) emocional, ou seja, aliviar o desprazer psíquico sentido no processo de separação.

A partir desse evento, o SNC se encarrega de produzir um apanhado de registros de informações e dará início ao processo de formação de crenças (2), que o acompanhará pela vida inteira. Os registros do processo de formação de crenças são acomodados em sua memória de longa duração em virtude da carga emocional que recebe e, gradualmente, essas informações são transferidas para a vida adulta, cenário em que todas as crenças serão refletidas no ambiente de trabalho, podendo gerar bons ou maus resultados na avaliação final da sua performance; processo que chamo de Formação de Mecanismo de Funcionamento de Crenças (FMFC) (3).

O resultado final do processo de formação de crenças aparece na vida adulta e, frequentemente, pode ser percebido nas avaliações de performance (também chamadas de avaliação de desempenho em muitas organizações). Quantas vezes, numa reunião de *feedback*, você já se surpreendeu com o discurso do seu líder:

"Sinto que seu conhecimento técnico é suficiente para pleitear um aumento de salário, MAS percebo que você ainda precisa desenvolver seu controle emocional, administrar melhor sua ansiedade, ser mais conciliador, positivista e/ou engajado".

Situações como essa são frequentes na vida profissional, você mesmo deve conhecer algumas pessoas que passaram por algo semelhante e, ao término da reunião, atribuíram toda a culpa ao famoso MAS, quando, na realidade, a questão a ser tratada está em sua CRENÇA!

A falta de orientação precisa e cirúrgica (expressão que ouço frequentemente nos clientes em processo de *coaching*), em que se deve dizer quais são as crenças que necessitam ser ressignificadas, gera um movimento brusco de retração psíquica que impede de promover a mudança daquelas que são disfuncionais. O tom de julgamento de valores por parte dos avaliadores (4) cria um processo de resistência do avaliado. Dessa forma, percebe-se que o efeito rebote ganha força no profissional e que, ao invés de trabalhar para dar um novo sentido às crenças disfuncionais, ele as fortalece. É neste momento que, motivado pelo movimento de retração, aparece uma forte insatisfação pessoal/profissional e a vontade incontrolável de deixar as coisas como estão e procurar "o cantinho do aconchego" para sua crença (como aquele do desenvolvimento gestacional) ou, quem sabe, um novo emprego (6).

Ao identificar suas crenças e entender o potencial transformador que elas podem ter em sua vida, isso alterará diretamente a sua realidade cotidiana e permitirá a abertura de um espaço em que possa surgir em você um profissional de alta performance. Entender a si mesmo é um grande passo para dar início a um melhor rendimento, seja no âmbito profissional ou pessoal, e fará com que você tenha um maior domínio sobre o seu comportamento, gerando melhores resultados.

Agora que você conhece o processo de formação de crenças, faça o mapeamento das suas respondendo algumas questões, que serão muito importantes para que você possa identificá-las:

1. Você conhece suas principais crenças? Quais são?
2. Suas crenças são fundamentadas ou são fruto de uma fantasia criada por uma referência emocional do seu passado?
3. O que você pode fazer de diferente - do que já fez - para que as pessoas percebam você de outra maneira?
4. O que aconteceria se uma crença disfuncional fosse transformada em funcional?
5. Que impacto uma crença funcional causaria em sua performance?
6. O que impede sua mudança de comportamento?

56

Como conhecer seus valores pode ajudar você a ser feliz?

Toda mudança parte da vontade de ter resultados diferentes dos que você tem na vida e para que isso aconteça é necessário olhar para a sua vida atual e pensar nas desculpas que usa todos os dias para não correr atrás de seus sonhos

Vanessa Caramelo Rosolino

Vanessa Caramelo Rosolino

Psicóloga, formada no ano de 2007 pela Universidade São Marcos, pós-graduada em Psicopatologia e Saúde Pública pela Faculdade de Saúde Pública da Universidade de São Paulo. Certificada em Personal & Professional *Coaching*, Alpha Assessment e Executive *Coaching* pela Sociedade Brasileira de *Coaching*. Desde 2005 profissional na área de Recursos Humanos com foco em *Coaching*, Orientação de Carreira, Diagnóstico Organizacional, Gestão de Conflitos. Atuação em *start-up, joint ventures* e estruturação de atividades de Recursos Humanos; responsável pela implantação e coordenação das atividades de Recrutamento e Seleção por competência, Treinamento, Avaliação de Desempenho, condução de Pesquisa de Clima, Comunicação Interna e criação de Plano de Carreira. Experiência em empresas como: RV Segurança Patrimonial, DM Recursos Humanos, Atlas Copco, Royal Caribbean Cruzeiros, Pullmantur Cruzeiros entre outras. Em paralelo, atua desde 2008 como psicóloga clínica com atendimentos individuais, em grupo e casal. Participação em trabalhos voluntários com a comunidade da região do Tatuapé. Em 2013 fundou a empresa People *Coaching* e Desenvolvimento Organizacional.

Contatos
www.vanessarosolino.com.br
www.coachingpeople.com.br
vanessa@coachingpeople.com.br
(11) 2293-5083 / 98463-6000

O sucesso é a combinação do pensamento positivo com objetivos claros e fiéis aos seus valores, aliados à ação.

Meu objetivo com este artigo é mostrar a importância de viver a partir dos seus valores, provar que a felicidade verdadeira só é possível através do autoconhecimento e pensamento positivo e como o *coaching* pode ser um aliado neste processo de transformação.

Toda mudança parte da vontade de ter resultados diferentes dos que você tem na vida e para que isso aconteça é necessário olhar para a sua vida atual e pensar nas desculpas que usa todos os dias para não correr atrás de seus sonhos.

Vivemos o tempo todo com pressa e usando o nosso tempo de uma maneira que não aproveitamos as facilidades do nosso mundo atual. As tecnologias e equipamentos desenvolvidos para os dias de hoje foram criados com a função de ajudar o homem moderno a economizar tempo para fazer atividades que realmente importam, porém, não é isso o que geralmente acontece e a cada dia que passa sobrecarregamos o nosso dia com mais trabalho e atividades sem importância.

Tenho certeza de que os nossos ancestrais, que viajavam dias para cruzar um estado ou esperavam uma eternidade para receber uma carta de um parente distante ou de um amor na cidade vizinha, esperam mais de nós.

A tecnologia que foi criada, a princípio para nos permitir tempo livre, muitas vezes se alia às necessidades do mundo e nos torna escravos de uma sociedade recheada de trabalho e resultados. Cada dia que passa fica mais difícil encontrar o silêncio, as empresas de massagens e técnicas relaxantes estão sendo, cada vez mais valorizadas em nossa sociedade, pois somos incapazes de criar espaços potenciais em nosso dia a dia. O ser humano está cada vez mais dependente da tecnologia e da rotina que o aprisiona, sem nem saber o motivo pelo qual está vivendo.

O real objetivo de ter mais tempo é o de escolher quais são as atividades que merecem nossa atenção, ou seja, ter tempo para as coisas realmente importantes em nossa vida. Temos o poder de escolher o que fará parte de nosso dia ou quem fará parte de nossa vida em determinados momentos. Esta atitude nos dá o poder e o controle de nossa própria vida.

Por isso, se você não tem tempo para passar seu dia com seu filho ou sua esposa, ou diz não ter tempo para almoçar com um amigo que não vê há um tempo, isso significa que você escolheu passar seu tempo com outras pessoas ou fazendo outras atividades, que são mais importantes para você.

Em todos os momentos de nossa vida sempre estabelecemos

prioridades que permeiam todas nossas escolhas e a "falta de tempo" se tornou uma desculpa, usada por aqueles que, muitas vezes, não percebem que como ou com quem usamos nosso tempo é uma questão de escolha.

E para que esta escolha seja justa, devemos entender e priorizar o que realmente importa em nossa vida. O autoconhecimento é um passo importante que pode acontecer durante processo de *coaching*.

Quando temos o poder de fazer o que realmente importa ou de pensar nas possibilidades que sua vida pode ter, levando em consideração o que gostaria de fazer, temos o poder de mudar nossa vida e principalmente trazer sentido e felicidade às nossas ações.

Muitas pessoas vivem durante muitos anos esperando que algo aconteça para mudar os seus resultados e não percebem o poder que têm nas mãos: o da escolha.

Responder as perguntas: "o que você realmente gostaria de fazer?" ou "o que é realmente importante para você?" é um desafio não maior do que saber como chegar onde você gostaria, de saber o que deve ser feito para que o sonho se torne realidade e ter coragem para fazer as mudanças necessárias. É a ação e o trabalho diário para alcançar os objetivos, sem se importar com quantos anos levará para chegar lá, que diferenciam uma pessoa comum de uma pessoa feliz. Que tipo de pessoa você gostaria de ser?

Todos nós assumimos diversos papéis impostos ou não no decorrer de nossas vidas e esses papéis influenciam diretamente os nossos valores e quem somos. Quando esses papéis não são alinhados com nossos valores, há uma sensação muito grande de desvalia e desequilíbrio. Se nos sentimos mal por dedicar menos tempo à família, sendo que este é um valor governante, significa que os nossos papéis estão em desequilíbrio com nossos valores e a sensação de felicidade está distante.

Para que haja sentido, todos seus papéis e ações devem estar alinhados e tomados por seus valores essenciais, os valores que governam sua vida e suas escolhas. Tornar estes valores conscientes é o primeiro passo para que as escolhas sejam justas. Além disso, eliminar as lacunas que existem entre o que você faz e o que você gostaria de fazer, por meio da ação, faz com que seus sonhos sejam construídos e realizados.

Promover mudanças é um passo fundamental para quem quer transformar sua vida. E a transformação e a mudança são os assuntos mais falados entre os praticantes e simpatizantes do *coaching*.

A mudança nem sempre é um assunto de fácil aceitação, pois para que a mudança se realize, devemos sair da zona de conforto, que é capaz de nos prender no mesmo lugar por muito tempo. Porém, quando a vontade de ter resultados diferentes é maior do que a falsa segurança que a zona de conforto nos proporciona, aí sim o processo é capaz de acontecer verdadeiramente.

Diminuir ou até mesmo eliminar as lacunas entre as ações e a realização de seus sonhos depende de você, assim como a tomada de decisão de sair da zona de conforto e assumir os riscos de mudar os muitos papéis que você assumiu na sociedade de forma consciente ou inconsciente.

Portanto, para termos uma vida equilibrada, devemos manter sempre alinhados nossos papéis e valores.

Os papéis que desempenhamos em nossa vida são escolhidos e, apesar disso, podemos lidar com eles de qualquer forma. O homem é um ser social e possui a necessidade de ter e manter conexões com outras pessoas que possuem valores comuns aos seus e participar de um grupo, ter um emprego, frequentar uma igreja ou ter uma religião, ser um membro da família, mantendo assim o instinto de fazer parte.

Apesar de viver em vários grupos, desde nosso nascimento, exercemos papéis diferentes e entendê-los como uma unidade em si mesmo permite que você entenda e saiba o que realmente é importante em sua vida e consequentemente entenda se eles estão alinhados com seus valores.

Colocar cada papel em um nível de importância pode auxiliar a ter um equilíbrio na vida. O papel profissional é mais importante do que o de pai/mãe, ou o de filho/filha? Saber como você lida com cada um deles e qual a prioridade que eles têm ajuda no processo de identificação de valores.

Não é fácil definir os valores que governam sua vida se você não ouvir e entender a si mesmo. Estes valores podem representar os seus traços de caráter – como generosidade, honestidade, integridade, compaixão – refletir sua relação com o outro – como amor e família – e também como é sua relação consigo mesmo – fé, libertação e pensamentos.

O processo de *coaching* se inicia na identificação do indivíduo com seus próprios valores e abre um espaço para o autoconhecimento e reflexão sobre sua vida atual. Quem inicia um processo de *coaching*, deve estar disposto a investigar, entender e modificar seus próprios costumes, valores e ações. Ter um objetivo que vá de encontro com seus valores é fundamental para que o processo tenha sucesso.

Nossas ações estão diretamente ligadas aos nossos sentimentos e ao nosso conhecimento. Muitas vezes, mesmo sabendo que algo faz mal, ou que estamos caminhando em lados opostos aos nossos valores, continuamos com um comportamento que nos mantém na zona de conforto, que nos proporciona a princípio, confiança e segurança. A partir do momento em que conhecemos os nossos sentimentos e os nossos valores exigem que nosso comportamento seja fiel a eles, passamos por uma nova sensação, que no início é de cobrança interior e angustia causada pela mudança, mas que depois é substituída pela sensação de paz e felicidade por assumir seus valores.

Quando seus valores são identificados, automaticamente você assume um compromisso e responsabilidade consigo mesmo de agir através deles e, principalmente, ter a consciência de que você pode modificar ou eliminar os valores prejudiciais. Os seus valores devem ser revisados durante toda a sua vida, pois as suas prioridades podem mudar de acordo com seu momento.

Você assume o comando de sua vida quando inicia o processo de identificação de valores e mais do que isso, quando entende o momento em que estes valores estão presentes em seu dia a dia e escolhe o que fará parte de você.

Identificar valores e assumir responsabilidades por suas escolhas não garante a felicidade verdadeira. Existem diversos fatores e variantes individuais que podem influenciar no sentimento de felicidade e realização.

Apesar de não ser Psicologia, o processo de *coaching* tem como base a teoria da Psicologia Positiva, que acredita que todo ser humano tem o mesmo potencial e forças para o sucesso e a continuidade da vida. Em alguns momentos, estas forças ficam escondidas e despercebidas por um tempo, mas no momento em que somos desafiados, somos capazes de conhecê-las.

O pensamento positivo e o otimismo servem tanto nos momentos difíceis como nos fáceis, pois é a permanência e a continuidade destas forças que fazem a diferença. Quando reconhecemos e usamos essas forças e agimos a favor de nossos valores e do que realmente acreditamos, somos capazes de experimentar a felicidade em sua forma mais verdadeira.

As forças internas estão intimamente ligadas aos valores governantes, e por isso, devem ser exercitados diariamente, trazendo então sentido à vida. Conhecer seus valores e transcrevê-los em sua missão de vida de forma positiva é uma fórmula para a felicidade.

Quando estamos tomados de emoções positivas, as probabilidades de termos relacionamentos mais sólidos são maiores e somos capazes de fortalecer nossos recursos, sejam eles físicos, intelectuais ou sociais. As pessoas quando estimuladas tendem a usar seus recursos de forma positiva e são capazes de produzir e desenvolver ações de maneira mais rápida e segura.

O pensamento positivo na vida de um indivíduo pode ser um recurso para a felicidade. Temos a comprovação de diversos estudos que afirmam que o pensamento positivo auxilia em casos de saúde e longevidade, pois possibilitam uma tolerância física e emocional, mesmo quando estas não são possíveis. O aumento de desempenho e da produtividade também estão ligadas a este pensamento, o que causa também, mais satisfação na vida profissional.

O *coaching* ajuda você a seguir seus sonhos, de acordo com seus valores mais instintivos, por meio do sentido por trás de cada ação, a automotivação, e promove a ação e a realização permanente do que as pessoas chamam de felicidade.

É extremamente motivador, como *coach*, estar presente no momento em que o *coachee* entende que o passado não pode ser modificado e toma consciência da força que tem para criar o futuro.

O processo de *coaching* não acontece sozinho. Para que os resultados sejam alcançados é necessário uma real parceria entre o *coach* e o *coachee*, onde o *coach* entra com o conhecimento, a técnica e parte da motivação externa e o *coachee* entra com o comprometimento, foco, dedicação e vontade de mudança.

Se acredita que a felicidade vale a pena, comece então por pensar e mudar seus valores, crie objetivos concretos e entenda os recursos que você já tem e os que são necessários para que você realize suas metas. Pense sempre de forma positiva, acredite em você e faça valer a pena!

Você está disposto a mudar sua vida?